U0576537

中华经典名著
全本全注全译丛书

郭丹　程小青　李彬源◎译注

左传　上

中華書局

总　目

左传上

上册目录

前 言

中国史学的发轫期，根据现存的文献，当在西周、春秋时期。所谓“《三坟》《五典》《八索》《九丘》”，仅是传说，是否史籍，真伪难辨。只是到了西周、春秋时代，才有完整的史书，如周王朝有《周书》《周志》，郑国有《郑志》《郑书》，楚国有《楚书》《梼杌》，晋国有《乘》。墨子说：“吾见百国《春秋》。”（《隋书·李德林传》及《史通·六家》篇引）说明《春秋》是当时各国史书的通称。只是这些史书绝大部分已亡佚，其体制与内容，当然也就无从知道了。流传至今的，只有《尚书》、《春秋》等少数几部史书。

《汉书·艺文志》有云：“古之王者世有史官。君举必书，所以慎言行，昭法式也。左史记言，右史记事，事为《春秋》，言为《尚书》，帝王靡不同之。”记事的史书为《春秋》，相传为孔子所修订。这是中国第一部编年简史，也是最早的私家所著的历史著作。《春秋》的记事，从鲁隐公元年开始，就是隐、桓、庄、闵、僖、文、宣、成、襄、昭、定、哀十二公，按照这十二公的次序来记载历史大事，从鲁隐公元年（周平王四十九年，前 722）到鲁哀公十四年（周敬王三十九年，前 481 年），共记二百四十二年间的历史事件。《春秋》的内容以鲁国为主，兼及周王室和其他诸侯国。

作为一部以记事为主的编年体著作，《春秋》的首要特点是有了明确的时间顺序。作者“以事系日，以日系月，以月系时，以时系年”（杜预《春秋经传集解序》），按时序将历史事件排列起来，有所取舍，有详有略。这一点，比之《尚书》是一大进步。《尚书》没有时序，为后人从发展演变的角度认识历史带来许多不便。《春秋》编年的记史方法，不但是史学方法论上的创新，也是历史观的发展与进步。《春秋》的编年记事，为读者提供了一个宏观地审视历史流变的依据，客观上也反映出作者历史演变的史学观念。这是史学观的一大进步，对后世产生了深远的影响。

《春秋》的第二个特点就是记事“谨严”。（韩愈《进学解》说：“《春秋》谨严。”）所谓“谨严”，指的是遣词用字一丝不苟。这个风格，源自于《春秋》的“书法”。举例来说，《春秋》隐公元年记载：“郑伯克段于鄢。”《左传》中有一段解释《经》文的话：

> 书曰：“郑伯克段于鄢。”段不弟，故不言弟；如二君，故曰克；称郑伯，讥失教也；谓之郑志。不言出奔，难之也。

意为共叔段与兄争国，不像个做弟弟的，所以《经》文不称之为“弟段”。郑庄公与叔段之战，宛如两国之君交战，郑庄公打败了对方，所以说“克”。《经》文称“郑伯”而不称“郑庄公”，意在讥讽郑庄公有失教弟之责，有意养成其恶。叔段败后逃亡共地，《经》文不写“出奔”，是因为郑庄公也有罪，史家又难以下笔，为尊者讳，所以不说“出奔”。可见《春秋》的用语是非常谨严的。这，也就是所谓的“春秋笔法”、“微言大义”。

《春秋》“约其文辞而指博”（《史记·孔子世家》），要以一字之褒贬来达到“惩恶劝善”的目的，因此特别重视遣词造句。这与孔子著《春秋》的目的是相统一的。《孟子·滕文公下》说：

> 世衰道微，邪说暴行有作，臣弑其君者有之，子弑其父者有之。孔子惧，作《春秋》。《春秋》，天子之事也，是故孔子曰：“知我者其惟《春秋》乎，罪我者其惟《春秋》乎！”

通过历史事件尤其是人事的记载，达到“劝”与“惩”的目的，自古以来就有这个传统。《春秋》中的“书法”，在孔子以前的史官中已成为一种约定俗成的惯例，只是到了孔子依鲁史记修《春秋》，把这种手法加以系统化和模式化，形成了所谓的“春秋笔法”，“惩恶劝善”也成为中国古代史学以至传统文化精神中的一个重要原则。

《春秋》谨严的特点，其弊在于记事过于简略。《春秋》所记之事，少者一事仅一字，最多者也不过四十余字。如此简略的记载，只类似于今天的标题新闻。作为一部史书，它无法使人们了解历史运动的全过程，更无法使人从中认识历史发展的内在规律。例如“郑伯克段于鄢”一事，乃是春秋初年发生于郑国的一件大事，但《春秋》隐公元年仅以上述六字记之。这样简略的记载，读者不但对于郑庄公兄弟阋墙、母子构怨的经过无法了解，更无从知道春秋初年的小霸郑庄公在暴兴于诸侯之前为巩固君位、肃清内部障碍而消灭共叔段势力所起的历史作用。从这一点上说，王安石讥之为“断烂朝报”，还是有一定道理的。

在对中国传统文化产生极大影响的先秦“六经”之中，《春秋》是非常重要的一部著作，成为儒家的经典之一。如前所述，孔子作《春秋》并非单纯为了记载历史事件，而是为了坚持西周制度，反对诸侯为政，目的在于匡救时弊，惩恶劝善。但是，《春秋》经文隐晦难晓，又蕴含褒贬，所以又有了“解经”的“《春秋》三传”，这就是《左传》、《公羊传》、《穀梁传》。儒家经典，到了东汉前期，“经”的范围已经扩大，连解“经”的“传”、“记”、“诂”等也引进“经”内，上升到“经”的地位。“三传”也成为经书。唐代正定“五经”，实际上包含了“九经”，就是《易》、《书》、《诗》、三《礼》和三《传》。宋代以后，“十三经”这一套儒家经典著作基本形成，《左传》成为“十三经”中重要的一部著作。

在西汉的今古文经学的分野之中，《左传》属于古文经学，《公羊传》、《穀梁传》属于今文经学。汉代经学的今古文之争，很大程度上是围绕着《左传》进行的，特别是刘歆是否伪造《左传》之争。这一论争，不但在汉代掀起轩然大波，而且这桩公案一直延续到清末。尽管如此，经过汉代刘歆、贾逵、服虔、郑玄以及晋代杜预等学者的弘扬推崇，《左传》在“十三经”中已越来越被重视了。

关于《左传》，有几个问题需要谈谈。

一、《左传》书名

《左传》，西汉人称之为《左氏春秋》，或“《春秋》古文”。《史记·十二诸侯年表序》：

是以孔子明王道，干七十余君莫能用，故西观周室，论史记旧闻，兴于鲁而次《春秋》，上记隐，下至哀之获麟，约其辞文，去其烦重，以制义法，王道备，人事浃。七十子之徒口受其传指，为有所刺讥褒讳挹损之文辞不可以书见也。鲁君子左丘明，惧弟子人人异端，各安其意，失其真，故因孔子史记具论其语，成《左氏春秋》。

这恐怕是有关《左传》的最早的正式记载。《汉书·河间献王传》载河间献王刘德“立《毛氏诗》、《左氏春秋》博士”，也称为“左氏春秋”。又因为《左传》为秦火前遗书，所以又有“《春秋》古文”之称。《史记·吴太伯世家》太史公曰：“余读《春秋》古文，乃知中国之虞与荆蛮句吴兄弟也。”刘歆《移让太常博士书》称：“及《春秋》左氏丘明所修，皆古文旧书，多者二十余通，臧于秘府，伏而未发。”“《春秋》古文”即指《左传》。到了东汉，班固撰写《汉书》，称“及（刘）歆校秘书，见古文《春秋左氏传》，歆大好之”（《汉书·楚元王交传·附刘歆传》），又称：“时丞相史尹咸以能治《左氏》，与歆共校经传。”又称：“初，《左氏传》多古字古言，学者传训故而已，及歆治《左氏》，引传文以解经，转相发明，由是章句义理备焉。”（同前引）班固称之为《春秋左氏传》，时人又称为《左氏》、《左氏传》。在《汉书》中有《左氏春秋》和《春秋左氏传》混用的情况。它如何变成《春秋左氏传》这一名称呢？沈玉成先生认为：“经过一段时期，人们逐渐觉得《春秋左氏传》这一名称要比《左氏春秋》准确，于是就为学人所习惯使用，简称《左传》。”这样的推测是有一定道理的。

二、《左传》的作者

《左传》的作者，司马迁在《十二诸侯年表序》中说是左丘明（见前引）。班固基本上沿袭了司马迁的观点。《汉书·艺文志》说：

周室既微，载籍残缺，仲尼思存前圣之业……以鲁周公之国，礼文备物，史官有法，故与左丘明观其史记，据行事，仍人道，因兴以立功，就败以成罚，假日月以定历数，藉朝聘以正礼乐。有所褒讳贬损，不可书见，口授弟子，弟子退而异言。丘明恐弟子各安其意，以失其真，故论本事而作传，明夫子不以空言说经也。

班固此说并非盲目地附和史迁。大家知道，《汉书·艺文志》基本上来自于刘向、刘歆父子的《七略》，所以向、歆父子也是持此看法的。此外，两汉至魏晋的一些大儒硕彦如贾逵、郑玄、何休、桓谭、王充、许慎、范宁、杜预等人，皆无异辞。直到唐代以后才开始有人怀疑左丘明作《左传》。此后，持怀疑论者代不乏人。清代刘逢禄、康有为等人甚至认为是刘歆割裂《国语》伪造。但是，正如许多先秦典籍一样，由于时代变迁，聚散无常，加上古代转写流传印刷条件之限制，常有后人增损窜入，总会发现与原书抵牾矛盾之处。所以持怀疑论者虽然提出了一些证据，终觉文献不足征，难以使人信服。

三、《左传》的成书年代

《左传》的成书年代，大约在战国中前期。关于《左传》一书的成书年代，历来有不同的看法。有的学者认为应在春秋末期，有的认为应在战国中期，两说皆自古延续至今。实际上先秦史书与诸子著作一样，有一个口头传诵的授受过程。一门之内，往往学传数代之后才开始写定。把一部近二十万字、包融各诸侯国史实和史料的巨著划定于一个短时期内甚至若干年内编撰而成，是不符合古代的实际情况的。有的学者认为，最初传授《左传》的人应该是个史官，他不仅有条件看到大量史料，而且保留了史官传统的解说《春秋》的方式。而且《左传》的口头传诵，也经历了一个较长的时期。在传授过程中，随时加入一些解说《春秋》的书法、凡例。今天见到的那些属于战国时代的史事和其中一些文字上的战国文风，也是在传授过程中加入的。这种看法，不妨作为我们了解《左传》成书的时间和过程的参考。

四、《左传》与《春秋》的关系

《左传》与《春秋》的关系，集中到一点，即《左传》是否为《春秋》作"传"。古者释经为之"传"。司马迁、班固都认为《左传》是解经之作。东汉刘歆、陈元、韩歆、贾逵、郑众等古文经学家也都认定《左传》为解经之作。但是西汉末今文学家出于政治功利上和争立博士官的需要，否认《左传》为《春秋》作传。此后，传经与否的争论，久讼未决。虽然桓谭、杜预、孔颖达以及近代的章太炎、刘师培等人坚持传《经》之说。但是自两汉直至现当代，认定《左传》是一部独立的史书，与《春秋》不存在互相依附关系的学者仍然大有人在。对于这种学术上的分歧，本来不足为怪，也不必作出强制性的统一。这里应该提到的是，今人杨伯峻先生研究《左传》与《春秋》的关系时提出的意见，颇值得我们重视。

杨伯峻先生指出：《左传》解释《春秋》有几种不同的方式：一是引《春秋》原文作说明，如《春秋》隐公"元年春王正月"句，《左传》说"元年春王周正月，不书即位，摄也"。二是用事实补充甚至说明《春秋》，如鲁隐公被杀，《春秋》只写"公薨"二字。《左传》却详细记载了隐公被杀的经过。三是订正《春秋》的错讹。如襄公二十七年《春秋》载"十二月乙亥朔，日有食之"，《左传》订为"十一月乙亥朔，日有食之"。四是《左传》有时把几条相关的经文，合并成一传。五是《春秋》不载的，《左传》也加以补充记载，等等(《春秋左传注前言》)。杨伯峻是主张《左传》解经说的，以上几点可以说明他立论的根据。由此也可以帮助我们了解《左传》与《春秋》之间实际存在的差异与内在的关系。可以说，《左传》与

《春秋》的确是存在着密切的关系的。正因为如此，有的学者取折中之说，认为《左传》是一部以《春秋》为纲、并仿照它的体例编成的编年史。

其实，《左传》解经与否只是经学史上今文经学家与古文经学家之间的分歧，如果偏离了《春秋》与《左传》作为历史著作本身独立存在的价值而纠缠不休，意义并不大。《春秋经》作为编年史，只是略具雏形的开端，还未能建立起编年史的健全的体制；而《左传》在历史编纂学上却有了长足的发展。正如梁启超所指出的，《左传》的特色：

> 第一，不以一国为中心点，而将当时数个主要的文化国，平均叙述。第二，其叙述不局限于政治，常涉及全社会之各方面。对于一时之典章与大事，固多详叙；而所谓琐语之类，亦采择不遗。故能写出当时社会之活态，予吾侪以颇明了之印象。第三，其叙事有系统，有别裁，确成为一种组织体的著述，对于重大问题，时复溯源竟委，前后照应，能使读者相悦以解。（梁启超《中国历史研究法》）

这说明《左传》作者已经有意识地从某种历史联系的角度来统筹规划、取舍剪裁以编撰成书。所以，钱穆先生说："《左传》是一部史学上更进一步的编年史，孔子《春秋》只是开拓者，《左传》才是编年史的正式完成。"（钱穆《中国史学名著·春秋三传》）

五、《左传》与《国语》的关系

司马迁在《报任安书》中有"左丘失明，厥有国语"之说，又《史记·五帝本纪》中说："余观《春秋》《国语》。"《十二诸侯年表序》中说："于是谱十二诸侯，自共和讫孔子，表见《春秋》《国语》。"于是后人有认为《左传》与《国语》同为左丘明所作，且都为解释《春秋》的。《汉书·艺文志》"春秋类"著录"《国语》二十一篇，左丘明著"，大概即本之于司马迁。《左传》与《国语》又有"《春秋》内传、外传"之说。《汉书·律历志下》有"《春秋外传》曰：……"是为以《国语》为《春秋》外传之始。王充《论衡》也认为《国语》为"左氏之外传"。至韦昭作《国语》解序，以《左传》为"内传”,《国语》为“外传”,又是本之于班、王二说。后世更有人发挥说,《国语》是左丘明作《春秋传》的稿本,“时人共传习之,号曰《国语》”(《文献通考·经籍考》引巽岩李氏说)。所以,《国语》长期被目录学家列入“经部春秋类”中,以“准经典”的身份流传后世。

之所以称《左》《国》为内外传,除了上述的原因,还因为二书中之史事有很多相同之处。《国语》记史时间始于西周穆王,终于鲁悼公(约前967—前453),在时间上与《左传》大体相同,而且有许多历史事件既见于《左传》,又见于《国语》。因此后人疑《左》《国》本为同一书。到了晚清康有为作《新学伪经考》,更认为《左传》《国语》本为一书,后经刘歆割裂《国语》,乃一分为二。

驳《左》《国》非一人所作,自晋代傅玄开始,至唐、宋以迄清代、近代,皆有说者。如隋代刘炫,唐代柳宗元,宋代叶梦得、陈振孙,清代崔述等,皆有论述。这里且以崔述之论为代表。崔述《洙泗考信录》论“《国语》非左氏作”云:

> 《左传》之文,年月井井,事多实录;而《国语》荒唐诬妄,自相矛盾者甚多。《左传》纪事简洁,措辞亦多体要;而《国语》文献支蔓,冗弱无骨,断不出于一人之手明甚。且《国语》,周鲁多平衍,晋楚多尖颖,吴越多恣放,即《国语》亦非一人之所为也。盖《左传》一书,采之各国之史,《师春》一篇,其明验也。《国语》则后人取古人之事而拟之为文者,是以事少而辞多;《左传》一言可毕者,《国语》累章而未足也,故名之曰《国语》。语也者,别于纪事而为言者也。黑白迥殊,云泥远隔,而世以为一人所作,亦已异矣。

崔述从事辞之风格、材料之来源及体裁之差异来论述《左》《国》作者非同一人,识见实为精邃。

崔述比较《左》《国》二书之差异,不但可以说明二书非一人所作,也可以说明二书本非同一书之分化。对于后一个问题,近代有许多学者已有详细论述。如杨向奎先生《论〈左传〉之性质及其与〈国语〉之关系》

一文从《左》《国》体裁的差异，记事的分歧，以及在先秦典籍中名称的不同，证明二者不是同一书的分化。嗣后，孙次舟先生发表《〈左传〉〈国语〉原非一书证》之文，从刘向、歆父子校书的实际情况以及《左》《国》内容的比较，否定《左传》为刘歆割裂《国语》而成。刘节先生的《〈左传〉〈国语〉〈史记〉之比较研究》一文，则认为《左传》《国语》乃共同依据一种原始史料，然后按不同的目的加以改编，《国语》注重保存掌故制度，而《左传》注意政治和战争方面的史事，再次反驳割裂说。

争论虽然存在，但关于《左传》《国语》的关系，较多的研究者对比后的看法是：《左传》《国语》是在战国时就已存在的两部书，它们都参考过相同的原始史料，但各自独立成书。《左传》晚于《国语》，《左传》可能参考了《国语》中的史料，甚至改编了《国语》中的某些记载，但《左传》并不是割裂《国语》而成的。

在《春秋》三传之中，《公羊传》和《穀梁传》是以义理解说《春秋》的，而《左传》则是以史料阐述《春秋》的，所以《左传》又是一部历史著作。《左传》自成书之后，便受到人们的重视。作为历史著作，《春秋》的记事过于简洁，许多事件只有一句话甚至一个字。事与事之间只是机械地按年、月、日编排，很难从中了解事件的整个过程和具体内容。《左传》则不同。《左传》的记事内容、取材范围和描写的社会面都要比《春秋》丰富和广阔得多。它博采旧文简册，以及流传在口头上的历史传说，详细地反映了春秋时期各国政治、经济、军事、外交、文化、风俗的历史面貌和各方面代表人物的活动，描绘出一幅春秋时代的色彩斑斓的历史画卷。《左传》一书反映了当时的进步思想，如以“爱民”为内容的民本思想，以反抗强暴、爱护国家为内容的爱国思想；对那个时期为国家和历史的进步作过贡献的政治家进行了热情的赞扬，对暴君佞臣的恶品邪行进行了批判。而且《左传》对于后代历史著作体裁体例的形成，也具有开创之功。所以有的学者认为，《左传》可以说是“集古史之大成，留给后人以无尽的宝藏"。《左传》对后代的史学影响是巨大的,司马迁作《史记》,有关春秋时代的历史,就大量采用《左传》的内容。《史记》纪传体的创立,与《左传》也不无关系。司马迁以后的史学家,无不从《左传》中吸取营养。

《左传》又是一部杰出的文学巨著,具有很高的艺术成就。朱自清先生说:"《左传》是史学的权威,也是文学的权威。"《左传》的文章叙述完整,文笔严密,创造了许多精彩的篇章和富有魅力的文学语言。《左传》善于描写人物,善于将人物的动作和内心活动刻画得生动细致,以表现不同的人物性格,创造出一系列栩栩如生、呼之欲出的人物形象,如春秋五霸、子产、叔向、楚灵王、吴王阖闾、越王勾践等。《左传》善于用委曲尽致、谨严而分明的笔调来叙述战争,把复杂的战争描绘得波澜起伏、跌宕多姿。《左传》的应对辞令之美,又是它的一大特色。《左传》的辞令,无不曲折缜密、委婉有力,许多记述辞令的篇章,成为脍炙人口的佳构。正因为如此,《左传》成为先秦时期最优秀的叙事散文著作。后代的古文家取法先秦,多模仿《左传》。所以,《左传》对于后代叙事散文的发展,有着不可低估的影响。

笔者于20世纪80年代中期师从刘方元、刘世南二位先生攻读研究生,得到二位业师的悉心指导。特别是师从刘世南先生研读《春秋左传》,毕业论文就以《左传》为选题。此后,在二十多年的教学和科研中,一直没离开过《春秋》和《左传》。并由此扩大到先秦两汉史传文学。先后出版过《春秋左传直解》、《左传国策研究》、《史传文学:文与史交融的时代画卷》等书。今天,在《春秋左传直解》的基础上再做《左传》的全本全注全译,感慨良多。一是刘方元先生在前年以94岁的高龄离我们而去。刘世南先生也已90岁高龄,值得欣慰的是世南师身体依然康健,且每天仍然看书写作不辍。笔者时有疑难,仍可向世南师请益。二是对于《春秋左传》,还有许多疑难没有弄清楚,也还有许多可以做的课题，可惜总是力不从心而望洋兴叹！

本书以阮元刻本《十三经注疏》中的《春秋左传正义》原文为底本，参考杨伯峻先生的《春秋左传注》，有的原文依杨注亦有所校正。此外，杨伯峻先生的《春秋左传辞典》、沈玉成先生的《左传译文》和《春秋左传学史稿》等书，亦为作者所参考和引用。全书由笔者和博士生程小青、李彬源共同完成，具体分工如下：

李彬源（福建师范大学）：隐公、桓公、庄公、闵公、成公部分；

郭丹（福建师范大学）：僖公、文公、宣公部分；

程小青（福建理工大学）：襄公、昭公、定公、哀公部分。

最后由笔者审定全书。博士生林小云、尹雪华也参与了前期工作。

限于我们的学力和水平，本书的谬误与疏漏一定不少，敬祈专家读者不吝批评赐教。

郭　丹

2012年4月10日于福州适斋

隐公

【题解】

隐公名息姑，鲁惠公庶子，为声子所生。前723年鲁惠公死，惠公正妻仲子所生之子桓公年少，前722年遂由隐公摄政，在位十一年，前712年被羽父所杀。

鲁国乃周天子分封的诸侯国，姬姓，文王之子、武王之弟周公旦的后代，建都于曲阜（今山东曲阜）。相传孔子以鲁国旧史为依据修订《春秋》，按鲁君在位年代纪事，起于鲁隐公元年（前722），终于鲁哀公十四年（前481）。现在通行的《春秋左传》所附的《春秋》经文记至哀公十六年（前479）。《左传》纪事，仍然依照《春秋》的编年次序，只是下限至鲁哀公二十七年（前468），末又附鲁悼公四年（前463）至鲁悼公十四年（前453）韩、魏灭智伯之事。

《隐公》共记十一年之事，主要记载了春秋初年郑庄公强盛郑国并与周王朝的矛盾斗争。

【传】

惠公元妃孟子①。孟子卒，继室以声子②，生隐公。

宋武公生仲子③。仲子生而有文在其手，曰为鲁夫人，故仲子归于我④。生桓公而惠公薨⑤，是以隐公立而奉之⑥。

【注释】

①惠公:《史记·鲁世家》谓其名为弗湟,《索隐》引《世本》作“弗皇”,又引《年表》作“弗生”,隐公与桓公之父。惠公在位四十六年卒。元妃:诸侯原配正夫人。孟子:宋国国君之女。春秋时代,诸侯之女生下三月才起名。出嫁之后,便不再称名,其称谓,或由排行与母家姓组成,如“孟子”,孟是排行,即老大(孟、仲、叔、季),宋国子姓,所以称“孟子”;或以本国国名冠于姓上,如齐姜;或以丈夫国名冠于姓上,如宋姬;或以丈夫的谥号冠于姓上,如庄姜;或以夫家之氏冠于母家之姓上,如栾祁;或另加谥号于姓上,如声子、厉妫等。周王之女则称为王姬。

②继室:续娶。《左传》凡四用“继室”,皆作动词,续娶之意。声子:孟子的妹妹。《史记·鲁世家》谓声子为贱妾,本书哀公二十四年《传》云:“若以妾为夫人,则固无其礼也。”似鲁未曾以妾为妻者,则声子不能视为正室夫人。

③宋武公:名司空。宋,国名,子姓,成汤的后裔。周武王灭纣,封其子武庚,武庚叛乱,为周公所败,改封纣的庶兄微子启为宋公,都城在今河南商丘。仲子:人名。是以排行加母家姓组成。

④“仲子生”至“归于我”:文,字。手,手掌。归,古代妇女出嫁称归。我,指鲁国。孔颖达《疏》云:“《石经》古文‘虞’作‘㕚’,‘鲁’作‘𣎵’,手文容或似之。”据孔说,不以其手掌真有文字为可信,大约手纹似“鲁夫人”三字或似“虞”字,当时人或后世人因而附会之。宋仲子之嫁于鲁,盖附会其手纹似“鲁夫人”三字。

⑤薨(hōng):诸侯死称为薨。

⑥隐公立而奉之:指隐公摄政但仍奉戴桓公为君。之,此指鲁桓公。摄位称公亦犹周公摄位称王,固周礼也。此与下《传》“元年春王正月不书即位,摄也”为一《传》,后人分《传》之年,必以“某年”另起,故将此段提前而与下文隔绝。

【译文】

鲁惠公的原配夫人是孟子。孟子死后，惠公续娶了声子，生了隐公。

宋武公生了仲子。仲子生下来就有字在手掌上，说"为鲁夫人"，所以仲子嫁到鲁国。生了桓公不久鲁惠公就去世了，因此隐公摄政而奉戴桓公。

元年

【经】

1.1　元年春王正月①。

1.2　三月，公及邾仪父盟于蔑②。

1.3　夏五月，郑伯克段于鄢③。

1.4　秋七月，天王使宰咺来归惠公、仲子之赗④。

1.5　九月，及宋人盟于宿⑤。

1.6　冬十有二月，祭伯来⑥。

1.7　公子益师卒⑦。

【注释】

①元年：古代帝王或国君即位之年称为元年。鲁隐公元年，当周平王四十九年，前722。刘师培《春秋左氏传时月日古例考元年例》自注云："《汉书·律历志下》引刘歆《世经》有'周公摄政五年'之文，则摄位得纪年，自系古文说，天子与诸侯一也。"春：《春秋》纪月，必于每季之初标出春、夏、秋、冬四时，虽此季度无事可载，亦标明。周历以建子之月（今农历十一月）为正月，并以正月为春。但《春秋》之四时并不合于实际时令。周之春皆今之冬。《论语·卫灵公》："行夏之时。"夏以建寅之月（今农历正月）为正月，

则其春正今之春，考之以《诗经》，民间之四时皆夏时。王正(zhēng)月：鲁国用周历，因此称周王正月。王，指周天子。

②邾(zōu)：《国语·郑语》、《晏子春秋·内篇上三》、《孟子》并作“邹”。国名，曹姓，在今山东邹城一带，后为楚所灭。仪父(fǔ)：邾国国君的字，名克。盟：盟法，先凿地为坎(即穴、洞)，以牛、羊或马为牺牲，杀于其上，割牲左耳，盛在盘中，取其血，盛在敦中。读盟约告神，然后参加盟会者一一微饮血，古人谓之“歃血”。歃血毕，把盟约正本放于牲上掩埋，副本则参与盟会者各持归藏。蔑：鲁地名，即姑蔑，在今山东泗水东。

③郑伯克段于鄢(yān)：郑庄公在鄢打败了共叔段。本年《传》详载此事。郑伯，指郑庄公。郑，诸侯国名，姬姓，周宣王母弟桓公友之后。初在今陕西华县东北，郑武公时迁至今河南新郑，后为韩所灭。克，战胜。段，共叔段，郑庄公同母弟。鄢，旧国名，妘(yún)姓，在今河南鄢陵北偏西，为郑武公所灭。

④天王：周天子，指周平王。使：派遣。宰：官名。咺(xuān)：人名。归(kuì)：通“馈”，赠送。赗(fèng)：助丧用的车马束帛等财物。

⑤及宋人盟于宿：此谓鲁与宋人盟于宿。“及”上省“鲁”字。与盟者未书姓名。杨伯峻曰：“春秋初期，外大夫盟会侵伐，皆不书名。庄公二十二年《经》云‘及齐高傒盟于防’，此盟会外卿书名之始；文公八年《经》云‘公子遂会晋赵盾盟于衡雍’，此盟会内外大夫书名之始。”宿，国名，风姓，在今山东东平东南。

⑥祭(zhài)伯：周王卿士之一，祭为其食邑，在今河南郑州祭城镇。伯，指排行第一，部分学者认为是爵位。

⑦公子益师：鲁孝公之子，字众父。后为众氏，为众仲的祖先。公子，诸侯之子称公子。卒，大夫死称为卒。

【译文】

鲁隐公元年春周历正月。

三月，隐公与邾国国君仪父在蔑地会盟。

夏五月，郑庄公在鄢打败了共叔段。

秋七月，周天子派遣宰咺来馈送鲁惠公、仲子的丧礼。

九月，鲁国和宋人在宿会盟。

冬十二月，祭伯来鲁国。

公子益师去世。

【传】

1.1　元年春王周正月。不书即位，摄也①。

【注释】

①不书即位，摄也：依《春秋》书法，鲁国十二君，于其元年应书“元年春王正月公即位”。隐公因为是摄政，所以不书“即位”。书，记载。即位，开始做帝王或诸侯。摄，代理。

【译文】

元年春周历正月。《春秋》没有记载鲁隐公即位，因为他只是代理国政。

1.2　三月，公及邾仪父盟于蔑——邾子克也①。未王命，故不书爵②。曰“仪父”，贵之也③。公摄位而欲求好于邾，故为蔑之盟。

【注释】

①子：周朝第四等爵位。周王朝将贵族爵位分为公、侯、伯、子、男

五等，在王廷为卿大夫，在诸侯国为国君。但考之《经》例，凡小国，或文化落后，或在偏远之地，所谓蛮、夷、戎、狄者，皆称其君为子。

②未王命，故不书爵：此是释《经》语。庄十六年《经》既书"邾子克卒"，子是爵；而此不云邾子，左氏以为此时尚未得王命。杜预《春秋左传注》以为附庸之君未王命，例称名。爵，爵位。

③曰"仪父"，贵之也：贵，尊重。杜预以为邾子克能自通于大国，继好息民，故书字贵之。

【译文】

三月，隐公和邾仪父在蔑地会盟——邾仪父就是邾子克。由于邾子还没有正式受周王室册封，所以《春秋》没有记载他的爵位。称他为"仪父"，是尊重他。隐公代行国政而想要和邾国友好，所以在蔑地举行了盟会。

1.3 夏四月，费伯帅师城郎①。不书，非公命也②。

【注释】

①费(bì)伯：鲁大夫，食邑在费。费，鲁地名，在今山东鱼台西南。帅，率领。师：军队。城：筑城。郎：鲁地名，在今山东鱼台东北。

②不书，非公命也：不书，指《经》不记载。《传》记此事，是由于城郎意出费伯本人，非奉隐公之命。

【译文】

夏四月，费伯率领军队在郎地筑城。《春秋》没有记载，这是因为不是奉鲁隐公的命令。

1.4 初，郑武公娶于申①，曰武姜②，生庄公及共叔段③。庄公寤生[④]，惊姜氏，故名曰“寤生”，遂恶之[⑤]。爱共叔段，欲立之。亟请于武公[⑥]，公弗许。

【注释】

①郑武公：姬姓，名掘突。《经》称郑“伯”，《传》称“公”，是因为不分公、侯、伯、子、男，诸侯可通称“公”。申：申国，姜姓，故城在今河南南阳。后为楚所灭。

②武姜：武公妻。武是武公之谥，姜为本人之姓。

③共(gōng)叔段：郑庄公弟，名段；兄弟间年岁小，故称“叔段”。段后出奔共地，故称“共叔段”。共，本为国名，在今河南辉县。

④寤(wù)生：难产。寤，通“牾”，指胎儿出生时脚先出来。这样出生的孩子一般会难产。

⑤恶(wù)：厌恶。之：此指郑庄公。

⑥亟(qì)：屡次。

【译文】

当初，郑武公娶了申国的女子，后被称为武姜。武姜生了庄公和共叔段。庄公出生时难产，使姜氏受了惊吓，所以取名为“寤生”，姜氏因此讨厌他。姜氏喜欢共叔段，想立他为太子。她多次向武公请求，武公没答应。

及庄公即位，为之请制[①]。公曰：“制，岩邑也[②]，虢叔死焉[③]。佗邑唯命[④]。”请京[⑤]，使居之，谓之京城大叔[⑥]。

【注释】

①制：地名，又名虎牢关，在今河南荥阳。

②岩邑：险要的城邑。

③虢(guó)叔死焉:《汉书·地理志》臣瓒《注》云:"郑桓公寄帑与贿于虢、会之间。幽王既败,二年而灭会,四年而灭虢。"盖虢叔之死亦在此年。虢,有东虢和西虢,此指东虢,韦昭以东虢为虢仲所封,则虢叔乃虢仲之后。

④佗:同"他"。唯命:唯命是从。

⑤京:地名,故城在今河南荥阳东南。

⑥谓之京城大叔:大,同"太"。《郑世家》云:"庄公元年,封弟段于京,号太叔。"杨伯峻曰:"顾颉刚谓古人用'太'字,本指其位列之在前,叔段之称太叔以其为郑庄公之第一个弟弟也。"

【译文】

到了庄公即位,姜氏为共叔段请求制这个地方作为封地。庄公说:"制,可是个险要的地方,虢叔就死在那里。其他的地方任他挑选吧。"姜氏就替他请求京地,并让共叔段住在那里,大家都称他"京城太叔"。

祭仲曰[①]:"都,城过百雉,国之害也[②]。先王之制:大都,不过参国之一[③];中,五之一;小,九之一。今京不度[④],非制也,君将不堪[⑤]。"公曰:"姜氏欲之,焉辟害[⑥]?"对曰:"姜氏何厌之有[⑦]?不如早为之所[⑧],无使滋蔓[⑨]。蔓,难图也。蔓草犹不可除,况君之宠弟乎?"公曰:"多行不义,必自毙[⑩],子姑待之。"

【注释】

①祭(zhài)仲:郑国大夫。祭为其食邑,即今河南中牟之祭亭,与祭伯之祭在郑州者为两地。

②都,城过百雉(zhì),国之害也:都,都邑。古之城邑皆可谓都。城,指城墙。过,超过。雉,古代城墙长三丈高一丈为一雉。古

制侯伯之城方五里，计每面长九百丈，即三百雉。据后文大都不过其三分之一，故不能过百雉。

③参国之一：国都的三分之一。国，国都。参，通“三”。

④不度：不合法度。

⑤不堪：受不了。

⑥辟：逃避。

⑦何厌之有：有何厌。厌，满足。

⑧早为之所：犹言及早处置。所，处所，地方。

⑨滋蔓：滋生蔓延。比喻大叔段地益广，势益大。

⑩毙：倒仆，跌跤，此指失败。

【译文】

祭仲对庄公说：“都城的城墙周围超过三百丈，就会成为国家的危害。先王的制度：大的都城，不得超过国都的三分之一；中等的，不超过五分之一；小的，不超过九分之一。现在京地的城墙不符合规定，不是祖制所允许的，国君将来会难以忍受。”庄公说：“姜氏要这样，又哪能避免祸害呢？”祭仲回答说：“姜氏什么时候会满足啊？不如早点处置他，免得其贪欲蔓延滋长。一旦蔓延，就难以对付了。蔓延的野草尚且难以除掉，何况是国君您宠爱的弟弟呢？”庄公说：“多行不义之事，必定要失败。你且等着瞧吧。”

既而大叔命西鄙、北鄙贰于己[①]。公子吕曰[②]：“国不堪贰[③]，君将若之何[④]？欲与大叔[⑤]，臣请事之；若弗与，则请除之。无生民心。”公曰：“无庸[⑥]，将自及[⑦]。”大叔又收贰以为己邑[⑧]，至于廪延[⑨]。子封曰：“可矣，厚将得众[⑩]。”公曰：“不义不暱[⑪]，厚将崩[⑫]。”

【注释】

①既而：不久。鄙：边境之邑。贰：两属。

②公子吕：郑大夫，字子封。

③不堪贰：不能容忍两面听命的情况。

④若之何：怎么办。

⑤与（yǔ）：给予，指把君位让给太叔。

⑥无庸：不用，用不着。

⑦自及：自己遭祸。

⑧贰：指上述两属之邑，即西鄙、北鄙。《左传》凡数字皆用“二”，不用“贰”；“携贰”、“陪贰”之“贰”字皆用“贰”，不用“二”，分别极为明显。

⑨廪（lǐn）延：地名。在今河南延津。

⑩厚：势力雄厚。得众：得民心。

⑪不义不暱（nì）：不义则不昵。“昵”依《说文》当作“䵒”，粘连之义。犹今言不义则不能团结其众。不义，不义于君。

⑫崩：崩溃。

【译文】

不久太叔命令西部和北部边境既听庄公的命令，又听自己的命令。公子吕说：“国家不能忍受这种两面听命的情况，您打算怎么办？您要把君位让给太叔，下臣就去事奉他；如果不给，那就请除掉他。不要让老百姓产生其他想法。”庄公说：“用不着，他会自食其果的。”太叔又收取原来两属的地方作为自己的封邑，并扩大到廪延地方。子封说：“可以动手了，他势力一大将会争得民心。”庄公说：“没有正义就不能号召人，势力大了，反而会崩溃。”

大叔完、聚①，缮甲、兵②，具卒、乘③，将袭郑④，夫人将启之⑤。公闻其期⑥，曰：“可矣！”命子封帅车二百乘以伐京⑦。

京叛大叔段[8]。段入于鄢，公伐诸鄢。五月辛丑[9]，大叔出奔共。

【注释】

①完：修缮城郭。聚：收集粮草。

②缮：修补。甲、兵：指武器。

③具：备足。卒、乘：指战士。步兵曰卒，车兵曰乘。

④袭：行军不用钟鼓，今言偷袭。

⑤启：开启城门。

⑥期：袭郑的时间。

⑦车二百乘：杨伯峻曰："春秋时多以车战，车一辆谓之一乘。杜预本《司马法》，谓车一乘有甲士三人，步卒七十二人。但《司马法》为战国时书，未必合于春秋制度。以《左传》考之，闵二年，齐侯使公子无亏帅车三百乘，甲兵三千人以戍曹，是一车用甲士十人。僖二十八年，晋文公献楚俘于王，驷介百乘，徒兵千，一车徒兵亦十人。"

⑧京：此指京邑人。

⑨五月辛丑：五月二十三日。

【译文】

太叔修理城郭，储备粮草，补充武器装备，充实步兵车兵，准备袭击郑国都城，姜氏则打算作为内应打开城门。庄公听到太叔起兵的日期，说："可以了！"就命令子封率领二百辆战车进攻京城。京城的人叛离太叔。太叔逃到鄢地，庄公又赶到鄢地进攻他。五月二十三日，太叔又逃到共国。

书曰："郑伯克段于鄢。"段不弟，故不言弟[1]；如二君，故曰克[②]；称郑伯，讥失教也[③]；谓之郑志[④]。不言出奔，难之也[⑤]。

【注释】

①段不弟，故不言弟：指叔段不守弟道，所以《春秋》不称他为庄公之弟。不弟，不像兄弟，不守弟道。

②如二君，故曰克：指叔段与庄公的对立，如同两个国君。庄公取胜，所以说“克”。

③称郑伯，讥失教也：指兄于弟本有教诲之责，而庄公于叔段不加教诲，养成其恶，故书其爵以示讥。

④郑志：郑庄公的意志。这里指阴谋。此言郑庄公本意即养成叔段之罪而诛之，书法是探其本心而言。

⑤不言出奔，难之也：“出奔”是有罪之辞。叔段出奔共国，有罪，庄公有意养成叔段之罪，也有罪，若书“出奔”则是专罪叔段，故不说“出奔”。这是史官下笔为难之处。按，本段是说明《经》文何以这样记述，即所谓的“春秋笔法”。

【译文】

《春秋》说：“郑伯克段于鄢。”太叔所作所为不像兄弟，所以不说“弟”字；兄弟相争，好像两个国君打仗一样，所以用个“克”字；把庄公称为“郑伯”是讥刺他没有尽教诲之责；《春秋》这样记载就表明了庄公的本来的意思。不说“出奔”，是因为史官下笔有困难。

遂置姜氏于城颍[①]，而誓之曰：“不及黄泉，无相见也[②]。”既而悔之。颍考叔为颍谷封人[③]，闻之，有献于公。公赐之食，食舍肉[④]。公问之，对曰：“小人有母，皆尝小人之食矣，未尝君之羹[⑤]，请以遗之[⑥]。”公曰：“尔有母遗，繄我独无[⑦]！”

颍考叔曰:“敢问何谓也[⑧]?”公语之故,且告之悔。对曰:“君何患焉[⑨]? 若阙地及泉[⑩],隧而相见[⑪],其谁曰不然?”公从之。公入而赋[⑫]:“大隧之中,其乐也融融[⑬]!”姜出而赋:“大隧之外,其乐也洩洩[⑭]!”遂为母子如初。

【注释】

①城颍(yǐng):地名。在今河南临颍。

②不及黄泉,无相见也:这两句犹言不死不相见。黄泉,地下之泉。

③颍考叔:郑大夫。颍,颍谷,地名。在今河南登封。封人:管理、镇守边疆的地方官。

④食舍肉:颍考叔吃肉时留下肉不吃。舍,置,谓食肉时将肉另置一边。

⑤羹(gēng):肉汁,此指上文所舍之肉,盖熟肉必有汁,故有汁的肉也可称羹。

⑥遗(wèi):赠送。

⑦繄(yì):发声词,无义,可译为“唉”等语气词。

⑧敢问何谓也:敢,谦辞。何谓,为什么这么说。按,上文既言颍考叔“闻之,有献于公”,此又问何谓,是明知故问。

⑨患:忧虑。

⑩阙:通“掘”。

⑪隧:动词,挖成地道。

⑫赋:赋诗。

⑬融融:和乐相得的样子。

⑭洩洩(yì):和好欢乐的样子。“洩”本作“泄”,今作“洩”者,盖仍《唐石经》避唐太宗李世民讳改。

【译文】

郑庄公就把姜氏安置在城颍地方,发誓说:“不到黄泉,不再相见。”

不久以后又后悔起来。当时颍考叔在颍谷做边疆护卫长官,听到这件事,就献给庄公一些东西。庄公赏赐他食物,在吃的时候,他把肉留下不吃。庄公问他为什么,他说:“我有母亲,我孝敬她的食物她都已尝过了,就是没有尝过您的肉汤,请让我带给她吃。”庄公说:“你有母亲可送,唉!我却没有!”颍考叔说:“请问这是什么意思?”庄公就对他说明了原因,并且告诉他自己很后悔。颍考叔回答说:“您有什么可忧虑的呢?如果挖地见到了泉水,开一条隧道在里面相见,谁又会说不对呢?”郑庄公听了颍考叔的意见。庄公进了隧道,赋诗说:“在大隧中相见,多么快乐啊!”姜氏走出隧道,赋诗说:“走出大隧外,多么舒畅啊。”于是母子关系恢复,和从前一样。

君子曰①:“颍考叔,纯孝也②,爱其母,施及庄公③。《诗》曰:‘孝子不匮,永锡尔类④。’其是之谓乎!”

【注释】

①君子曰:“君子曰”云云,《国语》、《国策》及先秦诸子多有之,或为作者自己之议论,或为作者取他人之言论。

②纯孝:纯一专精之孝。

③施(yì):延及,扩展到。

④孝子不匮(kuì),永锡尔类:见《诗经·大雅·既醉》。匮,竭尽。锡,赐予。类,同类的人。

【译文】

君子说:“颍考叔可算是真正的孝子,爱他的母亲,扩大影响到庄公。《诗》说:‘孝子的孝心没有穷尽,永远可以影响到你的同类。’说的就是这样的事情吧!”

1.5 秋七月，天王使宰咺来归惠公、仲子之赗。缓[①]，且子氏未薨[②]，故名[③]。天子七月而葬[④]，同轨毕至[⑤]；诸侯五月，同盟至[⑥]；大夫三月，同位至[⑦]；士逾月[⑧]，外姻至[⑨]。赠死不及尸[⑩]，吊生不及哀[⑪]，豫凶事[⑫]，非礼也。

【注释】

①缓：迟。春秋时，旧君死之第二年新君始称元年，此时已是隐公元年七月，则惠公死已逾年。此时始来馈赠助丧之物，太迟缓了。

②子氏：惠公夫人，桓公之母仲子。仲子此时犹在，未死而助其丧，尤不合理。

③故名：依《春秋》体例，天子之卿大夫不宜书名，而此书“宰咺”，咺是其名，则是因天王之行事不合理故书之。

④七月：从死之月数到葬之月，一共七个月。下文“五月”、“三月”同。

⑤同轨：指诸侯。

⑥同盟至：同盟诸侯派使者参加。

⑦同位至：官位相同者参加。

⑧逾月：经二月。

⑨外姻：有婚姻关系的亲戚。按，以上解释当时的丧礼制度。

⑩尸：未葬前的尸体。

⑪哀：指人死后主人所行的哀礼。包括自始死及殡（将葬停棺）、自启（将葬举棺）及反哭（古礼，葬后返庙而哭）。也指这一段时间。

⑫豫凶事：豫，事先致礼。此指仲子未死，而赠以助丧之车马，是豫赠以凶事之物也。隐二年十二月乙卯，仲子薨，或此时已病重，周室闻之，故于赗惠公之便，而兼赗之。

【译文】

秋七月，周平王派遣宰咺来赠送鲁惠公和仲子的丧仪。惠公已经下葬，这是迟了，而仲子还没有死，所以《春秋》直接写了宰咺的名字。天子死后历七个月下葬，诸侯全部参加葬礼；诸侯历五个月下葬，同盟的诸侯参加葬礼；大夫历三个月下葬，官位相同的参加葬礼；士一个月以后下葬，亲戚参加葬礼。向死者赠送东西没有赶上下葬，向生者吊丧没有赶上举哀的时间，人没有死而预先赠送有关丧事的东西，这都不合于礼。

1.6　八月，纪人伐夷①。夷不告，故不书②。

【注释】

①纪：诸侯国名，姜姓，故城在今山东寿光南。古器铭作“己”。近年寿光、莱阳、烟台等地皆有纪国青铜器出土，似纪国辖地甚广。夷：诸侯国名，妘姓，故城在今山东即墨西壮武故城。

②夷不告，故不书：指纪国人讨伐夷国，夷国没来报告，所以《春秋》不加记载。

【译文】

八月，纪国人讨伐夷国。夷国没有前来报告鲁国，所以《春秋》不加记载。

1.7　有蜚①。不为灾，亦不书②。

【注释】

①蜚(fěi)：即蜚盘虫，一种小飞虫，发恶臭，生于草中，会吃稻花。

②亦不书：以上两章皆无《经》有《传》，《传》并释鲁史何以“不书”。下同。

【译文】

发现蜚盘虫。没有造成灾害,《春秋》也不加记载。

1.8　惠公之季年[①],败宋师于黄[②]。公立而求成焉[③]。九月,及宋人盟于宿[④],始通也[⑤]。

【注释】

①季年:晚年,末年。

②黄:地名,宋国之邑,在今河南民权东。

③成:讲和,媾和。

④及:与。

⑤通:通好。

【译文】

鲁惠公的晚年,在黄地打败了宋国。鲁隐公即位,要求和宋人讲和。九月,和宋人在宿地结盟,两国开始通好。

1.9　冬十月庚申[①],改葬惠公。公弗临[②],故不书。惠公之薨也,有宋师[③],大子少[④],葬故有阙[⑤],是以改葬。

【注释】

①庚申:十四日。

②公弗临(lìn):临,到场哭吊亡者。隐公是摄位,不敢以丧主自居,故弗临。

③有宋师:即上文"败宋师于黄"之事。

④大子:即太子,指桓公。

⑤阙:不完备。

【译文】

冬十月十四日，改葬鲁惠公。隐公不敢以丧主的身份到场哭吊，所以《春秋》不加记载。惠公死的时候，正好遇上和宋国打仗，太子又年幼，葬礼不完备，所以改葬。

1.10 卫侯来会葬[①]，不见公，亦不书。

【注释】

①卫侯：指卫桓公。卫，国名，姬姓，文王之子康叔之后，此时建都朝歌，即今河南淇县。

【译文】

卫桓公来鲁国参加葬礼，没有见到隐公，《春秋》也不加记载。

1.11 郑共叔之乱[①]，公孙滑出奔卫[②]。卫人为之伐郑，取廪延。郑人以王师、虢师伐卫南鄙[③]。请师于邾。邾子使私于公子豫[④]。豫请往，公弗许，遂行，及邾人、郑人盟于翼[⑤]。不书，非公命也。

【注释】

①共叔：即共叔段。

②公孙滑：共叔段之子。

③郑人以王师、虢师伐卫南鄙：郑人能指挥周王之师及虢师，是因为当时郑庄公为周王卿士，西虢公又与郑庄公同仕于周王朝。以，率领。王师，周王的军队。虢师，西虢军队。虢，指西虢国，在今河南陕县。

④邾子：指邾子克。公子豫：鲁大夫。

⑤翼：郑地名，在今山东费县西南。

【译文】

郑国共叔段叛乱，段的儿子公孙滑逃到卫国。卫国人替他进攻郑国，占领了廪延。郑国人率领周天子的军队、虢国的军队进攻卫国南部边境，同时又请求邾国出兵。邾子派人私下和公子豫商量，公子豫请求出兵援救，隐公不允许，公子豫就自己去了，和邾国、郑国在翼地会盟。《春秋》不加记载，因为不是出于隐公的命令。

1.12　新作南门[①]。不书，亦非公命也。

【注释】

①作：建造。

【译文】

新建南门，《春秋》不加记载，也由于不是出于隐公的命令。

1.13　十二月，祭伯来，非王命也。

【译文】

十二月，祭伯来，并不是奉了周王的命令。

1.14　众父卒。公不与小敛[①]，故不书日。

【注释】

①公不与（yù）小敛（liǎn）：杨伯峻曰："襄公五年《传》云'季文子卒，大夫入敛，公在位'，是卿大夫之丧，入敛公临之证。"与，参加。小敛，给死者穿衣。敛，通"殓"。

【译文】

众父去世。隐公没有参加小敛，所以《春秋》不记载死亡的日子。

二年

【经】

2.1 二年春①，公会戎于潜②。

2.2 夏五月，莒人入向③。

2.3 无骇帅师入极④。

2.4 秋八月庚辰⑤，公及戎盟于唐⑥。

2.5 九月，纪裂繻来逆女⑦。

2.6 冬十月，伯姬归于纪⑧。

2.7 纪子帛、莒子盟于密⑨。

2.8 十有二月乙卯⑩，夫人子氏薨⑪。

2.9 郑人伐卫⑫。

【注释】

①二年：鲁隐公二年当周平王五十年，前721。

②会：会见。戎：古代中原各国对北方少数民族的泛称。春秋时，华、戎犹杂处。潜：鲁地名，在今山东济宁西南。

③莒(jǔ)：诸侯国名，己姓，时都今山东胶州，后迁莒县。入：以兵侵入他国。向：诸侯国名，姜姓，在今山东莒县南。

④无骇：鲁国司空，公子展之孙，展禽（柳下惠）之父。极：鲁之附属国，在今山东金乡南。按，极以后不再出现，可能自此后遂为鲁所有。

⑤庚辰：按今历法推算，八月无庚辰日，此记日当有误。

⑥唐：鲁地名，在今山东鱼台。

⑦纪裂繻(xū)来逆女：纪君娶鲁惠公女，裂繻为之来迎亲。纪裂繻，纪国大夫。逆，迎接。

⑧伯姬：鲁惠公长女。

⑨纪子帛：纪裂繻的字。密：莒地名，在今山东昌邑密乡。

⑩乙卯：十五日。

⑪子氏：桓公之母仲子。薨：诸侯或诸侯的夫人、母夫人死都可以叫薨。杨伯峻曰："《春秋》记鲁公或鲁夫人之死，除隐三年'君氏卒'及哀十二年'孟子卒'等特殊情况外，皆用'薨'字；记其他诸侯之死，则用'卒'字。"

⑫伐：凡行军时有钟鼓，堂堂正正地攻打别国叫伐。

【译文】

鲁隐公二年春，隐公在潜地会见戎人。

夏五月，莒国人攻入向国。

无骇领兵攻入极国。

秋八月庚辰日，隐公和戎人在唐地会盟。

九月，纪裂繻来我国迎亲。

冬十月，伯姬出嫁去纪国。

纪子帛、莒子在密地结盟。

十二月十五日，夫人仲子去世。

郑国人讨伐卫国。

【传】

2.1　二年春，公会戎于潜，修惠公之好也①。戎请盟，公辞②。

【注释】

①公会戎于潜，修惠公之好也：戎人与鲁惠公本有友好关系，今隐公会见戎人，是重修过去的友好关系。

②辞：不同意。

【译文】

鲁隐公二年春，隐公在潜地与戎人会见，再一次加强惠公时期的友好关系。戎人请求结盟，隐公婉言拒绝了。

2.2 莒子娶于向，向姜不安莒而归[①]。夏，莒人入向[②]，以姜氏还[③]。

【注释】

①向姜：向国国君之女。

②莒人入向：莒国军队攻入向国国都。入，率军深入其国都。

③还：带回。

【译文】

莒子在向国娶了妻子，向姜在莒国不安心而回到向国。夏，莒子领兵进入向国，带着向姜回国。

2.3 司空无骇入极，费庈父胜之[①]。

【注释】

①司空无骇入极，费庈父(qín fǔ)胜之：司空无骇率师侵入极国后，即行退走，而费庈父乘机灭了极国。据《读史方舆纪要》，废鱼台县西南有费亭，费与极均在今金乡南而稍东。郎与极亦在废鱼台县附近。无骇入极，费庈父因城郎而灭极。司空，官名，掌管工程。费庈父，即元年《传》文“费伯帅师城郎”中的费伯。胜之，灭之。

【译文】

司空无骇带兵进入极国,派费庈父灭亡了极国。

2.4 戎请盟。秋,盟于唐,复修戎好也。

【译文】

戎人请求结盟。秋季,在唐地结盟,这是为了再次加强和戎人的友好关系。

2.5 九月,纪裂𦈡来逆女,卿为君逆也[①]。

【注释】

①卿为君逆:春秋时代,诸侯娶妇,必派本国之卿出境迎接。此处特点明纪裂𦈡是为纪君迎女,而不是为自己。

【译文】

九月,纪裂𦈡来迎接惠公的女儿,这是纪卿为了国君而来迎娶。

2.6 冬,纪子帛、莒子盟于密,鲁故也[①]。

【注释】

①鲁故:鲁国和莒国之间不和睦。

【译文】

冬,纪子帛和莒子在密地结盟,这是为了调解鲁国和莒国间的不和睦。

2.7 郑人伐卫,讨公孙滑之乱也[①]。

【注释】

①郑人伐卫，讨公孙滑之乱也：上年卫人为公孙滑伐郑，所以郑国伐卫，以讨伐公孙滑。

【译文】

郑国人进攻卫国，讨伐公孙滑的叛乱。

三年

【经】

3.1 三年春王二月，己巳，日有食之①。

3.2 三月庚戌，天王崩②。

3.3 夏四月辛卯，君氏卒③。

3.4 秋，武氏子来求赙④。

3.5 八月庚辰，宋公和卒⑤。

3.6 冬十有二月，齐侯、郑伯盟于石门⑥。

3.7 癸未，葬宋穆公⑦。

【注释】

①三年春王二月，己巳，日有食之：此为前720年2月22日之日全食，是全世界最早的有确切日期的日食记录。隐公三年，当周平王五十一年，前720。己巳，初一。日食必在初一。

②三月庚戌，天王崩：庚戌，十二日。天王，此指周平王。崩，天子死叫崩。

③夏四月辛卯，君氏卒：辛卯，二十四日。君氏，隐公之母声子。

④武氏子来求赙（fù）：周平王死，周室使人来求助丧财物。按，对此古人有讥鲁不供奉王丧、讥周求赙非礼，以及周、鲁交讥三种意见。杨伯峻曰："考《周礼·宰夫》郑玄《注》云：'凡丧，始死，吊而含

襚(送死者口中所含之珠玉及所着衣),葬而赗赠,其间加恩厚则有赙焉,《春秋》讥武氏子求赙。'推郑玄之意,则以为含襚赗赠是正礼,鲁已行之。赙以大量财币是加礼,鲁未如此,故使人求之,非礼。郑说可采。"武氏子,周大夫之子。赙,助丧用的金帛财物。

⑤八月庚辰,宋公和卒:庚辰,十五日。宋公和,指宋穆公,名和,武公司空之子,宣公力之弟,在位九年。卒,死。凡人死皆可谓卒。又《礼记·曲礼下》云"天子死曰崩,诸侯曰薨,大夫曰卒"。《春秋》之例,鲁君死书"薨",其他诸侯死书"卒",似为内(本国)外(他国)之别。

⑥齐侯:此指齐僖公。齐,国名,姜姓,姜太公之后,侯爵,建都于营丘,在今山东临淄。郑伯:郑庄公。石门:齐地名,在今山东长清。

⑦癸未:十二月二十日。

【译文】

鲁隐公三年春周历二月己巳日,发生日食。

三月十二日,周平王去世。

夏四月二十四日,隐公母声子去世。

秋,周大夫武氏之子来求取助丧的财物。

八月十五日,宋穆公和去世。

冬十二月,齐僖公、郑庄公在石门结盟。

十二月二十日,安葬宋穆公。

【传】

3.1　三年春,王三月壬戌[1],平王崩。赴以庚戌,故书之[2]。

【注释】

①壬戌:二十四日。

②赴以庚戌，故书之：周平王是壬戌日死的，而讣告上说是庚戌日，《春秋》就记为庚戌日。杜预注云因天子葬期有一定期限，想让诸侯早日临丧，所以提前十二日，说是庚戌日死。杨伯峻非之，曰："恐是臆测之辞。襄二十八年《经》云：'十有二月甲寅，天王崩。'《传》云：'癸巳，天王崩，未来赴，亦未书，礼也。王人来告丧，问崩日，以甲寅告，故书之，以征过也。'与此可以互相发明。"赴，同"讣"，告丧。

【译文】

鲁隐公三年春周历的三月二十四日，周平王逝世。讣告上写的是十二日，所以《春秋》也记载死日为十二日。

3.2 夏，君氏卒，声子也。不赴于诸侯，不反哭于寝，不祔于姑，故不曰薨。不称夫人，故不言葬[①]，不书姓，为公故，曰"君氏"[②]。

【注释】

①"不赴于诸侯"六句：声子虽是隐公之母，但非惠公之正夫人；隐公虽当时为鲁国之君，却自谓代桓公摄位，故去年十二月，桓公之母仲子死，以夫人之礼葬之，《春秋》亦书云"夫人子氏薨"，此时声子死则不按夫人之礼治丧。杨伯峻曰："所谓以夫人之礼治丧者，当其初死，讣告于同盟诸侯，一也；既葬返哭于祖庙，虞于殡（虞为葬后迎死者之魂，祭而安乐之之礼）——此从沈钦韩说——二也；卒哭（虞后三月，卒无时之哭——意谓以后哭死者有时），以死者之主祔（以后死者祔于祖庙曰祔）于祖姑，三也。若三礼皆备，则书曰'夫人某氏薨'，又书曰'葬我小君某氏'。声子之死，既未向同盟诸侯讣告；葬后，隐公又未反哭于寝（祖庙）；卒哭后，亦未祔于祖姑，三者皆不具备，则是不以夫人看待声子，

故《经》书其死用‘卒’字，而不用‘薨’字；只云‘某氏’，而不云‘夫人某氏’；又不书其葬。”赴于诸侯，讣告于同盟诸侯。反哭于寝，死者既葬后，亲属回到祖庙哭吊。寝，祖庙。祔(fù)，以新亡者神主(牌位)附祭于宗庙。姑，婆婆，此指婆婆的神主。

②不书姓，为公故，曰“君氏”：声子姓子，依一般官人死时记载惯例，宜曰“子氏卒”。但隐公时为鲁君，声子是其生母，如此对待声子，或者有伤隐公之心。当时习惯有“君夫人氏”之称，此故省“夫人”两字，称之为“君氏”。公，指隐公。

【译文】

夏，君氏去世，君氏就是声子。没有发讣告给诸侯，安葬后没有回到祖庙哭祭，没有把神主放在婆婆神主的旁边，所以《春秋》不称“薨”。又由于没有称她为“夫人”，所以不记载下葬的情况，也没有记载她的姓氏，只是因为她是隐公的生母的缘故，所以才称她为“君氏”。

3.3　郑武公、庄公为平王卿士①。王贰于虢②，郑伯怨王，王曰“无之”。故周、郑交质③。王子狐为质于郑④，郑公子忽为质于周⑤。王崩，周人将畀虢公政⑥。四月，郑祭足帅师取温之麦⑦。秋，又取成周之禾⑧。周、郑交恶⑨。

【注释】

①卿士：执政大臣。

②贰于虢：不专任郑伯，又同时将一些政事交给虢公处理。虢，西虢公。

③质：作抵押的人或物。此指人质。

④王子狐：周平王之子，后即位为周桓王。

⑤公子忽：郑庄公太子，后即位为郑昭公。

⑥王崩，周人将畀(bì)虢公政：此句指周平王一死，周人准备将执政权交给虢公。畀，给予。

⑦祭足：郑大夫祭仲。温：周王畿内的小国，在今河南温县南。

⑧成周：周的东都，遗址在今河南洛阳市王城公园。禾：稷类谷物。

⑨周、郑交恶：指郑国用武力强取了王室温地的麦子和成周的谷子，以示对周王重用虢君的抗议。这样一来，周王室和郑国结下了怨仇。

【译文】

郑武公、郑庄公先后担任周平王的卿士。平王暗中又将朝政分托给虢公，郑庄公埋怨周平王，平王说："没有这回事。"所以周、郑交换人质。周王子狐在郑国作为人质，郑国的公子忽在宗周作为人质。平王死后，周王室的人想把政权交给虢公。四月，郑国的祭足带兵割取了温地的麦子。秋天，又割取了成周的谷子。宗周和郑国彼此怨恨。

君子曰："信不由中①，质无益也。明恕而行②，要之以礼③，虽无有质，谁能间之④？苟有明信⑤，涧、谿、沼、沚之毛⑥，蘋、蘩、薀藻之菜⑦，筐、筥、锜、釜之器⑧，潢、污、行潦之水⑨，可荐于鬼神⑩，可羞于王公⑪，而况君子结二国之信，行之以礼，又焉用质？《风》有《采蘩》、《采蘋》⑫，《雅》有《行苇》、《泂酌》⑬，昭忠信也⑭。"

【注释】

①信不由中：诺言不发自内心。信，指人的言语。中，同"衷"。

②明恕：即对于自己是发自诚心，对于别人则能谅解。

③要(yāo)：约束。

④间(jiàn)：离间。

⑤苟：假如。明信：明显的诚信。

⑥涧、豁：山沟。沼、沚(zhǐ)：池塘。毛：凡地上所生植物都叫毛，此指野草。

⑦蘋(pín)：浅水中所长的植物。蘩(fán)：白蒿，草本植物。薀(wēn)：一种水草。

⑧筐、筥(jǔ)：均为竹木编的盛器，方的为筐，圆的为筥。锜(qí)、釜(fǔ)：均为烹饪用的器具，有脚的叫锜、无脚的叫釜。

⑨潢(huáng)污：此指不流动的死水。潢，积水池。污，池塘。行潦(háng lǎo)：道路上的流水。

⑩荐(jiàn)：进献。

⑪羞(xiū)：进献食品。

⑫《风》：指《诗经》中的《国风》。《采蘩》、《采蘋》：《诗经·国风·召南》中的两篇，均写妇女采集野菜以供祭祀。

⑬《雅》：指《诗经》中的《大雅》。《行苇》、《泂酌(jiǒng zhuó)》：《诗经·大雅》中的两篇，内容均有关宴享。

⑭昭：显示，表明。

【译文】

君子说："诚意不发自内心，即使交换人质也没有益处。设身处地将心比心来办事，又用礼仪加以约束，虽然没有人质，又有谁能离间他们？假如确有诚意，即使是山沟、池塘里生长的野草，蘋、蘩、薀藻这一类的野菜，筐、筥一般的竹器和锜、釜一类的器皿，大小池塘的积水乃至道路上的流水，都可以献给鬼神，进给王公，何况君子建立两国的信约，按照礼仪办事，又哪里还用得着人质？《国风》有《采蘩》、《采蘋》，《大雅》有《行苇》、《泂酌》这些诗篇，就是为了表明忠信。"

3.4　武氏子来求赙，王未葬也。

【译文】

武氏的儿子来鲁国求取办丧事的财物，这是由于周平王还没有举行葬礼。

3.5　宋穆公疾，召大司马孔父而属殇公焉[①]，曰："先君舍与夷而立寡人[②]，寡人弗敢忘。若以大夫之灵[③]，得保首领以没[④]，先君若问与夷，其将何辞以对？请子奉之[⑤]，以主社稷[⑥]，寡人虽死，亦无悔焉。"对曰："群臣愿奉冯也[⑦]。"公曰："不可。先君以寡人为贤，使主社稷，若弃德不让[⑧]，是废先君之举也[⑨]，岂曰能贤[⑩]？光昭先君之令德[⑪]，可不务乎[⑫]？吾子其无废先君之功[⑬]！"使公子冯出居于郑。八月庚辰，宋穆公卒。殇公即位。

【注释】

①大司马：宋国官名，掌邦政。孔父：名嘉，又称孔父嘉，正考父之子，孔子的祖先。属：嘱咐。殇（shāng）公：宋宣公之子与夷，宋穆公的侄子。

②先君舍与夷而立寡人：指当年宋宣公废弃太子与夷而立弟弟穆公。先君，指宋宣公。舍，舍弃，废弃。寡人，诸侯谦称，喻寡德之人。

③以大夫之灵：意即托大夫之福，仗大夫之力。灵，威灵。

④保首领以没：当时俗语，指善终。

⑤子：您，此是对孔父的尊称。奉：事奉，奉戴。

⑥主社稷：执政。土神叫社，谷神叫稷，社稷指代国家。

⑦冯：穆公之子，后为庄公。

⑧德：穆公以让国为德。让：让国。

⑨举:选拔。

⑩能贤:能够称为贤者。

⑪光昭:发扬光大。令德:美德。

⑫务:努力从事。

⑬吾子:表尊敬的代词,您或你们。

【译文】

宋穆公病重了,召见大司马孔父把殇公嘱托给他,说:“先君废弃了他的儿子与夷而立我为国君,我不敢忘记。如果托大夫的福,我能得善终,先君如果问起与夷,将用什么话回答呢?请您事奉与夷来主持国家事务,我虽死也没什么后悔的了。”孔父回答说:“群臣愿意事奉您的儿子冯啊!”穆公说:“不行。先君认为我有德行,才让我主持国家事务。如果丢掉道德而不让位,这就是废弃了先君的提拔,哪里还能说有什么德行?发扬先君的美德,难道能不努力从事吗?您不要废弃先君的功业!”于是命令公子冯到郑国去住。八月十五日,宋穆公去世,殇公即位。

君子曰:“宋宣公可谓知人矣①。立穆公,其子飨之②,命以义夫③。《商颂》曰:‘殷受命咸宜,百禄是荷④。’其是之谓乎!”

【注释】

①知人:能了解人。

②飨(xiǎng):通“享”,享有。宋宣公立穆公,穆公卒,仍立宣公子为君,所以说“其子飨之”。

③命:宣公的遗命。

④殷受命咸宜,百禄是荷:见《诗经·商颂·玄鸟》,意谓殷王受天命皆合道义,因此承受天赐百福。殷商王位多兄终弟及,宋国为殷商后裔,宋宣公也不传位儿子而传弟,所以作者引《商颂》赞扬他。

【译文】

君子说："宋宣公可以说是能了解人了。立了弟弟穆公，他的儿子却仍然享受了君位，这是因为他的遗命出于道义。《诗经·商颂》说：'殷王传授天命都合于道义，所以承受了各种福禄。'就是这种情况。"

3.6 冬，齐、郑盟于石门，寻卢之盟也①。庚戌②，郑伯之车偾于济③。

【注释】

①寻卢之盟：寻盟，当时俗语，重修旧好。寻，温。卢，地名，在今山东长清。卢之盟发生在春秋之前。

②庚戌：十二月无庚戌日，当是记日有误。

③偾(fèn)：翻车。济：济水，在山东齐河。

【译文】

冬，齐国和郑国在石门会盟，这是为了重温在卢地结盟的友好关系。庚戌日，郑伯在济水翻了车。

3.7 卫庄公娶于齐东宫得臣之妹①，曰庄姜②。美而无子，卫人所为赋《硕人》也③。又娶于陈④，曰厉妫⑤，生孝伯⑥，早死。其娣戴妫生桓公⑦，庄姜以为己子。

【注释】

①卫庄公：名扬，卫武公之子，在位二十三年。东宫：太子所居之地，后常称太子为东宫。得臣：齐庄公的太子，未即位便已死去。

②庄姜：卫庄公的妻子，是齐庄公嫡女，齐僖公姊妹。庄是丈夫谥号，姜是娘家的姓。

③所为：为之。赋：作诗。《硕人》：《诗经·国风·卫风》中的一篇，赞美庄姜之美。硕人，美人。硕，大。古人以硕大颀长为美。

④陈：诸侯国名，妫（guī）姓，虞舜之后，都于宛丘，在今河南淮阳。

⑤厉妫：人名，其中厉为谥号，妫为姓。

⑥孝伯：卫庄公与厉妫之子，早死。

⑦娣（dì）：妹妹。古代诸侯嫁女，要以侄娣陪嫁，所以自嫡室以下诸妾都叫"娣"。戴妫：人名，厉妫之妹，谥号戴。桓公：卫庄公之子，名完。

【译文】

卫庄公娶了齐国东宫得臣的妹妹，称为庄姜。庄姜漂亮却没有生孩子，卫国人因此为她创作了《硕人》这首诗。卫庄公又在陈国娶了一个妻子，称为厉妫，生了孝伯，很早就死了。跟厉妫陪嫁来的妹妹戴妫生了卫桓公，庄姜就把他作为自己的儿子。

公子州吁[①]，嬖人之子也[②]，有宠而好兵，公弗禁，庄姜恶之。石碏谏曰[③]："臣闻爱子，教之以义方[④]，弗纳于邪。骄、奢、淫、泆[⑤]，所自邪也[⑥]。四者之来，宠禄过也。将立州吁，乃定之矣，若犹未也，阶之为祸[⑦]。夫宠而不骄，骄而能降，降而不憾，憾而能昣者，鲜矣[⑧]。且夫贱妨贵，少陵长，远间亲，新间旧，小加大，淫破义，所谓六逆也[⑨]。君义，臣行，父慈，子孝，兄爱，弟敬，所谓六顺也[⑩]。去顺效逆，所以速祸也[⑪]。君人者将祸是务去[⑫]，而速之，无乃不可乎[⑬]？"弗听。其子厚与州吁游[⑭]，禁之，不可。桓公立，乃老[⑮]。

【注释】

①公子州吁（xū）：卫庄公之子。

②嬖(bì)人:指爱妾。嬖,宠幸。

③石碏(què):卫大夫。

④义方:正确的礼仪规矩。

⑤泆(yì):放荡恣肆。

⑥所自邪:邪恶由此而来。

⑦阶:阶梯。指以宠爱为阶梯作乱。

⑧“夫宠而不骄”五句:受宠爱则骄傲,地位下降则怨恨,怨恨则思作乱而不能自安自重,一般人常如此。石碏认为州吁也是如此。能降,安于地位下降。憾,恨。昣(zhěn),镇定自重的样子。鲜(xiǎn),少。

⑨“且夫贱妨贵”七句:州吁与桓公完相比,从地位说,州吁庶出为贱,完夫人嫡子为贵;以年龄说,州吁年少,完年长;以亲疏说,州吁疏远,完亲近;以历史关系说,州吁是新进之人,完是耆旧之人;以情势说,州吁小,完大;以道义说,州吁淫邪,完忠义。所以如果立州吁,是犯了“六逆”。妨,妨害。陵,凌驾。间,离间。加,侵凌。破,破坏。逆,悖理的行为。

⑩“君义”七句:国君行事得宜,臣下坚决服从,父亲慈爱儿女,儿女孝敬父母,兄长爱护弟妹,弟妹尊敬兄长,这就是大家所说的“六顺”。顺,顺理之事。

⑪速祸:加速祸患的到来。

⑫君人:为人之君。将祸是务去:即“将务去祸”,一定要把祸患去掉。

⑬无乃:恐怕,只怕。

⑭游:交游,往来密切。

⑮老:告老隐退。按,此本与下年《传》“四年春,卫州吁弑桓公而立”为一段,被后人割裂。

【译文】

公子州吁是庄公宠妾的儿子,受到庄公宠爱,喜好武事,庄公不加禁止,庄姜则讨厌州吁。大夫石碏劝庄公说:"我听说疼爱孩子应当用正道去教导他,不能使他走上邪路。骄横、奢侈、淫乱、放纵是导致邪恶的原因。这四种恶习的产生,是给他的宠爱和俸禄过了头。如果想立州吁为太子,就确定下来;如果定不下来,就会酿成祸乱。受宠而不骄横,骄横而能安于下位,地位下降而不怨恨,怨恨而能克制的人,是很少的。况且低贱妨害高贵,年轻欺凌年长,疏远离间亲近,新人离间旧人,弱小压迫强大,淫乱破坏道义,这是六件背离道理的事。国君仁义,臣下恭行,为父慈爱,为子孝顺,为兄爱护,为弟恭敬,这是六件顺理的事。背离顺理的事而效法违理的事,这就是很快会招致祸害的原因。作为统治民众的君主,应当尽力除掉祸害,而现在却加速祸害的到来,这大概是不行的吧?"卫庄公不听劝告。石碏的儿子石厚与州吁交往,石碏禁止,但未能如愿。到卫桓公即位做了国君,石碏就告老退休了。

四年

【经】

4.1　四年春王二月①,莒人伐杞②,取牟娄③。

4.2　戊申④,卫州吁弑其君完⑤。

4.3　夏,公及宋公遇于清⑥。

4.4　宋公、陈侯、蔡人、卫人伐郑⑦。

4.5　秋,翚帅师会宋公、陈侯、蔡人、卫人伐郑⑧。

4.6　九月,卫人杀州吁于濮⑨。

4.7　冬十有二月,卫人立晋⑩。

【注释】

①四年:鲁隐公四年当周桓王元年,前719。

②杞(qǐ):诸侯国名,姒姓。《史记》言武王克殷后,求禹后东楼公封于杞。本在河南杞县一带,后东迁到今山东安丘。

③牟(móu)娄:地名,在今山东诸城。

④戊申:三月十六日。二月无戊申。

⑤卫州吁弑(shì)其君完:卫国的州吁杀了卫桓公完自立为国君。《春秋》记载弑君从此开始。弑,古代称臣杀君、子杀父母为弑。完,指卫桓公,名完,卫庄公之子。

⑥公及宋公遇于清:鲁隐公和宋殇公在清地草草相见。公,指鲁隐公。宋公,指宋殇公。遇,非正式会见。清,卫邑,在今山东东阿南。

⑦宋公、陈侯、蔡人、卫人伐郑:此次伐郑,宋、陈两国是国君亲自领兵,蔡、卫是大夫领兵,所以称为"蔡人"、"卫人"。陈侯,指陈桓公。蔡,国名,周武王之弟蔡叔度之后。此时建都上蔡,即今河南上蔡。《春秋传说汇纂》云:"此诸侯会伐之始,亦东诸侯分党之始。"

⑧翚(huī)帅师会宋公、陈侯、蔡人、卫人伐郑:《春秋传说汇纂》曰:"此大夫会伐之始。"翚,鲁大夫公子翚,字羽父。

⑨濮(pú):陈国地名,在今安徽芡河上游。

⑩晋:指公子晋,此年被卫国人立为国君,号卫宣公。

【译文】

鲁隐公四年春周历二月,莒国人攻打杞国,占领牟娄。

三月十六日,卫国的州吁杀死了他的君主完。

夏,鲁隐公和宋殇公在清地草草相见。

宋殇公、陈桓公、蔡国人、卫国人攻打郑国。

秋,公子翚领兵会合宋殇公、陈桓公、蔡国人、卫国人攻打郑国。

九月,卫国人在濮地杀死州吁。

冬十二月,卫国人立公子晋为国君。

【传】

4.1　四年春，卫州吁弑桓公而立[①]。

【注释】

①四年春，卫州吁弑桓公而立：此句本是紧接上年末《传》文。

【译文】

鲁隐公四年春，卫国的州吁杀死了卫桓公而自立为国君。

4.2　公与宋公为会，将寻宿之盟[①]。未及期[②]，卫人来告乱。夏，公及宋公遇于清。

【注释】

①宿之盟：在鲁隐公元年。

②期（qī）：约定之日。

【译文】

隐公与宋殇公会面，打算重温在宿地盟会所建立的友好。还没有到约定之日，卫国人来报告说发生了叛乱。夏，隐公和宋殇公在清地非正式会见。

4.3　宋殇公之即位也，公子冯出奔郑[①]，郑人欲纳之[②]。及卫州吁立，将修先君之怨于郑[③]，而求宠于诸侯[④]，以和其民[⑤]。使告于宋曰[⑥]：“君若伐郑以除君害[⑦]，君为主，敝邑以赋与陈、蔡从[⑧]，则卫国之愿也[⑨]。”宋人许之。于是陈、蔡方睦于卫[⑩]，故宋公、陈侯、蔡人、卫人伐郑，围其东门[⑪]，五日而还。

【注释】

①公子冯出奔郑：公子冯，宋穆公之子，早年在郑国当人质。宋穆公传位于殇公，让他到郑国去，他即奔郑。

②纳之：即郑国打算送公子冯回国为君。

③修先君之怨于郑：郑、卫两国前代常有战争，隐公二年郑因公孙滑之乱又伐卫。修怨，指报复怨仇。先君之怨，指前代君主结下的怨仇。先君，当包括庄公、桓公以上诸君。

④求宠：讨好。

⑤和其民：使君民关系和谐，即安定百姓。

⑥使：派使者。

⑦君害：指宋公子冯，他对宋殇公的君位是个威胁。

⑧敝邑：谦词，卫国自称。赋：泛指战争所需的人力物力。

⑨卫国之愿：委婉的外交辞令。

⑩于是：这时。方：正，刚刚。睦：友好。

⑪东门：指郑国都城东门。按，以上记叙宋、卫、陈、蔡四国伐郑的原因及经过。

【译文】

当宋殇公即位的时候，公子冯逃到了郑国，郑国人想送他回国。等到州吁立为国君，准备向郑国报复前代国君结下的怨恨，以此讨好诸侯，安定国内百姓。他派使者告诉宋国说："国君如果攻打郑国，以除去国君的祸害，以国君为主帅，敝邑出兵出物，和陈、蔡两国一起作为属军，这就是卫国的愿望。"宋国答应了。这时候陈国、蔡国正和卫国友好，所以宋殇公、陈桓公、蔡国人、卫国人联合攻打郑国，包围了郑国国都的东门，五天以后才回去。

公问于众仲曰[①]："卫州吁其成乎[②]？"对曰："臣闻以德和民，不闻以乱[③]。以乱，犹治丝而棼之也[④]。夫州吁，阻兵而安忍[5]。阻兵,无众;安忍,无亲。众叛、亲离,难以济矣[6]。夫兵[7],犹火也;弗戢[8],将自焚也。夫州吁弑其君而虐用其民[9],于是乎不务令德[10],而欲以乱成[11],必不免矣[12]。"

【注释】

①众仲:鲁国大夫。

②其成乎:能成功吗? 指能否坐稳君位。

③乱:此指用兵伐郑。

④棼(fén):纷乱。

⑤阻兵:凭借兵力。安忍:安于残忍。

⑥济:成功。

⑦兵:此指战争。

⑧戢(jí):止息。

⑨虐用:暴虐地使用。

⑩不务令德:不致力于建立美德。

⑪以乱成:通过出兵乱行来达到成功。

⑫免:免祸。

【译文】

鲁隐公向众仲询问说:"卫国的州吁能成功吗?"众仲回答说:"我只听说用德行安定百姓,没有听说用祸乱的。用祸乱,如同要理出乱丝的头绪反而弄得更加纷乱。州吁这个人,仗恃武力而安于残忍。仗恃武力就没有民众,安于残忍就没有亲附的人。民众背叛,亲近离开,难以成功。战争,就像火一样,不去制止,将会焚烧自己。州吁杀了他的国君,又暴虐地使用百姓,不致力于建立美德,反而想通过祸乱来取得成功,就一定不能免于祸患了。"

4.4 秋，诸侯复伐郑。宋公使来乞师[①]，公辞之[②]。羽父请以师会之[③]，公弗许，固请而行[④]。故书曰“翚帅师”[⑤]，疾之也[⑥]。诸侯之师败郑徒兵[⑦]，取其禾而还。

【注释】

①宋公使来乞师：杨伯峻曰：“考之《春秋经》，他国来鲁乞师，除晋国外，皆不书，故此宋来乞师，不见于《春秋》。”乞师，请求出兵。

②辞之：拒绝出兵。

③羽父：公子翚之字。会之：出兵与诸侯之师会合。

④固请：坚决请求。

⑤故书曰“翚帅师”：指隐公拒绝出兵，而羽父擅自出兵，所以《春秋》记作“翚帅师”，以贬斥他的专横。

⑥疾：憎恶。

⑦徒兵：在车下作战的步卒。

【译文】

秋，诸侯再次进攻郑国。宋殇公派人前来请求出兵相救，隐公拒绝了。羽父请求出兵相会合，隐公不同意，羽父坚决请求以后前去。所以《春秋》记载说“翚帅师”，这是表示憎恶他不听命令。诸侯的军队打败了郑国的步兵，割取了那里的谷子才回来。

4.5 州吁未能和其民，厚问定君于石子[①]。石子曰：“王觐为可[②]。”曰：“何以得觐？”曰：“陈桓公方有宠于王，陈、卫方睦，若朝陈使请[③]，必可得也[④]。”厚从州吁如陈[⑤]。石碏使告于陈曰：“卫国褊小[⑥]，老夫耄矣[⑦]，无能为也。此二人者，实弑寡君，敢即图之[⑧]。”陈人执之[⑨]，而请莅于卫[⑩]。九月，卫人使右宰丑莅杀州吁于濮[⑪]，石碏使其宰獳羊肩莅杀石厚于陈[12]。

【注释】

①厚：石厚，州吁党羽。定君：安定君位。石子：石厚之父石碏。

②王觐(jìn)为可：意谓如能朝觐周天子，得到周天子的认可，就能取得合法地位。王觐，即觐王。觐，诸侯朝见天子叫觐。

③朝陈使请：指朝见陈桓公让他请命于周天子。

④必可得：一定能得到朝觐周天子的机会。

⑤从：跟随。如：前往。

⑥褊(biǎn)小：狭小。

⑦老夫：据《曲礼》，大夫七十岁以上自称老夫。耄(mào)：八九十岁叫耄，此指昏乱，石碏自谦之词。

⑧即图之：就此机会擒拿他们。

⑨执：逮捕，捉住。

⑩请莅(lì)于卫：指请卫国来陈国处理此事。莅，来临。

⑪右宰：卫国官名，或因官名而为氏。丑：人名。

⑫宰：家臣之长叫宰。獳(nòu)羊肩：人名。

【译文】

州吁不能安定他的百姓，于是石厚向石碏询问安定君位的办法。石碏说："朝觐周天子就可以取得合法地位。"石厚说："如何才能去朝觐呢？"石碏说："陈桓公正受到天子的宠信。现在陈、卫两国正互相和睦，如果朝见陈公，让他代为请求，就一定可以成功。"于是石厚就跟随州吁到了陈国。石碏派人告诉陈国说："卫国地方狭小，我老头子年纪老迈，不能做什么事了。这两个人，确实杀死了我国君主，请您趁此机会除掉他们。"陈国人把这两人抓住，请卫国派人来陈国处理。九月，卫国人派右宰丑在陈国的濮地杀了州吁，石碏派他的家宰獳羊肩在陈国杀了石厚。

君子曰："石碏，纯臣也[①]。恶州吁而厚与焉[②]。'大义灭亲'，其是之谓乎！"

【注释】

①纯臣：忠臣，毫无私心之臣。《晋语》云"事君不贰是谓臣"。

②恶州吁而厚与焉：指石碏憎恶州吁，而石厚为其帮凶，所以连石厚一同处置。与，连及。

【译文】

君子说："石碏真是个忠臣。讨厌州吁，同时连儿子石厚一起处置。'大义灭亲'，说的就是这样的情况吧！"

4.6　卫人逆公子晋于邢[①]。冬十二月，宣公即位[②]。书曰"卫人立晋"，众也[③]。

【注释】

①逆：迎接。邢(xíng)：国名，姬姓，周公之后。金文常作"井侯"、"井伯"。今河北邢台襄国故城，即古邢国。

②宣公：指公子晋。

③众：多数人之意。

【译文】

卫国人到邢国迎接公子晋。冬十二月，卫宣公即位。《春秋》记载说"卫人立晋"，这是说出于大众的意志。

五年

【经】

5.1　五年春[①]，公矢鱼于棠[②]。

5.2 夏四月，葬卫桓公。

5.3 秋，卫师入郕[3]。

5.4 九月，考仲子之宫[4]。初献六羽[5]。

5.5 邾人、郑人伐宋。

5.6 螟[6]。

5.7 冬十有二月辛巳[7]，公子彄卒[8]。

5.8 宋人伐郑，围长葛[9]。

【注释】

①五年：鲁隐公五年当周桓公二年，前718。

②矢鱼：看渔人陈设渔具捕鱼，以此为乐。矢，陈设。棠，鲁地名，在今山东鱼台。

③郕(chéng)：诸侯国名，姬姓，据《史记·管蔡世家》，初受封者成叔武为文王之子，武王与周公之弟。故城在今山东范县。1975年于陕西岐山县董家村发现成伯孙父鬲，或疑郕本封于西周畿内，东迁后改封于山东。

④考：古时宗庙宫室或重要器物初成时举行的祭礼，也叫“落”或者“成”。仲子之宫：指仲子之庙。《春秋经》例，周公之庙称大庙，群公之庙不称庙而称宫。故此仲子之宫，即仲子之庙。仲子，鲁桓公之母。隐公本代桓公执政，实奉桓公为君，故为桓公尊异其母，为别立一庙。

⑤初献六羽：仲子神主入庙时所献上的六羽乐舞。六羽，即六佾。古代乐舞，以八人为一列，谓之一佾。舞时，文舞执野鸡羽而舞，故亦称羽。古礼制，天子八佾，诸侯六佾，大夫四佾，士二佾。鲁公为诸侯，但据《礼记·祭统》与《明堂位》，成王、康王命鲁公世世祭祀周公，特用天子之礼乐，因而相沿用八佾。而今独于祭仲

子时改用六佾，故云“初献六羽”，而他处仍用八佾。但杨伯峻曰：“此与考仲子之宫虽相关，而是两事。……考仲子之宫是为庙成而举行落成之祭，所祭为门、户、井、灶、中霤之神。考宫之礼不用乐舞，故知初献六羽与上句不相蒙。”

⑥螟(míng)：螟蛾的幼虫，会蛀食稻苗。螟害成灾，所以《春秋》加以记载。

⑦辛巳：二十九日。

⑧公子彄(kōu)：臧(zāng)僖伯，字子臧，鲁孝公之子。

⑨长葛：郑地名，在今河南长葛东北。

【译文】

鲁隐公五年春，鲁隐公在棠地看渔人陈设渔具捕鱼。

夏四月，安葬卫桓公。

秋，卫国军队攻入郕国。

九月，仲子之庙举行落成典礼。初献六羽乐舞。

邾国人、郑国人攻打宋国。

有螟虫为害。

冬十二月二十九日，公子彄去世。

宋国人攻打郑国，包围长葛。

【传】

5.1 五年春，公将如棠观鱼者①。臧僖伯谏曰②：“凡物不足以讲大事③，其材不足以备器用，则君不举焉④。君，将纳民于轨物者也。故讲事以度轨量谓之轨⑤，取材以章物采谓之物⑥，不轨不物，谓之乱政。乱政亟行⑦，所以败也。故春蒐、夏苗、秋狝、冬狩⑧，皆于农隙以讲事也。三年而治兵⑨，入而振旅⑩，归而饮至⑪，以数军实⑫。昭文章⑬，明贵贱，辨等列，顺少长，习威仪也。鸟兽之肉不登于俎⑭，皮革、齿牙、骨角、毛羽不登于器⑮，则公不射，古之制也。若夫山林川泽之实⑯，器用之资⑰，皂隶之事⑱，官司之守⑲，非君所及也。”公曰：“吾将略地焉⑳。”遂往，陈鱼而观之。僖伯称疾，不从。书曰“公矢鱼于棠”，非礼也，且言远地也㉑。

【注释】

①观鱼者：即矢鱼。

②臧僖伯：公子彄。孔《疏》云：“诸侯之子称公子，公子之子称公孙。公孙之子不得祖诸侯，乃以王父之字为氏。计僖伯之孙始得以臧为氏，今于僖伯之上已加‘臧’者，盖以僖伯是臧氏之祖，传家追言之也。”僖是其谥号。

③大事：春秋时国之大事专指祭祀和战争。

④举：举动，行动。

⑤讲事：演习大事。度（duó）：端正。轨量：法度。

⑥章：表明。物采：物色彩饰，即装饰车服旌旗之器。

⑦亟行：屡行。

⑧春蒐（sōu）、夏苗、秋狝（xiǎn）、冬狩（shòu）：四季打猎的名称，也指战斗演习。

⑨治兵：大演习。平常四时小演习，三年大演习。

⑩入而振旅：入国都整顿军队。一般演习是在郊外。

⑪饮至：国君外出归来，还告于宗庙，慰劳随从，叫做饮至。

⑫军实：俘获的战利品。

⑬昭文章：国君、大夫、士的车马、服饰、旌旗各有不同的花纹图案和色彩，要使它们文采鲜华。昭，表明。文章犹言文采，此指车服旌旗而言。

⑭俎(zǔ):古代祭器,用来装已杀死的牺牲。

⑮皮革:用以作箭袋甲胄。齿牙:象牙,用以造弓。骨:用以饰弓的两端。角:用以造弓弩。毛羽:用以装饰旌旗。

⑯山林川泽之实:不仅指材木、樵薪、芡、鱼蟹之属,实包括一切不登于俎、不登于器而产于山川者。实,指产品。

⑰资:材料。

⑱皂(zào)隶:古代贱役。

⑲守:职分。

⑳吾将略地焉:略地,巡行视察边境。棠为鲁、宋两国交界之地,故隐公以略地为名。

㉑远地:棠距曲阜较远。

【译文】

鲁隐公五年春季,鲁隐公准备到棠地观看捕鱼。臧僖伯劝阻说:“凡是一种东西不能用到讲习祭祀和兵戎的大事上,它的材料不能制作礼器和兵器,国君对它就不会采取行动。国君是要把百姓引入正轨、善于取材的人。所以演习大事以端正法度叫做‘轨’,选取材料以制作重要器物叫做‘物’。事情不合于‘轨’、‘物’,叫做乱政。乱政屡次执行,国家将由此败亡。所以春蒐、夏苗、秋狝、冬狩这四种举动,都是在农业空闲时讲习。每三年举行一次大演习,进入国都整顿军队,回来祭祖告宗庙,宴请臣下,犒赏随员,以计算俘获的东西。要车服文采鲜明,贵贱有别,辨别等级,少长有序,这是讲习威仪。鸟兽的肉不摆进宗庙的祭器里,它的皮革、牙齿、骨角、毛羽不用到礼器上,国君就不去射它,这是古代的规定。至于山林河泽的产品,一般器物的材料,这是下等人关注的事情,有关官吏的职责,不是国君所应涉及的。”隐公说:“我是打算视察边境呀!”于是隐公就动身前往棠邑,让捕鱼者摆出捕鱼场面来观看。臧僖伯推说有病,没有跟随前去。《春秋》记载“公矢鱼于棠”,这是由于隐公的行为不合于礼制,而且暗示棠地离国都较远。

5.2　曲沃庄伯以郑人、邢人伐翼①，王使尹氏、武氏助之②。翼侯奔随③。

【注释】

①曲沃庄伯以郑人、邢人伐翼：杨伯峻曰："晋国事始见于此，而《春秋经》不书，盖以晋五世有内乱，不及来告之故。"曲沃，晋国旧都，在今山西闻喜。庄伯，曲沃桓叔之子。翼，又称绛，晋都，在今山西翼城。《水经注》引郑氏《诗谱》云："穆侯迁绛，孝侯继昭侯而立，改绛曰翼。武公子献公广其城，又命之曰绛，庄公二十六年'士城绛以深其宫'是也。"

②王：指周桓王。尹氏、武氏：均为周世族大夫。

③翼侯：翼与绛是一地二名，故《史记·索隐》云："翼本晋都，自孝侯以下，一号翼侯。"则翼侯即是晋侯。此翼侯是晋鄂侯，晋昭侯之子，晋孝侯之弟。随：晋地名，在今山西介休。

【译文】

曲沃庄伯带领郑军、邢军进攻晋都翼，周桓王派尹氏、武氏帮助他。晋鄂侯逃到随地。

5.3　夏，葬卫桓公。卫乱，是以缓①。

【注释】

①是以缓：《经》书"夏四月葬卫桓公"。卫桓公被杀于隐公四年三月，至此已一年有余，始能安葬。依隐公元年《传》及《礼记·礼器》《杂记下》，诸侯五月而葬，此因卫有州吁之乱，故葬缓。

【译文】

夏，安葬卫桓公。由于卫国发生动乱，所以迟缓了。

5.4 四月,郑人侵卫牧[①],以报东门之役[②]。卫人以燕师伐郑[③]。郑祭足、原繁、洩驾以三军军其前[④],使曼伯与子元潜军军其后[⑤]。燕人畏郑三军,而不虞制人[⑥]。六月,郑二公子以制人败燕师于北制[⑦]。君子曰:"不备不虞[⑧],不可以师[⑨]。"

【注释】

①牧:郊外。

②东门之役:事见隐公四年。

③燕:有北燕、南燕之分,此指南燕国,姞姓,相传为黄帝之后,其地在今河南延津东北。

④祭足、原繁、洩驾:均为郑大夫。以三军军其前:前"军"为名词,作军队解;后"军"作动词,驻扎、布列之意。

⑤曼伯:郑昭公忽的字。杨伯峻认为是庄十四年《传》之子仪。子元:郑厉公的字。潜:偷偷地。

⑥虞:防备。制人:此即曼伯与子元所率军队。

⑦二公子:指曼伯、子元。北制:即虎牢关。

⑧不虞:意外之事。

⑨师:此指率军作战。

【译文】

四月,郑国人入侵卫国郊外,来报复去年东门那一战役。卫国人带领南燕军队进攻郑国。郑国的祭足、原繁、洩驾带领三军进攻燕军的前面,派曼伯和子元偷偷率领制地的军队袭击燕军的后面。燕国人害怕郑国的三军,而没有防备从制地来的军队。六月,郑国的两个公子曼伯和子元带领制人在虎牢关击败了燕军。君子说:"不防备意外,就不可以带兵作战。"

5.5　曲沃叛王[1]。秋，王命虢公伐曲沃，而立哀侯于翼[2]。

【注释】

①曲沃叛王：此前周桓王派尹氏、武氏帮助曲沃庄伯伐翼，此时双方关系已破裂，曲沃庄伯背叛周天子。

②哀侯：即晋哀侯，名光，晋鄂侯之子。

【译文】

曲沃背叛周桓王。秋，周桓王命令虢公进攻曲沃，而在翼地立哀侯为晋君。

5.6　卫之乱也[1]，郕人侵卫，故卫师入郕。

【注释】

①卫之乱：指州吁之乱。

【译文】

当卫国动乱的时候，郕国人入侵卫国，所以卫国的军队攻入郕国。

5.7　九月，考仲子之宫，将万焉[1]。公问羽数于众仲[2]。对曰："天子用八，诸侯用六，大夫四，士二[3]。夫舞，所以节八音而行八风[4]，故自八以下。"公从之。于是初献六羽[5]，始用六佾也[6]。

【注释】

①万：古代乐舞名，包括文舞与武舞。文舞用雉羽和一种叫籥(yuè)的乐器，又叫籥舞、羽舞，模拟翟雉的春情；武舞用干戚，又叫干舞，模拟战术。万舞常用于宗庙祭祀。

②羽数：执羽的人数。

③“天子用八”四句：按周朝礼制，羽数的多少，有森严的等级规定，天子用八佾（yì）、诸侯用六佾、大夫用四佾、士只能用二佾。佾，乐舞的行列，以八人为一列，叫做一佾。

④所以：用以……的方法，表工具、方法。节：调节。八音：金、石、丝、竹、匏、土、革、木八种不同材料制作的乐器发出的乐音。行：传播。八风：指八方之风，谓东方谷风，东南清明风，南方凯风，西南凉风。西方阊阖风，西北不周风，北方广莫风，东北融风。《吕氏春秋·有始览》：“何谓八风？东北曰炎风，东方曰滔风，东南曰熏风，南方曰巨风，西南曰凄风，西方曰飂风，西北曰厉风，北方曰寒风。”八风之名，亦见《淮南子·地形训》与《史记·律书》，大同小异。

⑤六羽：指六佾。

⑥始用：才用。

【译文】

九月，祭仲子庙，准备在庙里献演万舞。隐公向众仲询问执羽舞的人数。众仲回答说：“天子用八佾，诸侯用六佾，大夫四佾，士二佾。舞，用来调节八种材料所制乐器的乐音而传播八方之风。所以人数在八佾以下。”隐公听从了。从此以后献演六羽乐舞，开始使用六佾舞人。

5.8　宋人取邾田。邾人告于郑曰：“请君释憾于宋①，敝邑为道②。”郑人以王师会之③，伐宋，入其郛④，以报东门之役。宋人使来告命⑤。公闻其入郛也，将救之，问于使者曰：“师何及⑥？”对曰：“未及国⑦。”公怒，乃止⑧，辞使者曰：“君命寡人同恤社稷之难⑨，今问诸使者，曰‘师未及国’，非寡人之所敢知也。”

【注释】

①释憾：泄愤而进行报复。犹今言“解恨”。

②道：同“导”，做向导。

③郑人以王师会之：指郑国人带领周天子的军队和邾军会合。郑庄公为周王卿士，以此能指挥周王军队伐宋。

④郛（fú）：郭，外城。

⑤告命：以君命告急求救。

⑥何及：到了哪里。

⑦国：指宋国国都。

⑧止：停止出兵，不与救援。

⑨恤（xù）：忧虑。难：灾难。

【译文】

宋国人掠取邾国的土地。邾国人告诉郑国说：“请国君攻打宋国，报仇雪恨，敝邑愿意做向导。”郑国人带领周天子的军队和邾军会合，进攻宋国，进入了外城，以报复去年东门那一战役。宋国派人前来用国君的名义告急请救。隐公听说军队已经进入外城，打算出兵救援宋国，询问使者说：“军队到了什么地方？”使者欺骗他说：“还没有到国都。”隐公发怒，不去救援。他辞谢使者说：“贵国国君命令我一起为宋国的危难分忧，现在询问使者，回答说‘军队还没有到国都’，这就不是我所敢知道的了。”

5.9 冬十二月辛巳，臧僖伯卒。公曰：“叔父有憾于寡人[①]，寡人弗敢忘。”葬之加一等[②]。

【注释】

①叔父：指臧僖伯，他为隐公父惠公之弟，是亲叔父。有憾于寡人：指臧僖伯谏往棠观鱼，隐公不听一事。憾，怨恨。

②葬之加一等：指鲁隐公对臧僖伯的葬礼在原等级上再加一级，以褒扬其贤。

【译文】

冬，十二月二十九日，臧僖伯死了。隐公说："叔父对我有怨恨，我不敢忘记他。"于是按照原等级加一级的葬仪安葬他。

5.10 宋人伐郑，围长葛，以报入郛之役也。

【译文】

宋国进攻郑国，包围长葛，以报复攻进外城的战役。

六年

【经】

6.1 六年春[①]，郑人来渝平[②]。

6.2 夏五月辛酉[③]，公会齐侯盟于艾[④]。

6.3 秋七月[⑤]。

6.4 冬，宋人取长葛。

【注释】

①六年：鲁隐公六年为周桓王三年，前717。

②郑人来渝平：隐公为公子时，与郑人战于狐壤，为郑人所获，赂尹氏而逃归，固与郑结仇。隐公四年，宋、陈、蔡、卫诸国伐郑，鲁公子翚率师会之伐郑。宋、郑世怨，而鲁、宋则屡结同盟，是鲁、郑亦仇怨之国。此盖郑庄公见上年鲁公拒绝宋使之求援，因而派使来，约弃前嫌而修新好。渝平，弃旧怨而修新好，重立和约。渝，改变。平，和而不结盟。

③辛酉：十二日。

④齐侯：此指齐僖公。艾：古地名，杨伯峻认为在今山东新泰西北。

⑤秋七月：《春秋》中某一季度虽无大事，但仍然记下四时与四季首月，如隐公元年的“春王正月”，这里的“秋七月”，以及其他年里的“夏四月”、“冬十月”等，四时具备，以此编年。

【译文】

鲁隐公六年春，郑国来我国弃怨修好。

夏五月十二日，鲁隐公与齐僖公相会，在艾地结盟。

秋七月。

冬，宋国人攻下长葛。

【传】

6.1　六年春，郑人来渝平，更成也[①]。

【注释】

①更成：即渝平，重新修好。

【译文】

鲁隐公六年春，郑国人来我国要求弃怨修好，这种情况叫做“更成”。

6.2　翼九宗五正顷父之子嘉父逆晋侯于随[①]，纳诸鄂[②]。晋人谓之鄂侯[③]。

【注释】

①翼九宗五正顷父之子嘉父逆晋侯于随：嘉父迎晋侯于随。翼九宗五正顷父之子，说明嘉父的世系出身。翼，古地名，为顷父、嘉父所居之地。九宗五正，官名，顷父的官职。顷父，与其子嘉父

皆为晋大夫。杨伯峻以为顷父或系当时极著声望之人，故叙其子嘉父，冠以其名位。又曰："此只叙一人耳，而详其地，详其族，详其官，详其父，于以见晋之有强宗耳。"晋侯，即晋鄂侯，上年《传》文中奔随的翼侯。

②纳：安置。鄂：故地在今山西乡宁。

③晋人谓之鄂侯：上年《传》，晋人已立哀侯于翼，所以翼侯无法回翼，嘉父于是把他安置在鄂，成为鄂侯。此时晋有三君并存，即哀侯、鄂侯和曲沃庄伯。

【译文】

晋国翼都的九宗五正顷父的儿子嘉父到随邑迎接晋侯，让他居住在鄂地。晋国人称他为鄂侯。

6.3 夏，盟于艾，始平于齐也①。

【注释】

①始平于齐：春秋前，鲁与齐两国不和，今弃恶结好，所以说"始平"。平，讲和结好。

【译文】

夏季，在艾地结盟，开始和齐国结好。

6.4 五月庚申①，郑伯侵陈，大获②。

【注释】

①庚申：十一日。

②大获：俘获很多，大胜。

【译文】

五月十一日，郑庄公入侵陈国，得到全胜。

往岁，郑伯请成于陈[1]，陈侯不许[2]。五父谏曰[3]："亲仁善邻[4]，国之宝也。君其许郑[5]。"陈侯曰："宋、卫实难[6]，郑何能为？"遂不许。

【注释】

①请成：请求和解。

②陈侯：此指陈桓公。

③五父：即陈公子佗，陈文公之子，陈桓公之弟，桓公末年，杀太子免自立。

④亲仁善邻：亲近仁义而结交邻国。

⑤其：表祈请的副词。

⑥宋、卫实难：即"宋、卫是患"。实，是。难，患，祸害。

【译文】

往年，郑庄公请求与陈国讲和，陈桓公不答应。五父劝谏说："亲近仁义而和邻国友好，这是国家可宝贵的措施，您还是答应郑国的请求吧！"陈侯说："宋国和卫国才是真正的祸患，郑国能做什么？"于是就没有答应。

君子曰："善不可失，恶不可长[1]，其陈桓公之谓乎！长恶不悛[2]，从自及也[3]。虽欲救之，其将能乎[4]？《商书》曰：'恶之易也，如火之燎于原，不可乡迩，其犹可扑灭[5]？'周任有言曰[6]：'为国家者，见恶如农夫之务去草焉，芟夷蕴崇之[7]，绝其本根，勿使能殖[8]，则善者信矣[9]。'"

【注释】

①长(zhǎng):作动词用,滋长。

②悛(quān):悔改。

③从:随即,跟着。自及:自取祸害。

④其:通"岂"。

⑤"恶之易也"四句:今本《尚书·商书·盘庚上》无"恶之易也"句。意谓恶一蔓延,如星火燎原,难以自灭。易,蔓延。乡迩,接近。乡,同"向"。

⑥周任:周大夫,古代的良史。江永《群经补义》云:"疑即《书·盘庚》迟任。"

⑦芟(shān)夷:除草。蕰(yùn)崇:也作蕴崇,把草堆积在苗根发酵肥田。

⑧殖:生长。

⑨善者:既指庄稼之苗,也指善人善政善事。信:同"伸",伸张发扬。

【译文】

君子说:"善不可丢失,恶不可滋长,这说的就是陈桓公吧!滋长了恶而不悔改,马上就会自取祸害。即便想挽救,又怎么能办得到呢?《商书》说:'恶的蔓延,就如同火在原野上蔓延,人不可以靠拢,难道还能扑灭?'周任有句话说:'治理国和家的人,见到恶,就要像农夫急于除掉杂草一样,锄掉它聚积起来肥田,挖掉它的老根,不要使它再生长,那么善的就能发展了。'"

6.5　秋①,宋人取长葛。

【注释】

①秋:此事《经》文记在冬季,而这里记作秋季,是因为《经》文用的

是周历，而《传》文用的是夏历。

【译文】

秋，宋国人占取长葛。

6.6　冬，京师来告饥[①]。公为之请籴于宋、卫、齐、郑[②]，礼也[③]。

【注释】

①京师：指周都城。饥：饥荒，谷不熟曰饥。

②籴（dí）：买谷。

③礼：合乎礼仪。

【译文】

冬，京城派人来报告饥荒，隐公就代周向宋、卫、齐、郑诸国请求购买谷物，这是合于礼的。

6.7　郑伯如周，始朝桓王也[①]。王不礼焉[②]。周桓公言于王曰[③]："我周之东迁，晋、郑焉依[④]。善郑以劝来者，犹惧不蔇[⑤]，况不礼焉？郑不来矣！"

【注释】

①郑伯如周，始朝桓王也：周桓王即位后，周郑交恶，如今桓王即位已三年，郑庄公才来朝见周王，所以曰"始朝"。何焯《义门读书记》云："郑既结怨于陈，又惧王之将讨己也，故朝周。"

②王不礼焉：因隐公三年，周郑交恶。郑庄公虽第一次朝见周桓王，但周桓王心怀旧怨，因此不以礼待之。

③周桓公：周执政大臣，又称周公黑肩。

④我周之东迁，晋、郑焉依：周幽王被犬戎所杀后，平王东迁，晋文侯、郑武公辅卫王室。晋、郑焉依，即晋、郑是依。焉，是。

⑤蔇(jì)：同“塈”，至，来。

【译文】

郑庄公去周都，第一次朝见周桓王。周桓王不加礼遇。周桓公对周桓王说：“我们周室东迁，依靠的就是晋国和郑国。友好地对待郑国，用以鼓励后来的人，还恐怕人家不来，何况不以礼接待呢？郑国不会来了。”

七年

【经】

7.1 七年春王三月①，叔姬归于纪②。

7.2 滕侯卒③。

7.3 夏，城中丘④。

7.4 齐侯使其弟年来聘⑤。

7.5 秋，公伐邾。

7.6 冬，天王使凡伯来聘⑥。戎伐凡伯于楚丘以归⑦。

【注释】

①七年：鲁隐公七年当周桓王四年，前716。

②叔姬：即鲁伯姬之妹。隐公二年《经》记载“伯姬归于纪”，现在叔姬作为陪嫁嫁于纪。古代诸侯娶嫁，以侄女与妹妹陪嫁，叫做媵(yìng)。伯姬出嫁时，叔姬年纪尚幼，所以六年后才嫁于纪。媵妾地位卑贱，嫁往夫家而竟书于《经》，或以为叔姬为纪侯所重之故，或以为叔姬有贤德，惟万斯大《学春秋随笔》本唐陆淳之意认为叔姬并非作为媵妾嫁与纪侯，而是嫁与纪侯之弟纪季。但此

皆猜测之辞。

③滕：国名，姬姓，侯爵，开国君为文王之子错叔绣，地在今山东滕州。

④中丘：地名，在今山东临沂东北。

⑤齐侯：指齐僖公。弟：指夷仲年，齐侯同母弟。《春秋》所称“弟”，皆指同母弟。聘（pìn）：凡天子与诸侯、诸侯与诸侯之间派卿大夫相访问叫做聘。

⑥天王：指周桓王。凡：国名，姬姓，周公之后，伯爵，食邑在今河南辉县西南。此时凡伯为周王室卿士。

⑦戎伐凡伯：定公四年《传》云“君行，师从；卿行，旅从”，则凡伯之出使，人数一定不少，戎欲拦截袭击他们，也一定动用了相当兵力，所以叫“伐”。楚丘，古地名，在今山东成武西南。

【译文】

鲁隐公七年春周历三月，叔姬出嫁到纪国。

滕侯去世。

夏，修筑中丘城墙。

齐僖公派他的弟弟夷仲年来我国访问。

秋，鲁隐公攻打邾国。

冬，周桓王派凡伯来我国访问。戎国人在楚丘攻打凡伯，把他抓回国内。

【传】

7.1　七年春，滕侯卒。不书名，未同盟也。凡诸侯同盟，于是称名①，故薨则赴以名，告终、嗣也②，以继好息民③，谓之礼经④。

【注释】

①称名:春秋时同盟国结盟时以名告于神灵。

②告终:向同盟国报告国君之死。嗣:向同盟国报告继位者是什么人。

③继好息民:继续友好关系,安定人民。

④礼经:礼之大法。经,法则,原则。

【译文】

鲁隐公七年春季,滕侯去世。《春秋》没有记载滕侯的名字,是由于没有和鲁国同盟的缘故。凡是诸侯各国缔结过同盟,就彼此把国名向神明报告,所以当国君死后则在讣告上也写上名字,这是为了向同盟国报告国君逝世和继承的人,以便继续过去的友好关系,并以此安定人民,这是礼的大法。

7.2 夏,城中丘。书,不时也①。

【注释】

①不时:不合时宜。此时在中丘筑城,既非国防所急,又妨碍农时,《春秋》加以记载,有批评之意。

【译文】

夏季,在中丘筑城。《春秋》加以记载,是因为妨碍了农时。

7.3 齐侯使夷仲年来聘①,结艾之盟也②。

【注释】

①夷仲年:即《经》文中的齐侯弟年,仲是排行,夷是谥号。

②结:巩固。艾之盟:事在去年。

【译文】

齐僖公派夷仲年前来聘问，这是为了巩固艾地的盟约。

7.4　秋，宋及郑平。七月庚申[①]，盟于宿[②]。公伐邾，为宋讨也[③]。

【注释】

①庚申：十七日。

②宿：在今山东东平东南。

③为宋讨：隐公五年，邾、郑会合伐宋，隐公曾拒绝宋国的求援；六年初，又与郑弃旧嫌而媾和，欲依郑为援；现在宋、郑结盟，隐公惧怕，所以伐邾以讨好宋国。

【译文】

秋季，宋国和郑国讲和。七月十七日，在宿地结盟。隐公进攻邾国，这是为宋国而去进攻的。

7.5　初，戎朝于周，发币于公卿[①]，凡伯弗宾[②]。冬，王使凡伯来聘。还，戎伐之于楚丘以归。

【注释】

①发币：致币，贵宾朝君以后，又访问公卿，要献上财礼，叫致币。公卿受币之后，应设宴招待，并回送财礼。币，束帛。

②弗宾：不以贵宾之礼相待。凡伯为周室世卿，戎人送礼于凡伯，凡伯竟不回报，所以说“弗宾”。

【译文】

当初，戎人朝觐周王，向公卿送了财币，唯有凡伯不以宾礼款待。

冬季，周天子派凡伯来鲁国聘问。在回去的路上，戎人在楚丘对他加以截击，将他俘虏回去。

7.6 陈及郑平[①]。十二月，陈五父如郑莅盟[②]。壬申[③]，及郑伯盟，歃如忘[④]。洩伯曰[⑤]："五父必不免[⑥]，不赖盟矣[⑦]。"

【注释】

①陈及郑平：去年，郑侵陈大获，此时乃媾和。

②陈五父：指陈佗。莅：临，参加。

③壬申：初二。

④歃（shà）如忘：指陈佗歃血时心不在焉。歃，歃血。古代盟法，先凿地成一洞穴，以牛、羊或马为牲，杀于洞穴之上，割牲左耳，盛于盘，取其血，以敦（duì，一种容器）盛血。读盟约以告于神灵，然后参加盟会者——口微吸牲耳之血，叫歃血。歃血毕，加盟约正本于牲上埋掉，副本则与盟者各带回收藏。如，通"而"。

⑤洩伯：郑大夫洩驾。

⑥不免：不能免于祸害。

⑦不赖盟：不把结盟当做国家的利益。赖，善，利。

【译文】

陈国与郑国讲和。十二月，陈国的五父到郑国参与结盟。初二，和郑庄公盟誓，歃血的时候心不在焉。洩伯说："五父一定不免于祸，因为他不认为结盟是国家的利益。"

郑良佐如陈莅盟[①]，辛巳[②]，及陈侯盟，亦知陈之将乱也。

【注释】

①良佐：郑大夫。

②辛巳：十一日。

【译文】

郑国的良佐到陈国参加结盟，十一日，和陈侯结盟，也看出了陈国将要发生骚乱。

7.7　郑公子忽在王所[①]，故陈侯请妻之[②]。郑伯许之，乃成昏[③]。

【注释】

①公子忽：郑昭公，隐公三年为质于周。王所：周王室所在地。

②妻(qì)：以女嫁人。

③成昏：这里指举行订婚仪式。据《仪礼·士昏礼》，古代结婚有六礼：纳采、问名、纳吉、纳征、请期、亲迎。纳征之后，婚姻即订。此言"成昏"，即男家已向女家纳征(《春秋》经传称为"纳币")，成有定义。公子忽迎娶是在明年四月。古代娶妻必在黄昏，所以叫昏(婚)礼。

【译文】

郑国的公子忽在周桓王那里，所以陈桓公请求把女儿嫁给他。郑庄公同意了，于是就订了婚。

八年

【经】

8.1　八年春[①]，宋公、卫侯遇于垂[②]。

8.2　三月，郑伯使宛来归祊[③]。庚寅[④]，我入祊。

8.3 夏六月己亥[5],蔡侯考父卒[6]。

8.4 辛亥[7],宿男卒[8]。

8.5 秋七月庚午[9],宋公、齐侯、卫侯盟于瓦屋[10]。

8.6 八月,葬蔡宣公。

8.7 九月辛卯[11],公及莒人盟于浮来[12]。

8.8 螟。

8.9 冬十有二月,无骇卒[13]。

【注释】

①八年:鲁隐公八年当周桓王五年,前715。

②宋公:此指宋殇公。卫侯:此指卫宣公。垂:卫地名,在今山东曹县。

③宛:郑国大夫。祊(bēng):地名,在今山东费县东。

④庚寅:二十一日。

⑤己亥:初二。

⑥蔡侯考父:即蔡宣公,侯爵,当时为周卿士。

⑦辛亥:十四日。

⑧宿男:宿国国君,男爵。

⑨庚午:初三。

⑩齐侯:此指齐僖公。瓦屋:周地名,在今河南温县西北。

⑪辛卯:二十五日。

⑫莒:国名,子爵,在今山东莒县一带。浮来:今山东莒县西有浮来山。山半有莒子陵,则浮来为莒邑。

⑬冬十有二月,无骇卒:杜预《注》云:“公不与小敛,故不书日。卒而后赐族,故不书氏。”无骇卒,鲁国之卿,展禽(柳下惠)之父。见隐公二年《经》。

【译文】

鲁隐公八年春，宋殇公、卫宣公在垂地非正式会面。

三月，郑庄公派大夫宛来归还祊地。二十一日，我国入驻祊地。

夏，六月初二，蔡宣公考父去世。

十四日，宿国国君去世。

秋，七月初三，宋殇公、齐僖公、卫宣公在瓦屋会盟。

八月，安葬蔡宣公。

九月二十五日，鲁隐公和莒国人在浮来会盟。

有螟虫为害。

冬，十二月，无骇去世。

【传】

8.1　八年春，齐侯将平宋、卫①，有会期②。宋公以币请于卫③，请先相见，卫侯许之，故遇于犬丘④。

【注释】

①齐侯将平宋、卫：下文云“齐人卒平宋、卫于郑”，此处当指齐侯居中调停，使宋、卫两国与郑国和好。杨伯峻曰：“《国语·郑语》云：‘齐庄、僖于是乎小伯。’韦昭《注》云：‘小伯，小主诸侯盟会。’此或者亦是齐僖公小伯之一事。”

②有会期：已经确定了结盟的日期，即下文四月“会于温，盟于瓦屋”之期。

③币：财币，礼物。

④犬丘：即垂，一地两名。

【译文】

鲁隐公八年春季，齐僖公准备调停宋、卫两国和郑国讲和，已经有了结盟的日期。宋殇公用财币向卫国请求，希望先行见面。卫宣公同意，所以在犬丘举行非正式会见。

8.2 郑伯请释泰山之祀而祀周公，以泰山之祊易许田[①]。三月，郑伯使宛来归祊，不祀泰山也。

【注释】

①郑伯请释泰山之祀而祀周公，以泰山之祊易许田：泰山之祀，郑庄公之祖郑桓公为周宣王同母弟，因此赐郑国以祊地，作为天子祭祀泰山时郑君助祭的汤沐之邑（按周制，诸侯朝见天子，天子赐以王畿以内供住宿和斋戒沐浴的封邑）。周王曾赐周公许田，作为鲁君朝见周王时朝宿之邑。春秋时天子不再祭祀泰山，因祊近鲁，许近郑，郑国于是提议以祊易许。因许地有周公之庙，郑伯恐鲁国以不愿废祀周公为由拒绝，所以申明愿释泰山之祀而祀周公，以祊地易许田。释，舍弃。许，地名，在今河南许昌市。田，田地。

【译文】

郑庄公请求免除对泰山的祭祀而祭祀周公，用泰山旁边的祊地交换鲁国在许地的田地。三月，郑庄公派遣宛来致送祊地，表示不再祭祀泰山了。

8.3 夏，虢公忌父始作卿士于周[①]。

【注释】

①虢公忌父始作卿士于周：隐公三年《传》已记载周王有意让虢公做卿士（执政大臣），并引起郑庄公的猜忌。此时虢公才担任卿士，所以用一“始”字。顾栋高《春秋大事表》引程启生云：“郑伯

为左卿士，则虢公右卿士也。郑伯夺政之后，盖周公黑肩代之，故桓五年伐郑之役，虢公将右军，周公将左军。”

【译文】

夏季，虢公忌父开始在周王室做卿士。

8.4　四月甲辰①，郑公子忽如陈逆妇妫②。辛亥③，以妫氏归。甲寅④，入于郑。陈鍼子送女⑤。先配而后祖⑥。鍼子曰：“是不为夫妇。诬其祖矣⑦，非礼也，何以能育⑧？”

【注释】

①甲辰：初六。

②郑公子忽如陈逆妇妫：此句与上年《传》末章“乃成昏”相衔接。古人除天子外，都必须亲自前往女方迎娶。新婿先到女家，迎接新娘归。所以公子忽亲迎妇妫。妇妫，即新娘陈妫，陈国妫姓，所以又称妇妫。

③辛亥：十三日。

④甲寅：十六日。

⑤鍼(qián)子：陈国大夫。

⑥先配而后祖：按古礼，公子忽迎娶陈妫归来，应先祭祖庙，报告迎娶之事，后同居。公子忽则先同居后祭祖，不合于礼法。配，同床共寝。祖，返国时告祭于祖庙。

⑦诬：欺骗。

⑧何以能育：此指养育子孙而繁盛郑国。育，《说文》：“养子使作善也。”杨伯峻曰：“郑公子忽果不终享郑国，则其纵有子孙，亦难以存于郑。”

【译文】

四月初六，郑公子忽到陈国迎娶妻子妫氏。十三日，带着妫氏回来。十六日，进入郑国。陈鍼子送妫氏到郑国。他们先结婚而后告祭祖庙。鍼子说："这不能算夫妇，欺骗了他的祖先，这不合于礼，怎么能够使子孙繁衍兴旺呢？"

8.5 齐人卒平宋、卫于郑①。秋，会于温②，盟于瓦屋，以释东门之役③，礼也。

【注释】

①卒：终于。

②温：古地名，在今河南温县。

③以释东门之役：如果宋、卫仍因曾经围郑东门而唯恐郑会报复，则难于调停。齐僖公早与郑庄公相亲而谋议，足以代表郑国表示其尽弃旧嫌之心，故此会虽平宋、卫于郑，而郑庄公可以不与盟。释，捐弃，解开。

【译文】

齐国人终于让宋、卫两国和郑国讲和。秋季，在温地会见，在瓦屋结盟，捐弃东门这一役的旧怨，这是合于礼的。

8.6 八月丙戌①，郑伯以齐人朝王，礼也②。

【注释】

①八月丙戌：八月无丙戌日，当是记日有误。

②郑伯以齐人朝王，礼也：郑庄公为周王卿士，率领齐僖公朝周王，以示服从王室，这是合乎礼的。郑伯，指郑庄公。以，率领，引导。

【译文】

八月丙戌，郑庄公带着齐国人朝觐周桓王，这是合于礼的。

8.7　公及莒人盟于浮来，以成纪好也①。

【注释】

①成纪好：达成对纪国的友好。隐公二年《传》云："纪子帛、莒子盟于密，鲁故也。"纪、莒两国既为鲁国而盟会，则鲁与莒盟，亦是表示与纪友好，故云"成纪好"。

【译文】

隐公和莒子在浮来结盟，以达成对纪国的友好。

8.8　冬，齐侯使来告成三国①。公使众仲对曰："君释三国之图②，以鸠其民③，君之惠也④。寡君闻命矣，敢不承受君之明德⑤。"

【注释】

①告成三国：报告宋、卫、郑三国成功和解。

②三国之图：指三国互相侵伐报复的打算。图，打算，图谋。

③鸠(jiū)：安定。

④君之惠：国君所给予的恩惠。

⑤敢不承受君之明德：指齐僖公平三国之举，有如盟主之功，鲁隐公于是表示敬佩。

【译文】

冬，齐僖公派人来报告宋、卫、郑三国成功讲和的事。隐公派众仲回答说："国君使三国舍弃相互侵伐报复的图谋，安定了他们的百姓，这都是国君的恩惠。寡君听到了，岂敢不承受国君的完美的德性。”

8.9 无骇卒。羽父请谥与族①。公问族于众仲。众仲对曰：“天子建德，因生以赐姓，胙之土而命之氏②。诸侯以字为谥，因以为族③。官有世功，则有官族④，邑亦如之⑤。”公命以字为展氏⑥。

【注释】

①谥(shì)：古代帝王、诸侯及大夫等死后，朝廷根据其生平言行给予的表褒贬的称号。此礼大约从周共王、周懿王开始实行。

②天子建德，因生以赐姓，胙(zuò)之土而命之氏：大意为，天子建立有德之人以做诸侯，根据他的生地而赐姓，分封土地而又赐给他氏。建德，选用有德之人为诸侯。胙，赐予。

③诸侯以字为谥，因以为族：大意为，诸侯以字作为谥号，他的后人又以这作为氏族。古制，诸侯之子称为公子，公子之子称为公孙，公孙之子不可再称公孙，便以祖父之字为氏。

④官有世功，则有官族：以先世有功之官名为族氏。

⑤邑亦如之：以先世所食之采邑以为族姓。

⑥展氏：无骇为公子展之孙，所以以其字为氏，称为展氏。

【译文】

无骇去世，羽父为他请求谥号和族氏。隐公向众仲询问关于族氏的事。众仲回答说：“天子选用有德之人让他做诸侯，根据他的生地而赐姓，分封土地而又赐给他族氏。诸侯以字作为谥号，他的后人又以此作为族氏。世代做这种官职而有功绩，他的后人就以官名作为族氏。也有以封邑为族氏的。”隐公命令以无骇的字作为族氏，就是展氏。

九年

【经】

9.1　九年春①，天子使南季来聘②。

9.2　三月癸酉③，大雨，震电④。庚辰⑤，大雨雪⑥。

9.3　挟卒⑦。

9.4　夏，城郎⑧。

9.5　秋七月⑨。

9.6　冬，公会齐侯于防⑩。

【注释】

①九年：鲁隐公九年当周桓王六年，前714。

②南季：周王大夫。

③癸酉：初十。

④震电：大雷电，即霹雳。

⑤庚辰：十七日。

⑥雨(yù)雪：下雪。雨，在此作动词用，下。

⑦挟：人名，鲁国大夫。

⑧郎：鲁邑，在山东曲阜。与隐公元年费伯城郎之“郎”地为二地，后者在今山东鱼台东北。

⑨秋七月：记秋季的首月。

⑩防：鲁地名，在今山东费县东北。世为臧氏食邑。

【译文】

鲁隐公九年春，周天子派大夫南季来访问我国。

三月初十，下大雨，打霹雳。十七，下大雪。

挟去世。

夏，修筑郎地的城墙。

秋七月。

冬，隐公在防地和齐僖公相会。

【传】

9.1　九年春，王三月癸酉，大雨霖以震[①]，书始也[②]。庚辰，大雨雪，亦如之[③]。书，时失也[④]。凡雨，自三日以往为霖。平地尺为大雪[⑤]。

【注释】

①霖：久雨。以：与。震：雷电。

②书始：指癸酉日为霖雨雷电开始之日。

③大雨雪，亦如之：指庚辰日也是大雪开始之日。

④书，时失也：杨伯峻曰："意谓《经》文所以书此者，当时误以王三月为夏正正月，不当有雷电；既有雷电，则不当有大雪。乃雷电之后八日复有大雪，皆节候不得其正，故言时失。"时失，天时不正常。

⑤平地尺：平地积雪一尺深。

【译文】

鲁隐公九年春周历三月初十，天久下大雨而且打雷闪电，《春秋》记载了开始的日期。十七日，又久下大雪，《春秋》也只记开始的日期。之所以记载，是由于天时不正常的缘故。凡是下雨，连续下三天以上就叫"霖"。平地雪深一尺就叫"大雪"。

9.2　夏，城郎，书，不时也[①]。

【注释】

①不时：妨碍农时。周历夏季，夏历正当春季，是农忙季节，筑城妨碍农时，所以说“不时”。

【译文】

夏，在郎地筑城。《春秋》记载这件事，是由于妨碍农时。

9.3　宋公不王[①]。郑伯为王左卿士[②]，以王命讨之，伐宋[③]。宋以入郛之役怨公，不告命[④]。公怒，绝宋使[⑤]。

【注释】

①不王：不朝，诸侯朝见天子叫王。

②左卿士：上年“虢公忌父始作卿士于周”，是虢公为右卿士，郑庄公为左卿士，共为执政大臣。

③以王命讨之，伐宋：杨伯峻曰：“春秋之世，朝王者极少。以鲁而论，十二公二百四十余年，据《春秋》所载，惟僖公因晋文之霸，两朝王所；成公因伐秦之役，一至京师；隐、桓二十九年间，王使来者不绝，而两公未尝一朝王。则郑伯以宋之不王而讨宋者，亦犹齐桓伐楚，责其包茅不入，皆藉辞而已。”

④宋以入郛之役怨公，不告命：入郛之役在隐公五年。隐公曾于七年为宋伐邾，想以此取悦于宋，而宋仍不释然，故虽被伐，也不来报告。不告命，没来报告。

⑤绝宋使：断绝与宋国的往来。

【译文】

宋殇公不去朝见周桓王。这时郑庄公正担任周桓王的左卿士，于是用天子的名义讨伐他，进攻宋国。宋国由于被攻外城那次战役对隐公不满，不来报告。隐公发怒，就断绝与宋国的往来。

9.4 秋，郑人以王命来告伐宋[①]。

【注释】

①郑人以王命来告伐宋：郑来请求鲁出兵伐宋。杨伯峻曰："前此郑伐宋，恐未尝得志，故郑再谋伐宋，而以王命来告。"

【译文】

秋，郑国人用天子的名义前来报告进攻宋国。

9.5 冬，公会齐侯于防，谋伐宋也[①]。

【注释】

①公会齐侯于防，谋伐宋也：杨伯峻曰："郑伯未与会者，或以其国有北戎之役故。是以十年又有中丘之会。"

【译文】

冬，隐公和齐僖公在防地会面，策划进攻宋国。

9.6 北戎侵郑[①]，郑伯御之。患戎师，曰："彼徒我车[②]，惧其侵轶我也[③]。"公子突曰[④]："使勇而无刚者尝寇[⑤]，而速去之[⑥]。君为三覆以待之[⑦]。戎轻而不整[⑧]，贪而无亲[⑨]，胜不相让，败不相救。先者见获必务进，进而遇覆必速奔，后者不救，则无继矣。乃可以逞[⑩]。"从之。

【注释】

①北戎：指今山西交城、平陆一带的戎人。戎狄本多为西北游牧部落，随着周朝的衰弱而渐向东南入侵，春秋初期，常侵凌中原。

②徒：步兵。车：车兵。

③侵轶：从后面突然袭击。轶，《淮南子·览冥训》高诱《注》云："自后过前曰轶。"

④公子突：即后来的郑厉公。

⑤使勇而无刚者尝寇：派勇而无刚的人前去诱敌。勇则敢于前往，无刚则不以后退为耻。尝，试探。

⑥去：离开。

⑦三覆：分三批设下伏兵。覆，伏兵。

⑧轻：轻率。不整：无秩序。

⑨无亲：不团结。

⑩逞：成功。

【译文】

北戎人侵略郑国，郑庄公率兵抵御他们。又忧心戎军力量强大，说："他们是步兵，我们用战车，我很担心他们从后边突然绕到我军之前袭击我们。"公子突说："派遣一些勇敢而不刚毅的兵士，和敌人一接触就赶紧退走，国君设下三批伏兵等待他们。戎人轻率而不整肃，贪婪而不团结，打赢了各不相让，打败了各不相救。前面的见到有财物俘虏，必然一意前进，前进而遭遇伏兵，必然赶快奔逃。后面的人不去救援，敌兵就没有后继者了。这样，我们就可以得胜。"郑庄公听从了公子突的意见。

戎人之前遇覆者奔。祝聃逐之[①]，衷戎师[②]，前后击之，尽殪[③]。戎师大奔。十一月甲寅[④]，郑人大败戎师[⑤]。

【注释】

①祝聃：郑国大夫。

②衷戎师：将戎师截为数段。衷，中断，截断。

③尽殪(yì)：全部歼灭。殪，死。

④十一月甲寅：十一月无甲寅日，记日不确。

⑤郑人大败戎师：戎军先行遇伏者被全歼，郑军又打败崩溃的后继部队，故总说“大败戎师”。

【译文】

戎人的前锋部队遇到了伏兵就奔逃。祝聃追逐他们，把戎军从中截断，前后夹攻，将戎军先行遇伏的军队全部歼灭。戎军后继部队拼命奔逃。十一月甲寅，郑人把戎军打得大败而逃。

十年

【经】

10.1 十年春王二月[①]，公会齐侯、郑伯于中丘[②]。

10.2 夏，翚帅师会齐人、郑人伐宋。

10.3 六月壬戌[③]，公败宋师于菅[④]。辛未[⑤]，取郜[⑥]。辛巳[⑦]，取防[⑧]。

10.4 秋，宋人、卫人入郑。宋人、蔡人、卫人伐戴[⑨]。郑伯伐取之。

10.5 冬十月壬午[⑩]，齐人、郑人入郕[⑪]。

【注释】

①十年：鲁隐公十年当周桓王七年，前713。

②齐侯：指齐僖公。郑伯：指郑庄公。中丘：在今山东临沂东北。

③壬戌：初七。

④菅(guān)：宋地名，在今山东单县北。

⑤辛未：十六日。

⑥郜(gào)：宋邑，在今山东城武东南。

⑦辛巳：二十六日。

⑧防：指西防，在今山东金乡西南。

⑨戴(zài)：通"载"，姬姓诸侯国，在今河南民权东稍北。

⑩壬午：二十九日。

⑪郕(chéng)：国名，故城在今山东范县。见隐公五年《经》。

【译文】

鲁隐公十年春周历二月，鲁隐公与齐僖公、郑庄公在中丘相会。

夏，公子翚率领军队会合齐国人、郑国人攻打宋国。

六月初七，鲁隐公在菅地打败宋国军队。十六日，攻取郜地。二十六日，攻取防地。

秋，宋国人、卫国人攻入郑国。宋国人、蔡国人、卫国人攻打戴国。郑庄公攻下了戴国，取得了戴地。

冬，十月二十九日，齐国人、郑国人攻入郕国。

【传】

10.1　十年春王正月，公会齐侯、郑伯于中丘。癸丑[①]，盟于邓[②]，为师期[③]。

【注释】

①癸丑：二十五日。

②邓：鲁地，在今山东兖州。

③为师期：决定出兵伐宋的日期。

【译文】

鲁隐公十年春周历正月，鲁隐公在中丘会见齐僖公、郑庄公。二月二十五日，在邓地结盟，决定出兵日期。

10.2　夏五月，羽父先会齐侯、郑伯伐宋[①]。

【注释】

①羽父:即公子翚。先会:先公而行以会师。

【译文】

夏季五月,羽父先行会合齐僖公、郑庄公,进攻宋国。

10.3 六月戊申[①],公会齐侯、郑伯于老桃[②]。壬戌[③],公败宋师于菅。庚午[④],郑师入郜。辛未[⑤],归于我。庚辰[⑥],郑师入防。辛巳[⑦],归于我。

【注释】

①戊申:六月无戊申日,当是记载有误。

②老桃:宋地名,今址不详。

③壬戌:初七。

④庚午:十五日。

⑤辛未:十六日。

⑥庚辰:二十五日。

⑦辛巳:二十六日。

【译文】

六月戊申日,隐公在老桃会见齐僖公、郑庄公。初七,隐公在菅地打败宋军。十五日,郑国军队开进郜地。十六日,郑国把郜地归属于我国。二十五日,郑国军队又开进防地。二十六日,郑国把防地归属于我国。

君子谓郑庄公"于是乎可谓正矣[①]。以王命讨不庭[②],不贪其土,以劳王爵[③],正之体也[④]"。

【注释】

①正：行事合于正道。

②不庭：不朝。上年说“宋公不王”，所以说“不庭”。

③以劳王爵：郑伯为王左卿士，以王命讨宋，不宜接受此土，鲁国爵尊，郑伯爵卑，所以将此土归于鲁，所以说“劳王爵”。劳，慰劳。王爵，指接受天子爵位之国。

④正之体：治理政事的主体。正，通“政”。

【译文】

君子说郑庄公“这样做，可以说合于正道了。用天子的命令讨伐不来朝觐的诸侯，自己不贪求土地，而以犒赏受天子的爵位的鲁国，这是得到治理政事的本体了”。

10.4　蔡人、卫人、郕人不会王命[①]。

【注释】

①不会王命：去年郑伯以王命讨宋，三国不会同伐宋，所以说“不会王命”。

【译文】

蔡国人、卫国人、郕国人没有按照天子的命令会师讨伐宋国。

秋七月庚寅[①]，郑师入郊，犹在郊[②]。宋人、卫人入郑，蔡人从之伐戴。八月壬戌[③]，郑伯围戴。癸亥[④]，克之，取三师焉[⑤]。

【注释】

①庚寅：初五。

②犹在郊：指郑国军队从郜、防回师，还驻扎在远郊，未入国都。

③壬戌：初八。

④癸亥：初九。

⑤取三师：俘虏了宋、卫、蔡三国的军队。三国已入戴，郑伯围而克之，故能取三国之师。

【译文】

秋，七月初五，郑国的军队进入本国的远郊，仍然停留在那里。宋军、卫军趁此攻进郑国，蔡军跟在后面进攻戴地。八月初八，郑庄公包围戴地。初九，攻克戴地，俘虏了宋、卫、蔡三国军队。

宋、卫既入郑，而以伐戴召蔡人，蔡人怒，故不和而败。

【译文】

宋军、卫军已经攻入郑国，而又为了攻打戴地才联合蔡军，蔡国人发怒，所以因三国军队不合作而导致失败。

10.5 九月戊寅[①]，郑伯入宋。

【注释】

①戊寅：九月无戊寅日，当为记载之误。

【译文】

九月戊寅，郑庄公率军攻入宋国。

10.6 冬，齐人、郑人入郕，讨违王命也[①]。

【注释】

①违王命：郕人“不会王命”，所以以“违王命”讨伐它。

【译文】

冬，齐军、郑军攻入郕国，这是讨伐郕国违背天子的命令。

十一年

【经】

11.1　十有一年春[①]，滕侯、薛侯来朝[②]。

11.2　夏，公会郑伯于时来[③]。

11.3　秋七月壬午[④]，公及齐侯、郑伯入许[⑤]。

11.4　冬十有一月壬辰[⑥]，公薨[⑦]。

【注释】

①十有一年：鲁隐公十一年当周桓王八年，前712。

②滕：国名，姬姓，侯爵，在今山东滕州。此时国君名谥不详。薛：国名，任姓，侯爵，本居于薛城，在今山东滕州，春秋以后迁下邳，即今江苏邳州。此时国君名谥不详。阎若璩《四书释地》谓齐湣王三年，封田文于薛，即薛亡之岁。

③郑伯：指郑庄公。时来：古地名，在今河南郑州市北。

④壬午：初三。

⑤齐侯：此指齐僖公。许：国名，姜姓，周武王封文叔于许，故城在今河南许昌东，后多次迁徙。战国初灭于魏。

⑥壬辰：十五日。

⑦公薨：指鲁隐公被羽父杀。

【译文】

鲁隐公十一年春，滕侯、薛侯来我国朝见。

夏，隐公在时来与郑庄公相会。

秋，七月初三，隐公与齐僖公、郑庄公进入许国。

冬，十一月十五日，隐公去世。

【传】

11.1 十一年春，滕侯、薛侯来朝，争长[①]。薛侯曰："我先封[②]。"滕侯曰："我，周之卜正也[③]。薛，庶姓也[④]，我不可以后之。"

【注释】

①争长(zhǎng)：争居首位。居首者先行礼。

②先封：指薛国立国在滕国之先。薛之祖先奚仲，为夏朝车正之官，所以薛封于夏代，在滕国之先。

③卜正：官名，天子卜官之长。

④庶姓：指与周姓不同姓。滕国姬姓，薛国任姓。

【译文】

鲁隐公十一年春，滕侯和薛侯前来朝见鲁君，争执行礼的先后。薛侯说："我先受封。"滕侯说："我是宗周的卜正。薛国是外姓，我不能落后于他。"

公使羽父请于薛侯曰："君与滕君辱在寡人[①]。周谚有之曰[②]：'山有木，工则度之[③]；宾有礼，主则择之。'周之宗盟[④]，异姓为后[⑤]。寡人若朝于薛，不敢与诸任齿[⑥]。君若辱贶寡人[⑦]，则愿以滕君为请。"

【注释】

①辱在：问候。辱表示谦敬，二国来朝隐公，所以这么说。寡人：少德之人，国君的谦称。

②周谚：周代俗语。

③度(duó)：剖分，削治。度音踱(入声)，《尔雅·释器》郭璞《注》引作"剫"，治木谓之剫。又可解为丈量长短。《汉书·律历志》所谓"分、寸、尺、丈、引也，所以度长短也"。

④宗盟：会盟。

⑤异姓为后：陶鸿庆《左传别疏》云："《周礼·秋官·司仪职》云：'土揖庶姓，时揖异姓，天揖同姓。'郑《注》云：'庶姓，无亲者也；异姓，昏姻也。'……哀二十四年《传》，周公及武公娶于薛，薛于鲁固昏姻也，故滕侯言'庶姓'，公言'异姓'，庶有卑称，而异存敌体。滕侯意主指斥，公意主平亭。一语之殊，辞气宛然。左氏修词精当如此。"

⑥诸任：与薛国同姓诸国。齿：并列。

⑦贶(kuàng)：赐予。

【译文】

鲁隐公派羽父向薛侯商量说："承蒙国君和滕侯问候寡人。周的俗话说：'山上有树木，工匠就加以整治；宾客有礼貌，主人就加以选择。'宗周的会盟，异姓在后面。寡人如果到薛国朝见，就不敢和任姓诸国并列。如果承蒙国君加惠于我，那就希望国君同意滕侯的请求。"

薛侯许之，乃长滕侯[1]。

【注释】

①长滕侯：尊滕侯为先。

【译文】

薛侯同意，就让滕侯先行朝礼。

11.2　夏，公会郑伯于郲[1]，谋伐许也。

【注释】

①郲(lái):或作"时来",见《经》文。《公羊传》作"祁黎"。春秋时期郑邑。在今河南郑州市西北。

【译文】

夏,隐公和郑庄公在郲地会见,策划进攻许国。

郑伯将伐许,五月甲辰①,授兵于大宫②。公孙阏与颍考叔争车③,颍考叔挟辀以走④,子都拔棘以逐之⑤。及大逵⑥,弗及,子都怒。

【注释】

①甲辰:二十四日。

②授兵:古者兵器藏于国家,有兵事则颁发;事毕,仍须缴还。大宫:即"太宫",诸侯之太祖庙多叫太宫。此指郑国祖庙。

③公孙阏(è):郑国大夫,即子都。

④颍考叔挟辀(zhōu)以走:辀,车辕,车驾居中的弯曲车杠。在太庙内颁发兵车及兵器,车尚未驾马,故颍考叔为争夺此车,因挟辀以奔驰。

⑤棘:戟。

⑥大逵(kuí):大路,能同时行走九乘车马。杨伯峻曰:"盖国都必有其最宽阔而又四通之道路,皆可谓之逵。"

【译文】

郑庄公准备进攻许国时,五月二十四日,在太祖庙内颁发武器。公孙阏和颍考叔争夺兵车,颍考叔挟起车辕就跑,子都拔出戟追上去。追到大路上,没有追上,子都很愤怒。

11.3　秋七月，公会齐侯、郑伯伐许。庚辰[1]，傅于许[2]，颍考叔取郑伯之旗蝥弧以先登[3]，子都自下射之，颠[4]。瑕叔盈又以蝥弧登[5]，周麾而呼曰[6]："君登矣！"郑师毕登。壬午[7]，遂入许。许庄公奔卫。

【注释】

①庚辰：初一。

②傅：附着，围近。

③蝥弧（máo hú）：郑伯旗名。

④颠：从城上坠下。

⑤瑕（xiá）叔盈：郑国大夫。

⑥周：遍。麾（huī）：同"挥"。挥动旗帜以招大军。

⑦壬午：初三。

【译文】

秋，七月，隐公会合齐僖公、郑庄公进攻许国。初一，军队汇合攻打许城。颍考叔拿着郑庄公的旗帜"蝥弧"争先登城，子都从下边用箭射他，颍考叔摔下来死了。瑕叔盈又举着"蝥弧"登城，向四周挥动旗帜，大喊说："国君登城了！"于是郑国的军队全部登上了城墙。初三，郑庄公就进入了许城。许庄公逃亡到卫国。

齐侯以许让公。公曰："君谓许不共[1]，故从君讨之。许既伏其罪矣，虽君有命，寡人弗敢与闻[2]。"乃与郑人。

【注释】

①不共：不恭，不服从。

②寡人弗敢与（yù）闻：杨伯峻曰："鲁隐公一则曰许既伏罪，二则曰

我不敢与闻，其意盖欲保存许国而不私有之。”与闻，参与听闻，意即过问此事。

【译文】

齐僖公把许国让给隐公。隐公说：“国君说许国不恭顺，所以寡人才跟随国君讨伐它。许国既然已经认罪了，虽然国君有这样的好意，我也不敢过问这件事。”于是就把许国领土送给了郑庄公。

郑伯使许大夫百里奉许叔以居许东偏①，曰：“天祸许国，鬼神实不逞于许君②，而假手于我寡人③。寡人唯是一二父兄不能共亿④，其敢以许自为功乎？寡人有弟，不能和协，而使餬其口于四方⑤，其况能久有许乎？吾子其奉许叔以抚柔此民也⑥，吾将使获也佐吾子⑦。若寡人得没于地⑧，天其以礼悔祸于许⑨？无宁兹许公复奉其社稷⑩。唯我郑国之有请谒焉⑪，如旧昏媾⑫，其能降以相从也⑬。无滋他族实逼处此⑭，以与我郑国争此土也。吾子孙其覆亡之不暇⑮，而况能禋祀许乎⑯？寡人之使吾子处此，不唯许国之为⑰，亦聊以固吾圉也⑱。”

【注释】

①奉：事奉。许叔：许庄公之弟，名郑，谥桓公。许东偏：许国东部。

②不逞：不满。

③假手：借某人之手。

④唯是：就是这。一二父兄：指同姓群臣。共亿：相安无事。

⑤寡人有弟，不能和协，而使餬(hú)其口于四方：指郑伯克段于鄢一事。和协，相安，和睦相处。餬口，寄食。

⑥吾子：尊称，相当于“您”。抚柔此民：安顿好这些百姓。抚柔，安

抚。柔,和,安。

⑦获:郑国大夫公孙获。佐:协助。

⑧得没于地:指得以寿终。

⑨悔祸:撤除降予的祸害。

⑩无宁兹:愿使。无,发语词,无义。宁,宁可。兹,使。

⑪唯我郑国之有请谒:此句有省略,当为“唯我郑国之有请谒而是听”。请谒,请求。

⑫如旧昏媾:若旧通婚之国般相亲。昏媾,婚姻,姻亲。

⑬降以相从:屈己从人,即降格同意。

⑭无滋他族实逼处此:意为不要让旁人迫近这里。滋,同“兹”,使。

⑮吾子孙其覆亡之不暇:杨伯峻曰:“此句承上文而来,谓若使他族逼近而居于此,以与郑国相争,则郑国将忙于救护败亡。”覆亡,挽救危亡。覆,救护。

⑯禋(yīn)祀许:主持许国的祭祀。禋,虔诚斋戒。

⑰不唯许国之为:即不仅为许国。

⑱聊:姑且。圉(yǔ):边境。

【译文】

郑庄公让许国大夫百里事奉许叔住在许都的东部,说:“上天降祸于许国,鬼神确实对许君不满意,而借寡人我的手惩罚他。寡人连一两个父老兄弟都不能相安,难道敢把讨伐许国作为自己的功绩?寡人有个兄弟,不能和睦相处,而使他四方求食,我难道还能长久占有许国?您应当帮着许叔来安抚这里的百姓,我准备让公孙获来辅助您。假如寡人得以善终,上天可能又依礼而撤回加于许国的祸害,愿意许公再来治理他的国家。那时候只要我郑国对许国有所请求,许国可能还是会像对待老亲戚一样,降格而同意的。不要让别国逼近住在这里,来和我郑国争夺这块土地。我的子孙挽救危亡还来不及,难道还能替许国敬祭祖先吗?我让您留在这里,不仅为了许国,也是姑且巩固我的边疆。”

乃使公孙获处许西偏[①]，曰："凡而器用财贿[②]，无置于许[③]。我死，乃亟去之[④]。吾先君新邑于此[⑤]，王室而既卑矣[⑥]，周之子孙日失其序[⑦]。夫许，大岳之胤也[⑧]，天而既厌周德矣，吾其能与许争乎[⑨]？"

【注释】

①许西偏：许国西部。

②而：你。财贿：财产。

③无：不要。

④亟：急，赶紧。

⑤吾先君新邑于此：郑国初封于西周，国土在今陕西华县东北二十里。东迁而后，郑武公伐虢、桧而其土地，因立国于今河南新郑一带。

⑥卑：衰微。

⑦序：所承受的功业。

⑧大岳之胤(yìn)：太岳的后代。大岳，尧时的四岳。大，同"太"。胤，后代。

⑨其：通"岂"。

【译文】

于是，就让公孙获住在许城的西部，对他说："凡是你的器用财货，不要放在许国。我死后就赶紧离开这里。我祖先在这里新建城邑，周王室已经逐渐衰微，我们这些周朝的子孙一天天丢掉自己的事业。而许国，是四岳的后代，上天既然已经厌弃了宗周，我哪里还能和许国争夺呢？"

君子谓郑庄公"于是乎有礼[①]。礼，经国家[②]，定社稷[③]，序民人[④]，利后嗣者也。许，无刑而伐之[⑤]，服而舍之[⑥]，度德而处之[⑦]，量力而行之，相时而动[⑧]，无累后人[⑨]，可谓知礼矣”。

【注释】

①于是：在这件事上。

②经：经营治理。

③定：安定。

④序民人：使百姓有秩序。

⑤无刑：不守法度。

⑥服：服从。

⑦度德：指郑国根据自己的威望。

⑧相（xiàng）时而动：选择有利时机而后行动。此指“我死乃亟去之”而言。

⑨无累后人：不给后人留下忧惧。累，恐，忧。

【译文】

君子说郑庄公“在这件事情上合乎礼。礼，是治理国家、安定社稷、使百姓有秩序、使后代有利的大法。许国违背法度而庄公讨伐他们，服罪了就宽恕他们，揣度自己德行而决定事情，衡量自己的力量而办理事务，看准了时机而行动，不要给后人留下忧惧，可以说是懂得礼了”。

11.4　郑伯使卒出豭[①]，行出犬鸡[②]，以诅射颍考叔者[③]。君子谓郑庄公“失政刑矣[④]。政以治民，刑以正邪，既无德政[⑤]，又无威刑[⑥]，是以及邪[⑦]。邪而诅之，将何益矣”。

【注释】

①卒：古代的军队编制，百人为卒。豭（jiā）：公猪。

②行(háng):古代的军队编制,二十五人为行。出犬鸡:或出犬,或出鸡。《诗经·小雅·何人斯》"出此三物,以诅尔斯",毛《传》云:"三物,豕、犬、鸡也。君以豕,臣以犬,民以鸡。"是古人祭神以诅人用豕、犬、鸡三物。

③以诅射颍考叔者:杨伯峻参石韫玉《读左卮言》曰:"射颍考叔者明知为公孙阏,而郑庄公佯为不知,使军士诅咒之。窃疑公孙阏即《诗经·郑风·山有扶苏》中'不见子都,乃见狂且'之子都。其人貌美,得庄公之宠幸,故庄公不欲加之以刑,为平众怒计,乃出此策。"诅,诅咒,祭神使之加祸于某人。

④失政刑:失去正常的政令和刑罚。

⑤德政:有道德的政治。

⑥威刑:有威信的刑罚。

⑦及邪:发生邪恶。此指战斗中郑国大臣不和,自相残杀。

【译文】

郑庄公让一百名士兵拿出一头公猪,二十五人拿出一条狗和一只鸡,来诅咒射死颍考叔的凶手。君子说郑庄公"失掉了政令和刑罚。政令用来治理百姓,刑罚用来纠正邪恶。既缺乏有道德的政治,又没有威严的刑法,所以才发生邪恶。已经发生邪恶而加以诅咒,有什么好处呢"?

11.5 王取邬、刘、蒍、邘之田于郑[①],而与郑人苏忿生之田[②]:温、原、絺、樊、隰郕、欑茅、向、盟、州、陉、隤、怀[③]。君子是以知桓王之失郑也。恕而行之[④],德之则也,礼之经也。己弗能有而以与人,人之不至,不亦宜乎?

【注释】

①王：指周桓王。刘：在今河南偃师南。鄔（wū）：在刘的西南。蒍（wěi）：在今河南孟津东北。邘（yú）：在今河南沁阳西北邘台镇。

②苏忿生：周武王时为司寇，受封于温。

③温：即隐公三年"取温之麦"的温，故城在今河南温县西稍南。杨伯峻曰："此所谓温田者，亦王田之在温者耳，非以其全邑与郑，故温仍得为苏氏邑。"原：在今河南济源北。絺（chī）：在今河南沁阳西。樊：又叫阳樊，在今河南济源东南。隰（xí）郕：在今河南武陟西南。欑（zuàn）茅：在今河南修武。向：在今河南济源南。盟：在今河南孟州南。州：在今河南沁阳东。陉（xíng）：在今河南沁阳西北。隤（tuí）：在今河南获嘉北。怀：在今河南武陟西南。

④恕：恕道。

【译文】

周天子在郑国取得鄔、刘、蒍、邘的田地，却给了郑国人原来属于苏忿生的田地：温、原、絺、樊、隰郕、欑茅、向、盟、州、陉、隤、怀。君子因此而知道桓王会失去郑国了。按照恕道办事，是德的准则，礼的常规。自己不能保有，就拿来送给别人，别人不再来朝见，不也应该吗？

11.6 郑、息有违言[①]，息侯伐郑。郑伯与战于竟[②]，息师大败而还。君子是以知息之将亡也：不度德，不量力，不亲亲[③]，不征辞[④]，不察有罪[⑤]，犯五不韪[⑥]，而以伐人，其丧师也，不亦宜乎！

【注释】

①息：一作鄎，姬姓国，在今河南息县。违言：指责之言。

②竟：通"境"。此指郑国境内。

③亲亲：亲近亲戚。郑、息同为姬姓，应该相亲。

④征辞：明察其言语。指郑、息两国言语不和，应明辨是非。征，明察。

⑤察有罪：知道罪过在哪里，分清曲直。

⑥不韪（wěi）：不是，错误。

【译文】

郑国和息国之间言语上有了冲突，息侯就进攻郑国。郑庄公和息侯在郑国境内作战，息国的军队大败而回。君子因此而知道息国将要灭亡了：不衡量德行，不考虑力量，不亲近亲邻，不分辨是非，不知道罪过在哪里，息国犯了这五种错误，还去讨伐别人，他的丧失军队，不也是应该的吗！

11.7 冬十月，郑伯以虢师伐宋。壬戌①，大败宋师，以报其入郑也②。

【注释】

①壬戌：十四日。

②报：报复。

【译文】

冬十月，郑庄公带着虢国的军队攻打宋国。十四日，把宋国的军队打得大败，以报复宋国攻入郑国的那次战役。

宋不告命①，故不书。凡诸侯有命，告则书，不然则否。师出臧否②，亦如之。虽及灭国，灭不告败，胜不告克，不书于策③。

【注释】

①命：指国家大事，政令。

②臧否（zāng pǐ）：善恶得失。古人常以臧否二字用于师旅。

③“虽及灭国”四句：春秋时战争中即使国被灭，被灭的一方不报告战败，胜利的一方不报告战胜，也不记在简册上，这是《春秋》记史的惯例。策，册。春秋时期书写于竹木之上。用木的叫方或牍，用竹的叫简或册。

【译文】

宋国没有前来报告这件事，所以《春秋》没有记载。凡是诸侯发生大事，前来报告就记载，不然就不记载。出兵顺利或者不顺利，也是一样。即使国家被灭亡，被灭的不报告战败，胜利的不报告战胜，也不记载在简册上。

11.8　羽父请杀桓公①，将以求大宰②。公曰：“为其少故也③，吾将授之矣。使营菟裘④，吾将老焉⑤。”羽父惧，反谮公于桓公而请弑之⑥。

【注释】

①羽父：即公子翚。

②大宰：即太宰，官名，有二义，一指一般官职，一指冢宰、执政、卿相。各国情况不同，权位也不同。鲁国本无太宰之官，此指执政之官。羽父想杀掉桓公以求为执政。

③少：年少。

④营：营建。菟（tú）裘：古地名，在今山东泰安。《史记·秦本纪》云：“秦之先为嬴姓，其后分封，以国为姓，有菟裘氏。”则以前为嬴姓小国。

⑤老：告老退位。

⑥谮(zèn):进谗言,诬陷。

【译文】

鲁国大夫羽父请求杀掉桓公,想借此求得执政的官职。隐公说:"从前由于他年轻的缘故,所以我代为摄政,现在我打算把国君的位子交还给他。我已经派人在菟裘建筑房屋,打算退休养老了。"羽父害怕了,反而在鲁桓公那里诬陷鲁隐公而请求桓公杀死隐公。

公之为公子也,与郑人战于狐壤①,止焉②。郑人囚诸尹氏③,赂尹氏,而祷于其主钟巫④,遂与尹氏归,而立其主。十一月,公祭钟巫,齐于社圃⑤,馆于寪氏⑥。壬辰⑦,羽父使贼弑公于寪氏⑧,立桓公而讨寪氏,有死者⑨。不书葬,不成丧也⑩。

【注释】

①狐壤:郑地名,在今河南许昌北。

②止:俘获。此指隐公被俘获。

③尹氏:郑国大夫。

④主钟巫:钟巫神牌位。钟巫,神名,尹氏所立之祭神。

⑤齐:同"斋",斋戒,古人祭祀前须先斋戒。社圃:园名。

⑥馆:住宿。寪(wěi)氏:鲁国大夫。

⑦壬辰:十五日。

⑧贼:杀手。

⑨有死者:有被枉杀的。

⑩不书葬,不成丧也:意谓桓公没有按人君之礼安葬隐公。

【译文】

隐公还是公子的时候,曾率兵同郑国人在狐壤打仗,被俘获。郑国人把他囚禁在尹氏那里。隐公贿赂尹氏，并在尹氏所祭神主钟巫之前祷告，于是就和尹氏一起回国而在鲁国立了钟巫的神主。十一月，隐公将要祭祀钟巫，在社圃斋戒，住在寪氏那里。十五日，羽父让杀手在寪家刺杀隐公，立桓公为国君，并且讨伐寪氏，寪氏有人被杀害。《春秋》不记载安葬隐公，是因为桓公没有按国君的规格正式为隐公举行丧礼。

桓公

【题解】

桓公，鲁国第十五代国君。名允，一名轨，鲁惠公之子，鲁隐公之弟。由于是惠公正室夫人仲子所生，所以被立为太子。惠公去世时年纪尚幼，由其兄公子息（鲁隐公）摄政。鲁隐公被弑后，于前711年即位，在位十八年。前694年桓公赴齐，齐襄公指使公子彭生杀桓公。鲁桓公有四子：庶长子庆父，庶次子叔牙，嫡长子公子同，嫡次子季友。桓公死后，鲁立太子同，是为庄公。庆父、叔牙、季友三兄弟后代演化成权分鲁国的“三桓”。在桓公时代，楚国初步登上中原争霸的政治舞台。

元年

【经】

1.1　元年春王正月①，公即位。

1.2　三月，公会郑伯于垂②，郑伯以璧假许田③。

1.3　夏四月丁未④，公及郑伯盟于越⑤。

1.4　秋，大水⑥。

1.5　冬十月。

【注释】

①元年：鲁桓公元年当周桓王九年，前711年。

②郑伯：指郑庄公。

③以璧假许田：指郑庄公以祊地加玉璧与鲁换许田。隐公八年，郑庄公曾派人请求用祊交换鲁国的许田。假，暂借。此为交易，讳言之，所以说"假"。

④丁未：初二。

⑤越：古地名，在今山东曹县一带。

⑥大水：大水成灾。

【译文】

鲁桓公元年春周历正月，鲁桓公即位。

三月，桓公在垂地与郑庄公相会，郑庄公用璧和祊地交换许田。

夏四月初二，桓公与郑庄公在越地会盟。

秋，大水成灾。

冬十月。

【传】

1.1　元年春，公即位，修好于郑。郑人请复祀周公，卒易祊田[①]。公许之。三月，郑伯以璧假许田，为周公、祊故也[②]。

【注释】

①郑人请复祀周公，卒易祊田：隐公八年记郑"以祊易许"，未说明鲁是否已送交许田，大概鲁接受祊地而不送许田，所以郑人乘修好之机再请祭祀周公，以促成这桩交易。

②为周公、祊故：为了请求祭祀周公和以祊交换许田的缘故。

【译文】

鲁桓公元年春，鲁桓公即位，对郑国恢复友好。郑人请求重新祭祀周公、完成祊田的交换。桓公答应了。三月，郑庄公又加上玉璧来做许田的交易，这是为了请求祭祀周公和以祊交换许田的缘故。

1.2　夏四月丁未，公及郑伯盟于越，结祊成也①。盟曰："渝盟②，无享国③。"

【注释】

①结祊成：指巩固祊地的交换。

②渝(yú)盟：背弃盟约。

③享国：享有其国。

【译文】

夏四月初二，鲁桓公和郑庄公在越地结盟，这是为祊田的交换表示友好。誓词说："如果违背盟约，就不能享有国家。"

1.3　秋，大水。凡平原出水为大水。

【译文】

秋，发大水。凡是平原被水淹了叫做大水。

1.4　冬，郑伯拜盟①。

【注释】

①拜盟：拜谢结盟。

【译文】

冬，郑庄公前来拜谢结盟。

1.5　宋华父督见孔父之妻于路①，目逆而送之②，曰："美而艳③。"

【注释】

①华父督：名督，字华父，宋戴公之孙，好父说之子。孔父：名嘉，宋大司马。

②目逆而送之：人从对面来，先眼看着她走来，等她走过后，又盯着她的背影看她走远。逆，迎。

③美而艳：美丽动人。美指面目姣好，艳指光彩动人。按，此条应与下年《传》文"二年春，宋督攻孔氏，杀孔父而取其妻"连读。

【译文】

宋国的华父督在路上见到孔父的妻子，他眼看她从对面走过来，又回过头从后面盯着她走过去，说："既美丽，又动人。"

二年

【经】

2.1　二年春①，王正月戊申②，宋督弑其君与夷及其大夫孔父③。

2.2　滕子来朝④。

2.3　三月，公会齐侯、陈侯、郑伯于稷⑤，以成宋乱⑥。

2.4　夏四月，取郜大鼎于宋⑦。戊申⑧，纳于大庙⑨。

2.5　秋七月，杞侯来朝⑩。

2.6　蔡侯、郑伯会于邓⑪。

2.7　九月，入杞⑫。

2.8　公及戎盟于唐⑬。

2.9 冬，公至自唐⑭。

【注释】

①二年：鲁桓公二年当周桓王十年，前710。

②正月戊申：正月无戊申日，当记日有误。

③与夷：即宋殇公。此年是宋殇公十年。

④滕子：滕国国君。

⑤齐侯：即齐僖公。陈侯：即陈桓公。郑伯：即郑庄公。稷：宋地名，在今河南商丘。

⑥以成宋乱：隐公三年，宋公子冯出居于郑。宋殇公与孔父多次与郑交战，华父督杀宋殇公而欲迎立公子冯，符合郑国的愿望。华父督又贿赂各国，因此鲁、齐、陈、郑会于稷，成全华父督之乱，树立华氏政权。成，成全。

⑦郜大鼎：鼎为郜国所铸，所以称为郜鼎。郜，在今山东成武东南，是年为宋所灭。

⑧戊申：初九。

⑨大庙：即鲁国太庙周公庙。大，同“太”。

⑩杞侯来朝：桓公即位，所以来朝。

⑪蔡侯：指蔡桓侯。邓：蔡国地名，其地在蔡之北、郑之南，在今河南郾城东南。

⑫入杞：指鲁国攻入杞国，《经》文不记名字，盖率兵者非卿。

⑬唐：鲁国地名，在今山东鱼台东北。

⑭公至自唐：指桓公从唐地回来。《春秋》凡记“至自”某地，都是回国后告于宗庙。

【译文】

二年春，周历正月戊申日，宋华父督杀害他的君主与夷和大夫孔父。

滕子来我国朝见。

三月，鲁桓公与齐僖公、陈桓公、郑庄公相会于稷地，是为了成全宋国之乱。

夏四月，从宋国取来郜国的大鼎。初九，把鼎放入太庙。

秋七月，杞侯来我国朝见。

蔡桓公、郑庄公相会于邓地。

九月，攻入杞国。

鲁桓公与戎国在唐地结盟。

冬，桓公从唐地回来告于祖庙。

【传】

2.1　二年春，宋督攻孔氏[①]，杀孔父而取其妻。公怒，督惧，遂弑殇公[②]。

【注释】

①孔氏：杨伯峻曰："孔父此时犹未以孔为氏，'孔氏'是追书之辞。"

②公怒，督惧，遂弑殇公：《公羊传》、《穀梁传》二处记此事，以为华父督欲弑殇公而先杀孔父，与《左传》所叙有出入。

【译文】

二年春，宋卿华父督攻打孔氏，杀死了孔父而占有他的妻子。宋殇公发怒，华父督害怕了，就把殇公也杀死了。

君子以督为有无君之心而后动于恶[①]，故先书弑其君。会于稷以成宋乱。为赂故，立华氏也。

【注释】

①君子以督为有无君之心而后动于恶：此句解释《经》文。君子认为

《经》文先写宋督杀宋殇公，后写杀孔父，是宋督心中已无国君，然后才有此恶行。据隐公三年记载，孔父为顾命大臣，宋督杀孔父，则心目中已是无君了。动于恶，指杀害大臣的罪恶行为。

【译文】

君子认为华父督心里早已没有国君，然后才产生这种罪恶行动，所以《春秋》先记载弑其君。鲁桓公和齐僖公、陈桓公、郑庄公在稷地会见，商讨平定宋国的内乱。由于接受了贿赂的缘故，便建立华氏政权。

宋殇公立，十年十一战①，民不堪命②。孔父嘉为司马，督为大宰，故因民之不堪命③，先宣言曰④："司马则然⑤。"已杀孔父而弑殇公，召庄公于郑而立之⑥，以亲郑。以郜大鼎赂公，齐、陈、郑皆有赂，故遂相宋公。

【注释】

①十年十一战：宋殇公在隐公四年即位，到隐公十一年，共打了十一仗。其中除了隐公五年取邾田与郑无关外，其余皆宋、郑交战。

②不堪：不能忍受。

③故：有意。因：承。

④宣言：扬言。

⑤司马则然：大司马要这样做。司马掌管全国军队，且孔父嘉为宋执政大臣，所以宋督早就宣扬说，频繁战争，是大司马要这样做的。把责任推给孔父嘉。

⑥庄公：即公子冯，其时出居于郑。

【译文】

宋殇公即位以后，十年之中发生了十一次战争，百姓不能忍受。孔父嘉做司马，华父督做太宰，华父督故意利用百姓的不能忍受，先宣扬说："这都是司马要这样干的。"在杀了孔父和殇公之后，他把庄公从郑国召回并立他为国君，以此来亲近郑国。同时又把郜国的大鼎送给鲁桓公，对齐、陈、郑诸国也都馈送财礼，所以华父督就当了宋公的宰相。

2.2　夏四月，取郜大鼎于宋。戊申，纳于大庙。非礼也。

【译文】

夏四月，桓公从宋国取来了郜国的大鼎。初九，把大鼎安放在太庙里。这件事不符合礼制。

臧哀伯谏曰①："君人者，将昭德塞违②，以临照百官③，犹惧或失之，故昭令德以示子孙。是以清庙茅屋④，大路越席⑤，大羹不致⑥，粢食不凿⑦，昭其俭也。衮、冕、黻、珽⑧，带、裳、幅、舄⑨，衡、纨、纮、綖⑩，昭其度也。藻、率、鞞、鞛⑪，鞶、厉、游、缨⑫，昭其数也⑬。火、龙、黼、黻⑭，昭其文也⑮。五色比象⑯，昭其物也。钖、鸾、和、铃⑰，昭其声也。三辰旂旗⑱，昭其明也⑲。夫德，俭而有度⑳，登降有数㉑。文、物以纪之㉒，声、明以发之㉓，以临照百官，百官于是乎戒惧，而不敢易纪律。

【注释】

①臧哀伯：鲁大夫，名达，僖伯之子。

②昭：显扬。塞：堵塞。违：邪，不合德义，违礼之事。

③临照：本谓天日之照耀。喻指君主的表率作用。

④清庙茅屋：以茅草盖屋作太庙。清庙，太庙。

⑤大路：一种车，此处用于祀天。其中木辂最朴素，玉辂最奢华。路，指君主所乘之车。越席：用蒲草结成的席，铺于大辂中作车垫。

⑥大羹：肉汁。祭祀用大羹。不致：仅煮而不用酸、苦、辛、咸、甘五味调和。

⑦粢食（zī sì）不凿：祭祀用的主食不舂。粢食，主食。《周礼·小宗伯》有六粢，即六种主食，黍、稷、稻、粱、麦、苽（gū，今谓之茭米）。祭祀以用黍、稷为常。凿，舂。

⑧衮（gǔn）：古代天子及上公的礼服。祭祀时穿用。冕：古代礼帽，大夫以上用。黻（fú）：祭服上用皮革做成以遮蔽腹膝之间的蔽膝。珽（tǐng）：天子所用笏，长三尺，一名大圭。古代天子以至士，朝见皆执笏。

⑨带：指大带。礼服上用以束腰，其余下垂部分叫绅。等级不同，其带装饰不同。裳：下身的衣服，也叫裙。幅（bī）：绑脚布，古人以布缠足背，上至于膝。与近代的绑腿相似。舄（xì）：古代一种双底鞋，天子、诸侯有吉事时穿用。

⑩衡：衡笄，用来固定帽子。紞（dǎn）：冠冕上用以系瑱玉（又叫充耳）的带子。纮（hóng）：冠冕上的纽带，由颔下挽上而系在笄的两端。綖（yán）：冠冕上的一种装饰，盖在冕上的一块布。

⑪藻：垫玉的木板，上以粉白画水藻文。率（lǜ）：亦作“帨”，佩巾。鞞（bǐng）：刀鞘。鞛（běng）：佩刀刀把上的装饰物。

⑫鞶（pán）：皮做的束衣带。厉：鞶带下垂作为装饰的部分。游（liú）：同“旒”，古代旌旗上悬垂的飘带。缨（yīng）：也叫“鞅”，套在马颈上的革带，驾车时用。

⑬昭其数：藻、率等八种物品各依地位之高低而不同。

⑭火、龙、黼（fǔ）、黻：皆衣裳上的花纹。火形是半环。龙即画成龙形。黼是黑白两色刺绣成一对斧头形。黻是用黑青两色刺绣成

两个相背之弓形的花纹。

⑮昭其文:此四者均为文采,故云昭其文。

⑯五色:青、黄、赤、白、黑,古代以此为正色。比象:即用五色绘画山、龙、花、虫之象。

⑰钖(yáng):马额头上的金属装饰,走时发出声响。鸾:通“銮”,古代的一种车铃。置于马嚼子或车衡上方。和:设在车轼(车前横木)上的小铃。铃:指设在旌旗上的小铃。

⑱三辰:日、月、星。旂(qí)旗:古代旗帜的总称。

⑲昭其明:旂旗所以为标志,且画有日、月、星、辰,故曰昭明。

⑳有度:有一定的制度。

㉑登降:增减。有数:有一定数量。

㉒文:指上文之火、龙、黼、黻。物:指五色比象。

㉓声:指钖、鸾、和、铃。明:指三辰旂旗。

【译文】

臧哀伯劝阻说:“作为百姓的君主,要发扬道德而阻塞邪恶,以为百官的表率,即使这样,仍然担心有所失误,所以显扬美德以示范于子孙。因此太庙用茅草盖屋顶,祭天之车用蒲草席铺垫,肉汁不加调料,主食不吃舂过的米,这是为了表示节俭。礼服、礼帽、蔽膝、大圭,腰带、裙子、绑腿、鞋子,横簪、瑱绳、冠系、冠布,都各有规定,用来表示衣冠制度。玉垫、佩巾、刀鞘、鞘饰、革带、带饰、飘带、马鞅,各级多少不同,用来表示各个等级规定的数量。画火、画龙、绣黼、绣黻,这都是为了表示文饰。五种颜色绘出各种形象,这都是为了表示色彩。钖铃、鸾铃、轼铃、旗铃,这都是为了表示声音。画有日、月、星的旌旗,这是为了表示标志。行为的准则应当节俭而有制度,增减也有一定的数量。用文饰、色彩来记录它,用声音、旗帜来发扬它,以此向文武百官作表率,百官才有警戒和畏惧,不敢违反纪律。

“今灭德立违，而置其赂器于大庙[①]，以明示百官，百官象之[②]，其又何诛焉[③]？国家之败，由官邪也。官之失德，宠赂章也[④]。郜鼎在庙，章孰甚焉？武王克商，迁九鼎于雒邑[⑤]，义士犹或非之，而况将昭违乱之赂器于大庙，其若之何？”公不听。

【注释】

①赂器：郜鼎本受贿而得，所以称之为赂器。

②象之：以此为榜样。

③诛：惩罚。

④章：显示，表明。

⑤武王克商，迁九鼎于雒邑：武王与商纣王战于牧野，灭商，纣王自焚死。成王七年，营建雒邑。迁鼎之事，恐非武王所为，臧哀伯顺口说及。九鼎，古代传说夏禹铸九鼎，象征九州，三代时奉为传国之宝。雒邑，即王城，在今河南洛阳。

【译文】

“现在废除道德而树立邪恶，把人家贿赂来的器物放在太庙里，公然展示给百官看，百官也模仿这种行为，还能惩罚谁呢？国家的衰败，由于官吏的邪恶。官吏的失德，由于受宠而贿赂公行。郜鼎放在太庙里，还有比这更明显的吗？周武王打败商朝，把九鼎迁到雒邑，当时的义士还有人认为他不对，更何况把表明邪恶叛乱的贿赂器物放在太庙里，这又该怎么办？”桓公不听。

周内史闻之曰[①]：“臧孙达其有后于鲁乎[②]！君违不忘谏之以德[③]。”

【注释】

①内史：周王室官名，掌策命诸侯及公卿大夫，凡四方之事书则读之。以当时人观之，通晓神道与天道，能言吉凶。详见庄公三十二年《传》。

②臧孙达其有后于鲁乎：有后，指臧哀伯之后代能长享禄位。杨伯峻曰："以鲁大夫言，臧氏享世禄为最久，哀二十四年犹有鲁侯伐齐，乞灵于臧氏，臧石帅师会之，取廪丘之记载。"

③违：违背礼制。

【译文】

周朝的内史听说了这件事，说："臧孙达的后代在鲁国恐怕能长享禄位吧！国君违背礼制，他没有忘记以道德来劝阻。"

2.3　秋七月，杞侯来朝，不敬。杞侯归，乃谋伐之。

【译文】

秋七月，杞侯来鲁国朝见，态度不够恭敬。杞侯回国，桓公就策划讨伐他。

2.4　蔡侯、郑伯会于邓，始惧楚也[①]。

【注释】

①始惧楚：此年为楚武王之三十一年，中原诸国患楚自此始。楚，又叫荆，芈姓国，初都丹阳（今湖北秭归），后迁枝江（也叫丹阳）。楚武王时迁郢，即今湖北江陵北之纪南城。

【译文】

蔡桓侯、郑庄公在邓地会见，从这时起两国开始对楚国有所畏惧。

2.5 九月，入杞，讨不敬也。

【注释】

①入杞，讨不敬也：杨伯峻曰："僖二十七年《传》云：'春，杞桓公来朝，用夷礼，故曰子。公卑杞，杞不共也。'又云：'秋，入杞，责无礼也。'与此《传》事同而文异。"

【译文】

九月，攻入杞国，这是由于讨伐杞侯的不恭敬。

2.6 公及戎盟于唐，修旧好也①。

【注释】

①旧好：指隐公二年秋八月曾与戎结盟。

【译文】

桓公和戎在唐地结盟，这是为了重修过去的友好邦交。

2.7 冬，公至自唐，告于庙也。凡公行，告于宗庙；反行①，饮至②，舍爵③，策勋焉④，礼也。特相会⑤，往来称地⑥，让事也⑦。自参以上⑧，则往称地，来称会，成事也。

【注释】

①反：返回。

②饮至：诸侯朝天子、朝诸侯、参加盟会、征战，行前应亲自祭告祖庙，返回时，又应亲自祭告祖庙，祭后会群臣饮酒，叫饮至。

③舍(shè)爵：饮酒。舍，置。爵，酒杯。

④策勋：有功劳者书之于策，叫策勋，也叫书劳。

⑤特相会：指鲁公单独与另一国君相见。特，单独。

⑥往来称地：无论鲁公前往还是他国国君前来，都记载会见的地点。

⑦让事：二人单独相会，彼此谦让为主，叫让事。

⑧参：通“三”。

【译文】

冬季，桓公从唐地回来，《春秋》所以记载，是由于回来后祭告了宗庙。凡是国君出国之前，要祭告宗庙；回来，也要祭告宗庙，还要宴请臣下，互相劝酒，把功劳记载在档案里，这是合于礼的。两国国君单独会见，来回都只记载会见的地点，这是互相谦让谁为会首的会见。会见的国君在三个以上，那就在去他国时记载会见的地点，他国国君前来就不记载会见地点而仅仅记载会见，这是盟主已在会前决定，只是完成会见手续罢了。

2.8　初[①]，晋穆侯之夫人姜氏以条之役生太子[②]，命之曰仇[③]。其弟以千亩之战生[④]，命之曰成师。师服曰[⑤]：“异哉，君之名子也！夫名以制义[⑥]，义以出礼，礼以体政[⑦]，政以正民[⑧]。是以政成而民听，易则生乱[⑨]。嘉耦曰妃[⑩]，怨耦曰仇[⑪]，古之命也[⑫]。今君命大子曰仇，弟曰成师，始兆乱矣[⑬]，兄其替乎[⑭]？”

【注释】

①初：当初，此是追叙前事。

②姜氏：齐侯女。穆侯四年，娶齐女为夫人。条之役：据《史记·晋世家》，条之役在晋穆侯七年（前805），当周宣王二十三年，鲁孝公二年。《竹书纪年》载“王师及晋穆侯伐条戎、奔戎，王师败

逋”。条，条戎，故地在今陕西安邑。

③仇：晋文侯之名。条之役王师与晋师俱败逃，晋穆侯不悦，正在此时姜氏生太子，所以叫他仇。

④千亩之战：发生在晋穆侯十年（前802），当周宣王二十六年，晋攻千亩获胜。千亩，在今山西安泽北。

⑤师服：晋国大夫。

⑥名以制义：名字是用来表示道义。

⑦礼以体政：礼为政治、政法之本体。体，本体。

⑧正民：端正百姓的行为。

⑨易：相反。

⑩嘉耦曰妃（pèi）：美好姻缘叫妃。

⑪怨耦曰仇：夫妻相恶叫仇。

⑫命：名。

⑬兆乱：预兆祸乱。

⑭兄：指太子仇。替：衰微。

【译文】

当初，晋穆侯的夫人姜氏在条之战的时候生了太子，此战晋国战败，所以取名叫仇。仇的兄弟是在千亩之战时生的，此战晋国获胜，因此取名叫成师。师服说：“奇怪呀，国君给儿子取这样的名字！取名表示一定的意义，意义产生礼仪，礼仪是政事的骨干，政事端正百姓行为，所以政事没有失误百姓就服从，相反就发生动乱。相爱的夫妻叫妃，相怨的夫妻叫仇，这是古代人命名的方法。现在国君给太子取名叫仇，他的兄弟叫成师，这就开始预示祸乱了。做哥哥的恐怕要衰微了吧？”

惠之二十四年[①]，晋始乱，故封桓叔于曲沃[②]，靖侯之孙栾宾傅之[③]。师服曰：“吾闻国家之立也，本大而末小[④]，是以能固。故天子建国[⑤]，诸侯立家[⑥]，卿置侧室[⑦]，大夫有贰宗[8]，士有隶子弟[9]，庶人、工、商，各有分亲，皆有等衰[10]。是以民服事其上而下无觊觎[11]。今晋，甸侯也[12]，而建国。本既弱矣，其能久乎？”

【注释】

①惠之二十四年：即前745。惠，即鲁惠公。

②封桓叔于曲沃：《史记·晋世家》：“文侯仇卒，子昭侯伯立。昭侯元年，封文侯弟成师于曲沃。曲沃邑大于翼。翼，晋君都邑也。成师封曲沃，号为桓叔。……桓叔是时年五十八矣，好德，晋国之众皆附焉。”

③靖侯：桓叔之高祖。栾宾：字宾父，为桓叔之叔祖。傅之：相之，辅佐他。

④本：根本。末：枝叶。

⑤天子建国：周天子分封诸侯，建立诸侯国。

⑥诸侯立家：诸侯分采邑与卿大夫，谓之立家。

⑦侧室：指庶子，亦为官名。

⑧贰宗：官名，以大夫宗室之弟担任。

⑨士有隶子弟：士自以其子弟为仆隶。

⑩等衰(cuī)：等差，等级。杨伯峻曰：“庶民以及工商，其中不再分尊卑，而以亲疏为若干等级之分别。”

⑪服事：服从。觊觎(jì yú)：非分的企图。

⑫甸侯：周王朝甸服的诸侯。甸服，周有天下，规定天子王城外方圆千里以内的诸侯为甸服。晋为甸侯，其地位原不甚高，不能封赐卿大夫立家。

【译文】

鲁惠公二十四年，晋国开始发生动乱，所以把桓叔封在曲沃，靖侯的孙子栾宾做他的辅相。师服说：“我听说国家的建立，根本大而枝节小，这样才能稳固。所以天子封建诸侯国，诸侯建立卿大夫的采邑，卿设置同宗兄弟为侧室官，大夫又有宗室子弟为贰宗官，士有仆隶子弟，庶人、工、商各有亲疏，都有大小不同的等级。所以百姓才肯事奉长上，身居下位的人也没有什么非分的念头。现在晋国是王畿之内的甸服侯国，而又另外建立侯国，它的根本既已衰弱，还能够长久吗？”

惠之三十年[①]，晋潘父弑昭侯而纳桓叔[②]，不克。晋人立孝侯[③]。惠之四十五年[④]，曲沃庄伯伐翼[⑤]，弑孝侯。翼人立其弟鄂侯[⑥]。鄂侯生哀侯[⑦]。哀侯侵陉庭之田[⑧]。陉庭南鄙启曲沃伐翼[⑨]。

【注释】

①惠之三十年：即前739。

②纳：接纳。曲沃本晋都，穆侯时迁都到绛（即翼）。昭侯把桓叔封在曲沃。潘父要迎桓叔入晋都，所以说“纳”。

③晋人立孝侯：《史记·晋世家》：“昭侯七年，晋大臣潘父弑其君昭侯，而迎曲沃桓叔。桓叔欲入晋，晋人发兵攻桓叔。桓叔败，还归曲沃。晋人共立昭侯子平为君，是为孝侯。诛潘父。”孝侯，即晋孝侯，姓姬名平，晋昭侯之子，晋国第十三任君主。

④惠之四十五年：即前724。

⑤庄伯：桓叔子鱓。晋孝侯八年，桓叔死，子鱓代之，称为曲沃庄伯。翼：即绛地，当时晋都，在今山西翼城东南。

⑥鄂侯：即晋鄂侯，姓姬名郄，晋孝侯之子，晋国第十四任君主，在位六年。

⑦哀侯：即晋哀侯，姓姬名光，晋国第十五任君主，在位九年。

⑧陉（xíng）庭：翼南边境小城。

⑨南鄙：此指陉庭南部边境的人。启，引导。

【译文】

鲁惠公三十年，晋国的潘父弑昭侯而准备接纳桓叔，没有成功。晋国人立了孝侯。鲁惠公四十五年，曲沃庄伯攻打翼城，弑孝侯。翼城人立他的兄弟鄂侯。鄂侯生了哀侯。哀侯侵占陉庭地方的田土。陉庭南部边境的人引导曲沃攻打翼城。

三年

【经】

3.1　三年春正月①，公会齐侯于嬴②。

3.2　夏，齐侯、卫侯胥命于蒲③。

3.3　六月，公会杞侯于郕④。

3.4　秋七月壬辰朔⑤，日有食之，既⑥。

3.5　公子翚如齐逆女⑦。

3.6　九月，齐侯送姜氏于讙⑧。

3.7　公会齐侯于讙⑨。

3.8　夫人姜氏至自齐⑩。

3.9　冬，齐侯使其弟年来聘⑪。

3.10　有年⑫。

【注释】

①三年：鲁桓公三年当周桓王十一年，前709。

②齐侯：指齐僖公。嬴：在今山东莱芜西北。

③卫侯：指卫宣公。胥命：互相申约，但不歃血设盟，泛指一般的会见。蒲：卫地名，在今河南长垣。

④郕：在今山东宁阳东北。

⑤朔：初一。此日为前709年7月17日。

⑥日有食之，既：即发生了日全食。《汉书·五行志》云："京房《易传》以为桓三年日食，贯中央，上下竟而黄。"

⑦公子翚如齐逆女：杨伯峻曰："旧礼，除天子外，取妻皆必亲迎。但《春秋》无诸侯迎夫人之文，恐诸侯之亲迎，不出国境，出国境则使卿代迎。"

⑧讙(huān)：鲁地名，在今山东肥城。

⑨公会齐侯于讙：此事无《传》文说明，可能为桓公迎亲。

⑩姜氏：齐侯女。

⑪聘：外交访问。

⑫有年：五谷皆熟叫有年，即丰年。

【译文】

鲁桓公三年春正月，桓公与齐僖公在嬴地相会。

夏，齐僖公、卫宣公在蒲地会谈。

六月，桓公与杞侯在郕地相会。

秋七月初一凌晨，发生日全蚀。

公子翚去齐国迎接齐女。

九月，齐僖公送姜氏到讙地。

桓公与齐僖公在讙地相会。

夫人姜氏从齐国来到我国。

冬，齐僖公派他的弟弟夷仲年来我国聘问。

五谷丰收。

【传】

3.1 三年春，曲沃武公伐翼[①]，次于陉庭[②]。韩万御戎[③]，梁弘为右[④]，逐翼侯于汾隰[⑤]，骖絓而止[⑥]。夜获之，及栾共叔[⑦]。

【注释】

①曲沃武公：隐公七年，曲沃庄伯死，其子称继位，是为武公。

②次：军队停留两宿以上。古代军队在外，住一夜叫“舍”，两夜叫“信”，两夜以上叫“次”。

③韩万：曲沃桓叔之子，武公的叔父，受封于韩，因以为姓。韩，国名，姬姓，在今山西河津东。据《竹书纪年》，春秋前晋文侯二十一年灭之。御戎：驾驭兵车。

④梁弘：曲沃之臣。为右：即车右，拿着戈盾，以防备非常。古代兵车，主将在中，御者在左，车右在右。

⑤逐翼侯于汾隰(xí)：汾水源出山西宁武西南之管涔山，西南流经静乐西，东南流经太原，折而西南，经介休、灵石、霍、洪洞、临汾诸地之西，至新绛东南折而西流，至河津西南入黄河。此逐翼侯之地当在今襄汾、曲沃之间。翼侯，即晋哀侯。汾，汾水。隰，水边低地。

⑥骖(cān)：古代兵车一车四马，中间两马叫服，两边二马叫骖。絓(guà)：绊住，挂碍。

⑦栾共叔：即曲沃桓叔之傅栾宾之子，名成。《国语·晋语一》云：“武公伐翼，杀哀侯，止栾共子曰：‘苟无死，吾以子见天子，令子为上卿，制晋国之政。’共子辞而死之。”《晋世家》云：“哀侯九年，伐晋于汾旁，虏哀侯。”则哀侯与栾共叔俱死。

【译文】

鲁桓公三年春，曲沃武公进攻翼城，军队驻扎在陉庭。韩万为武公驾车，梁弘作为车右，在汾水边的低洼地追赶晋哀侯，由于骖马被绊住才停下来。夜里，俘获了晋哀侯和栾共叔。

3.2　会于嬴，成昏于齐也。

【译文】

桓公和齐僖公在嬴地会见，这是由于和齐女订婚。

3.3 夏，齐侯、卫侯胥命于蒲，不盟也。

【译文】

夏季，齐僖公、卫宣公在蒲地只是会谈，没有结盟。

3.4 公会杞侯于郕，杞求成也[①]。

【注释】

①求成：要求讲和。上年鲁“入杞，讨不敬”，所以此年杞侯要求讲和。

【译文】

桓公和杞侯在郕地会见，这是由于杞国要求议和。

3.5 秋，公子翚如齐逆女。修先君之好，故曰“公子”[①]。齐侯送姜氏于讙，非礼也。凡公女[②]，嫁于敌国[③]，姊妹，则上卿送之，以礼于先君；公子[④]，则下卿送之。于大国，虽公子，亦上卿送之。于天子，则诸卿皆行，公不自送。于小国，则上大夫送之[⑤]。

【注释】

①公子：公子翚此行是重修前代国君旧好，所以《春秋》称他为公子。

②公女：公室女子。

③敌国：对等的国家。敌，匹敌，同等。

④公子：男女通用，此指女公子，即国君之女。

⑤则上大夫送之：按，“凡公女”至此是解释为什么说齐侯“非礼”。诸侯嫁女不自送，齐侯自送，所以说“非礼”。杨伯峻曰：“《士昏礼》云：‘舅飨送者以一献之礼，酬以束锦。’郑玄《注》云：‘送者，女家有司也。’则纵大夫与士嫁女，主人亦不自送。”

【译文】

秋，公子翚到齐国迎接齐女。因为是重修前代国君的友好关系，所以《春秋》称翚为“公子”。齐僖公护送姜氏出嫁，到了讙地，这是不合于礼的。凡是本国的公室女子出嫁到同等级国家，如果是国君的姐妹，就由上卿护送她，以表示对前代国君的尊敬；如果是国君的女儿，就由下卿护送她。出嫁到大国，即便是国君的女儿，也由上卿护送她。嫁给天子，各位大臣都要去护送她，国君不亲自护送。出嫁到小国，就由上大夫护送她。

3.6　冬，齐仲年来聘[①]，致夫人也[②]。

【注释】

①齐仲年来聘：古时诸侯女子出嫁，又派大夫随后加以聘问。

②致：护送，此指对被护送者尽到责任。

【译文】

冬季，齐仲年前来聘问，这是为了把姜氏护送到鲁都。

3.7　芮伯万之母芮姜恶芮伯之多宠人也[①]，故逐之，出居于魏[②]。

【注释】

①芮(ruì):诸侯国名,姬姓,在今陕西大荔东南。宠人:即宠姬。

②魏:此指古魏国,即《诗经·国风·魏风》之魏,在今山西芮城东北。杨伯峻曰:"芮城县西三十里郑村有芮伯城,当为芮伯万被逐所居之地。"此句为明年秦国侵芮一事张本。

【译文】

芮伯万的母亲芮姜嫌恶芮伯的宠姬太多,因此把他赶走,让他住到魏城。

四年

【经】

4.1 四年春正月[①],公狩于郎[②]。

4.2 夏,天王使宰渠伯纠来聘[③]。

【注释】

①四年:鲁桓公四年当周桓王十二年,前708。

②狩:冬猎叫狩。郎:在今山东鱼台东北。

③宰:官名,掌管王家内外事务。渠伯纠:渠,本周室地名,此以封邑为氏。排行第一称伯,纠是其名。

【译文】

鲁桓公四年春周历正月,桓公在郎地狩猎。

夏,周天子派宰渠伯纠来我国聘问。

【传】

4.1 四年春正月,公狩于郎。书,时,礼也[①]。

【注释】

①书，时，礼也：杨伯峻曰："《周礼·大司马》：'中冬教大阅，遂以狩田。'周正之春正月，正夏正之仲冬十一月。但此年实是建丑，春正月为夏正之季冬十二月，亦农闲可以狩猎之时，故曰'时'。"

【译文】

鲁桓公四年春正月，鲁桓公在郎地打猎。《春秋》记载这件事，是由于这正是狩猎之时，合于礼。

4.2　夏，周宰渠伯纠来聘。父在，故名[①]。

【注释】

①父在，故名：因为渠伯纠与他的父亲同在周王室任职，所以《春秋》记载他的名字。这是解释《春秋》书法。

【译文】

夏，周朝的宰官渠伯纠来鲁国聘问。由于他与他的父亲同在周王室任职，所以《春秋》写出他的名字。

4.3　秋，秦师侵芮[①]，败焉，小之也[②]。

【注释】

①秦师侵芮：按，这是《左传》首次记载秦国史事。秦，诸侯国名，嬴姓，相传周孝王封伯益之后非子于秦（今甘肃天水），作为附庸。后秦襄公护送周平王东迁有功，被分封为诸侯。秦宁公时迁都到平阳（今陕西宝鸡），秦德公时又迁都于雍（今陕西凤翔），献公时迁都栎阳（今陕西临潼），孝公迁都咸阳（今陕西咸阳）。

②小：轻敌。

【译文】

秋,秦国的军队袭击芮国,秦军战败,由于小看了敌人的缘故。

4.4 冬,王师、秦师围魏,执芮伯以归①。

【注释】

①芮伯:即芮伯万。

【译文】

冬,周桓王的军队和秦国军队联合包围芮国,俘虏了芮伯回来。

五年

【经】

5.1 五年春正月①,甲戌、己丑②,陈侯鲍卒③。

5.2 夏,齐侯、郑伯如纪④。

5.3 天王使仍叔之子来聘⑤。

5.4 葬陈桓公。

5.5 城祝丘⑥。

5.6 秋,蔡人、卫人、陈人从王伐郑⑦。

5.7 大雩⑧。

5.8 螽⑨。

5.9 冬,州公如曹⑩。

【注释】

①五年:鲁桓公五年当周桓王十三年,前707。

②甲戌:指上年十二月二十一日。己丑:指是年正月初六。

③陈侯鲍：指陈桓公。

④齐侯：指齐僖公。郑伯：指郑庄公。纪：国名，在今山东寿光。

⑤天王使仍叔之子来聘：仍叔年老，故使仍叔之子代其行事，因其本身在朝廷中没有爵位，所以不记其名。仍叔，世为周朝大夫。

⑥祝丘：鲁地名，在今山东临沂。

⑦蔡人、卫人、陈人从王伐郑：此次战役即《传》文中的繻葛之战。春秋间，唯此役天子亲征。

⑧雩(yú)：为求雨而举行的祭祀。

⑨螽(zhōng)：飞蝗。此指飞蝗成灾。

⑩州：诸侯国名，姜姓，地在今山东安丘。曹：诸侯国名，姬姓，武王时封其弟叔振铎于曹，地在今山东定陶。

【译文】

鲁桓公五年春周历正月，去年十二月二十一日、今年正月初六，陈桓公鲍去世。

夏，齐僖公、郑庄公去纪国。

周天子派仍叔之子来我国聘问。

安葬陈桓公。

修筑祝丘的城墙。

秋，蔡国人、卫国人、陈国人跟随周桓王讨伐郑国。

举行求雨的祭祀。

发生蝗灾。

冬，州公去曹国。

【传】

5.1　五年春正月，甲戌，己丑，陈侯鲍卒，再赴也[①]。于是陈乱，文公子佗杀太子免而代之[②]。公疾病而乱作，国人分散，故再赴[③]。

【注释】

①再赴也：指甲戌、己丑两次讣告。甲戌至己丑，相距十六日。赴，报丧。

②文公子佗：指陈佗，即五父，太子免的叔父。太子免：陈桓公太子。

③故再赴：这是说明“再赴”的缘故。杨伯峻曰：“《公羊传》云：‘甲戌之日亡，己丑之日死(尸)而得，君子疑焉，故以二日卒之也。’《穀梁传》云：‘《春秋》之义，信以传信，疑以传疑。陈侯以甲戌之日出，己丑之日得，不知死之日，故举二日以包也。’推二《传》之意，盖以陈桓公患精神病，甲戌之日一人出走，经十六日而后得其尸，不知其气绝之日，故《春秋》作者举二日以包之。左氏则以为再赴，较为可信，故《史记》从之。”

【译文】

鲁桓公五年春正月，去年十二月二十一日，今年正月初六，陈侯鲍逝世。《春秋》所以记载两个日子，是由于发了两次讣告而日期不同。当时陈国发生动乱，文公的儿子佗杀了太子免而取代他。陈侯病危的时候动乱发生，国内臣民纷纷离散，因此发了两次讣告。

5.2 夏，齐侯、郑伯朝于纪，欲以袭之。纪人知之[①]。

【注释】

①纪人知之：齐、郑都是大国，且齐僖公、郑庄公都是当时雄主，此时一起来朝，可见别有用心，故纪人知之。

【译文】

夏，齐僖公、郑庄公去纪国访问，想要乘机袭击纪国。纪国人发觉了。

5.3　王夺郑伯政[1]，郑伯不朝。秋，王以诸侯伐郑[2]，郑伯御之。

【注释】

①王夺郑伯政：隐公三年，“王贰于虢”，周平王就想分郑庄公之政；隐公八年，“虢公忌父始作卿士于周”，周桓王始分郑庄公之政；隐公九年，“郑伯为王左卿士”，虢公为王右卿士，二人平起平坐；至此年，周桓王罢免了郑庄公卿士的官职，不让他参与周朝政。

②诸侯：此指蔡、卫、陈等国。

【译文】

周桓王不让郑庄公参与周朝政，郑庄公不再入周朝觐。秋，周桓王带领诸侯讨伐郑国，郑庄公出兵抵御。

王为中军；虢公林父将右军[1]，蔡人、卫人属焉；周公黑肩将左军[2]，陈人属焉。

【注释】

①虢公林父：即虢仲，时为周王卿士。

②周公黑肩：指周桓公，名黑肩。杨伯峻以为此时代郑庄公为卿士。

【译文】

周桓王率领中军；虢公林父率领右军，蔡军、卫军隶属于右军；周公黑肩率左军，陈军隶属于左军。

郑子元请为左拒以当蔡人、卫人[1]，为右拒以当陈人，曰：“陈乱[2]，民莫有斗心，若先犯之[3]，必奔。王卒顾之[4]，必乱。蔡、卫不枝[⑤]，固将先奔。既而萃于王卒[⑥]，可以集事[⑦]。”从之。曼伯为右拒[⑧]，祭仲足为左拒，原繁、高渠弥以中军奉公[⑨]，为鱼丽之陈[⑩]，先偏后伍，伍承弥缝[⑪]。

【注释】

①子元：郑庄公次子公子突。拒：或作“矩”，方形的阵势。当：抵敌，抵挡。

②陈乱：指陈桓公死，公子佗杀太子免，国人散乱之事。

③犯：攻击。

④王卒顾之：指王卒一边要与郑军作战，一边要顾及陈国被击溃的军队。顾，顾及，照顾。

⑤不枝：不能支持。枝，支持，支撑。

⑥萃：集中。

⑦集事：成功。

⑧曼伯：郑庄公长子公子忽。

⑨原繁：郑大夫。高渠弥：郑卿，亦称高伯。以上诸人俱已见隐公五年《传》。公：指郑庄公。

⑩鱼丽之陈：古代的一种军阵。陈，同“阵”。

⑪先偏后伍，伍承弥缝：此两句解释鱼丽阵法。兵车一队分为若干偏，并用步卒来弥补偏之间的缝隙。偏，车战二十五乘为一偏。伍，五人为伍。

【译文】

郑国的子元建议用左方阵来对付蔡军和卫军，用右方阵来对付陈军，说：“陈国动乱，百姓都缺乏战斗意志，如果先攻击陈军，他们必定奔逃。周天子的军队要照顾陈军，就一定会发生混乱。蔡国和卫国的军队支撑不住，也一定会争先奔逃。这时我们可集中兵力对付周天子的中军，我们就可以获得成功。”郑庄公听从了。曼伯担任右方阵的指挥，祭仲足担任左方阵的指挥，原繁、高渠弥带领中军护卫郑庄公，摆开了叫做鱼丽的阵势，兵车在前，步卒在后，步卒来弥补兵车的空隙。

战于繻葛[①]，命二拒曰："旝动而鼓[②]。"蔡、卫、陈皆奔，王卒乱，郑师合以攻之，王卒大败。祝聃射王中肩[③]，王亦能军[④]。祝聃请从之[⑤]。公曰："君子不欲多上人[⑥]，况敢陵天子乎[⑦]！苟自救也，社稷无陨[⑧]，多矣[⑨]。"

【注释】

①繻（xū）葛：即隐公五年之长葛。在今河南长葛东北。

②旝（kuài）：大将所用军旗，用为号令。

③祝聃：郑国大臣。

④军：指挥军队。

⑤从：追逐。

⑥上：凌驾。

⑦陵：侵侮。

⑧陨：国家危亡。

⑨多矣：满足。当时的习惯用语。

【译文】

双方在繻葛交战，郑庄公命令左右两边方阵说："看到大旗挥动，就击鼓进军。"郑国的军队发起进攻，蔡、卫、陈军一起奔逃，周军因此混乱，郑国的军队从两边合拢来进攻，周军大败。祝聃射中周桓王的肩膀，桓王还能指挥军队。祝聃请求前去追赶。郑庄公说："君子不希望欺人太甚，哪里敢欺凌天子呢？只要能挽救自己，国家免于危亡，这就足够了。"

夜，郑伯使祭足劳王①，且问左右②。

【注释】

①劳：慰问。

②问左右：慰问周王左右之臣。

【译文】

夜间，郑庄公派遣祭仲足去慰问周桓王，同时也问候他的左右随从。

5.4　仍叔之子来聘，弱也①。

【注释】

①弱：年幼，年少。

【译文】

仍叔的儿子前来聘问。《春秋》所以记为“仍叔之子”而不记他的名字，是由于他年轻。

5.5　秋，大雩。书，不时也。凡祀，启蛰而郊①，龙见而雩②，始杀而尝③，闭蛰而烝④。过则书⑤。

【注释】

①启蛰：惊蛰。古之惊蛰在雨水前，为夏正正月之中气。《淮南子·天文训》改惊蛰在雨水后，为夏正二月节气。郊：夏历正月祈谷的祭礼。

②龙见：角、亢两宿于黄昏出现于东方。在夏正四月。龙，苍龙，是东方角、亢、氐、房、心、尾、箕七宿的总称。见，同“现”。

③始杀：指秋气来后，天气萧杀。在夏正七月。尝：秋祭名。《礼记·月令》所谓“孟秋之月，农乃登谷，天子尝新，先荐寝庙”。

④闭蛰：昆虫蛰伏。在夏正十月。烝（zhēng）：冬祭名，杜预《春秋左传注》所谓“万物皆成，可荐者众，故烝祭宗庙”。

⑤过：非正常时节的祭祀。

【译文】

秋季，为求雨而举行大雩祭。《春秋》记载这件事，是由于这不是按时的祭祀。凡是祭祀，昆虫惊动举行郊祭，苍龙的角亢二宿出现举行雩祭，秋天寒气降临举行尝祭，昆虫蛰伏举行烝祭。如果过了规定的时间举行祭礼，就要记载。

5.6　冬，淳于公如曹[①]。度其国危，遂不复。

【注释】

①淳于公：即州公。州，国名，都于淳于，在今山东安丘东北。以都名代称国名，古时本有此例，如魏惠王迁都大梁，即可称梁惠王；韩迁都于郑，亦称郑国。

【译文】

冬季，淳于公到曹国。自己估计他的国家将发生危难，因此没有再回国了。

六年

【经】

6.1　六年春正月，寔来[①]。

6.2　夏四月，公会纪侯于成[②]。

6.3　秋八月壬午[③]，大阅[④]。

6.4 蔡人杀陈佗[5]。

6.5 九月丁卯[6],子同生[7]。

6.6 冬,纪侯来朝。

【注释】

①六年春正月,寔来:此句本应接上年《经》文,主语为“州公”。自分《经》之年后,一事分属两年。六年,鲁桓公六年当周桓王十四年,前706。寔,同“实”。

②成:同“郕”,故城在今山东宁阳东北。

③壬午:初八日。

④大阅:阅兵,即检阅兵车及驾车之马。

⑤蔡人杀陈佗:此事本年无《传》,据庄公二十二年《传》,蔡国为立己国女子所生的公子跃为君,故杀陈佗。公子跃即陈厉公。是年即为陈厉公元年。陈佗,即上年之公子佗。

⑥丁卯:二十四日。

⑦子同:鲁桓公的儿子,名同,后来的鲁庄公。

【译文】

鲁桓公六年春周历正月,州公来我国。

夏四月,桓公与纪侯在成地相会。

秋八月初八,举行盛大的阅兵活动。

蔡国人杀死陈佗。

九月二十四日,桓公之子同出生。

冬,纪侯来我国朝见。

【传】

6.1 六年春,自曹来朝。书曰“寔来”,不复其国也[1]。

【注释】

①复：回。

【译文】

鲁桓公六年春，州公从曹国前来朝见。《春秋》记载作"寔来"，是由于他真正不再回国了。

6.2　楚武王侵随[1]，使薳章求成焉[2]。军于瑕以待之[3]。随人使少师董成[4]。

【注释】

①楚武王：名熊通，前740年即位。是年为楚武王三十五年。随：诸侯国名，姬姓，在今湖北随州。

②薳(wěi)章：也作蒍章。《潜夫论·志氏姓》云："蚡冒生章者，王子无钩也。"因食邑在薳，故名薳章。蚡冒亦作"蚡冒"，是楚武王的父亲，则薳章为楚武王的兄弟。

③瑕：随国地名。今地不详。

④少师：官名。董成：主持和谈。董，主持。

【译文】

楚武王入侵随国，先派薳章去谈判，把军队驻扎在瑕地以等待结果。随国人派少师主持和谈。

斗伯比言于楚子曰[1]："吾不得志于汉东也[2]，我则使然。我张吾三军[3]，而被吾甲兵[4]，以武临之，彼则惧而协来谋我，故难间也[5]。汉东之国，随为大，随张[6]，必弃小国[7]。小国离，楚之利也。少师侈[8]，请羸师以张之[9]。"熊率且比曰[10]："季梁在[11]，何益？"斗伯比曰："以为后图，少师得其君。"王毁军而纳少师⑫。

【注释】

①斗伯比：即后来的令尹子文之父。斗氏为芈姓，楚先王若敖的后代。

②得志：指扩张国土。汉东：汉水以东，多姬姓小国。

③张：扩大。

④被吾甲兵：整顿装备。

⑤间：离间。

⑥张：自高自大。

⑦弃：轻视。

⑧侈：骄傲。

⑨羸(léi)师：此处指让军队故意表现出衰弱的样子。羸，衰弱。

⑩熊率且比：楚国大夫。

⑪季梁：随国贤臣。

⑫毁军：故意乱其军阵。纳：迎于军中。

【译文】

斗伯比对楚武王说："我国在汉水东边领土得不到扩张，是我们自己造成的。我们扩大军队，整顿装备，用武力逼迫别国，他们害怕因而共同来对付我们，所以就难于离间了。在汉水东边的国家中，随国最大，随国要是自高自大，就必然轻视小国。小国离心，对楚国有利。少师这个人很骄傲，请君王隐藏我军的精锐，而让他看到疲弱的士卒，助长他的骄傲。"熊率且比说："有季梁在，这样做有什么好处？"斗伯比说："这是为以后打算，因为少师可以得到他们国君的信任。"楚武王故意把军容弄得疲惫懈怠来接待少师。

少师归，请追楚师，随侯将许之。季梁止之曰："天方授楚，楚之羸，其诱我也，君何急焉？臣闻小之能敌大也，小道大淫[①]。所谓道，忠于民而信于神也[②]。上思利民，忠也；祝史正辞[③]，信也。今民馁而君逞欲[④]，祝史矫举以祭[⑤]，臣不知其可也。”公曰：“吾牲牷肥腯[⑥]，粢盛丰备[⑦]，何则不信？”对曰：“夫民，神之主也。是以圣王先成民而后致力于神。故奉牲以告曰‘博硕肥腯’[⑧]，谓民力之普存也，谓其畜之硕大蕃滋也[⑨]，谓其不疾瘯蠡也[⑩]，谓其备腯咸有也[⑪]。奉盛以告曰‘洁粢丰盛’[⑫]，谓其三时不害而民和年丰也[⑬]。奉酒醴以告曰‘嘉栗旨酒’[⑭]，谓其上下皆有嘉德而无违心也[⑮]。所谓馨香[⑯]，无谗慝也[⑰]。故务其三时，修其五教[⑱]，亲其九族[⑲]，以致其禋祀[⑳]。于是乎民和而神降之福，故动则有成。今民各有心，而鬼神乏主[㉑]，君虽独丰，其何福之有！君姑修政而亲兄弟之国[㉒]，庶免于难。”随侯惧而修政，楚不敢伐。

【注释】

①小道大淫：小国有道而大国无度。

②信：诚信。

③祝史：主持祭祀祈祷之官。正辞：言辞正实不欺。

④馁：饥饿。逞欲：力图满足自己的欲望。

⑤矫举：用诈伪之辞称述功德。

⑥牲牷(quán)：祭祀用的牺牲。牷，毛色纯一的牛。肥腯(tú)：肥壮。

⑦粢盛(chéng)：祭祀用的粮食。粢，祭祀所用之黍稷等谷物。盛，盛在祭器中的祭品。

⑧博：广。硕：大。

⑨蕃滋：繁殖。

⑩不疾瘯蠡(cù luǒ):不病、不瘦弱。瘯蠡,指六畜疥癣之疾。

⑪备腯咸有:品种齐全。

⑫洁粢丰盛:指谷物清洁,盛满祭器。

⑬三时:春、夏、秋,是务农之时。不害:指不违农时。

⑭醴:酒。嘉栗旨酒:清洌而美的好酒。栗,杨伯峻引俞樾《茶香室经说》以为借为"洌"。

⑮无违心:无异心。

⑯馨香:芳香远闻。杨伯峻曰:"馨香既指祭品言,古人亦以为祭品之馨香尤在祭者之德行有以副之。"

⑰谗:诬陷人的坏话。慝(tè):邪恶。

⑱五教:指父义、母慈、兄友、弟恭、子孝。

⑲九族:从高祖、曾祖、祖父、父亲、本身,到子、孙、曾孙、玄孙共九代,称为九族。或说也包括异姓亲戚。

⑳禋(yīn)祀:祭祀鬼神。

㉑鬼神乏主:前云"民,神之主也",如今民各有心则不和,则鬼神乏主。与前文照应。

㉒兄弟之国:指汉东诸姬姓国。

【译文】

少师回去,请求追逐楚军,随侯准备答应。季梁劝阻说:"上天正在帮助楚国,楚国军队显得疲惫懈怠的样子,是引诱我们。国君何必急于从事?下臣听说小国之所以能够抵抗大国,是小国有道,而大国君主放纵无度。所谓道,就是忠于百姓而取信于神明。上边的人想到对百姓有利,这是忠;祝史真实不欺地祝祷,这是信。现在百姓饥饿而国君放纵个人享乐,祝史浮夸功德来祭祀,下臣不知怎样行得通。"随侯说:"我祭祀用的牲口都既无杂色,又很肥大,黍稷也都丰盛完备,为什么不能取信于神明?"季梁回答说:"百姓,是神明的主人。因此圣王先团结百姓,而后才致力于神明。所以在奉献牺牲的时候祝告说'牲口又大又肥'，这是说百姓的财力普遍富足，牲畜肥大而繁殖生长，并没有得病而瘦弱，又有各种优良品种。在奉献黍稷的时候祷告说'洁净的粮食盛得满满的'，这是说不在春、夏、秋三季做有违农时的事，百姓和睦而收成很好。在奉献甜酒的时候祝告说'美酒又好又清'，这是说上上下下都有美德而没有坏心眼。所谓的祭品芳香，就是人心没有邪念。因为春、夏、秋三季都努力于农耕，修明五教，敦睦九族，用这些行为来致祭神明。这样百姓便和睦，神灵也降福，所以做任何事情都能成功。现在百姓各有各的想法，鬼神没有依靠，国君一个人祭祀丰富，又能求得什么福气呢？国君姑且修明政治，亲近兄弟国家，看能否免于祸难。"随侯害怕了，从而修明政治，楚国就没有敢来攻打。

6.3　夏，会于成，纪来谘谋齐难也[①]。

【注释】

①谘谋：商量。谘，同"咨"。

【译文】

夏，鲁桓公和纪侯在成地相会，这是由于纪侯前来商谈如何对付齐国灭纪的企图。

6.4　北戎伐齐[①]，齐使乞师于郑。郑大子忽帅师救齐。六月，大败戎师，获其二帅大良、少良[②]，甲首三百[③]，以献于齐。于是，诸侯之大夫戍齐，齐人馈之饩[④]，使鲁为其班[⑤]。后郑。郑忽以其有功也[⑥]，怒，故有郎之师[⑦]。

【注释】

①北戎：也叫山戎。

②大良、少良：杨伯峻以为是山戎之二帅之名。章炳麟以为即大君、少君，都是部落首领之称，犹匈奴之左贤王、右贤王。

③甲首：带甲兵士的首级。

④饩（xì）：送人熟食叫饔（yōng），送人生食叫饩。饩有牛、羊、豕、黍、粱、稷、禾等。

⑤为其班：安排次序。

⑥郑忽：郑太子忽。

⑦郎之师：指桓公十年，郑合齐、卫伐鲁之役。郎，鲁国地名，在今山东鱼台。

【译文】

北戎进攻齐国，齐国派人到郑国求援。郑国的太子忽率领军队救援齐国。六月，大败戎军，俘虏了它的两个主帅大良、少良，斩杀带甲戎军三百人，将其首级献给齐国。当时，诸侯的大夫在齐国防守边境，齐国人馈送他们食物，让鲁国来确定致送各国军队的先后次序。鲁国因依照周王朝所定的次序，把郑国排在后面。郑太子忽认为自己有功劳，很恼怒，所以四年之后就有郎地的战役。

公之未昏于齐也①，齐侯欲以文姜妻郑大子忽。大子忽辞，人问其故，大子曰："人各有耦②，齐大，非吾耦也。《诗》云：'自求多福③。'在我而已，大国何为？"君子曰："善自为谋。"及其败戎师也，齐侯又请妻之，固辞。人问其故，大子曰："无事于齐，吾犹不敢。今以君命奔齐之急④，而受室以归⑤，是以师昏也。民其谓我何？"遂辞诸郑伯。

【注释】

①公：指鲁桓公。昏：同"婚"。

②耦：配偶。

③自求多福：见《诗经·大雅·文王》，谓求福在己，非由人。故有下文"在我而已"的话。

④奔齐之急：奔救齐国的急难。

⑤受室：即娶妇。

【译文】

桓公在没有与齐国结亲以前，齐僖公想把文姜嫁给郑太子忽。太子忽辞谢，别人问为什么，太子忽说："人人都有合适的配偶，齐国强大，不是我的配偶。《诗》说：'求于自己，多受福德。'靠我自己就是了，要大国干什么？"君子说："太子忽善于为自己打算。"等到他打败了戎军，齐僖公又请求把别的女子嫁给他。太子忽坚决辞谢。别人问为什么，太子忽说："我没有为齐国做什么事情，尚且不敢娶他们的女子。现在由于国君的命令奔赴齐国解救危急，反而娶了妻子回国，这是利用战争而成婚。百姓将会对我有什么议论呢？"于是就用郑庄公的名义辞谢了。

6.5　秋，大阅，简车马也。

【译文】

秋，举行盛大的阅兵仪式，这是检阅战车和马匹。

6.6　九月丁卯，子同生，以大子生之礼举之，接以大牢①，卜士负之②，士妻食之③。公与文姜、宗妇命之④。

【注释】

①接：父亲接见儿子。大牢：祭祀时牛、羊、猪三牲齐全叫太牢。只用一牲叫特，用羊和猪叫少牢。大，同"太"。

②卜士负之:《礼记·内则》云:"三日,卜士负之。吉者宿齐(同斋),朝服寝门外,诗(持、承)负之。射人以桑弧蓬矢六射天地四方,保(保母)受乃负之。宰醴(礼)负子,赐之束帛。"卜,用占卜来选择。负,抱负。

③士妻食(sì)之:《礼记·内则》:"卜士之妻、大夫之妾使食子。"则其母不自己哺乳,士之妻或大夫之妾之有乳汁者,卜其吉者使之哺乳太子。食,喂养,此指哺乳。

④宗妇:同宗之妇。命之:取名。

【译文】

九月二十四日,桓公的儿子同出生,举行太子出生的礼仪:父亲接见儿子时用牛、羊、豕各一的太牢,用占卜选择士人抱他,用占卜选择士人的妻子给他喂奶。桓公和文姜、同宗妇人为他取名字。

公问名于申繻[①]。对曰:"名有五,有信,有义,有象,有假,有类。以名生为信[②],以德命为义[③],以类命为象[④],取于物为假[⑤],取于父为类[⑥]。不以国,不以官,不以山川[⑦],不以隐疾[⑧],不以畜牲[⑨],不以器币[⑩]。周人以讳事神[⑪],名,终将讳之。故以国则废名,以官则废职,以山川则废主[⑫],以畜牲则废祀[⑬],以器币则废礼[⑭]。晋以僖侯废司徒[⑮],宋以武公废司空[⑯],先君献、武废二山[⑰],是以大物不可以命。"公曰:"是其生也,与吾同物[⑱],命之曰同。"

【注释】

①申繻(xū):鲁大夫。

②以名生为信:用出生的某一种情况来命名是信。如唐叔虞初生,手掌有字似"虞",所以叫"虞"。杨伯峻引沈钦韩《左传补注》谓

名生之子，所包甚广，唐叔虞、公子友之事，其属偶然。殷代质直，以生日名子，或听其声，以律定其名，这即是“名生为信”。

③以德命为义：用祥瑞的字眼来命名是义。如周文王叫“昌”，武王叫“发”，皆取其祥瑞。

④以类命为象：用相类似的事物来命名是象。据传孔子头顶像尼丘，因以类似的字眼“丘”命名之。

⑤取于物为假：假借某种事物的名称来命名是假。

⑥取于父为类：借用和父亲有关的字眼来命名是类。如鲁庄公与鲁桓公所生之日相同，所以叫“同”。

⑦不以国，不以官，不以山川：国、官、山川皆指本国山川。春秋国君多有以他国国名为名者。

⑧隐疾：疾病。疾病，人所不免，口难以避讳，故不以为名。

⑨畜牲：马、牛、羊、豖、狗、鸡。养之则为畜，用之以祭祀则为牲。

⑩器币：器，指礼器，如俎、豆、罍、彝、钟、磬之类，下文“以器币则废礼”可证。币，古者以礼物馈赠人曰“币”。圭、璋、璧、琮、琥、璜、马、皮、帛、锦、绣、黼等都是。

⑪周人以讳事神：杨伯峻曰：“明殷商无避讳之礼俗。以讳事神者，生时不讳，死然后讳之，《檀弓下》所谓‘卒哭而讳’。故卫襄公名恶，而其臣有石恶，君臣同名，不以为嫌。周人虽避讳，远不如汉以后禁忌日甚，嫌名、二名皆避，生时亦避。”

⑫以官则废职，以山川则废主：以官名为人名，则改其官名；以山川名为人名，则改其山川之名，如此则废职、废主。极言其不可。

⑬以畜牲则废祀：以牛、羊、豖等为人名，则不可以再用之为牺牲，所以是废祀也。

⑭以器币则废礼：器币都为行礼仪之物，以之为人名，由于避讳而不用其物，是废礼仪。

⑮晋以僖侯废司徒：晋僖侯名司徒，改司徒为中军。

⑯宋以武公废司空：宋武公名司空，改司空为司城。

⑰先君献、武废二山：鲁献公名具，武公名敖，故废具山、敖山之名，改以其乡名为山名。

⑱同物：据昭公七年《传》，岁、时、日、月、星、辰为六物。此指同日。

【译文】

桓公向申繻询问取名字的事。申繻回答说："取名有五种方式，有信，有义，有象，有假，有类。用出生的某一种情况来命名是信，用祥瑞的字眼来命名是义，用相类似的事物来命名是象，假借某种事物的名称来命名是假，借用和父亲有关的字眼来命名是类。命名不用国名，不用官名，不用山川名，不用疾病名，不用牲畜名，不用器物礼品名。周朝人用避讳来奉事神明，名，在死了以后就要避讳。所以用国名命名，就会废除人名，用官名命名就会改变官称，用山川命名就会改变山川的名称，用牲畜命名就会废除祭祀，用器物礼品命名就会废除礼仪。晋国因为僖公而改司徒的官名，宋国因为武公而改司空之官名，我国因为先君献公、武公而改变两座山之名，所以大的事物不可以用来命名。"桓公说："这孩子的出生，和我在同一日，把他命名叫做同。"

6.7 冬，纪侯来朝，请王命以求成于齐①，公告不能。

【注释】

①请王命：指请桓公代纪国求得周天子的命令。

【译文】

冬，纪侯前来朝见，请求鲁国代纪国取得周天子的命令去向齐国求和。桓公告诉他说自己做不到。

七年

【经】

7.1　七年春二月己亥[①]，焚咸丘[②]。

7.2　夏，穀伯绥来朝[③]。邓侯吾离来朝[④]。

【注释】

①七年：鲁桓公七年当周桓王十五年，前705。春二月：夏历为四月。己亥：二十八日。

②焚：放火烧地，使野兽外逃，以便围猎。咸丘：鲁地名，在今山东巨野东南。

③穀：诸侯国名，嬴姓，伯爵，在今湖北谷城西北。绥：穀伯之名。

④邓：诸侯国名，曼姓，侯爵，在今河南邓州。吾离：邓侯之名。

【译文】

鲁桓公七年春周历二月二十八日，放火焚烧咸丘田地。

夏，穀伯绥来我国朝见。邓侯吾离来我国朝见。

【传】

7.1　七年春[①]，穀伯、邓侯来朝。名，贱之也[②]。

【注释】

①七年春：《经》文作"夏"，传文作"春"，是因为《传》文用夏历。

②贱：轻视。

【译文】

鲁桓公七年春，穀伯绥、邓侯吾离来鲁国朝见。《春秋》记载他们的名字，是由于轻视他们。

7.2 夏，盟、向求成于郑[①]，既而背之。

【注释】

①盟、向求成于郑：盟、向，二邑名，隐公十一年周天子以之与郑交换者。郑当时对二邑名义上有所有权，实际上并未得到。有学者推测二邑与郑国必有兵事，所以现在与郑求和。

【译文】

夏，盟邑、向邑向郑国求和，不久又背叛郑国。

7.3 秋，郑人、齐人、卫人伐盟、向。王迁盟、向之民于郏[①]。

【注释】

①王迁盟、向之民于郏(jiá)：盟、向叛郑，周王无力抵抗郑、齐、卫三国军队，只能迁两地之民，而将地给郑国。郏，地名，即郏鄏，又曰王城，在今河南洛阳。

【译文】

秋，郑人、齐人、卫人攻打盟邑、向邑。周桓王把盟邑、向邑的百姓迁到郏地。

7.4 冬，曲沃伯诱晋小子侯，杀之[①]。

【注释】

①冬，曲沃伯诱晋小子侯，杀之：曲沃伯，即曲沃武公。晋小子侯，晋哀侯子，晋国第十六世君主。按，此应与下年《传》“八年春，灭翼”连读，被后人割裂。

【译文】

冬,曲沃武公诱骗晋国小子侯,把他杀死了。

八年

【经】

8.1　八年春正月己卯[①],烝[②]。

8.2　天王使家父来聘[③]。

8.3　夏五月丁丑[④],烝。

8.4　秋,伐邾。

8.5　冬十月,雨雪[⑤]。

8.6　祭公来,遂逆王后于纪[⑥]。

【注释】

①八年:鲁桓公八年当周桓王十六年,前704。春正月:此春正月为夏历十二月。己卯:十四日。

②烝:冬祭。根据桓公五年《传》,烝一般应在夏历十月,所以这是非正常之祭,即前所谓“过则书”。

③家父:周天子大夫。

④丁丑:十三日。

⑤冬十月,雨雪:十月,夏历为九月,不应有雪而下雪,所以记载。雨雪,下雪。

⑥祭公来,遂逆王后于纪:时周天子与纪国通婚,因纪国小,所以由鲁国代为主持,祭公因此先至鲁,后迎亲。古时通婚,男女双方必须地位相称。周是天子,与诸侯通婚,地位不同。周王娶后,由王室派遣公卿来鲁,然后迎王后直归京师,所以祭公迎接王后必须来鲁。祭公,周天子的三公。

【译文】

鲁桓公八年春周历正月十四日，举行烝祭。

周天子派大夫家父来我国聘问。

夏五月十三日，举行烝祭。

秋，进攻邾国。

冬十月，下雪。

祭公来我国，然后去纪国迎接王后。

【传】

8.1　八年春，灭翼。

【译文】

鲁桓公八年春，曲沃武公灭亡了翼邑。

8.2　随少师有宠。楚斗伯比曰："可矣。仇有衅[①]，不可失也。"

【注释】

①仇：指随国。衅(xìn)：缝隙。

【译文】

随国少师受到宠信。楚国的斗伯比说："可以了。敌国内部有隙可乘，不可以失掉机会。"

夏，楚子合诸侯于沈鹿[①]。黄、随不会[②]，使薳章让黄[③]。楚子伐随，军于汉、淮之间。

【注释】

①沈鹿：楚地名，在今湖北钟祥东。

②黄：诸侯国名，嬴姓，在今河南潢川西北。

③让：谴责。

【译文】

夏季，楚武王在沈鹿会合诸侯的军队。黄、随两国不参加会议，楚国派薳章去责备黄国。楚武王亲自讨伐随国，军队驻扎在汉水、淮水之间。

季梁请下之[1]：“弗许而后战，所以怒我而怠寇也[2]。”少师谓随侯曰：“必速战。不然，将失楚师。”随侯御之，望楚师。季梁曰：“楚人上左[3]，君必左[4]，无与王遇[5]。且攻其右，右无良焉[6]，必败。偏败[7]，众乃携矣[8]。”少师曰：“不当王，非敌也[9]。”弗从。战于速杞[10]，随师败绩。随侯逸[11]，斗丹获其戎车[12]，与其戎右少师[13]。

【注释】

①下之：表示屈服。

②怒我：激怒我军，振作士气。怠：松懈。

③楚人上左：楚国以左为尊。上，通“尚”，崇尚，看重。时诸侯多以右为尊。

④君：此指随君。

⑤王：此指楚武王。遇：对阵。

⑥无良：无良将。

⑦偏：偏师，非主力。

⑧携：离散。

⑨敌：匹敌。

⑩速杞：随地名，在今湖北应山西。

⑪逸：逃走。

⑫斗丹：楚大夫。戎车：此指随君所乘之兵车。

⑬戎右少师：少师有宠，所以为车右。戎右，车右。

【译文】

季梁建议向楚人表示屈服，说："等他们不肯，然后作战，这样就可以激怒我军而使敌军懈怠。"少师对随侯说："必须速战，不这样，就会失去战胜楚军的机会。"随侯率军抵御楚军，远望楚国的军队。季梁说："楚人以左为尊，国君一定在左军之中，不要和楚王正面作战。姑且攻击他的右军，右军没有好指挥官，必然失败。他们的偏军一败，大军就离散了。"少师说："不与楚王正面作战，这就表示我们和他不能对等。"随侯又没有听从季梁的话。两军在速杞交战，随军大败。随侯逃走，斗丹俘获了随侯的战车和车右少师。

秋，随及楚平。楚子将不许，斗伯比曰："天去其疾矣，随未可克也。"乃盟而还。

【译文】

秋季，随国要同楚国讲和。楚武王本拟不同意。斗伯比说："上天已经铲除了他们的疾患，随国还不可能战胜。"于是订立了盟约回国。

8.3　冬，王命虢仲立晋哀侯之弟缗于晋①。

【注释】

①王命虢仲立晋哀侯之弟缗(mín)于晋：《史记·晋世家》："周桓王

使虢仲伐曲沃武公。武公入于曲沃。乃立晋哀侯弟缗为晋侯。”则周并非仅派虢仲立晋侯,还讨伐了曲沃武公。虢仲,即周王卿士虢公林父。

【译文】

冬,周桓王命令虢仲立了晋哀侯的兄弟缗为晋侯。

8.4　祭公来,遂逆王后于纪,礼也。

【译文】

祭公到鲁国来,然后到纪国迎接王后,这是合于礼的。

九年

【经】

9.1　九年春①,纪季姜归于京师②。

9.2　夏四月③。

9.3　秋七月④。

9.4　冬,曹伯使其世子射姑来朝⑤。

【注释】

①九年:鲁桓公九年当周桓王十七年,前703。

②纪季姜:即上年祭公所迎之桓王后。京师:指周都洛邑。

③夏四月:夏季首月。

④秋七月:秋季首月。

⑤曹伯:即曹桓公。世子:即太子,射姑是其名。

【译文】

鲁桓公九年春,纪国季姜出嫁到京师。

夏四月。

秋七月。

冬，曹伯派他的太子射姑来我国朝见。

【传】

9.1 九年春，纪季姜归于京师。凡诸侯之女行①，唯王后书。

【注释】

①行：出嫁。

【译文】

鲁桓公九年春，纪国的季姜出嫁到京师。凡是诸侯的女儿出嫁，只有出嫁做王后才加以记载。

9.2 巴子使韩服告于楚①，请与邓为好②。楚子使道朔将巴客以聘于邓③。邓南鄙鄾人攻而夺之币④，杀道朔及巴行人⑤。楚子使薳章让于邓⑥，邓人弗受⑦。

【注释】

①巴：诸侯国名，姬姓，子爵，约在今湖北襄樊。韩服：巴国行人。

②为好：缔结友好关系。

③道朔：楚大夫。将：率领。巴客：指韩服。

④鄾(yōu)：地名，在今湖北襄阳东北。币：聘问的礼品。

⑤行人：官名，掌管朝觐聘问之事。此指韩服。

⑥让：责备。

⑦弗受：指拒绝接受责备。

【译文】

巴子派遣韩服向楚国报告，请求和邓国缔结友好关系。楚武王派遣道朔带领巴国的使者到邓国聘问。邓国南部边境的鄾地人攻击他们，并掠夺财礼，杀死了道朔和巴国的使者。楚武王派遣薳章责备邓国，邓国人拒不接受。

夏，楚使斗廉帅师及巴师围鄾①。邓养甥、聃甥帅师救鄾②。三逐巴师③，不克。斗廉衡陈其师于巴师之中以战④，而北⑤。邓人逐之，背巴师⑥。而夹攻之。邓师大败，鄾人宵溃。

【注释】

①斗廉：楚大夫。

②养甥、聃甥：邓大夫。

③逐：冲锋。

④衡：横。

⑤北：败逃。

⑥邓人逐之，背巴师：邓人不知楚军败退是计，追击楚军，于是巴军就到了邓人背后。

【译文】

夏季，楚国派遣斗廉率领楚军和巴军包围鄾地。邓国的养甥、聃甥率领邓军救援鄾地。邓军三次向巴军发起冲锋，不能得胜。斗廉率军在巴军之中列为横阵，交战时假装败逃。邓军追逐楚军，巴军就处于他们背后。楚、巴两军夹攻邓军。邓军大败。鄾地人黄昏后就溃散了。

9.3　秋，虢仲、芮伯、梁伯、荀侯、贾伯伐曲沃①。

【注释】

①梁：诸侯国名，嬴姓，伯爵，在今陕西韩城南。僖公十九年秦穆公灭之。荀：诸侯国名，姬姓，侯爵，今山西新绛东北临汾故城即古荀国。晋武公灭之。贾：诸侯国名，姬姓，伯爵，在今山西襄汾东。以上与虢、芮二国皆小国。

【译文】

秋，虢仲、芮伯、梁伯、荀侯、贾伯共同出兵讨伐曲沃。

9.4 冬，曹大子来朝。宾之以上卿，礼也。享曹大子，初献[①]，乐奏而叹。施父曰[②]："曹大子其有忧乎？非叹所也[③]。"

【注释】

①初献：享客时首次敬酒。

②施父：鲁国大夫。

③非叹所：不是叹气的地方。杨伯峻引杨树达《读左传》云："昭二十八年《传》云：'谚曰："唯食亡忧。"'曹大子当食而叹，故云非叹所。"

【译文】

冬，曹国的太子来鲁国朝见。用上卿之礼接待他，这是合于礼的。设享礼招待曹太子，在行初献之礼时，曹太子在奏乐时叹气。施父说："曹太子恐怕会有什么忧心事吧？因为这不是叹息的地方。"

十年

【经】

10.1 十年春王正月[①]，庚申[②]，曹伯终生卒[③]。

10.2 夏五月,葬曹桓公。

10.3 秋,公会卫侯于桃丘[4],弗遇[5]。

10.4 冬十有二月丙午[6],齐侯、卫侯、郑伯来战于郎[7]。

【注释】

①十年:鲁桓公十年当周桓王十八年,前702。

②庚申:初六。

③曹伯终生:指曹桓公。

④桃丘:地名,在今山东东阿。

⑤弗遇:鲁公本来与卫侯相约在桃丘会晤,但卫侯既接受齐国请求伐鲁,故背约不来。

⑥十有二月丙午:十二月二十七日。

⑦齐侯、卫侯、郑伯:即齐僖公、卫宣公、郑庄公。郎:此为鲁都城曲阜近郊之郎。

【译文】

鲁桓公十年春周历正月,初六,曹桓公终生去世。

夏五月,安葬曹桓公。

秋,鲁桓公去桃丘与卫宣公会面,没有见到卫宣公。

冬十二月二十七日,齐僖公、卫宣公、郑庄公来到郎地与我国交战。

【传】

10.1 十年春,曹桓公卒。

【译文】

鲁桓公十年春,曹桓公去世。

10.2　虢仲谮其大夫詹父于王[①]。詹父有辞[②]，以王师伐虢。夏，虢公出奔虞[③]。

【注释】

①詹父：虢公大夫。

②有辞：有理。

③虞：诸侯国名，姬姓，在今山西平陆东北。

【译文】

虢仲在周桓王那里进谗言诬陷大夫詹父。詹父有理，带领周天子的军队进攻虢国。夏，虢公逃亡到虞国。

10.3　秋，秦人纳芮伯万于芮[①]。

【注释】

①秦人纳芮伯万于芮：芮伯万在桓公四年被秦所擒，现将其送回。纳，送回芮国。

【译文】

秋，秦国人把芮伯万送回芮国。

10.4　初，虞叔有玉[①]，虞公求旃[②]。弗献。既而悔之。曰："周谚有之：'匹夫无罪[③]，怀璧其罪。'吾焉用此，其以贾害也[④]？"乃献。又求其宝剑。叔曰："是无厌也[⑤]。无厌，将及我[⑥]。"遂伐虞公，故虞公出奔共池[⑦]。

【注释】

①虞叔：虞公之弟。

②旃(zhān):“之焉”的合音,“之”是代词,“焉”是语气词。

③匹夫:平民百姓。

④贾(gǔ)害:买祸。贾,买。

⑤厌:满足。

⑥及:及于难,指有祸患。

⑦共池:在今山西平陆。

【译文】

当初,虞公的兄弟虞叔藏有宝玉,虞公向他索求玉。虞叔没有进献。不久又为此后悔,说:“周的谚语说:‘百姓没有罪,怀藏玉璧就有了罪。’我哪用得着美玉,难道要用它买来祸害?”于是就把玉璧献给了虞公。虞公又向虞叔索求宝剑。虞叔说:“这是贪得无厌了。贪得无厌,祸害会连累到我身上。”于是就攻打虞公,所以虞公逃亡到共池。

10.5　冬,齐、卫、郑来战于郎,我有辞也。

【译文】

冬,齐国、卫国、郑国联军前来和我军在郎地作战,我国是有理的。

初,北戎病齐[①],诸侯救之,郑公子忽有功焉。齐人饩诸侯[②],使鲁次之。鲁以周班后郑[③]。郑人怒,请师于齐。齐人以卫师助之。故不称侵伐。先书齐、卫,王爵也[④]。

【注释】

①病齐:使齐困。指桓公六年北戎伐齐。病,困。

②饩(xì):赠送食物。

③鲁以周班后郑:郑是伯爵,且受封时间是在西周末宣王时,时间

最晚，所以次序靠后。周班，周室封爵次序。

④王爵：即“周班”。按，此段叙事，详见桓公六年。

【译文】

当初，北戎骚扰齐国，使它困疲，诸侯救援齐国，郑国的公子忽有功劳。齐国人给诸侯的军队馈送食物，让鲁国确定馈送的次序。鲁国按周室封爵的次序把郑国排在后面。郑国人发怒，请求齐国出兵。齐国人率领卫国军队帮助郑国。所以《春秋》不称这次战争为“侵伐”。先记载齐国和卫国是按照周室封爵的次序。

十一年

【经】

11.1　十有一年春正月[①]，齐人、卫人、郑人盟于恶曹[②]。

11.2　夏五月癸未[③]，郑伯寤生卒[④]。

11.3　秋七月，葬郑庄公。

11.4　九月，宋人执郑祭仲[⑤]。突归于郑[⑥]。郑忽出奔卫[⑦]。

11.5　柔会宋公、陈侯、蔡叔盟于折[⑧]。

11.6　公会宋公于夫钟[⑨]。

11.7　冬十有二月，公会宋公于阚[⑩]。

【注释】

①十有一年：鲁桓公十一年当周桓王十九年，前701。

②恶曹：地名，在今河南延津东南。

③癸未：初七。

④郑伯寤生：即郑庄公。

⑤祭仲：即祭足，也称祭仲足。仲是排行，足是名。

⑥突：郑公子突，郑庄公次子，即后来的郑厉公。

⑦郑忽出奔卫：忽为郑庄公太子，即后来的郑昭公。

⑧柔：鲁国大夫。宋公：即宋庄公。陈侯：即陈厉公。蔡叔：蔡国大夫，一云即蔡桓侯之弟。折：地名，不详。

⑨夫(fú)钟：鲁地名，在今山东汶上东北。

⑩阚：鲁地名，在山东汶上西。

【译文】

鲁桓公十一年春周历正月，齐人、卫人、郑人在恶曹结盟。

夏五月初七，郑庄公寤生去世。

秋七月，安葬郑庄公。

九月，宋国人逮捕郑祭仲。公子突回到郑国。郑忽逃亡到卫国。

柔与宋庄公、陈厉侯、蔡叔在折地会盟。

桓公与宋庄公在夫钟相会。

冬十二月，桓公与宋庄公在阚地相会。

【传】

11.1　十一年春，齐、卫、郑、宋盟于恶曹[①]。

【注释】

①宋：《经》文无宋，《传》文补上。

【译文】

鲁桓公十一年春，齐国、卫国、郑国、宋国在恶曹举行会盟。

11.2　楚屈瑕将盟贰、轸[①]。郧人军于蒲骚[②]，将与随、绞、州、蓼伐楚师[③]。莫敖患之[④]。斗廉曰："郧人军其郊，必不诫[⑤]，且日虞四邑之至也[⑥]。君次于郊郢[⑦]，以御四邑。我以锐师宵加于郧[⑧]，郧有虞心而恃其城[⑨]，莫有斗志。若败郧师，四邑必离[10]。”莫敖曰：“盍请济师于王[11]？”对曰：“师克在和[12]，不在众。商、周之不敌[13]，君之所闻也。成军以出[14]，又何济焉？”莫敖曰：“卜之[15]？”对曰：“卜以决疑，不疑何卜？”遂败郧师于蒲骚，卒盟而还[16]。

【注释】

①屈瑕：楚国大夫。贰：诸侯国名，在今湖北广水。轸：诸侯国名，在今湖北应城西。两国后来都为楚国所灭。

②郧(yún)：诸侯国名，在今湖北安陆。蒲骚：郧地名，在今湖北应城西北。

③绞：诸侯国名，在今湖北郧阳。州：诸侯国名，在今湖北监利东。蓼(liǎo)：诸侯国名，在今河南唐河南。

④莫敖：楚国官名，相当于大司马。主管军政。屈瑕时为莫敖。

⑤诫：警戒。

⑥虞：盼望。四邑：即四国，指随、绞、州、蓼。

⑦君：指屈瑕。君除指国君外，也可作一般敬称。次：止，驻扎。郊郢：地名，在今湖北钟祥。

⑧锐师：精锐部队。

⑨虞心：盼望四国救援之心。

⑩离：离散。

⑪盍：何不。济师：增派军队。济，增援，增加。

⑫克：取胜。和：团结。

⑬商、周之不敌：商指殷纣王。周指周武王。据《孟子·尽心下》，武王伐殷，革车三百辆，虎贲之士三千人。又据昭二十四年《传》引《大誓》，纣有亿兆夷人。则相传纣王之军多，武王之兵少，而武王卒灭纣。

⑭成军：整顿军队，使之团结。

⑮卜：占卜以求吉凶。

⑯卒盟而还：于此可见随与诸国之伐楚师是想破坏楚与两国之盟会。卒，终于。

【译文】

楚国的屈瑕打算和贰、轸两国结盟。郧国人的军队驻扎在蒲骚，准备和随、绞、州、蓼四国一起进攻楚国军队。莫敖为此忧心忡忡。斗廉说："郧国的军队驻扎在他们的郊区，一定缺乏警戒，并且天天盼望四国军队的来到。您驻在郊郢来抵御这四个国家。我们用精锐部队夜里进攻郧国，郧国一心盼望四国军队，而且又依仗城郭坚固，没有人再有战斗意志。如果打败郧军，四国一定离散。"莫敖说："何不向君王请求增兵？"斗廉回答说："军队能够获胜，在于团结一致，不在于人多。商朝敌不过周朝，这是您所知道的。整顿军队而出兵，又增什么兵呢？"莫敖说："占卜一下？"斗廉回答说："占卜是为了决断疑惑，没有疑惑，为什么占卜？"于是就在蒲骚打败郧国军队，终于和贰、轸两国订立了盟约回国。

11.3　郑昭公之败北戎也[①]，齐人将妻之，昭公辞。祭仲曰："必取之。君多内宠[②]，子无大援，将不立。三公子皆君也[③]。"弗从。

【注释】

①郑昭公：即原郑太子忽。

②内宠：指宠爱的妻妾。

③三公子皆君也：子突、子亹（wěi）、子仪，与子忽都非一母所生，且其母都有宠，都可能继承君位。

【译文】

郑昭公打败北戎的时候，齐侯打算把女儿嫁给他，昭公辞谢了。祭仲说："您一定要娶她。国君宠爱的姬妾很多，您如果没有有力的外援，将不能继承君位。其他三位公子都可能做国君的。”昭公不同意。

夏,郑庄公卒。

【译文】

夏,郑庄公去世。

初,祭封人仲足有宠于庄公[①],庄公使为卿。为公娶邓曼[②],生昭公,故祭仲立之。宋雍氏女于郑庄公[③],曰雍姞[④],生厉公。雍氏宗[⑤],有宠于宋庄公,故诱祭仲而执之,曰:“不立突,将死。”亦执厉公而求赂焉。祭仲与宋人盟,以厉公归而立之。

【注释】

①祭:郑地名,在今河南郑州东北。仲足:即祭仲足,祭是氏,仲是排行(第二),足是名。

②邓曼:邓国女。邓是国名,曼为邓国之姓。

③雍氏:宋国大夫。女(nǜ):嫁女与人。

④姞(jí):雍氏的姓。

⑤宗:为人所尊仰。

【译文】

当初,祭地封人仲足受到郑庄公的宠信,庄公任命他做卿。祭仲为庄公娶了邓曼,生了昭公,所以祭仲立他为国君。宋国的雍氏把女儿嫁给郑庄公,名叫雍姞,生了厉公。雍氏为人所尊重,受到宋庄公的宠爱,所以就诱骗祭仲把他抓起来,说:“不立突为国君,就杀死你。”雍氏还抓了厉公索取财货。祭仲和宋国人结盟,让厉公归国而立他为国君。

秋九月丁亥[①]，昭公奔卫。己亥[②]，厉公立。

【注释】

①丁亥：十三日。

②己亥：二十五日。

【译文】

秋，九月十三日，郑昭公逃亡到卫国。二十五日，郑厉公立为国君。

十二年

【经】

12.1　十有二年春正月[①]。

12.2　夏六月壬寅[②]，公会杞侯、莒子盟于曲池[③]。

12.3　秋七月丁亥[④]，公会宋公、燕人盟于谷丘[⑤]。

12.4　八月壬辰[⑥]，陈侯跃卒[⑦]。

12.5　公会宋公于虚[⑧]。

12.6　冬十有一月，公会宋公于龟[⑨]。

12.7　丙戌[⑩]，公会郑伯[⑪]，盟于武父[⑫]。

12.8　丙戌，卫侯晋卒[⑬]。

12.9　十有二月，及郑师伐宋。丁未[⑭]，战于宋。

【注释】

①十有二年：鲁桓公十二年当周桓王二十年，前700。

②壬寅：初二。

③杞侯：即杞靖侯。曲池：地名，在今山东宁阳东北。

④丁亥：十七日。

⑤宋公：指宋庄公。燕：指南燕。谷丘：宋地名，在今河南商丘东南。

⑥壬辰：八月无壬辰日，当属误记。

⑦陈侯跃：陈厉公。

⑧虚：宋地名，在今河南延津东。

⑨龟：宋地名，在今河南睢县。

⑩丙戌：十八日。

⑪郑伯：指郑厉公。

⑫武父：郑地名，在今山东东明西南。

⑬卫侯晋：指卫宣公。

⑭丁未：初十。

【译文】

鲁桓公十二年春周历正月。

夏六月初二，桓公与杞靖侯、莒子相会，在曲池结盟。

秋七月十七日，桓公与宋庄公、燕国人相会，在谷丘结盟。

八月壬辰日，陈厉公跃去世。

桓公与宋庄公在虚地相会。

冬十一月，桓公与宋庄公在龟地相会。

十八日，桓公与郑厉公相会，在武父结盟。

十八日，卫宣公晋去世。

十二月，我军与郑军攻打宋国。初十，与宋国交战。

【传】

12.1 十二年夏，盟于曲池，平杞、莒也[①]。

【注释】

①平杞、莒：隐公四年，莒人伐杞，因此两国不和。鲁与两国相邻，桓公与杞侯、莒子盟于曲池，是为了调解杞、莒两国的关系。

【译文】

鲁桓公十二年夏，鲁桓公和杞侯、莒子在曲池会盟，这是让杞国和莒国讲和。

12.2　公欲平宋、郑[①]。秋，公及宋公盟于句渎之丘[②]。宋成未可知也，故又会于虚；冬，又会于龟。宋公辞平，故与郑伯盟于武父。遂帅师而伐宋，战焉，宋无信也。

【注释】

①公欲平宋、郑：宋国向郑国求取过多的财物，郑国无法负担，所以两国不和。

②句(gōu)渎之丘：即谷丘。

【译文】

桓公想让宋国、郑国和睦相处。秋，桓公和宋庄公在句渎之丘会盟。由于不知道宋国对议和有无诚意，所以又在虚地会见；冬，又在龟地会见。宋公拒绝议和，所以桓公和郑厉公在武父结盟。盟后就率领军队进攻宋国，发生这场战争，是因为宋国不讲信用。

君子曰："苟信不继，盟无益也。《诗》云：'君子屡盟，乱是用长[②]。'无信也。"

【注释】

①君子屡盟，乱是用长：见于《诗经·小雅·巧言》，意为君子多次结盟，反而使动乱滋长。是用，是以。

【译文】

君子说："如果一再不讲信用，结盟也没有好处。《诗》说：'君子多次结盟，反而使动乱滋长。'就是由于没有信用。"

12.3 楚伐绞,军其南门①。莫敖屈瑕曰:“绞小而轻②,轻则寡谋。请无扞采樵者以诱之③。”从之。绞人获三十人。明日,绞人争出,驱楚役徒于山中④。楚人坐其北门⑤,而覆诸山下⑥,大败之,为城下之盟而还⑦。

【注释】

①军其南门:驻扎在绞城的南门。

②轻:此指轻浮。

③扞:同“捍”,保卫。采樵者:军中砍柴的人。

④役徒:指被获之采樵者。

⑤坐:待。

⑥覆:埋伏。

⑦城下之盟:兵临城下时被迫接受的屈辱盟约。

【译文】

楚国进攻绞国,军队驻扎在南门。莫敖屈瑕说:“绞国地小而人轻浮,轻浮就缺少主意。请对砍柴的人不设保卫,用这引诱他们。”楚王听从了屈瑕的意见。绞军俘获了三十个砍柴人。第二天,绞军争着出城,把楚国的砍柴人赶到山里。楚军坐守在北门,同时在山下设伏兵,大败绞军,强迫绞国订立城下之盟才回国。

12.4 伐绞之役,楚师分涉于彭①。罗人欲伐之②,使伯嘉谍之③,三巡数之④。

【注释】

①分涉:分兵渡河。彭:彭水,今名南河,发源于湖北房县西南。

②罗:诸侯国名,熊姓,在今湖北宜城西。

③伯嘉:罗国大夫。谍:侦察。

④巡:遍。数之:数楚军人数。

【译文】

在进攻绞国的这次战役中,楚军分兵渡过彭水。罗国准备攻打楚军,派遣伯嘉去侦探,三次遍数了楚军的人数。

十三年

【经】

13.1　十有三年春二月①,公会纪侯、郑伯②。己巳③,及齐侯、宋公、卫侯、燕人战④。齐师、宋师、卫师、燕师败绩⑤。

13.2　三月,葬卫宣公。

13.3　夏,大水。

13.4　秋七月。

13.5　冬十月。

【注释】

①十有三年:鲁桓公十三年当周桓王二十一年,前699。

②纪侯:纪靖侯。郑伯:郑厉公。

③己巳:初三。

④齐侯:齐僖公。宋公:宋庄公。卫侯:卫惠公。卫宣公已死,虽未下葬,但《春秋》之例,旧君死,新君立,当年称子,逾年即称爵。燕人:指南燕之君,因国小,不称君。

⑤败绩:大溃败称败绩。

【译文】

鲁桓公十三年春周历二月,鲁桓公与纪靖侯、郑厉公相会。初三,与齐僖公、宋庄公、卫惠公、燕国人交战。齐、宋、卫、燕的军队大败。

三月,安葬卫宣公。

夏,发大水。

秋七月。

冬十月。

【传】

13.1 十三年春,楚屈瑕伐罗,斗伯比送之。还,谓其御曰[①]:“莫敖必败。举趾高[②],心不固矣[③]。”遂见楚子曰:“必济师。”楚子辞焉,入告夫人邓曼。邓曼曰:“大夫其非众之谓[④],其谓君抚小民以信,训诸司以德[⑤],而威莫敖以刑也[⑥]。莫敖狃于蒲骚之役[⑦],将自用也[⑧],必小罗[⑨]。君若不镇抚,其不设备乎?夫固谓君训众而好镇抚之[⑩],召诸司而劝之以令德[⑪],见莫敖而告诸天之不假易也[⑫]。不然,夫岂不知楚师之尽行也[⑬]?”楚子使赖人追之[⑭],不及。

【注释】

①御:驾车的人。

②举趾高:趾高气扬。

③心不固:心志浮动。

④大夫:指斗伯比。非众之谓:指不在人数多少。

⑤诸司:众官吏。

⑥刑:法令。

⑦狃(niǔ):习以为常。

⑧自用:自以为是。

⑨小:轻视。

⑩夫:那,指斗伯比。

⑪令德：美德。

⑫告诸：告之，即告诉莫敖。不假易：不宽恕。

⑬尽行：全部出发。

⑭赖：诸侯国名，在今湖北随州东北。

【译文】

鲁桓公十三年春季，楚国的屈瑕进攻罗国，斗伯比为他送行。回来时，对他的御者说："莫敖一定会失败。他趾高气扬，表明他的心志浮动。"于是进见楚武王，说："一定要增派军队！"楚武王拒绝了，回宫告诉夫人邓曼。邓曼说："大夫斗伯比的意思不在人数的多少，而是说君王要以诚信来镇抚百姓，以德义来训诫官员，而以刑法来使莫敖畏惧。莫敖已经满足于蒲骚这一次战功，他会自以为是，必然轻视罗国。君王如果不加控制，不是等于不设防范吗！斗伯比的本意是请君王训诫百姓好好地安抚督察他们，召集官员们勉之以美德，见到莫敖告诉他上天对他的过错是不会宽恕的。不是这样，斗大夫难道不知道楚国军队已经全部出发了？"楚王派赖国人追赶屈瑕，没有追上。

莫敖使徇于师曰[①]："谏者有刑。"及鄢[②]，乱次以济[③]。遂无次，且不设备。及罗，罗与卢戎两军之[④]，大败之。莫敖缢于荒谷[⑤]，群帅囚于冶父以听刑[⑥]。楚子曰："孤之罪也。"皆免之。

【注释】

①徇（xùn）：号令。

②鄢：鄢水，发源于湖北保康西南。

③乱次：无次序，指军队混乱不成行列。济：渡河。

④卢戎：妫姓，南蛮之国，在今湖北南漳东北，后为楚国所灭，为庐

邑。两军之:两面夹击。

⑤缢(yì):上吊自杀。荒谷:楚地名,在今湖北江陵西。

⑥冶父:地名,在今湖北江陵西。听刑:听候处罚。

【译文】

莫敖派人在军中通告:"敢于进谏的人要受刑罚!"到达鄢水,楚军由于渡河而次序大乱。全军乱七八糟毫无秩序,而且又不设防。到达罗国,罗国和卢戎的军队从两边夹攻楚军,把楚军打得大败。莫敖在荒谷上吊自杀,其他将领们被囚禁在冶父,等待处罚。楚武王说:"这是我的罪过。"把将领们都赦免了。

13.2 宋多责赂于郑[①],郑不堪命,故以纪、鲁及齐与宋、卫、燕战[②]。不书所战[③],后也[④]。

【注释】

①责赂:即桓公十一年为立厉公而求财货于郑。责,索取。

②以:指挥。郑国是主战国,因此指挥纪、鲁之军。齐、宋、卫、燕联军,宋国是主战国。

③所战:指战于何处。

④后:迟到。

【译文】

宋国多次向郑国索取财货,郑国实在不能忍受,所以率领纪、鲁两国的军队和齐、宋、卫、燕四国的军队交战。《春秋》没有记载战争的地点,是由于桓公迟到了。

13.3 郑人来请修好[①]。

【注释】

①郑人来请修好：此当与十四年《传》“十四年春，会于曹”云云连接，被后人割裂。

【译文】

郑国派人来鲁国，请求重修旧好。

十四年

【经】

14.1　十有四年春正月①，公会郑伯于曹②。

14.2　无冰③。

14.3　夏五④，郑伯使其弟语来盟⑤。

14.4　秋八月壬申⑥，御廪灾⑦。

14.5　乙亥⑧，尝⑨。

14.6　冬十有二月丁巳⑩，齐侯禄父卒⑪。

14.7　宋人以齐人、蔡人、卫人、陈人伐郑。

【注释】

①十有四年：鲁桓公十四年当周桓王二十二年，前698。

②郑伯：郑厉公。

③无冰：不记载月份，可能是二月。二月份仍寒冷，却不结冰，说明天气不正常。杨伯峻以为根据昭四年《传》“日在北陆而藏冰”可知“藏冰”为古二月之礼，至此气候仍暖，无冰可藏，故史官书之。

④夏五：“五”下当有阙文。

⑤语：郑庄公之子，郑厉公之弟。

⑥壬申：十五日。

⑦御廪(lǐn)：天子诸侯储藏亲耕所获用以飨祀的粮食的仓库。灾：

古人把“天火”叫灾。天火,可能是打雷起火,或自然之火。

⑧乙亥:十八日。

⑨尝:秋祭。

⑩丁巳:初二。

⑪齐侯禄父:齐僖公。

【译文】

鲁桓公十四年春周历正月,鲁桓公与郑厉公在曹国相会。

没有结冰。

夏五,郑厉公派他的弟弟语来我国结盟。

秋八月十五日,御廪发生天火火灾。

十八日,举行尝祭。

冬十二月初二,齐僖公禄父去世。

宋国人率领齐国人、蔡国人、卫国人、陈国人攻打郑国。

【传】

14.1　十四年春,会于曹。曹人致饩,礼也[①]。

【注释】

①曹人致饩,礼也:哀公十二年《传》述子服景伯之言曰:“夫诸侯之会,事既毕矣,侯伯致礼,地主归饩,以相辞也。”此会曹既为地主,亦于会毕致饩,故《传》曰“礼也”。

【译文】

鲁桓公十四年春,鲁桓公和郑厉公在曹国会见。曹国人送来食物,这是合于礼的。

14.2　夏,郑子人来寻盟[①],且修曹之会。

【注释】

①子人：郑厉公弟弟语的字，后人便以字为氏。寻盟：指重温鲁桓公十二年武父之盟。

【译文】

夏，郑国的子人前来重温过去盟会的友好，并且也是重温在曹国的会见。

14.3　秋八月壬申，御廪灾。乙亥，尝。书，不害也①。

【注释】

①不害：指火灾救得及时，没有烧毁谷物。杨伯峻认为“不害”意为“不惧”，因为古人迷信，常以天道与人事相联系，以为凡有灾害，乃上天示警，人主必惧而反省。如今十五日御廪灾，三日后仍举行尝祭，不以天灾为惧，故书之。

【译文】

秋八月十五日，储藏祭祀谷物的仓库发生火灾。十八日，举行尝祭。《春秋》所以记载这件事，是表示火灾尚不足为害。

14.4　冬，宋人以诸侯伐郑，报宋之战也。焚渠门①，入，及大逵②。伐东郊，取牛首③。以大宫之椽归④，为卢门之椽⑤。

【注释】

①渠门：郑城门。

②大逵：城内四通八达的大街。

③牛首：郑郊，在今河南通许稍东北。

④大宫之椽(chuán)：太庙的梁上椽子。大宫，太庙，郑国祖庙。

⑤卢门：宋郊的城门。

【译文】

冬，宋国人联合诸侯进攻郑国，这是为了报复在宋国的那次战争。诸侯联军焚烧了郑国都城的渠门，进了城，到了大街上。攻打东郊，占取牛首。把郑国太庙的椽子拿回去做宋国卢门的椽子。

十五年

【经】

15.1　十有五年春二月[①]，天王使家父来求车[②]。

15.2　三月乙未[③]，天王崩。

15.3　夏四月己巳[④]，葬齐僖公。

15.4　五月，郑伯突出奔蔡[⑤]。

15.5　郑世子忽复归于郑[⑥]。

15.6　许叔入于许[⑦]。

15.7　公会齐侯于艾[⑧]。

15.8　邾人、牟人、葛人来朝[⑨]。

15.9　秋九月，郑伯突入于栎[⑩]。

15.10　冬十有一月，公会宋公、卫侯、陈侯于袲[⑪]，伐郑。

【注释】

①十有五年：鲁桓公十五年当周桓王二十三年，前697。

②家父：周大夫。

③乙未：十一日。

④己巳：十五日。

⑤郑伯突：郑厉公。

⑥郑世子忽：即郑昭公。世子，嫡长子。复归：回来复位。桓公十

二年郑庄公死，昭公当年出奔卫，四年后返国，所以不称君，称为世子。

⑦许叔入于许：隐公十一年，郑庄公使许大夫百里奉许叔居许东偏。今入许，即自许东偏入许都。许叔，即许穆公新臣。

⑧齐侯：齐襄公。艾：在今山东新泰西北。

⑨邾人、牟(móu)人、葛人：三国均为小国，所以称为"某人"，不称君。牟，诸侯国名，在今山东莱芜东。葛，诸侯国名，嬴姓，大约在今山东枣庄。

⑩栎(lì)：郑国大都，即今河南禹州。

⑪宋公、卫侯、陈侯：分别为宋庄公、卫惠公、陈庄公。袲(chǐ)：宋地名，在今安徽宿州西。

【译文】

鲁桓公十五年春周历二月，周桓王派家父来我国求索车辆。

三月十一日，周桓王去世。

夏四月十五日，安葬齐僖公。

五月，郑厉公突逃亡到蔡国。

郑世子忽回到郑国复位。

许叔进入许国。

桓公与齐襄公在艾地相会。

邾国、牟国、葛国国君来我国朝见。

秋九月，郑厉公突进入栎邑。

冬十一月，桓公与宋庄公、卫惠公、陈庄公在袲地相会，攻打郑国。

【传】

15.1　十五年春，天王使家父来求车，非礼也。诸侯不贡车、服[①]，天子不私求财。

【注释】

①诸侯不贡车、服：车、服是上赐下，所以诸侯不贡。车、服，车辆与戎服。

【译文】

鲁桓公十五年春，周桓王派大夫家父来鲁国索取车辆，这是不合于礼的。诸侯不进贡车辆、戎服，天子不求取个人财物。

15.2 祭仲专[①]，郑伯患之，使其婿雍纠杀之[②]。将享诸郊[③]。雍姬知之[④]，谓其母曰："父与夫孰亲？"其母曰："人尽夫也，父一而已，胡可比也？"遂告祭仲曰："雍氏舍其室而将享子于郊[⑤]，吾惑之，以告。"祭仲杀雍纠，尸诸周氏之汪[⑥]。公载以出，曰："谋及妇人[⑦]，宜其死也。"夏，厉公出奔蔡。

【注释】

①专：专权。

②雍纠：郑国大夫，祭仲女婿。

③将享诸郊：意谓准备在郊外宴请祭仲趁机杀掉他。诸，"之于"的合音。

④雍姬：雍纠的妻子，祭仲的女儿。

⑤舍其室：不在家里宴请。

⑥周氏之汪：周氏的池塘。周氏，郑国大夫。汪，池。

⑦谋及妇人：与妇人谋划。

【译文】

祭仲专权，郑厉公对此很担心，派祭仲的女婿雍纠去杀他。雍纠准备在郊外宴请祭仲趁机杀掉他。雍姬知道了，对她母亲说："父亲与丈夫哪一个更亲近？"她母亲说："任何男子，都可能成为一个女人的丈夫，父亲却只有一个，怎么能够相比呢？”于是雍姬就告诉祭仲说：“雍氏不在他家里而在郊外宴请您，我怀疑这件事，所以告诉您。”祭仲就杀了雍纠，把尸体摆在周氏的池塘边。郑厉公装载了雍纠尸体逃离郑国，说：“大事和妇女商量，死得活该。”夏，郑厉公逃亡到蔡国。

15.3　六月乙亥①，昭公入。

【注释】

①乙亥：二十二日。

【译文】

六月二十二日，郑昭公进入郑国。

15.4　许叔入于许。

【译文】

许叔进入许国都城。

15.5　公会齐侯于艾，谋定许也。

【译文】

桓公和齐襄公在艾地会见，目的是为了谋划安定许国。

15.6　秋，郑伯因栎人杀檀伯①，而遂居栎。

【注释】

①檀伯：郑守栎大夫。

【译文】

秋，郑厉公凭借栎地的人杀了檀伯，因而就居住在栎地。

15.7　冬，会于袲，谋伐郑，将纳厉公也。弗克而还。

【译文】

冬，鲁桓公与宋庄公、卫惠公、陈庄公在袲地会见，策划进攻郑国，以便护送厉公回国。可是战争失败了，军队各自回国。

十六年

【经】

16.1　十有六年春正月[①]，公会宋公、蔡侯、卫侯于曹[②]。

16.2　夏四月，公会宋公、卫侯、陈侯、蔡侯伐郑[③]。

16.3　秋七月，公至自伐郑。

16.4　冬，城向[④]。

16.5　十有一月，卫侯朔出奔齐。

【注释】

①十有六年：鲁桓公十六年当周庄王元年，前696。

②宋公、蔡侯、卫侯：分别指宋庄公、蔡桓侯、卫惠公。

③陈侯：陈庄公。

④向：诸侯小国名，姜姓，今山东莒县南有向城。

【译文】

鲁桓公十六年春周历正月，桓公与宋庄公、蔡桓侯、卫惠公在曹国相会。

夏四月，桓公与宋庄公、卫惠公、陈庄公、蔡桓侯会合攻打郑国。

秋七月，桓公从攻打郑国的战役回国。

冬，修筑向地的城墙。

十一月，卫惠公朔逃亡到齐国。

【传】

16.1　十六年春正月，会于曹，谋伐郑也[①]。

【注释】

①谋伐郑：去年冬谋划送郑厉公回国没有成功，所以再次商议。

【译文】

鲁桓公十六年春周历正月，鲁桓公和宋庄公、蔡桓侯、卫惠公在曹国会见，又策划进攻郑国。

16.2　夏，伐郑。

【译文】

夏季，进攻郑国。

16.3　秋七月，公至自伐郑，以饮至之礼也[①]。

【注释】

①饮至之礼：凡国君出外，行时必告于宗庙，归来亦必告于宗庙。归来告庙时要慰劳从者，即为饮至。

【译文】

秋七月，桓公进攻郑国回到国内，举行了祭告宗庙、大宴臣下的礼仪。

16.4　冬，城向。书，时也。

【译文】

冬，修筑向地城墙。《春秋》所以记载这件事，是由于不妨碍农时。

16.5　初，卫宣公烝于夷姜[①]，生急子[②]，属诸右公子[③]。为之娶于齐，而美，公取之，生寿及朔，属寿于左公子。夷姜缢。宣姜与公子朔构急子[④]。公使诸齐，使盗待诸莘[⑤]，将杀之。寿子告之，使行[⑥]。不可，曰："弃父之命，恶用子矣[⑦]！有无父之国则可也。"及行，饮以酒，寿子载其旌以先[⑧]，盗杀之。急子至，曰："我之求也。此何罪？请杀我乎！"又杀之。二公子故怨惠公[⑨]。

【注释】

①烝(zhēng)：古时指以下淫上，与母辈通奸。夷姜：卫宣公父亲卫庄公之妾，是卫宣公庶母。

②急子：也叫伋子，本立为太子。

③属：使傅之。右公子：官名。左公子、右公子之称，缘由不详，或云"左右媵之子，因以为号"。

④宣姜：齐女。构：挑拨离间，诬陷。

⑤盗：派人伪装成强盗。莘：卫、齐之边境，在今山东莘县北，其地狭窄。

⑥行：逃走。

⑦恶：何。

⑧载其旌：卫宣公曾暗嘱贼人，载有旌旗的是急子。《史记·卫康叔世家》："与太子白旄，而告界盗，见持白旄者杀之。"

⑨二公子：即左、右公子。惠公：卫惠公，即公子朔。

【译文】

当初，卫宣公和父亲的姬妾夷姜私通，生了急子，卫宣公让右公子作他的师傅。急子长大后为他到齐国娶妻，这个女人很美，卫宣公就自己娶了她，生了寿和朔，让左公子作寿的师傅。夷姜上吊自杀了。宣姜和公子朔诬陷急子。卫宣公派急子出使到齐国，派人伪装成强盗在莘地等着，打算杀死他。寿子把这件事告诉急子，让他逃走。急子不同意，说："丢掉父亲的命令，哪里还用得着儿子！如果世界上有没有父亲的国家就可以逃到那里去了。"等到临走，寿子用酒把急子灌醉，在车上插上急子的旗帜先到了莘地，强盗就杀了寿子。急子赶到，说："要杀的是我。他有什么罪？请杀死我吧！"强盗又杀了急子。左、右两公子因此怨恨惠公。

十一月，左公子泄、右公子职立公子黔牟[10]。惠公奔齐。

【注释】

①公子黔牟：亦名留，为周庄王所支持。

【译文】

十一月，左公子泄、右公子职立公子黔牟为国君。卫惠公逃亡到齐国。

十七年

【经】

17.1　十有七年春正月丙辰[1]，公会齐侯、纪侯盟于黄[2]。

17.2　二月丙午[3]，公会邾仪父[4]，盟于趡[5]。

17.3　夏五月丙午[6]，及齐师战于奚[7]。

17.4　六月丁丑[8]，蔡侯封人卒[9]。

17.5 秋八月，蔡季自陈归于蔡[10]。

17.6 癸巳[11]，葬蔡桓侯。

17.7 及宋人、卫人伐邾。

17.8 冬十月朔[12]，日有食之。

【注释】

①十有七年：鲁桓公十七年当周庄王二年，前695。丙辰：十三日。

②齐侯：齐襄公。纪侯：不详。黄：齐地名，在今山东淄川东北。

③二月丙午：二月无丙午日，当为误记。

④邾仪父：邾国国君，名克。

⑤趡(cuǐ)：鲁地名，在今山东泗水与邹城之间。

⑥丙午：初五。

⑦奚：地名，在今山东滕州南。

⑧丁丑：初六。

⑨蔡侯封人：即蔡桓侯，名封人。隐公九年立，在位二十年。

⑩蔡季自陈归于蔡：据成公十八年《传》"诸侯纳之曰归"，则蔡季之立，虽蔡召之，亦是由于陈国纳之。蔡季，即蔡哀侯，名献舞，是蔡桓侯之弟。

⑪癸巳：八月二十三日。

⑫朔：初一。

【译文】

鲁桓公十七年春周历正月十三日，桓公与齐襄公、纪侯在黄地结盟。

二月丙午日，桓公和邾仪父相会，在趡地结盟。

夏五月初五，我军与齐国军队在奚地交战。

六月初六，蔡桓侯封人去世。

秋八月，蔡季从陈国回到蔡国。

二十三日，安葬蔡桓侯。

我国与宋人、卫人攻打邾国。

冬十月初一，发生日食。

【传】

17.1　十七年春，盟于黄，平齐、纪[1]，且谋卫故也[2]。

【注释】

①平齐、纪：桓公五年，齐欲灭纪，十三年，纪又随鲁、郑败齐师，故鲁居间为之调停。

②谋卫：齐是卫惠公母舅之国，惠公奔齐，齐欲纳之。

【译文】

鲁桓公十七年春，鲁桓公和齐襄公、纪侯在黄地结盟，目的是为了促成齐、纪的和议，同时商量卫国的事情。

17.2　及邾仪父盟于趡，寻蔑之盟也[1]。

【注释】

①蔑之盟：隐公元年鲁与邾在蔑结盟。

【译文】

桓公和邾仪父在趡地结盟，这是由于重申蔑地的盟约。

17.3　夏，及齐师战于奚，疆事也[1]。于是齐人侵鲁疆[2]，疆吏来告，公曰："疆埸之事[3]，慎守其一[4]，而备其不虞[5]。姑尽所备焉。事至而战[6]，又何谒焉[7]？"

【注释】

①疆事：边境冲突。

②于是：在这时。

③埸(yì)：边境。

④其一：其一方，指本国边境。

⑤备其不虞：防备发生意外之事。不虞，意外之事。

⑥事至：指他国突然袭击。事，戎事。

⑦谒(yè)：请示报告。

【译文】

夏，鲁军与齐国军队在奚地发生战争，这是边境局部冲突。当时齐国人入侵鲁国的边境，边境官吏前来报告，桓公说："边境上的事情，谨慎地防守自己一边而且防备发生意外。暂且尽力防备就是了。发生了战事就迎战，又何必先行请示报告呢？"

17.4　蔡桓侯卒。蔡人召蔡季于陈。

【译文】

蔡桓侯去世了。蔡国人把蔡季从陈国召回来。

17.5　秋，蔡季自陈归于蔡，蔡人嘉之也。

【译文】

秋，蔡季从陈国回到蔡国，被立为国君，因为蔡国人都拥护他。

17.6　伐邾，宋志也[①]。

【注释】

①宋志：宋国的意愿。鲁伐邾违背了当年与邾国的盟约，是屈从于宋国的要求，所以强调“宋志”。

【译文】

进攻邾国，这是宋国的意愿。

17.7　冬十月朔，日有食之。不书日，官失之也[①]。天子有日官，诸侯有日御[②]。日官居卿以厎日[③]，礼也。日御不失日，以授百官于朝[④]。

【注释】

①官失之：这次日食是发生在前695年10月10日的日环食，《春秋》没记载具体日子，是史官漏记。

②天子有日官，诸侯有日御：日官、日御，都是掌管天文历数的官。

③日官居卿：天子日官即太史，非六卿而官位同六卿。厎(zhǐ)日：推算历象。

④日御不失日，以授百官于朝：天子之日官定历以颁于诸侯，诸侯之日御奉之以授百官。

【译文】

冬，十月初一，日食。《春秋》没有记载日子，这是史官的漏记。天子有日官，诸侯有日御。日官居于卿的地位以推算历象，这是合于礼的。日御详细记载每月大小和干支，无所遗漏，在朝廷上通告百官。

17.8　初，郑伯将以高渠弥为卿，昭公恶之，固谏，不听。昭公立，惧其杀己也。辛卯[①]，弑昭公，而立公子亹[②]。

【注释】

①辛卯:十月二十二日。

②弑昭公,而立公子亹(wěi):《史记·郑世家》:"冬十月辛卯,渠弥与昭公出猎,射杀昭公于野。祭仲与渠弥不敢入厉公,乃更立昭公弟子亹为君。"公子亹,郑昭公之弟,无谥号。

【译文】

当初,郑庄公准备任命高渠弥做卿,昭公讨厌他,坚决劝阻,庄公不听从。昭公即位后,高渠弥畏惧昭公会杀掉自己,就在十月二十二日,杀死昭公,而立公子亹为国君。

君子谓昭公知所恶矣[①]。公子达曰[②]:"高伯其为戮乎[③]!复恶已甚矣[④]。"

【注释】

①君子谓昭公知所恶矣:《韩非子·难四篇》说此句云:"君子之举'知所恶',非甚之也,曰:知之若是其明也,而不行诛焉,以及于死,故曰'知所恶',以见其无权也。"所恶,所讨厌的人。

②公子达:鲁国大夫。

③高伯:即高渠弥,伯为其字。

④复恶:报怨。

【译文】

君子认为昭公了解他所讨厌的人。公子达说:"高伯恐怕要被诛杀的吧!因为他报仇报得太过分了。"

十八年

【经】

18.1　十有八年春王正月[①]，公会齐侯于泺[②]。公与夫人姜氏遂如齐[③]。

18.2　夏四月丙子[④]，公薨于齐[⑤]。

18.3　丁酉[⑥]，公之丧至自齐[⑦]。

18.4　秋七月。

18.5　冬十有二月己丑[⑧]，葬我君桓公。

【注释】

①十有八年：鲁桓公十八年当周庄王三年，前694。

②齐侯：指齐襄公。泺(luò)：地名，在今山东济南西北。

③姜氏：文姜。

④丙子：初十。

⑤公薨于齐：鲁桓公是被杀，《春秋》为本国君主讳言，所以说“薨”。

⑥丁酉：五月初一。

⑦丧：已入柩的尸体。

⑧己丑：二十七日。

【译文】

鲁桓公十八年春周历正月，桓公与齐襄公在泺地相会。桓公与夫人姜氏到齐国去。

夏，四月初十，桓公在齐国去世。

五月初一，桓公之灵柩从齐国运回鲁国。

秋七月。

冬十二月二十七日，安葬我国国君桓公。

【传】

18.1　十八年春，公将有行[①]，遂与姜氏如齐。申繻曰[②]："女有家[③]，男有室[④]，无相渎也[⑤]，谓之有礼。易此[⑥]，必败。"

【注释】

①有行：打算出行。

②申繻：鲁大夫。

③家：丈夫。

④室：妻子。

⑤渎：轻慢。

⑥易：违反。

【译文】

鲁桓公十八年春，鲁桓公准备外出，便和姜氏到齐国去。申繻劝阻说："女人有夫家，男人有妻室，不可以互相轻慢，这就叫有礼。违反这一点必然坏事。"

公会齐侯于泺，遂及文姜如齐。齐侯通焉[①]。公谪之[②]，以告。

【注释】

①通：通奸。

②谪：责备。

【译文】

桓公和齐襄公在泺地会见，然后就和文姜到了齐国。齐襄公和文姜通奸。桓公责怪文姜，文姜把这件事告诉了齐襄公。

夏四月丙子，享公[①]。使公子彭生乘公[②]，公薨于车[③]。

【注释】

①享：宴请。

②乘：扶持桓公上车。

③公薨于车：《公羊传》言齐襄公派彭生抱桓公上车时，故意拉折他的肋骨，所以桓公死在车上。

【译文】

夏四月初十，齐襄公设宴招待桓公。宴后齐襄公派公子彭生帮助桓公登车，桓公死在车中。

鲁人告于齐曰："寡君畏君之威，不敢宁居[①]，来修旧好，礼成而不反[②]，无所归咎[③]，恶于诸侯[④]。请以彭生除之。"齐人杀彭生。

【注释】

①宁居：安居。

②反：返回。

③咎：罪责。

④恶于诸侯：在诸侯中产生不良影响。

【译文】

鲁国人告诉齐襄公说："我们国君畏惧您的威严，不敢苟安，来到贵国重修旧好，礼仪完成后却没有回国。我国不知道该归罪于谁，在诸侯中造成了恶劣影响。请求用彭生来清除这种影响。"齐国人杀死了彭生。

18.2 秋,齐侯师于首止[①],子亹会之,高渠弥相[②]。七月戊戌[③],齐人杀子亹而轘高渠弥[④]。祭仲逆郑子于陈而立之[⑤]。是行也,祭仲知之,故称疾不往。人曰:“祭仲以知免[⑥]。”仲曰:“信也[⑦]。”

【注释】

①师:驻军。首止:地名,在今河南睢县东南。

②相(xiàng):助手。古代盟会等仪式,必备有助手,其人叫相,其行事叫相礼。

③戊戌:初三。

④轘(huàn):车裂。

⑤郑子:郑昭公之弟子仪。

⑥知:同“智”,此指有预见。

⑦信:确实。

【译文】

秋,齐襄公率领军队驻扎在首止,子亹前去会见,高渠弥作为相礼随从。七月初三,齐国人杀死了子亹而把高渠弥车裂。祭仲到陈国迎接子仪而立他为国君。这次会见,祭仲事先预料到情况不妙,所以假称有病而没有去。有人说:“祭仲由于有先见之明,所以才免祸。”祭仲说:“确实是。”

18.3 周公欲弑庄王而立王子克[①]。辛伯告王[②],遂与王杀周公黑肩。王子克奔燕[③]。

【注释】

①周公:周公黑肩。王子克:周庄王之弟子仪。

②辛伯：周大夫。

③燕：此指南燕。

【译文】

周公打算杀死周庄王而立王子克。辛伯报告庄王，就帮着庄王杀了周公黑肩。王子克逃亡到燕国。

初，子仪有宠于桓王，桓王属诸周公。辛伯谏曰："并后、匹嫡、两政、耦国[①]，乱之本也。"周公弗从，故及[②]。

【注释】

①并后：把妾媵等同于王后。匹嫡：把庶子等同于嫡子。两政：让权臣权力等同于正卿。政，正卿。耦国：城邑可以与国都抗衡。耦，匹敌，相对。

②及：及于难，被杀。

【译文】

当初，子仪受到桓王的宠爱，桓王把他嘱托给周公。辛伯曾劝谏周公说："妾媵并同于王后，庶子相等于嫡子，权臣和卿士互争权力，大城和国都一样，这都是祸乱的根本。"周公不听，所以招致杀身之祸。

庄公

【题解】

庄公，鲁国第十六任君主。名同，为鲁桓公嫡长子，文姜所生，前693年承袭鲁桓公国君位，在位三十二年。庄公在位期间，正是齐桓公称霸时期，鲁国与齐国发生了三次战争：一是庄公九年，鲁国战败，鲁国只好杀了与齐桓公争位的公子纠，把管仲归还齐国；二是庄公十年的长勺之战，鲁庄公采用曹刿的建议，以弱胜强，获得了长勺之战的胜利；三是庄公十三年，鲁庄公会齐桓公于柯，曹沫劫持齐桓公，逼齐桓公退还了齐侵占鲁的土地。庄公的夫人哀姜是齐国人，无子。庄公临死前欲立庶子般为嗣君，庄公弟叔牙建议立长弟庆父，另一弟季友则支持立般，季友以庄公之名逼叔牙饮毒酒自杀。鲁庄公三十二年八月，庄公病逝，季友立子般为君，十月庆父杀子般，立庄公另一庶子启为鲁君。

元年

【经】

1.1 元年春王正月[①]。

1.2 三月，夫人孙于齐[②]。

1.3 夏，单伯送王姬[③]。

1.4　秋，筑王姬之馆于外④。

1.5　冬十月乙亥⑤，陈侯林卒⑥。

1.6　王使荣叔来锡桓公命⑦。

1.7　王姬归于齐⑧。

1.8　齐师迁纪郱、鄑、郚⑨。

【注释】

①元年：鲁庄公元年当周庄王四年，前693。

②三月，夫人孙（xùn）于齐：鲁人责备文姜，文姜出奔齐国。桓公之丧至自齐，文姜未随丧回鲁国；及庄公即位，文姜犹未归。她在庄公即位后回过鲁国，三月出奔齐国。夫人，指文姜，庄公母。孙，逃遁，流亡。言"孙"，不言"出奔"是讳言。

③单（shàn）伯送王姬：天子嫁女于诸侯，必使同姓诸侯为之主，己不主婚，因为天子与诸侯尊卑不对等。周王准备嫁女于齐，请鲁公主婚，因此派单伯送女儿到鲁国，等待出嫁。单伯，周王之卿。王姬，周王之女的通称。

④馆：专供王姬住的房舍。

⑤乙亥：十七日。

⑥陈侯林：陈庄公。

⑦荣叔：周大夫。锡桓公命：这里指周天子追命桓公，褒扬他的德行。锡命，天子赐予诸侯爵服等赏命，是赏赐诸侯的一种荣宠。锡，通"赐"。

⑧归于齐：嫁于齐。

⑨郱（píng）、鄑（zī）、郚（wú）：皆为纪国邑名。齐国打算灭纪，所以派军队强行迁走这三个地方的百姓，并夺其土地。郱，故城当在今山东安丘西。鄑，故城当在今山东昌邑西北。郚，故城当在今

山东安丘西南。

【译文】

鲁庄公元年春周历正月。

三月,夫人避逃到齐国。

夏,单伯送王姬来我国。

秋,在城外修筑王姬的馆舍。

冬,十月十七日,陈庄公林去世。

周庄王派遣荣叔来我国赐桓公爵服等赏命。

王姬出嫁到齐国。

齐国军队迁徙纪国郱、鄑、郚三邑的居民。

【传】

1.1　元年春,不称即位,文姜出故也。

【译文】

鲁庄公元年春,《春秋》没有记载鲁庄公即位,这是由于文姜外出没有回国的缘故。

1.2　三月,夫人孙于齐。不称姜氏,绝不为亲,礼也①。

【注释】

①绝不为亲,礼也:因文姜有杀夫之罪,庄公不认其为母,是合乎礼的。绝不为亲,断绝母子关系。

【译文】

三月,鲁桓公夫人逃避到了齐国。《春秋》不称姜氏而称夫人,是由于断绝了母子关系,这是合于礼的。

1.3　秋，筑王姬之馆于外。为外，礼也[①]。

【注释】

①为外，礼也：王姬非鲁国之女，在城外建行馆，合于礼，显示了区别。外，非鲁国之女。

【译文】

秋，在城外建造王姬的行馆。因为王姬不是鲁国的女子，而是周天子的女儿，这是合于礼的。

二年

【经】

2.1　二年春王二月[①]，葬陈庄公。

2.2　夏，公子庆父帅师伐於余丘[②]。

2.3　秋七月，齐王姬卒[③]。

2.4　冬十有二月，夫人姜氏会齐侯于禚[④]。

2.5　乙酉[⑤]，宋公冯卒[⑥]。

【注释】

①二年：鲁庄公二年当周庄王五年，前692。

②庆父：鲁桓公二子，鲁庄公弟。庄公有三弟：庆父、叔牙、季友，后世称为“三桓”。於余丘：近鲁小国，在今山东临沂。

③齐王姬：齐襄公夫人。

④夫人姜氏：指文姜。齐侯：齐襄公。禚(zhuó)：齐地名，在今山东长清。

⑤乙酉：十二月初四。

⑥宋公冯：即宋庄公，在位十九年，死后子闵公捷立。

【译文】

鲁庄公二年春周历二月，安葬陈庄公。

夏，公子庆父率领军队攻打於余丘。

秋七月，齐王姬去世。

冬十二月，夫人姜氏与齐襄公在禚地相会。

十二月初四，宋庄公冯去世。

【传】

2.1 二年冬，夫人姜氏会齐侯于禚。书，奸也[①]。

【注释】

①书，奸也：杜预认为这是文姜的意思。

【译文】

二年冬季，夫人姜氏和齐襄公在禚地相会。《春秋》记载这件事，是为了揭露他们的奸情。

三年

【经】

3.1 三年春王正月[①]，溺会齐师伐卫[②]。

3.2 夏四月，葬宋庄公。

3.3 五月，葬桓王。

3.4 秋，纪季以酅入于齐[③]。

3.5 冬，公次于滑[④]。

【注释】

①三年：鲁庄公三年当周庄王六年，前691。

②溺：鲁国大夫。

③纪季：纪侯之弟。诸侯之弟常以排行仲、叔、季称呼。酅（xī）：纪邑名，在今山东淄博东。

④滑：郑地名，在今河南睢县西北。

【译文】

鲁庄公三年春周历正月，在溺会合齐国军队攻打卫国。

夏四月，安葬宋庄公。

五月，安葬周桓王。

秋，纪季带着酅地归入齐国。

冬，鲁庄公驻在滑地。

【传】

3.1　三年春，溺会齐师伐卫，疾之也[①]。

【注释】

①疾：厌恶。隐公四年公子翚违背君命帅师出征，《传》曰："故书曰'翚帅师，疾之也'。"此同例，意即溺此次会齐伐卫亦是未奉君命而行。

【译文】

鲁庄公三年春，公子溺会合齐国军队攻打卫国，《春秋》单称他的名字溺，不称公子，是表示对他的厌恶。

3.2　夏五月，葬桓王，缓也[①]。

【注释】

①缓：迟缓。周桓王死了七年才下葬，所以说缓。

【译文】

夏,五月,安葬周桓王。这在丧礼的时间上太迟缓了。

3.3 秋,纪季以酅入于齐,纪于是乎始判[①]。

【注释】

①纪于是乎始判:纪分为二,纪侯居纪,纪季以酅入齐而为附庸。判,分,一分为二。

【译文】

秋,纪季带着酅地做了齐国的附庸,纪国从这时候开始分裂。

3.4 冬,公次于滑,将会郑伯[①],谋纪故也[②]。郑伯辞以难[③]。凡师,一宿为舍,再宿为信,过信为次。

【注释】

①郑伯:郑子仪。

②谋纪故也:纪国处于齐都临淄之东南,相距不过百余里,齐欲扩张,非并纪不可。所以纪侯多次向鲁求助,鲁也多方为之谋划,十余年间屡见于《经》、《传》。此时纪形势更为危急,于是鲁求助于郑。

③难(nàn):指国家有祸难。时厉公居于栎,谋欲入郑,子仪自顾不暇,不能与大国齐为敌。

【译文】

冬,鲁庄公带领护卫军屯驻在滑地多夜,打算会见郑子仪,策划纪国的事务。郑伯用国内不安定为理由加以推脱。凡是军队在外,住一夜叫做舍,两夜叫做信,两夜以上叫做次。

四年

【经】

4.1 四年春王二月[①]，夫人姜氏享齐侯于祝丘[②]。

4.2 三月，纪伯姬卒[③]。

4.3 夏，齐侯、陈侯、郑伯遇于垂[④]。

4.4 纪侯大去其国[⑤]。

4.5 六月乙丑[⑥]，齐侯葬纪伯姬[⑦]。

4.6 秋七月。

4.7 冬，公及齐人狩于禚[⑧]。

【注释】

①四年：鲁庄公四年当周庄王七年，前690。

②享：宴请。齐侯：指齐襄公。祝丘：鲁地名，在今山东临沂。

③纪伯姬：鲁惠公长女。隐公二年嫁于纪。

④陈侯：指陈宣公。郑伯：指郑子仪。垂：卫地名，在今山东曹县。

⑤大去：永远离开不再回国。去，离开。

⑥乙丑：二十三日。

⑦齐侯葬纪伯姬：去年纪季以酅入齐，今年纪侯亦大去其国，故齐侯为之葬伯姬。

⑧齐人：指齐襄公。

【译文】

鲁庄公四年春周历二月，夫人文姜在祝丘宴请齐襄公。

三月，纪伯姬去世。

夏，齐襄公、陈宣公、郑子仪在垂地非正式相会。

纪侯永久离开他的国家。

六月二十三日，齐襄公安葬纪伯姬。

秋七月。

冬，庄公与齐襄公在禚地打猎。

【传】

4.1　四年春，王正月，楚武王荆尸[①]，授师孑焉[②]，以伐随。将齐[③]，入告夫人邓曼曰："余心荡[④]。"邓曼叹曰："王禄尽矣[⑤]。盈而荡[⑥]，天之道也[⑦]。先君其知之矣[⑧]，故临武事，将发大命[⑨]，而荡王心焉。若师徒无亏[⑩]，王薨于行，国之福也。"王遂行，卒于樠木之下[⑪]。令尹斗祁、莫敖屈重除道、梁溠[⑫]，营军临随[⑬]。随人惧，行成[⑭]。莫敖以王命入盟随侯，且请为会于汉汭而还[⑮]。济汉而后发丧。

【注释】

①荆尸：楚武王所创的一种阵法。

②孑(jié)：戟，一种兵器。

③齐(zhāi)：同"斋"。在太庙授以兵器，要先斋戒。

④心荡：心里不安。荡，动摇。

⑤王禄：王的寿命。

⑥盈：饱满。

⑦天之道：上天的启示。

⑧先君：指已逝的国君。

⑨大命：征伐之命。

⑩师徒：指军队。无亏：没有损失，不打败仗。

⑪樠(mán)木：武陵山别名，在今湖北钟祥东。一说为一种叫松心木的树。

⑫令尹:楚国官名,相当于宰相。除道:开路。梁:架设桥梁。溠(zhā):河名,今名扶恭河,发源于湖北随州西北鸡鸣山,南流注于涓水。

⑬营军临随:杨伯峻曰:“楚武王新薨,军欲速退,而秘不发丧,开道筑桥,建筑营垒,佯示敌人以久战之计,促使敌人不战而降,此应变之方。”营军,为军队筑营垒。临随,兵临随国都下。

⑭行成:求和。

⑮汉:汉水。汭(ruì):河流会合的地方或河流弯曲的地方。

【译文】

鲁庄公四年春周历正月,楚武王运用荆尸阵法,把戟发给士兵,要去攻打随国。准备斋戒时,武王入宫告诉夫人邓曼说:“我的心神动荡不安。”邓曼叹气说:“君王的福禄尽了。该精神饱满却心神散乱,这是上天的启示啊。我国去世的先君大概也知道了,所以在作战前,将要发布征伐命令时而使王的心不安。如果军队没有什么损失,而君王死在行军途中,这就是国家的福分了。”楚武王于是出征,死在樠木山下。令尹斗祁、莫敖屈重秘不发丧,开通新路,并在溠水筑桥,在随国都城外建筑营垒。随国人恐惧,向楚军求和。莫敖屈重以楚王的名义进入随国,和随侯结盟,而且邀请随侯在汉水汇合处会见,然后退兵。渡过了汉水以后才公布武王已薨的消息。

4.2 纪侯不能下齐①,以与纪季。夏,纪侯大去其国,违齐难也②。

【注释】

①下齐:屈降从齐。

②违:躲避。齐难:《年表》云:“齐襄八年伐纪,去其都邑。”则纪侯之离国,由齐伐之。

【译文】

纪侯不能屈从齐国，把国家政权让给了纪季。夏，纪侯永远离开了他的国家，以躲避齐国的祸害。

五年

【经】

5.1　五年春王正月①。

5.2　夏，夫人姜氏如齐师。

5.3　秋，郳犁来来朝②。

5.4　冬，公会齐人、宋人、陈人、蔡人伐卫。

【注释】

①五年：鲁庄公五年当周庄王八年，前689。

②郳（ní）：鲁国的附庸国，在今山东滕州。开国君主是邾文公之子肥，肥封于郳。其后附从齐桓公以尊周室，周室命之为小邾子。郳与小邾一地二名。犁来：肥的曾孙。

【译文】

鲁庄公五年春周历正月。

夏，夫人文姜去齐国军队中。

秋，郳国的犁来来我国朝见。

冬，鲁庄公会合齐国人、宋国人、陈国人、蔡国人攻打卫国。

【传】

5.1　五年秋，郳犁来来朝，名，未王命也①。

【注释】

①未王命:未受周王封爵。

【译文】

五年秋,郳国的犁来来我国朝见。《春秋》只记载他的名字,是因为他还没有得到周天子的封爵。

5.2　冬,伐卫,纳惠公也[①]。

【注释】

①纳惠公:卫惠公朔于鲁桓公十六年奔齐,故齐襄公会合诸侯伐卫以送其回国。纳,护送回国。按,此应与下年《传》"六年春,王人救卫"连读,被后人割裂。

【译文】

冬,攻打卫国,是为了护送卫惠公回国。

六年

【经】

6.1　六年春王正月[①],王人子突救卫[②]。

6.2　夏六月,卫侯朔入于卫[③]。

6.3　秋,公至自伐卫。

6.4　螟。

6.5　冬,齐人来归卫俘[④]。

【注释】

①六年:鲁庄公六年当周庄王九年,前688。

②王人:周王室之属官。大概子突官职卑小,所以只称"王人"。

③卫侯朔:即卫惠公。

④归卫俘:诸《传》皆为“归卫宝”,杜预以为《经》文误。杨伯峻曰:“其实俘、保、宝古音皆近,得相通假。”

【译文】

鲁庄公六年春周历正月,周王室属官子突救援卫国。

夏六月,卫惠公朔回到卫国。

秋,鲁庄公从攻打卫国的前线回国。

发生螟灾。

冬,齐国人来我国归还卫国的俘虏。

【传】

6.1 六年春,王人救卫[①]。

【注释】

①六年春,王人救卫:当与上年《传》“冬,伐卫,纳惠公也”连读。

【译文】

鲁庄公六年春,周庄王的属官救援卫国。

夏,卫侯入[①],放公子黔牟于周[②],放甯跪于秦[③],杀左公子泄、右公子职,乃即位。

【注释】

①卫侯入:王人救卫不成,鲁、齐、宋、陈、蔡等国送卫惠公入卫。

②放:放逐。公子黔牟:名留,受周庄王支持。

③甯跪:卫大夫。

【译文】

夏，卫惠公回国，放逐公子黔牟到周，放逐甯跪到秦，杀了左公子泄、右公子职，然后即国君位。

君子以二公子之立黔牟为不度矣[①]。夫能固位者[②]，必度于本末[③]，而后立衷焉[④]。不知其本，不谋[⑤]。知本之不枝[⑥]，弗强[⑦]。《诗》云："本枝百世[⑧]。"

【注释】

①度：权衡、考虑，指权衡本末始终。

②固位：巩固君位。

③度于本末：沈钦韩《补注》云："度其本者，其人于义当立者也；度其末者，其人立后能安固国家者也。"

④立衷：用适当的方式立为君。衷，中，中庸，指兼顾本末的主意。

⑤不谋：不立他。

⑥本之不枝：有本根无枝叶。即其人虽当立，然而孤立无助，不能安国家，固后世。

⑦弗强：不勉强立君。

⑧本枝百世：见《诗经·大雅·文王》，全句为："文王孙子，本支百世。"这里借以说明有本有枝，百代相传。杨伯峻曰："《左传》盖断章取义。古人引《诗》多如此，襄公二十八年《传》所谓'赋《诗》断章，余取所求焉'者也。"

【译文】

君子认为左、右二公子扶立黔牟为国君，缺乏周到的考虑。凡对能够巩固自己地位的人，必须权衡他的各个方面，然后采取不偏不倚的适当主张。不了解他的根本，就不要考虑拥立他。了解他虽有根本却没有枝叶，也不要勉强拥立他。《诗》说："有本有枝，繁衍百世。"

6.2　冬，齐人来归卫宝[①]，文姜请之也。

【注释】

①归卫宝：赠送卫国祭器。归，通“馈”，赠送。

【译文】

冬，齐国人前来赠送卫国的宝器，这是由于文姜的请求。

6.3　楚文王伐申[①]，过邓[②]。邓祁侯曰[③]：“吾甥也[④]。”止而享之。骓甥、聃甥、养甥请杀楚子[⑤]，邓侯弗许。三甥曰：“亡邓国者，必此人也。若不早图，后君噬齐[⑥]。其及图之乎[⑦]？图之，此为时矣。”邓侯曰：“人将不食吾余[⑧]。”对曰：“若不从三臣，抑社稷实不血食[⑨]，而君焉取余？”弗从。还年[⑩]，楚子伐邓。十六年，楚复伐邓，灭之。

【注释】

①楚文王：楚武王之子。申：姜姓诸侯国，其地在今河南南阳。

②邓：曼姓诸侯国，其地在今河南祁县。

③邓祁侯：祁为邓侯谥号。

④吾甥也：据此，楚文王当是武王夫人邓曼之子。

⑤骓甥、聃甥、养甥：皆为邓国大夫，也都是邓侯外甥。

⑥噬齐：人不能咬到自己的肚脐，比喻后悔莫及，今有成语“噬脐莫及”。噬，咬。齐，通“脐”，肚脐。

⑦及：“及时”的省略。

⑧不食吾余：古代俗语，贱视唾弃之意。余，指祭神后剩余的东西。

⑨不血食：不祭祀，意味着亡国。血食，祭祀时必杀牲畜，称血食。

⑩还年：伐申回国的那一年。

【译文】

楚文王进攻申国，路过邓国。邓祁侯说："他是我的外甥。"把他留下设宴招待他。骓甥、聃甥、养甥请求杀掉楚文王，邓侯不允许。这三甥都说："灭亡邓国的，必定是这个人。如果不早打主意，以后您后悔都来不及。现在下手还来得及！下手吧，现在正是时候！"邓侯说："如果这样做，人们会唾弃我而不吃我剩下的东西的。"三位外甥回答说："如果不听我们三个人的话，土地和五谷的神明就得不到祭享，国君到哪里去取得祭神的剩余？"邓祁侯还是不答应。攻打申国回国的那一年，楚王进攻邓国。庄公十六年，楚国再次攻打邓国，灭亡了邓国。

七年

【经】

7.1　七年春[①]，夫人姜氏会齐侯于防[②]。

7.2　夏四月辛卯[③]，夜，恒星不见[④]。夜中，星陨如雨[⑤]。

7.3　秋，大水。

7.4　无麦、苗[⑥]。

7.5　冬，夫人姜氏会齐侯于谷[⑦]。

【注释】

①七年：鲁庄公七年当周庄王十年，前687。

②齐侯：指齐襄公。防：鲁地名，在今山东费县东北。

③辛卯：初五。

④恒星不见：日常所见的星不现。恒星，常见之星。见，同"现"。

⑤星陨如雨：据《传》，曰"与雨偕"，《穀梁》、《公羊》皆云星陨似雨。据推算，是前687年3月16日发生的流星雨，这是世界上最早的天琴座流星雨记录。如，而。

⑥无麦、苗:周历秋相当于夏历的夏季,成熟的麦遭雨无收,黍、稷的苗也被水漂没。

⑦谷:齐地名,在今山东东阿。

【译文】

鲁庄公七年春,夫人姜氏与齐襄公在防地相会。

夏四月初五,夜间,日常所见的星星都没有出现。半夜,星星陨落,天又下大雨。

秋,发大水。

麦子没有收成,禾苗漂没。

冬,夫人姜氏与齐襄公在谷地相会。

【传】

7.1 七年春,文姜会齐侯于防,齐志也①。

【注释】

①齐志:齐国的意愿。防是鲁地,齐襄公入鲁与文姜相会,这是出于齐襄公的意愿。志,意志,意愿。

【译文】

鲁庄公七年春,文姜和齐襄公在防地相会,这是出于齐襄公的意愿。

7.2 夏,恒星不见,夜明也。星陨如雨,与雨偕也①。

【注释】

①星陨如雨,与雨偕也:杜预解"偕"为"俱",读"如"为"而",意为流星雨和雨一起落下。

【译文】

夏，看不到常见的星星，这是由于夜空明亮的缘故。流星坠落而且带着雨点，这是和雨一起落下来的。

7.3　秋，无麦、苗，不害嘉谷也[①]。

【注释】

①不害嘉谷：此时黍稷之苗还小，水淹之后还可重种，尚不影响收成，所以说不害嘉谷。嘉谷，指黍稷，用于祭祀，故称嘉谷。

【译文】

秋，麦子不收，禾苗漂没，但没有影响黍稷的收成。

八年

【经】

8.1　八年春王正月[①]，师次于郎[②]，以俟陈人、蔡人[③]。

8.2　甲午[④]，治兵[⑤]。

8.3　夏，师及齐师围郕[⑥]，郕降于齐师。

8.4　秋，师还。

8.5　冬十有一月癸未[⑦]，齐无知弑其君诸儿[⑧]。

【注释】

①八年：鲁庄公八年当周庄王十一年，前686。

②郎：即隐公元年《传》文中之郎，在今山东鱼台。

③俟(sì)：等待。

④甲午：正月十三日。

⑤治兵：向军队分发武器。

⑥围郕:按,据杨伯峻《春秋左传注》,《春秋》书围国者二十五次,始于此。

⑦癸未:初七。

⑧无知:即公孙无知,齐庄公之孙,齐襄公堂弟。诸儿:即齐襄公。

【译文】

鲁庄公八年春周历正月,我军驻扎于郎地,等待陈国人、蔡国人。

正月十三日,发给兵士兵器。

夏,我军和齐军包围郕国,郕国向齐军投降。

秋,我军回国。

冬,十一月初七,齐无知杀死他的国君齐襄公诸儿。

【传】

8.1 八年春,治兵于庙,礼也。

【译文】

鲁庄公八年春,鲁庄公在太庙把武器发给军队,这是合于礼的。

8.2 夏,师及齐师围郕。郕降于齐师。仲庆父请伐齐师[①]。公曰:"不可。我实不德,齐师何罪?罪我之由[②]。《夏书》曰:'皋陶迈种德,德,乃降[③]。'姑务修德[④],以待时乎。"秋,师还。君子是以善鲁庄公[⑤]。

【注释】

①仲庆父:鲁庄公之弟。请伐齐师:因鲁与齐共同伐郕,而齐单独受降。

②罪我之由:即"罪由我",罪因我而来。

③皋陶迈种德，德，乃降：意思是皋陶勉力培育德行，具备了德行，别人自然降服。所引《尚书》已佚，《古文尚书》将此文入《大禹谟》篇。皋陶，东夷族首领，舜命之掌刑狱事。迈，通“勱”。勱勉，勉力。

④务：致力于。

⑤善：赞美。

【译文】

夏，鲁军和齐军包围郕国。郕国单独向齐军投降。仲庆父请求进攻齐军。庄公说：“不行，我实在缺乏德行，齐军有什么罪？罪是由我引起的。《夏书》说：‘皋陶勉力培育德行，德行具备，别人就会降服。’我们姑且致力于修养德行，以等待时机吧！”秋，军队回国。君子因此而赞美鲁庄公。

8.3　齐侯使连称、管至父戍葵丘①。瓜时而往②，曰：“及瓜而代③。”期戍④，公问不至⑤。请代，弗许。故谋作乱。

【注释】

①连称、管至父：皆齐国大夫。戍：守卫。葵丘：在今山东临淄西有西安故城及蘧丘里，当即其地。

②瓜时：瓜熟时节，即夏历七月。《诗经·国风·豳风·七月》“七月食瓜”。

③及瓜而代：到第二年瓜熟时换防。

④期(jī)：一周年。

⑤问：指换防的通知。

【译文】

齐襄公派连称、管至父驻守葵丘。瓜熟的时节前去，说：“到明年瓜熟的时候派人替代你们。”驻守了一周年，齐襄公的命令并没有下来。连称、管至父请求派人替代，齐襄公不同意。因此两人就策划叛乱。

僖公之母弟曰夷仲年[1]，生公孙无知，有宠于僖公，衣服礼秩如適[2]。襄公绌之[3]。二人因之以作乱[4]。连称有从妹在公宫[5]，无宠，使间公[6]，曰："捷[7]，吾以女为夫人[8]。"

【注释】

①母弟：同母弟。夷仲年：夷是其字或谥号，仲是排行，年是名。

②衣服礼秩如適：指服饰、章旗、待遇等级与嫡子相同。適，同"嫡"，嫡子。按，古代嫡子的衣服、章旗、待遇等都高于众子、庶子，以示地位更为尊贵。

③绌(chù)：通"黜"，贬低。

④二人：指连称、管至父。因：依靠。

⑤从妹：堂妹。

⑥间(jiàn)：窥视，侦察。

⑦捷：事情成功。

⑧女：通"汝"。夫人：指国君正夫人。

【译文】

齐僖公的同母兄弟叫夷仲年，生了公孙无知，受到僖公的宠信，衣服礼仪等种种待遇都和嫡子一样。齐襄公降低了公孙无知的待遇。连称、管至父两个人就利用公孙无知发动叛变。连称有个堂妹在齐襄公的后宫，不得宠，就让她去侦察襄公的情况，公孙无知说："事情成功，我把你立为君夫人。"

冬十二月，齐侯游于姑棼[1]，遂田于贝丘[2]。见大豕[3]，从者曰："公子彭生也[4]。"公怒曰："彭生敢见[5]！"射之，豕人立而啼[6]。公惧，队于车[7]，伤足，丧屦[8]。反，诛屦于徒人费[9]。弗得，鞭之，见血。走出，遇贼于门[10]，劫而束之[11]。费曰："我奚御哉[12]！"袒而示之背[13]，信之。费请先入，伏公而出[14]，斗，死于门中。石之纷如死于阶下[15]。遂入，杀孟阳于床[16]，曰："非君也，不类[17]。"见公之足于户下[18]，遂弑之，而立无知。

【注释】

①姑棼(fén)：即薄姑，齐地名，在今山东博兴。

②田：打猎。贝丘：齐地名，在今山东博兴。

③豕(shǐ)：猪。

④公子彭生：即桓公十八年杀死鲁桓公的彭生。

⑤见：同"现"。

⑥人立：猪后脚站立，前脚悬空，如人站立。

⑦队：同"坠"。

⑧屦(jù)：单底鞋。

⑨诛屦：责令其寻找屦。诛，责令。徒人：应为寺人，相当于后世的宦官。费：人名。

⑩贼：叛贼，此指公孙无知的党徒。

⑪束：捆。

⑫御：抵抗。

⑬袒(tǎn)：裸露。

⑭伏：藏匿。公：指齐襄公。

⑮石之纷如：人名，也是寺人。之，用来助音节的，如介之推、宫之奇等。

⑯杀孟阳于床：孟阳也应是寺人，为保护襄公而伪装成襄公睡在床上，遂被杀。

⑰不类：不像。

⑱户下：门背下面。

【译文】

冬十二月，齐襄公到姑棼游玩，接着在贝丘打猎。看到一头大野猪，随从说："这是公子彭生啊！"齐襄公发怒说："彭生胆敢出现！"就用箭射它，野猪像人一样站起身啼叫。齐襄公害怕，从车上摔下来，伤了脚，丢了鞋。回去以后，责令徒人费去找鞋。费找不着，齐襄公就鞭打他，打得皮开血出。费跑出去，在宫门口遇到叛贼，叛贼把他劫走并捆起来。费说："我怎么会抵抗你们呢？"解开衣服让他们看自己受鞭刑的背，叛贼相信了。费请求为叛贼先进宫去刺探，他进去之后把齐襄公隐藏起来，然后和叛贼格斗，死在宫门里。石之纷如斗死在台阶下。叛贼于是入内，在床上杀了孟阳，说："这不是国君，样子不像。"见到齐襄公的脚从门下边露出来，于是把他杀死了，拥立无知为国君。

初，襄公立，无常①。鲍叔牙曰②："君使民慢③，乱将作矣。"奉公子小白出奔莒④。乱作，管夷吾、召忽奉公子纠来奔⑤。

【注释】

①无常：言行无准则，谓政令不守信用。《史记·齐太公世家》云："初襄公之醉杀鲁桓公，通其夫人，杀诛数不当，淫于妇人，数欺大臣。"

②鲍叔牙：齐国大夫，公子小白之傅。

③君使民慢：言君主政令无常，使人民生出慢易之心。慢，松弛，放纵。

④公子小白：齐僖公之子，齐襄公之弟，无知死后入为桓公，春秋五霸之首。

⑤管夷吾：即管仲，齐国大夫，公子纠之傅。召忽：齐国大夫，亦公子纠之傅。公子纠：公子小白的庶兄，其母为鲁公族之女。

【译文】

当初，齐襄公即位，施政没有准则，使人不知所措。鲍叔牙说："国君放纵，百姓懈怠，祸乱将要发生了。"就侍奉公子小白避乱到莒国。叛乱发生，管夷吾、召忽侍奉公子纠逃避到鲁国来。

8.4　初，公孙无知虐于雍廪①。

【注释】

①公孙无知虐于雍廪：按，此当与九年《传》"雍廪杀无知"相连，是以年分《传》者之妄分。虐，虐待。雍廪，齐地葵丘大夫。

【译文】

当初，公孙无知虐待雍廪。

九年

【经】

9.1　九年春①，齐人杀无知②。

9.2　公及齐大夫盟于蔇③。

9.3　夏，公伐齐纳子纠。齐小白入于齐。

9.4　秋七月丁酉④，葬齐襄公。

9.5　八月庚申⑤，及齐师战于乾时⑥，我师败绩。

9.6　九月，齐人取子纠杀之。

9.7　冬，浚洙⑦。

【注释】

①九年：鲁庄公九年当周庄王十二年，前685。

②齐人：指雍廪。

③蔇(xì):鲁地名,在今山东枣庄。

④丁酉:二十四日。

⑤庚申:十八日。

⑥乾(gān)时:地名,在今山东临淄。

⑦浚(jùn):疏通河道。洙:洙水,源出今山东泰安,后入泗水。

【译文】

鲁庄公九年春,齐国人杀死公孙无知。

鲁庄公及齐国大夫在蔇地会盟。

夏,鲁庄公攻打齐国,送子纠回国。齐国公子小白进入齐国。

秋,七月二十四日,安葬齐襄公。

八月十八日,我军与齐军在乾时交战,我军大败。

九月,齐国人索取子纠,把他杀了。

冬,疏通洙水的河道。

【传】

9.1 九年春,雍廪杀无知。

【译文】

鲁庄公九年春,雍廪杀死公孙无知。

9.2 公及齐大夫盟于蔇,齐无君也。

【译文】

鲁庄公和齐国的大夫在蔇地结盟,这是因为当时齐国没有国君的缘故。

9.3　夏，公伐齐，纳子纠。桓公自莒先入[1]。

【注释】

①公伐齐，纳子纠。桓公自莒先入：据《史记·齐太公世家》："及雍林人杀无知，议立君，高、国先阴召小白于莒。鲁闻无知死，亦发兵送公子纠，而使管仲别将兵遮莒道，射中小白带钩。小白佯死，管仲使人驰报鲁。鲁送纠者行益迟，六日至齐，则小白已入，高傒立之，是为桓公。"

【译文】

夏，庄公进攻齐国，护送公子纠回国即位。齐桓公从莒国抢先回到齐国。

9.4　秋，师及齐师战于乾时，我师败绩。公丧戎路[1]，传乘而归[2]。秦子、梁子以公旗辟于下道[3]，是以皆止[4]。

【注释】

①丧戎路：放弃战车。戎路，兵车。

②传乘：转乘他车。

③秦子、梁子以公旗辟于下道：秦子、梁子，庄公的车御与车右。按，此欲以诱致齐师而使鲁公得以逃脱。

④止：被俘。

【译文】

秋，我军和齐军在乾时作战，我军大败。庄公丧失战车，乘坐轻车逃了回来。秦子、梁子打着庄公的旗号躲在小道上作掩护，都被齐军俘虏了。

9.5　鲍叔帅师来言曰："子纠，亲也[①]，请君讨之。管、召，仇也[②]，请受而甘心焉。"乃杀子纠于生窦[③]，召忽死之[④]。管仲请囚，鲍叔受之，及堂阜而税之[⑤]。归而以告曰："管夷吾治于高傒[⑥]，使相可也。"公从之。

【注释】

①亲：指亲兄弟。

②仇：仇敌。

③生窦：在今山东菏泽北。

④死之：为之死，指自杀。之，指公子纠。

⑤堂阜：齐地名，齐鲁交界处，在今山东蒙阴。税：通"脱"，释放。

⑥治于高傒：指政治才能超过高傒。高傒，齐国执政大臣。

【译文】

鲍叔率领军队代表齐桓公来鲁国说："子纠，是我齐君的亲人，请国君代我齐国诛杀。管仲、召忽，是我齐君的仇人，请交给我们让我们称心快意地处置。"于是就在生窦杀死公子纠，召忽自杀。管仲请求把他押送回齐国，鲍叔接受请求，到了堂阜就把他释放了。回国后，鲍叔报告齐桓公说："管仲治国的才能超过高傒，可以让他辅助国君。"齐桓公接纳了这个意见。

十年

【经】

10.1　十年春王正月[①]，公败齐师于长勺[②]。

10.2　二月，公侵宋[③]。

10.3　三月，宋人迁宿[④]。

10.4　夏六月，齐师、宋师次于郎。公败宋师于乘丘[⑤]。

10.5　秋九月，荆败蔡师于莘[⑥]，以蔡侯献舞归[⑦]。

10.6　冬十月，齐师灭谭[⑧]，谭子奔莒。

【注释】

①十年：鲁庄公十年当周庄王十三年，前684。

②长勺：在今山东曲阜。

③侵：古时出兵，有钟鼓之声叫伐，没有就叫侵。

④迁：迁走百姓，占有其土地。宿：在今江苏宿迁。

⑤乘丘：在今山东兖州。

⑥荆：即楚国。楚先王熊绎僻处荆山，后来常称楚为荆。莘：蔡国地名，在今河南汝南。

⑦以：俘获。蔡侯献舞：即蔡哀侯蔡季，名献舞。

⑧谭：诸侯国名，在今山东济南。

【译文】

鲁庄公十年春周历正月，鲁庄公在长勺打败齐军。

二月，鲁庄公攻打宋国。

三月，宋国人迁走宿地的百姓。

夏六月，齐军、宋军驻扎在郎地。鲁庄公在乘丘打败宋军。

秋九月，楚国在莘地打败蔡军，俘获了蔡哀侯献舞回国。

冬十月，齐军灭亡了谭国，谭子逃到莒国。

【传】

10.1　十年春，齐师伐我[①]。公将战，曹刿请见[②]。其乡人曰："肉食者谋之[③]，又何间焉[④]。"刿曰："肉食者鄙[⑤]，未能远谋。"乃入见。问何以战。公曰："衣食所安，弗敢专也[⑥]，必以分人。"对曰："小惠未遍[⑦]，民弗从也。"公曰："牺牲玉帛[⑧]，弗敢加也[⑨]，必以信[⑩]。”对曰：“小信未孚[⑪]，神弗福也。”公曰：“小大之狱，虽不能察，必以情[⑫]。”对曰：“忠之属也[⑬]，可以一战，战则请从。”

【注释】

①齐师伐我：齐师伐鲁，是为了去年鲁欲送公子纠入齐即位的事。

②曹刿(guì)：又叫曹沫，生卒年不详，春秋时鲁国大夫。事迹见《史记·刺客列传》。

③肉食者：当时习惯语，指当官的贵族，大夫以上。

④间(jiàn)：参与。

⑤鄙：鄙陋，无远见。

⑥弗敢专：不敢专有享用，必分给群臣。

⑦未遍：不能周遍，人人皆有。

⑧牺牲：祭祀用的猪、牛、羊。

⑨加：增加，此指虚报。

⑩信：诚信。

⑪未孚：未取得信任。孚，信任。

⑫必以情：指处理得合情合理。

⑬忠：忠诚无私，尽心竭力。

【译文】

鲁庄公十年春，齐国的军队来攻打我国。庄公准备迎战，曹刿请求接见。他的同乡人说：“那些每天都吃肉的人在那里谋划，你又去参与什么？”曹刿说：“吃肉的人鄙陋无远见，不能作长远考虑。”于是入宫进见庄公。曹刿问庄公：“凭什么来作战？”庄公说：“有吃有穿，不敢独自享受，一定分给别人。”曹刿回答说：“小恩小惠不能周遍，百姓不会服从的。”庄公说：“祭祀用的牛羊玉帛，不敢擅自增加，祝史的祷告一定反映真实情况。”曹刿回答说：“一点点诚心不会取得神明的信任，神明不会降福的。”庄公说:“大大小小的案件,虽然不能完全探明底细,但必定合情合理去办。”曹刿回答说:“这是为百姓尽力的一种表现,凭这个可以打一下。打起来,请让我跟着去。”

公与之乘,战于长勺。公将鼓之①。刿曰:“未可。”齐人三鼓,刿曰:“可矣。”齐师败绩。公将驰之②。刿曰:“未可。”下视其辙③,登轼而望之④,曰:“可矣。”遂逐齐师。

【注释】

①鼓:擂鼓进军。

②驰之:驱动战车追击齐军。

③辙:车轮走过的痕迹。

④轼:车前扶手横木,全车最高点。

【译文】

庄公和曹刿同乘一辆兵车,与齐军在长勺展开战斗。庄公准备击鼓进军。曹刿说:“还不行。”齐国人打了三通鼓,曹刿说:“可以了。”齐军大败。庄公准备追上去。曹刿说:“还不行。”下车,细看齐军的车辙,然后登上车前横木远望,说:“行了。”这才追击齐军。

既克,公问其故。对曰:“夫战,勇气也。一鼓作气,再而衰,三而竭。彼竭我盈,故克之。夫大国难测也,惧有伏焉。吾视其辙乱,望其旗靡①,故逐之。”

【注释】

①视其辙乱,望其旗靡:辙乱说明行列不整,旗倒则师失耳目,说明失去指挥,所以知其为真败。靡,倒下。

【译文】

战胜以后,庄公问曹刿取胜的缘故。曹刿回答说:“作战全凭勇气。第一通鼓振奋勇气,第二通鼓勇气就少了一些,第三通鼓勇气就没有了。他们的勇气没有了,而我们的勇气刚刚振奋,所以战胜了他们。大国的情况难于捉摸,还恐怕有埋伏。我细看他们的车辙已经乱了,远望他们的旗子已经倒下,所以才追逐他们。”

10.2 夏六月,齐师、宋师次于郎。公子偃曰[①]:“宋师不整[②],可败也。宋败,齐必还,请击之。”公弗许。自雩门窃出[③],蒙皋比而先犯之[④],公从之,大败宋师于乘丘。齐师乃还。

【注释】

①公子偃:鲁国大夫。

②不整:军纪混乱。

③雩门:鲁南城西门。窃出:私自出击。

④蒙皋比:以虎皮蒙马。皋比,虎皮。

【译文】

夏六月,齐国和宋国的军队驻扎在郎地。公子偃说:“宋军的军容不整齐,可以打败他。宋军败了,齐军必然回国,请您攻击宋军。”庄公不同意。公子偃从雩门私自出击,把马蒙上老虎皮先攻宋军,庄公领兵跟着进击,在乘丘把宋军打得大败。齐军也就回国了。

10.3 蔡哀侯娶于陈,息侯亦娶焉。息妫将归[①],过蔡[②]。蔡侯曰:“吾姨也[③]。”止而见之,弗宾[④]。息侯闻之,怒,使谓楚文王曰:“伐我,吾求救于蔡而伐之。”楚子从之。秋九月,楚败蔡师于莘，以蔡侯献舞归。

【注释】

①归：出嫁。

②过蔡：陈都宛丘，在今河南淮阳。蔡都在今河南上蔡西南，息妫由陈至息必过蔡。

③姨：妻子的姐妹。

④弗宾：不礼貌。据十四年《传》，息妫甚美，则此所谓弗宾，盖有轻佻之行。

【译文】

蔡哀侯在陈国娶妻，息侯也在陈国娶妻。息妫出嫁时路过蔡国。蔡侯说："她是我妻子的姊妹。"留下来见面，很不礼貌。息侯听到这件事，发怒，派人对楚文王说："请您假装进攻我国，我向蔡国求援，您就可以攻打它。"楚文王同意。秋九月，楚国在莘地击败蔡军，俘虏了蔡侯献舞回国。

10.4　齐侯之出也①，过谭，谭不礼焉②。及其入也③，诸侯皆贺，谭又不至。冬，齐师灭谭，谭无礼也。谭子奔莒，同盟故也。

【注释】

①齐侯：指齐桓公。出：指齐桓公外出逃亡。

②不礼：不加礼遇。

③入：指齐桓公回国登位。

【译文】

齐侯逃亡在外的时候，经过谭国，谭国人对他很不礼貌。等到他回国，诸侯都去祝贺，谭国又没有人去。冬，齐军就灭亡了谭国，这是由于谭国没有礼貌。谭子逃亡到莒国，这是因为两国同盟的缘故。

十一年

【经】

11.1 十有一年春王正月①。

11.2 夏五月戊寅②，公败宋师于鄑③。

11.3 秋，宋大水。

11.4 冬，王姬归于齐。

【注释】

①十有一年：鲁庄公十一年当周庄王十四年，前683。

②戊寅：十七日。

③鄑：鲁地名，与庄公元年之“鄑”不同地。具体所在不详。

【译文】

鲁庄公十一年春周历正月。

夏五月十七日，庄公在鄑地打败宋军。

秋，宋国发大水。

冬，王姬出嫁到齐国。

【传】

11.1 十一年夏，宋为乘丘之役故侵我。公御之。宋师未陈而薄之①，败诸鄑②。

【注释】

①陈：同“阵”。薄：逼近。

②诸：之于。

【译文】

鲁庄公十一年夏，宋国为了乘丘那次战役的缘故而入侵我国。庄公出兵迎战。宋国的军队还没有摆开阵势，我军就逼近压过去，在鄑地打败宋军。

凡师，敌未陈曰败某师①，皆陈曰战，大崩曰败绩②，得俊曰克③，覆而败之曰取某师④，京师败曰王师败绩于某⑤。

【注释】

①陈：同“阵”，摆开阵势。

②大崩：全军崩溃。

③得俊：俘虏对方勇将。

④覆：设伏兵。

⑤京师：周天子的军队。

【译文】

凡是作战，敌方没有摆开阵势叫做“败某师”，都摆开了阵势叫做“战”，大崩溃叫做“败绩”，俘虏敌方的勇士叫做“克”，伏兵而击败敌军叫做“取某师”，周天子的军队被打败叫做“王师败绩于某”。

11.2　秋，宋大水。公使吊焉①，曰：“天作淫雨②，害于粢盛③，若之何不吊④？”对曰：“孤实不敬⑤，天降之灾，又以为君忧，拜命之辱。”臧文仲曰⑥：“宋其兴乎。禹、汤罪己，其兴也悖焉⑦；桀、纣罪人，其亡也忽焉⑧。且列国有凶⑨，称孤，礼也。言惧而名礼⑩，其庶乎⑪。”既而闻之曰公子御说之辞也⑫，臧孙达曰⑬：“是宜为君，有恤民之心⑭。”

【注释】

①吊：慰问。

②淫雨：久雨。

③粢盛：指百谷。

④若之何：如何。

⑤孤：君主自己的谦称。此指宋闵公。

⑥臧文仲：鲁国大夫。即臧孙辰。

⑦悖：通“勃”，勃然兴起。

⑧忽：迅速。

⑨列国：诸侯国。凶：灾荒。

⑩言惧：言语惶恐。指前面宋公说的不敬天而降灾，这是罪己。名礼：指称孤。

⑪庶：庶几，有希望。

⑫既而：不久。公子御说(yuè)：宋桓公，宋庄公之子，宋闵公弟。

⑬臧孙达：臧哀伯。臧文仲的祖父。

⑭恤民：体恤、爱护百姓。

【译文】

秋，宋国发大水。庄公派使者去慰问，说：“上天降下大雨，危害了庄稼，怎么能不慰问呢？”宋闵公回答说：“孤对于上天不诚敬，上天降灾，还使贵国国君担忧，承蒙关注，实不敢当。”臧文仲说：“宋国恐怕要兴盛了吧！禹、汤责罚自己，他们勃然兴起；桀、纣责罚别人，他们马上灭亡。而且诸侯国发生灾荒，国君称孤，这是合于礼的。言语有所戒惧而称名合于礼制，这就差不多了吧！”不久，又听说上面那番话是公子御说所说的，臧孙达说：“这个人适合当国君，因为他有体恤百姓的心思。”

11.3　冬，齐侯来逆共姬[①]。

【注释】

①齐侯：指齐桓公。共姬：王姬。

【译文】

冬，齐桓公来鲁国迎娶共姬。

11.4 乘丘之役，公之金仆姑射南宫长万[①]，公右歂孙生搏之[②]。宋人请之[③]，宋公靳之[④]，曰："始吾敬子。今子，鲁囚也。吾弗敬子矣。"病之。

【注释】

①仆姑：箭名。南宫长万：宋万，宋大夫，力士。南宫是氏，万是名，长是字。

②右：车右。歂(chuán)孙：人名。生搏：活捉。

③请之：请鲁国释放宋万回国。

④靳(jìn)：嘲笑。

【译文】

在乘丘战役中，庄公用叫金仆姑的箭射中南宫长万，庄公的车右歂孙活捉了他。宋国人请求把南宫长万释放回国。宋闵公开玩笑说："原来我尊敬你，如今你成了鲁国的囚犯，所以我便不敬重你了。"南宫长万因此而怀恨他。

十二年

【经】

12.1 十有二年春王三月[①]，纪叔姬归于酅[②]。

12.2 夏四月。

12.3 秋八月甲午[③]，宋万弑其君捷及其大夫仇牧[④]。

12.4 冬十月,宋万出奔陈。

【注释】

①十有二年:鲁庄公十二年当周庄王十五年,前682。

②纪叔姬归于酅(xī):纪叔姬,鲁女,嫁纪国,时纪季以酅入齐,国亡,故云"归于酅"。酅,纪国地名,在今山东益都。

③甲午:初十。

④宋万:即南宫长万。捷:即宋闵公。仇牧:宋国大夫。

【译文】

鲁庄公十二年春周历三月,纪叔姬从酅地归国。

夏四月。

秋八月初十,宋南宫长万杀死他的国君捷及其大夫仇牧。

冬十月,宋南宫长万逃亡到陈国。

【传】

12.1 十二年秋,宋万弑闵公于蒙泽[①]。遇仇牧于门,批而杀之[②]。遇大宰督于东宫之西[③],又杀之。立子游[④]。群公子奔萧[⑤]。公子御说奔亳[⑥]。南宫牛、猛获帅师围亳[⑦]。

【注释】

①蒙泽:宋地名,在今河南商丘。

②遇仇牧于门,批而杀之:《公羊传》曰:"仇牧闻君弑,趋而至,遇之于门,手剑而叱之。万臂仇牧,碎其首。齿著乎门阖。"《史记·宋微子世家》云:"大夫仇牧闻之,以兵造公门。万搏牧,牧齿著门阖死。"批,反手击。

③大宰督:指华父督。东宫:诸侯小寝。

④子游：宋公子。

⑤萧：诸侯国名，本为宋邑，后为附庸国，在今安徽萧县西北。

⑥亳(bó)：宋地名，在今河南商丘北。

⑦南宫牛：南宫长万之子。猛获：南宫万同党。

【译文】

鲁庄公十二年秋，宋国的南宫长万在蒙泽杀死了宋闵公。他在城门口遇到仇牧，反手便打死了他。在东宫的西面遇到太宰华督，又杀了他。拥立子游为国君。公子们都逃亡到萧邑，而公子御说逃亡到亳地。南宫牛、猛获率领军队包围了亳地。

冬十月，萧叔大心及戴、武、宣、穆、庄之族以曹师伐之[①]。杀南宫牛于师，杀子游于宋，立桓公[②]。猛获奔卫。南宫万奔陈，以乘车辇其母[③]，一日而至[④]。

【注释】

①萧叔大心：萧国长官，大心是其名。萧叔讨南宫长万有功，所以萧被宋封为附庸国。戴、武、宣、穆、庄之族：指宋戴公、武公、宣公、穆公、庄公的族人。戴公之族有华氏、乐氏、老氏、皇氏，庄公之族有仲氏，其他则无所闻。

②桓公：指公子御说。

③乘车：非兵车，通常载人之车。辇(niǎn)：用人挽车。

④一日而至：据杜预《春秋左传注》，宋离陈二百六十里，“一日而至”，言南宫万之多力。

【译文】

冬十月，萧叔大心和宋戴公、武公、宣公、穆公、庄公的族人率领曹国的军队讨伐南宫牛和猛获。在阵前杀死了南宫牛，在宋国都城杀死了子游，拥立宋桓公为国君。猛获逃亡到卫国。南宫长万逃亡到陈国，长万自己拉车载着他母亲，一天就到达了。

宋人请猛获于卫，卫人欲勿与。石祁子曰[①]："不可。天下之恶一也，恶于宋而保于我，保之何补？得一夫而失一国，与恶而弃好[②]，非谋也。"卫人归之。亦请南宫万于陈，以赂[③]。陈人使妇人饮之酒，而以犀革裹之。比及宋，手足皆见[④]。宋人皆醢之[⑤]。

【注释】

①石祁子：卫国大夫，石碏族人。

②与恶：袒护坏人。好：宋与卫本同盟，故曰好。

③赂：指送礼于陈国。

④手足皆见：此言南宫万力气大，能破犀牛之革。

⑤醢(hǎi)：古代酷刑，把人剁成肉酱。

【译文】

宋国人到卫国请求归还猛获，卫国人想不给他们。石祁子说："不行。普天下的邪恶都是一样可恶的，在宋国作恶而在我国受到保护，保护了他有什么好处？得到一个人而失去一个国家，结交邪恶的人而丢掉友好的邦国，这不是好主意。"卫国人把猛获归还给了宋国。宋国又到陈国请求归还南宫长万，并且送上财礼。陈国人派女人把南宫长万灌醉后，用犀牛皮把他捆裹了起来。等到达宋国时，南宫长万的手脚都露出来了。宋国人把两人都剁成了肉酱。

十三年

【经】

13.1　十有三年春[①]，齐侯、宋人、陈人、蔡人、邾人会于北杏[2]。

13.2　夏六月，齐人灭遂[3]。

13.3　秋七月。

13.4　冬，公会齐侯，盟于柯[4]。

【注释】

①十有三年：鲁庄公十三年当周僖王元年，前681。

②齐侯、宋人、陈人、蔡人、邾人：指齐桓公和宋、陈、蔡、邾诸国的国君。北杏：齐地名，在今山东东阿。

③遂：妫姓小国，在今山东宁阳西北。

④柯：齐地名，在今山东阳谷东北。

【译文】

鲁庄公十三年春，齐桓公和宋、陈、蔡、邾诸国国君在北杏相会。

夏六月，齐国人灭亡了遂国。

秋七月。

冬，庄公与齐桓公相会，在柯地会盟。

【传】

13.1　十三年春，会于北杏，以平宋乱。遂人不至。夏，齐人灭遂而戍之[1]。

【注释】

①戍：戍守。

【译文】

鲁庄公十三年春，齐、宋、陈、蔡、邾等各国国君在北杏会见，这是为了平定宋国的动乱。遂国人没有来。夏，齐国人灭亡遂国并派人戍守。

13.2 冬，盟于柯，始及齐平也[①]。

【注释】

①盟于柯，始及齐平也：自庄公十年，鲁、齐两国发生了两次战争，至此讲和。盟于柯，《史记·齐太公世家》云："（桓公）五年，伐鲁，鲁将师败。鲁庄公请献遂邑以平，桓公许，与鲁会柯而盟。鲁将盟，曹沫以匕首劫桓公于坛上，曰：'反鲁之侵地！'桓公许之。于是遂与曹沫三败所亡地于鲁。"《左传》此年既无齐伐鲁之事，且长勺之役，鲁胜齐败，更无曹刿之三败。然《史记》所述，颇流行于战国。

【译文】

冬，鲁庄公和齐桓公在柯地结盟，开始和齐国讲和。

13.3 宋人背北杏之会[①]。

【注释】

①宋人背北杏之会：此当与下年《传》"十四年春，诸侯伐宋"云云相连，被后人割裂。

【译文】

宋国人违背了北杏的盟约。

十四年

【经】

14.1 十有四年春[①]，齐人、陈人、曹人伐宋。

14.2 夏，单伯会伐宋[②]。

14.3 秋七月，荆入蔡。

14.4　冬，单伯会齐侯、宋公、卫侯、郑伯于鄄[3]。

【注释】

①十有四年：鲁庄公十四年当周僖王二年，前680。

②单伯：周天子卿士。会伐宋：诸侯已伐宋国，单伯才到，故言“会伐宋”。

③齐侯、宋公、卫侯、郑伯：即齐桓公、宋桓公、卫惠公、郑厉公。鄄(juàn)：卫地名，在今山东鄄城。

【译文】

鲁庄公十四年春，齐国人、陈国人、曹国人进攻宋国。

夏，单伯领兵会合诸侯进攻宋国。

秋七月，楚国攻入蔡国。

冬，单伯与齐桓公、宋桓公、卫惠公、郑厉公在鄄地相会。

【传】

14.1　十四年春，诸侯伐宋，齐请师于周[1]。夏，单伯会之，取成于宋而还[2]。

【注释】

①齐请师于周：杜预《春秋左传注》：“齐欲崇天子，故请师，假王命以示大顺。”

②取成：讲和。

【译文】

鲁庄公十四年春，诸侯进攻宋国，齐国请求宗周出兵。夏，单伯带兵同诸侯相会，与宋国讲和后回国。

14.2　郑厉公自栎侵郑[①]，及大陵[②]，获傅瑕[③]。傅瑕曰："苟舍我，吾请纳君。"与之盟而赦之。六月甲子[④]，傅瑕杀郑子及其二子[⑤]，而纳厉公。

【注释】

①栎：地名，在今河南禹州。

②大陵：地名，约在今河南新密与新郑之间。

③傅瑕：郑国大臣。

④甲子：二十日。

⑤郑子：即子仪。

【译文】

郑厉公从栎地带兵进攻郑国国都，到达大陵时，俘虏了傅瑕。傅瑕说："如果放了我，我设法使你归国为君。"郑厉公和他盟誓后，便把他释放了。六月二十日，傅瑕杀死郑子仪和他的两个儿子，接纳厉公回国。

初，内蛇与外蛇斗于郑南门中，内蛇死[①]。六年而厉公入。公闻之，问于申繻曰[②]："犹有妖乎[③]？"对曰："人之所忌[④]，其气焰以取之，妖由人兴也。人无衅焉[⑤]，妖不自作。人弃常，则妖兴，故有妖[⑥]。"

【注释】

①内蛇与外蛇斗于郑南门中，内蛇死：郑南门，据《水经注》，名时门。按，所谓内蛇与外蛇争斗，自是迷信传说。

②申繻：鲁国大夫。

③妖：妖孽。

④所忌：指忌遇妖。

⑤无衅：无瑕疵、缺点。

⑥人弃常，则妖兴，故有妖：申缟实际怀疑妖怪之客观存在。认为妖不自作，人失常，而有衅隙，则妖怪兴。

【译文】

当初，在郑国国都的南门下面，一条在城里的蛇和一条在城外的蛇相斗，城里的蛇被咬死。过了六年，郑厉公回国。鲁庄公听说这件事，问申繻说："这事与妖孽有关吗？"申繻回答说："一个人是否会遇到他所忌讳的事，是由于他自己的气焰所招致的，妖孽是由于人而兴起。人如没有毛病，妖孽不会自己发生。人丢弃正道，妖孽就会兴起，所以才有妖孽。"

厉公入，遂杀傅瑕。使谓原繁曰[①]："傅瑕贰[②]，周有常刑[③]，既伏其罪矣。纳我而无二心者，吾皆许之上大夫之事[④]，吾愿与伯父图之[⑤]。且寡人出，伯父无里言[⑥]；入[⑦]，又不念寡人[⑧]，寡人憾焉。"对曰："先君桓公命我先人典司宗祏[⑨]。社稷有主而外其心，其何贰如之？苟主社稷，国内之民其谁不为臣？臣无二心，天之制也。子仪在位十四年矣，而谋召君者，庸非贰乎。庄公之子犹有八人，若皆以官爵行赂劝贰而可以济事[⑩]，君其若之何？臣闻命矣。"乃缢而死。

【注释】

①原繁：郑国大夫，郑厉公的伯父。

②贰：贰心，不忠心。

③周有常刑：指按周王朝规定的刑法。

④上大夫：即卿。

⑤伯父：诸侯对同姓大夫的泛称。

⑥无里言：没有报告国内情况。

⑦入：回国。

⑧不念：不积极拥戴。

⑨典司宗祏(shí)：管理宗庙石室。宗祏，宗庙中藏神主的石室。

⑩济事：指夺取君位成功。

【译文】

郑厉公回国，就杀死了傅瑕。派人对原繁说："傅瑕对国君有贰心，对此周王朝有规定的刑法，现在傅瑕已经得到惩处了。帮助我回国而没有贰心的人，我都答应给他上大夫的职位，我愿意跟伯父一起商量一下。再说我离开国家在外时，伯父没有向我通报国内的情况；回国以后，又并不亲附我，我对此感到遗憾。"原繁回答说："先君桓公命令我的先人管理宗庙的石室，国家有君主而自己的心却在国外，还有比这更大的贰心吗？如果主持国家，国内的百姓谁不是他的臣下？做臣下的不应该有贰心，这是上天的规定。子仪居于君位已经有十四年了，现在策划请国君回国的人，难道不是贰心吗？庄公的儿子还有八人在世，如果都以封官爵为贿赂来劝说别人反叛而又能取得成功，国君又怎么办呢？下臣知道国君的意思了。"于是上吊而死。

14.3 蔡哀侯为莘故①，绳息妫以语楚子②。楚子如息，以食入享③，遂灭息④。以息妫归，生堵敖及成王焉。未言⑤。楚子问之，对曰："吾一妇人而事二夫，纵弗能死，其又奚言？"楚子以蔡侯灭息，遂伐蔡。秋七月，楚入蔡。

【注释】

①为莘故：指庄公十年战于莘，蔡哀侯被俘之事。

②绳：赞美。楚子：楚文王。

③以食入享：设享礼招待息侯。

④遂灭息：此与下文“以息妫归”当为数年前之事。

⑤未言：指息妫从不主动开口说话。

【译文】

蔡哀侯由于莘地战役被俘的缘故，在楚文王面前赞美息妫。楚文王到息国，假装设享礼招待息侯，乘机攻打息国，灭亡了息国。他把息妫带回楚国，生了堵敖和成王。息妫从不主动开口，楚文王询问原因，她回答说：“我一个妇人却嫁了两个丈夫，既然不能以死守志，又能说什么呢？”楚文王由于蔡哀侯的挑拨而灭息国，为取悦息妫，于是进攻蔡国。秋七月，楚军攻入蔡国。

君子曰：“《商书》所谓‘恶之易也[①]，如火之燎于原，不可乡迩[②]，其犹可扑灭’者，其如蔡哀侯乎。”

【注释】

①易：蔓延。

②乡迩：接近。乡，通“向”。

【译文】

君子说：“《商书》所说‘恶蔓延时，就像大火在草原上燃烧，不能接近面对它，怎么能够扑灭呢？’恐怕就是指蔡哀侯这样的人吧！”

14.4　冬，会于鄄，宋服故也。

【译文】

冬，单伯和诸侯在鄄地会见，这是由于宋国顺服的缘故。

十五年

【经】

15.1　十有五年春[①]，齐侯、宋公、陈侯、卫侯、郑伯会于鄄[②]。

15.2　夏，夫人姜氏如齐[③]。

15.3　秋，宋人、齐人、邾人伐郳[④]。

15.4　郑人侵宋。

15.5　冬十月。

【注释】

①十有五年：鲁庄公十五年当周僖王三年，前679。

②齐侯、宋公、陈侯、卫侯、郑伯：分别指齐桓公、宋桓公、陈宣公、卫惠公、郑厉公。

③夫人姜氏：指文姜，齐僖公女。

④郳(ní)：宋国的附属国，在今山东枣庄，或云在今山东滕州。

【译文】

鲁庄公十五年春，齐桓公、宋桓公、陈宣公、卫惠公、郑厉公在鄄地相会。

夏，夫人姜氏去齐国。

秋，宋国人、齐国人、邾国人进攻郳国。

郑国人侵袭宋国。

冬十月。

【传】

15.1　十五年春，复会焉，齐始霸也。

【译文】

鲁庄公十五年春季，众诸侯再次相会，齐国开始称霸。

15.2　秋，诸侯为宋伐郳。郑人间之而侵宋[①]。

【注释】

①间(jiàn)：乘机。

【译文】

秋，各诸侯为宋国攻打郳国。郑国人便乘机入侵宋国。

十六年

【经】

16.1　十有六年春王正月[①]。

16.2　夏，宋人、齐人、卫人伐郑。

16.3　秋，荆伐郑。

16.4　冬十有二月，会齐侯、宋公、陈侯、卫侯、郑伯、许男、滑伯、滕子同盟于幽[②]。

16.5　郳子克卒[③]。

【注释】

①十有六年：鲁庄公十六年当周僖王四年，前678。

②许男：即许穆公。滑：姬姓诸侯国，在今河南偃师。幽：宋地名，在今河南兰考。

③郳子克：即郳仪父，名克。

【译文】

鲁庄公十六年春周历正月。

夏，宋国人、齐国人、卫国人攻打郑国。

秋，楚国攻打郑国。

冬十二月，鲁庄公会同齐桓公、宋桓公、陈宣公、卫惠公、郑厉公、许穆公、滑伯、滕子在幽地建立同盟关系。

邾子克去世。

【传】

16.1 十六年夏，诸侯伐郑，宋故也。

【译文】

鲁庄公十六年夏，诸侯进攻郑国，这是由于郑国侵袭宋国的缘故。

16.2 郑伯自栎入，缓告于楚。秋，楚伐郑，及栎，为不礼故也。

【译文】

郑厉公从栎地回到国都为君，没有及时通知楚国。秋，楚国进攻郑国，打到栎地，这是为了郑国对楚国无礼的缘故。

16.3 郑伯治与于雍纠之乱者[①]。九月，杀公子阏[②]，刖强鉏[③]。公父定叔出奔卫[④]。三年而复之，曰："不可使共叔无后于郑。"使以十月入[⑤]，曰："良月也，就盈数焉。"

【注释】

①郑伯：指郑厉公。治：惩治。与：参与。雍纠之乱：在桓公十五年。厉公欲使雍纠杀祭仲，消息走漏，雍纠反被祭仲所杀，厉公被迫出逃。

②公子阏：应为公孙阏，与强鉏(chú)同是祭仲党羽。

③刖(yuè)：断足，一种酷刑。

④公父定叔：共叔段之孙。

⑤使以十月入：古人忌讳奇数之月，以偶数之月为吉利，且十为满数，因此让公父定叔十月回国。

【译文】

郑厉公惩罚参与雍纠之乱的人。九月，杀死公子阏，砍去强鉏的脚。公父定叔逃亡到卫国。三年后，郑厉公让他回国，说："不能让共叔在郑国没有后代。"让他在十月回到国内，说："这是好月份，十月是个满数呢。"

君子谓："强鉏不能卫其足。"

【译文】

君子说："强鉏不能保住他的两脚。"

16.4　冬，同盟于幽，郑成也[①]。

【注释】

①成：讲和。

【译文】

冬，诸侯在幽地一起结盟，这是为了对郑国讲和。

16.5　王使虢公命曲沃伯以一军为晋侯[①]。

【注释】

①王使虢公命曲沃伯以一军为晋侯：桓公七年《传》称“曲沃伯诱晋小子侯杀之”，八年《传》称“灭翼”，又称“王命虢仲立晋哀侯之弟缗于晋”。《史记·晋世家》云：“晋侯（缗）二十八年……曲沃武公伐晋侯缗，灭之，尽以其宝器赂献于周釐王。釐王命曲沃武公为晋君，列为诸侯，于是尽并晋地而有之。”至此曲沃伯完全吞并晋国，僖王因命为晋侯。王，指周僖王。曲沃伯，即曲沃武公、晋武公。一军，《周礼·夏官·叙官》云：“凡制军，万有二千五百人为军。王六军，大国三军，次国二军，小国一军。”

【译文】

周僖王派虢公命令曲沃伯建立一军，担任晋国国君。

16.6 初，晋武公伐夷[①]，执夷诡诸[②]。蒍国请而免之[③]。既而弗报，故子国作乱[④]，谓晋人曰：“与我伐夷而取其地。”遂以晋师伐夷，杀夷诡诸。周公忌父出奔虢[⑤]。惠王立而复之[⑥]。

【注释】

①晋武公：即曲沃武公。夷：采地名。

②夷诡诸：周王室大夫，夷为其采地。

③蒍国：周王室大夫，王子颓之师。

④子国：即蒍国。

⑤周公忌父：周王室卿士。

⑥惠王：即周惠王，于庄公十八年即位。

【译文】

当初，晋武公进攻夷地，俘虏了夷诡诸。蒍国为他求情而赦免了他。

后来夷诡诸不加报答，所以苏国作乱，对晋国人说："和我一起进攻夷地并占领它的土地。"于是领着晋军攻打夷地，杀死夷诡诸。周公忌父逃亡到虢国。周惠王立为君后让他回国复职。

十七年

【经】

17.1　十有七年春①，齐人执郑詹②。

17.2　夏，齐人歼于遂③。

17.3　秋，郑詹自齐逃来。

17.4　冬，多麋④。

【注释】

①十有七年：鲁庄公十七年当周僖王五年，前677。

②郑詹：郑国执政大臣。

③歼：歼灭。

④麋：麋鹿。

【译文】

鲁庄公十七年春，齐国人拘捕了郑詹。

夏，齐国人歼灭了遂国。

秋，郑詹从齐国逃来我国。

冬，多麋鹿。

【传】

17.1　十七年春，齐人执郑詹，郑不朝也。

【译文】

鲁庄公十七年春，齐国人拘捕了郑詹，是由于郑国不去朝见齐国。

17.2 夏，遂因氏、颌氏、工娄氏、须遂氏飨齐戍[①]，醉而杀之，齐人歼焉。

【注释】

①因氏、颌氏、工娄氏、须遂氏：均为遂国强族。飨：用酒食宴请。齐戍：庄公十三年齐国灭遂而戍之。

【译文】

夏，遂国的因氏、颌氏、工娄氏、须遂氏宴请在遂国戍守的齐军，把齐军灌醉后杀死。齐国人把遂国人全部杀尽。

十八年

【经】

18.1 十有八年春王三月[①]，日有食之[②]。

18.2 夏，公追戎于济西[③]。

18.3 秋，有蜮[④]。

18.4 冬十月。

【注释】

①十有八年：鲁庄公十八年当周惠王元年，前676。

②日有食之：此当为前676年4月15日之日全食。

③戎：此戎即己氏之戎。故城在今山东曹县。济西：济水之西。济水发源于河南济源。

④蜮(yù)：一种食禾苗的害虫。

【译文】

鲁庄公十八年春周历三月，发生日食。

夏，庄公在济水之西追击戎人。

秋，发现蜮虫。

冬十月。

【传】

18.1　十八年春，虢公、晋侯朝王①，王飨醴②，命之宥③，皆赐玉五瑴④，马三匹⑤。非礼也。王命诸侯，名位不同，礼亦异数，不以礼假人⑥。

【注释】

①虢公：虢公丑。晋侯：晋献公诡诸，晋武公上年已死。王：指周惠王。

②飨：设盛礼宴请宾客。醴(lǐ)：甜酒。

③命之宥(yòu)：指虢公、晋侯在周王敬酒之后回敬周王。宥，劝人饮食。

④瑴(jué)：白玉一双叫瑴。

⑤马三匹：当作马四匹，四古作亖，因脱一划而误。

⑥"王命诸侯"以下四句：虢公与晋侯名位不同，而所赐一样，所以左氏以此为"以礼假人"，认为是非礼。

【译文】

鲁庄公十八年春，虢公、晋献公朝觐周惠王。周惠王用甜酒招待，又允许他们回敬自己，都赐给他们五对玉，三匹马。这是不合于礼的。周天子策命诸侯，封爵地位不同，礼仪的等级也相应不同，不能随意将礼仪违例给人。

18.2 虢公、晋侯、郑伯使原庄公逆王后于陈[1]。陈妫归于京师，实惠后。

【注释】

①郑伯：郑厉公。原庄公：周王室卿士。原，即隐公十一年《传》中苏忿生十二田中的原。

【译文】

虢公、晋献公、郑厉公派原庄公去陈国迎接周王后陈妫。陈妫嫁到京城，就是惠王后。

18.3 夏，公追戎于济西。不言其来，讳之也。

【注释】

①讳之也：杜预《春秋左传注》以为戎来而鲁不知，沈钦韩以为戎狄为中国之患，故讳言其来；但鲁国捍御有素，故书追之。

【译文】

夏，庄公在济水的西边追逐戎人。《春秋》没有记载戎人来攻，是由于避讳。

18.4 秋，有蜮，为灾也。

【译文】

秋，有蜮虫，《春秋》所以记载，是由于造成了灾害。

18.5 初，楚武王克权[1]，使斗缗尹之[2]。以叛，围而杀之。迁权于那处[3]，使阎敖尹之[4]。

【注释】

①权:子姓诸侯国,在今湖北当阳东南。

②斗缗(mín):楚国大夫。尹之:把权作为楚县,派斗缗为县尹。楚称县宰为县尹,亦称县公。《淮南子·览冥训》高诱《注》云“楚僭号称王,其守县大夫皆称公”。

③那处:楚地名,在今湖北荆门东南那口城。

④阎敖:楚国大夫。

【译文】

当初,楚武王攻克权国,派斗缗为权地的县尹。斗缗占据权地叛变楚国,楚国包围权地杀死了斗缗。把权地的百姓迁到那处,改派阎敖治理这个地方。

及文王即位[①],与巴人伐申而惊其师。巴人叛楚而伐那处,取之,遂门于楚[②]。阎敖游涌而逸[③]。楚子杀之,其族为乱。冬,巴人因之以伐楚[④]。

【注释】

①文王:指楚文王,楚武王之子。鲁庄公五年为楚文王元年。

②门于楚:攻打楚国都城的城门。当时楚文王已迁都于郢,郢在今湖北江陵北之纪南城,那处即在其北。

③涌:湖名,即今湖北监利的乾港湖。逸:逃走。

④巴人因之以伐楚:按,此与下年《传》“十九年春,楚子御之,大败于津”云云本为一事,被后人割裂而分开。

【译文】

等到文王即位,楚军和巴国人一起攻打申国而惊扰巴军。巴国人背叛楚国,进攻那处,将之占领,接着攻打楚国都城的城门。阎敖游过涌湖逃走。楚文王把他杀死,他的族人起而作乱。冬,巴国人乘乱攻打楚国。

十九年

【经】

19.1　十有九年春王正月[①]。

19.2　夏四月。

19.3　秋，公子结媵陈人之妇于鄄[②]，遂及齐侯、宋公盟[③]。

19.4　夫人姜氏如莒[④]。

19.5　冬，齐人、宋人、陈人伐我西鄙[⑤]。

【注释】

①十有九年：鲁庄公十九年当周惠王二年，前675。

②公子结：鲁国大夫。媵(yìng)：古时指随嫁。古代诸侯娶于某国，另一国以庶出女儿作陪嫁，叫媵。陈人之妇：陈侯夫人。因其尚未嫁入陈国，还没成为夫人，故称。

③遂及齐侯、宋公盟：此当是卫国之女嫁与陈宣公为夫人，鲁国以女陪嫁，使公子结往送女，本应送至卫国都城，使与陈侯夫人同行，但公子结送至鄄，闻齐侯、宋公有会，遂临时变更计划，使他人往送女，己则代表鲁国参与盟会。齐侯、宋公，指齐桓公、宋桓公。

④夫人姜氏：指文姜。

⑤鄙：边境。

【译文】

鲁庄公十九年春周历正月。

夏四月。

秋，公子结送卫国出嫁到陈国的女子之陪嫁鲁女到达鄄地，因此与齐桓公、宋桓公结盟。

夫人姜氏到莒国去。

冬，齐国人、宋国人、陈国人攻打我国西部边境。

【传】

19.1 十九年春，楚子御之，大败于津[①]。还，鬻拳弗纳[②]，遂伐黄[③]。败黄师于踖陵[④]。还，及湫[⑤]，有疾。夏六月庚申[⑥]，卒。鬻拳葬诸夕室[⑦]，亦自杀也，而葬于绖皇[⑧]。

【注释】

①津：地名，在今湖北江陵。

②鬻(yù)拳：楚国主管城门的大臣。

③黄：嬴姓诸侯国，在今河南潢川西。

④踖(què)陵：黄地名，在今河南潢川。

⑤湫(jiǎo)：楚地名，在今湖北宜城东南。

⑥庚申：十五日。

⑦夕室：楚文王陵墓所在地。

⑧绖(dié)皇：墓前甬道的门。一说指殿前之庭，此指楚文王陵墓地宫殿前之庭。鬻拳之尸葬于此，所以示愿侍君于地下为其守卫也。章炳麟《左传读》谓绖皇为墓门内庭中的甬道。

【译文】

鲁庄公十九年春，楚文王发兵抵御巴军，在津地被巴军打得大败。回国，鬻拳不开城门接纳，楚文王就转而进攻黄国，在碏陵打败了黄国的军队。楚文王回国，到达湫地时得了病。夏六月十五日，楚文王去世。鬻拳把他安葬在夕室，然后自己也自杀身亡，安葬在文王地宫的前庭。

初，鬻拳强谏楚子，楚子弗从，临之以兵，惧而从之。鬻拳曰："吾惧君以兵，罪莫大焉。"遂自刖也。楚人以为大阍[①]，谓之大伯[②]，使其后掌之。君子曰："鬻拳可谓爱君矣，谏以自纳于刑，刑犹不忘纳君于善。"

【注释】

①大阍(hūn)：为典守城门之官。古人常以刖者守门。

②大伯：同"太伯"。

【译文】

当初，鬻拳坚决劝阻楚文王，楚文王不听从。鬻拳拿起武器对准楚文王，楚文王害怕只好听从。鬻拳说："我用武器威胁国君，没有比这再大的罪过了。"于是就自己砍去双脚。楚国人让他担任大阍，称之为太伯，并且让他的后代执掌此职。君子说："鬻拳可以说是爱护国君了，由于谏阻而对自己施刑，受了刑仍不忘使自己的国君归于正道。"

19.2　初，王姚嬖于庄王[①]，生子颓。子颓有宠，蒍国为之师。及惠王即位[②]，取蒍国之圃以为囿[③]。边伯之宫近于王宫[④]，王取之。王夺子禽祝跪与詹父田[⑤]，而收膳夫之秩[⑥]。故蒍国、边伯、石速、詹父、子禽祝跪作乱，因苏氏[⑦]。秋，五大夫奉子颓以伐王，不克，出奔温[⑧]。苏子奉子颓以奔卫[⑨]。卫师、燕师伐周[⑩]。冬，立子颓。

【注释】

①王姚：周庄王之妾。嬖(bì)：宠爱。

②惠王：即周惠王，周庄王之孙，周僖王之子，于去年即位。

③圃：种蔬菜、花果的园子。囿(yòu)：帝王蓄养禽兽的园林。

④边伯:周王室大夫。宫:古代对房屋、居室的通称。

⑤子禽祝跪与詹父:皆为周王室大夫。

⑥膳夫:掌管王室饮食的官,即下文的石速。秩:俸禄。

⑦因苏氏:桓王夺苏忿生十二邑之田以与郑,苏氏或因此不满王室。因,依靠。

⑧温:苏氏领地。

⑨苏子:即苏忿生。

⑩卫师、燕师伐周:《史记·卫康叔世家》云"二十五年,惠公怨周之容舍黔牟,与燕伐周",则卫伐周,是为了泄助黔牟之忿。此燕,《史记》认为是姬姓北燕,现在普遍认为是姞姓的南燕。

【译文】

当初,王姚受宠于周庄王,生下了子颓。子颓也受到宠爱,蒍国做他的师傅。到周惠王继承王位,夺取了蒍国的菜园作为自己养牲畜的园囿。边伯的房子靠近王宫,周惠王也占取了。惠王又强取了子禽祝跪和詹父的田地,收回了膳夫石速的俸禄。因此蒍国、边伯、石速、詹父、子禽祝跪发动叛乱,依靠苏氏。秋,五位大夫拥戴子颓攻打惠王,没有取胜,逃亡到温地。苏子拥奉子颓逃亡到卫国。卫国、燕国的军队进攻宗周。冬,立王子颓为天子。

二十年

【经】

20.1 二十年春王二月[①],夫人姜氏如莒。

20.2 夏,齐大灾。

20.3 秋七月。

20.4 冬,齐人伐戎。

【注释】

①二十年：鲁庄公二十年当周惠王三年，前674。

【译文】

鲁庄公二十年春周历二月，夫人姜氏去莒国。

夏，齐国发生大火灾。

秋七月。

冬，齐国人攻打戎国。

【传】

20.1　二十年春，郑伯和王室[1]，不克[2]。执燕仲父[3]。夏，郑伯遂以王归，王处于栎。秋，王及郑伯入于邬[4]。遂入成周[5]，取其宝器而还。

【注释】

①郑伯：即郑厉公。和：调解。

②不克：调解无结果。克，能。

③燕仲父：南燕国君仲父。

④邬：即隐公十一年郑与周桓王换取苏忿生十二田之地。

⑤成周：在京师王城之东，今河南洛阳东郊。此时王子颓在王城。

【译文】

鲁庄公二十年春，郑厉公调解周惠王和子颓之间的纠纷，没有结果。拘捕了燕仲父。夏，郑厉公就带了周惠王回国，周惠王住在栎地。秋，惠王和郑厉公到了邬地。接着进入成周，取得成周的宝器后回国。

冬，王子颓享五大夫，乐及遍舞[1]。郑伯闻之，见虢叔，曰："寡人闻之，哀乐失时，殃咎必至。今王子颓歌舞不倦，乐祸也。夫司寇行戮[2]，君为之不举[3]，而况敢乐祸乎！奸王之位[4]，祸孰大焉？临祸忘忧，忧必及之。盍纳王乎[5]？”虢公曰：“寡人之愿也。”

【注释】

①乐及遍舞：指奏舞六代之乐。六代之乐，黄帝之《云门》、《大卷》，尧之《大咸》，舜之《大韶》，禹之《大夏》，汤之《大濩》，周武王之《大武》也。

②司寇：掌管刑狱的官。

③不举：撤除丰盛的食品，并且不奏乐。

④奸王之位：此指篡夺王位。

⑤盍：何不。

【译文】

冬，王子颓宴享五位大夫，演奏音乐并遍舞六代舞蹈。郑厉公听到这件事，见到虢叔，对他说：“我听说，悲哀或者快乐的不是时候，灾祸一定会降临。现在王子颓观赏歌舞而不知疲倦，是以祸患为快乐啊。司寇行刑杀人，国君为此而减膳撤乐，何况敢以祸患而快乐呢？篡夺王位，还有比这更大的祸患吗？面临祸患而忘记忧患，忧患一定会到来。为什么不让惠王复位呢？”虢公说：“这正是我的愿望。”

二十一年

【经】

21.1　二十有一年春王正月[1]。

21.2　夏五月辛酉[2]，郑伯突卒[3]。

21.3　秋七月戊戌[4]，夫人姜氏薨。

21.4　冬十有二月，葬郑厉公。

【注释】

①二十有一年：鲁庄公二十一年当周惠王四年，前673。

②辛酉：二十七日。

③郑伯突：即郑厉公。

④戊戌：初五。

【译文】

鲁庄公二十一年春周历正月。

夏五月二十七日，郑厉公突去世。

秋七月初五，夫人姜氏去世。

冬十二月，安葬郑厉公。

【传】

21.1　二十一年春，胥命于弭[①]。夏，同伐王城[②]。郑伯将王自圉门入[③]。虢叔自北门入，杀王子颓及五大夫。

【注释】

①二十一年春，胥命于弭：此当与上年《传》相连接。胥命，诸侯相见，只会谈不歃血。弭，郑地名，在今河南密县。

②王城：在今河南洛阳。平王东迁至景王，周王都居住于此。

③将：事奉。圉门：王城南门。

【译文】

鲁庄公二十一年春，郑厉公和虢公在弭地会谈。夏，一起进攻王城。郑厉公事奉惠王从圉门入城。虢叔从北门入城，杀了王子颓和五个大夫。

郑伯享王于阙西辟[①]，乐备[②]。王与之武公之略[③]，自虎牢以东[4]。原伯曰[5]:"郑伯效尤[6],其亦将有咎[7]。"五月,郑厉公卒。

【注释】

①阙:古代宫殿前的高建筑物,犹如现在的门楼,左右各一,称为双阙。阙西辟即西阙。

②乐备:六代之乐皆齐备。

③略:疆界。

④虎牢:即隐公元年的"制"。

⑤原伯:即原庄公。

⑥郑伯效尤:指乐备而言。郑伯既以王子颓"乐备"为非,而自己在享王时也"乐备",即所谓"效尤"。尤,罪过。

⑦咎:灾殃。

【译文】

郑厉公在宫门外西阙设享礼招待周惠王,全套乐舞齐备。周惠王赐给他虎牢以东原郑武公的土地。原伯说:"郑伯学坏样,他也将会遭殃。"五月,郑厉公去世。

王巡虢守[1]。虢公为王宫于玤[2],王与之酒泉[3]。

【注释】

①巡虢守:天子巡视虢公防守的土地。

②宫:行宫。玤(bàng):地名,在今河南渑池。

③酒泉:周地名,具体所在不详。

【译文】

周惠王巡视虢公防守的土地,虢公为惠王在玤地建造了行宫,惠王就把酒泉赐给他。

郑伯之享王也，王以后之鞶鉴予之[①]。虢公请器，王予之爵[②]。郑伯由是始恶于王[③]。

【注释】

①鞶(pán)鉴：饰有镜子的大带。鞶，大带。鉴，镜子。

②爵：青铜酒杯。比鞶鉴贵重。

③郑伯：指郑文公。郑厉公死，其子捷即位，是为文公。

【译文】

郑厉公设享礼招待惠王时，惠王赐给他王后的鞶鉴。虢公也请求赏赐器物，惠王赐给他爵。郑文公因此开始怀恨周惠王。

冬，王归自虢。

【译文】

冬，周惠王从虢国回到王城。

二十二年

【经】

22.1 二十有二年春王正月[①]，肆大眚[②]。

22.2 癸丑[③]，葬我小君文姜[④]。

22.3 陈人杀其公子御寇[⑤]。

22.4 夏五月[⑥]。

22.5 秋七月丙申[⑦]，及齐高傒盟于防。

22.6　冬，公如齐纳币[8]。

【注释】

①二十二年：鲁庄公二十二年当周惠王五年，前672。

②肆大眚(shěng)：赦有罪。眚，过失。

③癸丑：二十三日。

④小君：古时称呼诸侯的妻子为小君。

⑤公子御寇：陈国太子。

⑥夏五月：本年夏季季首应为四月。此“五”字恐为“四”之误。

⑦丙申：初九。

⑧纳币：送聘礼。

【译文】

鲁庄公二十二年春周历正月，大赦罪犯。

二十三日，安葬我国先君桓公的夫人文姜。

陈国人杀死他们的公子御寇。

夏五月。

秋七月初九，庄公与齐高傒在防地结盟。

冬，庄公到齐国去送聘礼。

【传】

22.1　二十二年春，陈人杀其大子御寇，陈公子完与颛孙奔齐[1]。颛孙自齐来奔。

【注释】

①陈公子完：陈厉公之子，后仕齐，卒谥敬仲，五代后昌大。颛孙：陈公子，与完均为太子党，到鲁后，为颛孙氏。

【译文】

鲁庄公二十二年春，陈国人杀了他们的太子御寇，陈公子完和颛孙逃亡到齐国。颛孙又从齐国逃来我国。

齐侯使敬仲为卿①。辞曰："羁旅之臣幸若获宥②，及于宽政③，赦其不闲于教训④，而免于罪戾，弛于负担⑤，君之惠也，所获多矣。敢辱高位以速官谤⑥？请以死告。《诗》云：'翘翘车乘⑦，招我以弓⑧，岂不欲往，畏我友朋⑨。'"使为工正⑩。

【注释】

①敬仲：即陈公子完。

②羁(jī)旅：做客他乡。羁，同"羇"。宥(yòu)：宽宥，宽恕。

③宽政：指齐桓公的优待。

④闲：通"娴"，熟悉。

⑤弛于负担：犹"放下包袱"。与"免于罪戾"同义。

⑥速：招致。官谤：指因不称职引来大臣们的指责。

⑦翘翘：车高大的样子。

⑧招我以弓：古代聘士用弓。敬仲自谦为士以下，盖羇旅之人已失禄位。

⑨畏我友朋：按：所引《诗》为逸《诗》，不在今《诗经》中。

⑩工正：管理工匠的官。

【译文】

齐桓公让敬仲做卿。敬仲辞谢说："寄居在外的臣子，有幸得到陈国宽恕，深受齐国宽大的政令，赦免我的不熟谙教训，才得以免除罪过，放下负担，这是国君的恩惠。我所得的已经很多了，哪里敢接受这样高的职位，而招致不称职的指责？谨昧死以告。《诗》说：‘高高的车子，带着招聘我的弓。我难道不想去？怕的是我友朋的责讽。’”齐桓公于是让他做工正。

饮桓公酒①，乐。公曰：“以火继之②。”辞曰：“臣卜其昼，未卜其夜，不敢。”君子曰：“酒以成礼，不继以淫③，义也；以君成礼，弗纳于淫，仁也。”

【注释】

①饮：使饮，让……喝。

②火：灯火。继之：以继昼饮。

③淫：凡事过分叫淫。

【译文】

敬仲请齐桓公宴饮，桓公很高兴。天晚了，桓公说：“点上灯火继续喝酒。”敬仲辞谢说：“我只占卜白天招待您，没占卜晚上陪饮。不敢遵命。”君子说：“酒用来完成礼仪，不能没有节制，这是义；与君主饮酒完成了礼仪，不使君主过度，这是仁。”

初，懿氏卜妻敬仲①，其妻占之，曰：“吉，是谓‘凤皇于飞②，和鸣锵锵③，有妫之后④，将育于姜⑤。五世其昌，并于正卿⑥。八世之后，莫之与京⑦。’”

【注释】

①懿氏：陈国大夫。卜：因要嫁女给陈完，占卜吉凶。

②凤皇：即凤凰，古代相传为神鸟，雄为凤，雌为凰。

③锵锵：凤凰和鸣声。

④有：语助词。妫：陈国妫姓。

⑤育：繁育。姜：齐国姜姓。

⑥五世其昌，并于正卿：据《史记·田敬仲完世家》，敬仲生穉孟夷，穉孟夷生湣孟庄，湣孟庄生文子须无，文子生桓子无宇。则五世即陈无宇。正卿，卿之当权者。

⑦八世之后，莫之与京：据《史记·田敬仲完世家》，陈无宇生武子开与釐子乞，乞生成子常，成子常即杀齐简公之陈桓。陈桓于敬仲为七世，据其相代在位则八世。京，大。

【译文】

当初，懿氏要把女儿嫁给敬仲，占卜吉凶。他的妻子占卜，说："吉利。这叫做'凤凰飞翔，唱和的声音嘹亮。有妫的后人，养育于姜。五代要繁荣昌盛，与正卿并列朝班。八代以后，地位没有人能与他争强。'"

陈厉公，蔡出也[①]。故蔡人杀五父而立之[②]。生敬仲。其少也，周史有以《周易》见陈侯者[③]，陈侯使筮之[④]，遇《观》䷓之《否》䷋[⑤]。曰："是谓'观国之光，利用宾于王[⑥]。'此其代陈有国乎。不在此，其在异国；非此其身[⑦]，在其子孙。光，远而自他有耀者也。《坤》，土也。《巽》，风也。《乾》，天也。风为天，于土上，山也[⑧]。有山之材而照之以天光，于是乎居土上，故曰：'观国之光，利用宾于王。'庭实旅百[⑨]，奉之以玉帛[⑩]，天地之美具焉，故曰：'利用宾于王。'犹有观焉，故曰其在后乎[⑪]。风行而著于土，故曰其在异国乎[⑫]。若在异国，必姜姓也[⑬]。姜，大岳之后也[⑭]。山岳则配天，物莫能两大。陈衰，此其昌乎。"

【注释】

①蔡出:蔡女所生。

②蔡人杀五父:见桓公六年。五父,陈佗。

③周史:周太史。

④筮:用龟甲占卜叫卜,用蓍草占卜叫筮。

⑤遇《观》䷓之《否》䷋:《观(guān)》、《否(pǐ)》,俱为《周易》六十四卦中的卦名。《观》卦为《坤》下《巽》上两卦组成。《否》卦包括《坤》下《乾》上两卦。《观》之六四爻为阴爻,一变而为阳则《观》卦变为《否》卦,当时术语谓之"《观》之《否》"。

⑥观(guān)国之光,利用宾于王:杨伯峻曰:"《左传》《国语》引用《周易》爻辞,本无'初六'、'上九'、'九四'、'六三'诸词,本卦所变之爻,变为何卦,即用其卦名以指其爻。如此占,本卦为《观》,变在第四爻,则变为《否》卦,于是《观》之《否》,即指《观·六四》爻词。"《仪礼·聘礼》有请观之举,谓使者聘于他国,亦欲请观其国之光也。用,于。宾于王,为王上宾。

⑦此其身:指其本人。

⑧风为天,于土上,山也:杜预《春秋左传注》以为《巽》变为《乾》即风变为天,故曰风为天。但《坤》未变,代表土地。而自《否》卦之第二爻至第四爻,古所谓互体,为《艮》卦,《艮》为山,故云"山也"。

⑨庭实:诸侯朝见天子或相互聘问,将礼物陈列于庭内,叫庭实。《艮》有门庭之象,故云庭实。庭实多为车马等物。旅:陈。百:言其多。

⑩玉帛:《乾》为金玉,《坤》为布帛,故云。

⑪犹有观焉,故曰其在后乎:就《观》卦而言观,观者,看他人所作所为,而不是自己亲为,所以说"在其后"。

⑫风行而著于土,故曰其在异国乎:《巽》为风,《坤》为土,《观》卦

《巽》在《坤》上，故云“风行而著于土”。风行，则自此处而落于他处，所以说“其在异国”。

⑬姜姓：指齐国。

⑭大岳：即太岳，见隐公十一年。

【译文】

陈厉公是蔡女所生，所以蔡国人杀了五父而立他为君，生了敬仲。在敬仲年少时，有一个周太史拿了《周易》去见陈厉公，陈厉公让他占筮，占得了《观》卦变为《否》卦。周太史说：“这就叫做‘出聘观光，利于作国君的上宾’。这个人恐怕要代替陈而享有国家吧！但不在本国，而在别国；不在其本身，而在他的子孙。光，是从另外地方照耀而来的。《坤》是土，《巽》是风，《乾》是天。风起于天而行于土上，这就是山。有了山上的物产，又有天光照射，这就居于土上，所以说‘出聘观光，利于作国君的上宾’。庭中陈列的礼物上百，另外奉有美玉绸帛，天上地下美好的东西都齐备了，所以说‘利于作国君的上宾’。还有等着观仰，所以说他的昌盛在于后代。风吹行而落在土上，所以说他的昌盛在于别国。如果在别国，必定是姜姓之国。姜，是太岳的后代。山岳高大可以与天相配，但事物不可能两者一样大。陈国衰亡时，是他后代昌盛时吧！”

及陈之初亡也①，陈桓子始大于齐②。其后亡也③，成子得政④。

【注释】

①初亡：指昭公八年楚国灭陈。

②陈桓子：敬仲五世孙陈无宇。

③后亡：指哀公十七年楚国再次灭陈。

④成子：即田成子陈常，又叫田常，敬仲八世孙，专齐国政。

【译文】

等到陈国第一次灭亡，陈桓子开始在齐国昌大。后来楚国再次灭亡陈国，陈成子执掌了齐国的政权。

二十三年

【经】

23.1　二十有三年春[①]，公至自齐。

23.2　祭叔来聘[②]。

23.3　夏，公如齐观社。

23.4　公至自齐。

23.5　荆人来聘[③]。

23.6　公及齐侯遇于谷[④]。

23.7　萧叔朝公[⑤]。

23.8　秋，丹桓宫楹[⑥]。

23.9　冬十有一月，曹伯射姑卒[⑦]。

23.10　十有二月甲寅[⑧]，公会齐侯盟于扈[⑨]。

【注释】

①二十有三年：鲁庄公二十三年当周惠王六年，前671。

②祭叔：周王室大夫。

③荆人来聘：自此楚始通鲁。

④齐侯：即齐桓公。谷：齐地名，在今山东东阿。

⑤萧：宋的附属国。庄公十二年有萧叔大心。

⑥丹：朱色，此处名词用作动词。桓宫：桓公之庙。楹：厅堂前的柱子。

⑦曹伯射姑：即曹庄公。

⑧甲寅:初五。

⑨扈:齐地名,在今山东观城。

【译文】

鲁庄公二十三年春,庄公从齐国回来。

祭叔来我国聘问。

夏,庄公到齐国观看祭祀社神。

庄公从齐国回来。

楚国人来我国聘问。

庄公和齐桓公在谷地相见。

萧叔朝见庄公。

秋,用朱漆漆桓公之庙的柱子。

冬十一月,曹庄公射姑去世。

十二月初五,庄公与齐桓公相会在扈地结盟。

【传】

23.1 二十三年夏,公如齐观社[①],非礼也。曹刿谏曰:"不可。夫礼,所以整民也。故会以训上下之则,制财用之节;朝以正班爵之义[②],帅长幼之序[③];征伐以讨其不然[④]。诸侯有王[⑤],王有巡守[⑥],以大习之[⑦]。非是,君不举矣[⑧]。君举必书,书而不法,后嗣何观?"

【注释】

①社:祭祀社神。《墨子·明鬼下》云:"燕之有祖,当齐之社稷、宋之有桑林、楚之有云梦也,此男女之所属而观也。"则齐祭祀社神时男女相聚游观。

②义:同"仪"。

③帅长幼之序：诸侯之序，依爵位之贵贱，不依年龄之长幼，此云“帅长幼之序”，意为爵位相同者，则依年龄。帅，遵循。

④不然：不敬。

⑤诸侯有王：指诸侯朝觐天子。

⑥王有巡守：指天子巡视四方。

⑦大习之：熟悉会见和朝觐制度。

⑧举：出行。

【译文】

鲁庄公二十三年夏，鲁庄公到齐国去观看祭祀社神，这是不合于礼的。曹刿劝谏说：“您不能去。礼，是用来整饬百姓的。所以会见是用以训示上下之间的法则，制订节用财赋的标准；朝觐是用来申明排列爵位的仪式，遵循老少的次序；征伐是用以攻打对上的不尊敬。诸侯朝觐天子，天子视察四方，以熟悉会见和朝觐的制度。不是以上五种情况，国君是不出行的。国君出行史官一定要加以记载，记载而不合于法度，子孙后代如何作鉴戒？”

23.2　晋桓、庄之族逼[①]，献公患之。士蒍曰[②]：“去富子[③]，则群公子可谋也已。”公曰：“尔试其事。”士蒍与群公子谋，谮富子而去之[④]。

【注释】

①桓、庄之族：晋国大族。桓，曲沃桓叔。庄，曲沃庄伯。逼：逼迫，威胁。此指威胁到公族。

②士蒍：晋国大夫，字子舆，又称士舆。

③富子：桓、庄之族中多谋足智者。

④谮（zèn）：说人坏话。

【译文】

晋国桓叔、庄伯的家族势力强盛而威逼公族，晋献公对此忧患不安。士蔿说：“去掉富子，那么群公子就有办法可以对付了。”晋献公说：“你试着办这件事。”士蔿与群公子谋议，乘机讲富子坏话而赶走了他。

23.3　秋，丹桓宫之楹。

【译文】

秋，在桓公庙的梁柱上涂上红漆。

二十四年

【经】

24.1　二十有四年春王三月[①]，刻桓宫桷[②]。

24.2　葬曹庄公[③]。

24.3　夏，公如齐逆女。

24.4　秋，公至自齐。

24.5　八月丁丑[④]，夫人姜氏入[⑤]。

24.6　戊寅[⑥]，大夫宗妇觌[⑦]，用币[⑧]。

24.7　大水。

24.8　冬，戎侵曹。

24.9　曹羁出奔陈[⑨]。

24.10　赤归于曹[⑩]。

24.11　郭公[⑪]。

【注释】

①二十有四年：鲁庄公二十四年当周惠王七年，前670。

②刻：雕镂。桷(jué)：方形的椽子。

③葬曹庄公：曹庄公于上年冬十一月死。

④丁丑：初二。

⑤夫人姜氏：指哀姜。

⑥戊寅：初三。

⑦大夫宗妇：指同姓大夫的夫人。觌(dí)：相见。

⑧用币：用玉帛作为进见的礼物。

⑨曹羁：曹国世子。

⑩赤归于曹：贾逵以赤是戎之外孙，故戎侵曹逐羁而立赤。赤，即曹僖公。

⑪郭公：此处《经》文有缺误，意不详。

【译文】

鲁庄公二十四年春周历三月，雕镂桓公庙的椽子。

安葬曹庄公。

夏，庄公去齐国迎亲。

秋，庄公从齐国回来。

八月初二，夫人哀姜到达我国。

初三，大夫、宗妇进见夫人，用玉帛作礼物。

发大水。

冬，戎国攻打曹国。

曹羁逃亡到陈国。

曹僖公赤回到曹国。

郭公。

【传】

24.1 二十四年春，刻其桷，皆非礼也①。御孙谏曰②："臣闻之：'俭，德之共也③；侈，恶之大也。'先君有共德而君纳诸大恶，无乃不可乎！"

【注释】

①刻其桷，皆非礼也：此句应接上年《传》之"丹桓宫之楹"。据《穀梁传》，天子诸侯之屋柱用微青黑色，大夫用青色，士用黄色。天子宫庙之桷，斫之砻之，又加以细磨；诸侯宫庙之桷，斫之砻之，不加细磨；大夫之桷，只斫不砻；士人之桷，砍断树根而已。自天子以至大夫士，皆不红漆柱，亦不雕刻桷，则此丹楹、刻桷均非制。庄公之所以丹楹、刻桷，历来注家均以为新从齐国迎娶的夫人哀姜将至，即将庙见，故修饰宫庙以相夸。

②御孙：鲁国掌管工匠的大夫。

③共(hóng)：大。

【译文】

鲁庄公二十四年春，雕镂桓公庙的椽子，这件事与去年用红漆漆庙柱，都是不合礼制的。御孙劝阻说："下臣听说：'节俭，是善行中的大德；奢侈，是邪恶中的大恶。'先君具有大德，而国君却把它放到大恶里去，恐怕不可以吧？"

24.2 秋，哀姜至。公使宗妇觌，用币，非礼也。御孙曰："男贽①，大者玉帛，小者禽鸟，以章物也②。女贽，不过榛栗枣脩③，以告虔也④。今男女同贽，是无别也。男女之别，国之大节也。而由夫人乱之，无乃不可乎！"

【注释】

①贽(zhì):古人相见时手执的礼物。公、侯、伯、子、男五等诸侯执玉,诸侯之太子及附庸国君与诸侯之孤卿执帛,卿执羔,大夫执雁,士执雉,庶人执鹜,工、商执鸡。

②以章物:以各人所执物之不同来显示其贵贱等差。

③榛(zhēn):落叶灌木,果实叫榛子,可食。脩:干肉。

④告虔:表示诚敬。

【译文】

秋,哀姜来到鲁国。庄公令宗妇进见,用玉帛作礼物,这是不合于礼的。御孙说:"男人进见的礼物,大的用玉帛,小的用禽鸟,以所执物表明身份等级。女人进见的礼物,不超过榛、栗、枣、干肉,以表示诚敬而已。现在男女礼物相同,这是男女没有差别了。男女有别,是国家的大法。而由于夫人使之混乱,恐怕不可以吧!"

24.3　晋士蔿又与群公子谋,使杀游氏之二子[①]。士蔿告晋侯曰[②]:"可矣。不过二年,君必无患。"

【注释】

①游氏之二子:也是桓、庄之族人。

②晋侯:即晋献公。

【译文】

晋国的士蔿又与群公子谋画,让他们杀死了游氏的两个儿子。士蔿告诉晋献公说:"行了。不出两年,国君就必定没有忧患了。"

二十五年

【经】

25.1 二十有五年春[①],陈侯使女叔来聘[②]。

25.2 夏五月癸丑[③],卫侯朔卒[④]。

25.3 六月辛未朔,日有食之[⑤]。鼓,用牲于社[⑥]。

25.4 伯姬归于杞[⑦]。

25.5 秋,大水。鼓,用牲于社、于门[⑧]。

25.6 冬,公子友如陈[⑨]。

【注释】

①二十有五年:鲁庄公二十五年当周惠王八年,前669。

②陈侯:即陈宣公。女叔:陈国之卿,女为氏,叔为排行。

③癸丑:十二日。

④卫侯朔:卫惠公。

⑤六月辛未朔,日有食之:此当是前669年5月27日之日环食。

⑥社:土地神。

⑦伯姬:鲁庄公长女。嫁为杞成公夫人。

⑧门:指城门。

⑨公子友:鲁庄公幼弟,桓公幼子,又称季友。

【译文】

鲁庄公二十五年春,陈宣公派女叔来我国聘问。

夏,五月十二日,卫惠公朔去世。

六月初一清晨,发生日食。击鼓,用牺牲祭祀社神。

伯姬出嫁到杞国。

秋,发大水。击鼓,用牺牲祭祀社神、城门门神。

冬，公子友去陈国。

【传】

25.1　二十五年春，陈女叔来聘，始结陈好也。嘉之，故不名。

【译文】

鲁庄公二十五年春，陈国的女叔来我国聘问，这是开始和陈国结好。《春秋》赞美这件事，所以不记载女叔的名字。

25.2　夏六月辛未朔，日有食之。鼓，用牲于社，非常也[①]。唯正月之朔[②]，慝未作[③]，日有食之，于是乎用币于社，伐鼓于朝。

【注释】

①非常：指不合礼仪。据下文，此次日食，鲁于社只能用币，伐鼓只能于朝；则此伐鼓、用牲于社，是僭用天子之礼。

②正月：正阳之月，即夏历四月，周历六月。

③慝(tè)：阴气。

【译文】

夏六月初一，发生日食。击鼓，用牺牲祭祀社神，不合于常礼。只有夏历四月的初一，阴气没有发作，出现了日食，才用玉帛祭祀社神，在朝廷之上击鼓。

25.3　秋，大水。鼓，用牲于社、于门，亦非常也。凡天灾，有币，无牲[①]。非日月之眚不鼓[②]。

【注释】

①凡天灾,有币,无牲:此为诸侯之礼,天子可以用牲。

②日月之眚(shěng):指日食、月食。

【译文】

秋,发大水。击鼓,用牺牲祭祀社神和城门门神,也不合于常礼。凡是天灾,祭祀时用玉帛不用牺牲。不是日食、月食,不击鼓。

25.4 晋士蔿使群公子尽杀游氏之族,乃城聚而处之[①]。冬,晋侯围聚[②],尽杀群公子。

【注释】

①聚:晋国邑名,在今山西绛县东南。

②晋侯:指晋献公。

【译文】

晋国士蔿让群公子杀尽了游氏家族,于是在聚地筑城让公子们住进去。冬,晋献公包围聚城,把群公子全部杀掉。

二十六年

【经】

26.1 二十有六年春[①],公伐戎。

26.2 夏,公至自伐戎。

26.3 曹杀其大夫[②]。

26.4 秋,公会宋人、齐人伐徐[③]。

26.5 冬十有二月癸亥,朔,日有食之[④]。

【注释】

①二十有六年：鲁庄公二十六年当周惠王九年，前668。

②大夫：是何人不详，可能没有告知鲁国。

③徐：嬴姓诸侯国，在今安徽泗县西北。

④冬十有二月癸亥，朔，日有食之：此当为前668年11月10日之日环食。

【译文】

鲁庄公二十六年春，鲁庄公攻打戎国。

夏，鲁庄公从伐戎的前线回国。

曹国人杀死他们的大夫。

秋，鲁庄公会合宋国人、齐国人一起攻打徐国。

冬十二月初一，发生日食。

【传】

26.1　二十六年春，晋士蒍为大司空①。

【注释】

①大司空：官名，掌管工程，属卿一级。

【译文】

鲁庄公二十六年春，晋国的士蒍做了大司空。

26.2　夏，士蒍城绛①，以深其宫②。

【注释】

①绛：晋地名，在今山西翼城，本晋国都城。

②深其宫：加高宫墙。深，高。

【译文】

夏，士蒍加固绛都的城墙，同时加高宫墙。

26.3　秋，虢人侵晋。冬，虢人又侵晋。

【译文】

秋，虢国人侵袭晋国。冬，虢国人再次侵袭晋国。

二十七年

【经】

27.1　二十有七年春[①]，公会杞伯姬于洮[②]。

27.2　夏六月，公会齐侯、宋公、陈侯、郑伯[③]，同盟于幽。

27.3　秋，公子友如陈，葬原仲[④]。

27.4　冬，杞伯姬来[⑤]。

27.5　莒庆来逆叔姬[⑥]。

27.6　杞伯来朝[⑦]。

27.7　公会齐侯于城濮[⑧]。

【注释】

①二十有七年：鲁庄公二十七年当周惠王十年，前667。

②杞伯姬：庄公之女。即二十五年嫁到杞国的伯姬。洮(táo)：鲁地名，在今山东泗水东南。

③齐侯、宋公、陈侯、郑伯：指齐桓公、宋桓公、陈宣公、郑文公。

④原仲：陈国大夫。

⑤来：即归宁，返回娘家向父母问安。

⑥莒庆：莒国大夫。叔姬：鲁庄公之女。

⑦杞伯:即杞惠公。

⑧城濮:卫地名,在今山东鄄城临濮集。

【译文】

鲁庄公二十七年春,鲁庄公与杞伯姬在洮地相会。

夏六月,鲁庄公会合齐桓公、宋桓公、陈宣公、郑文公,在幽地结盟。

秋,公子友去陈国,参加原仲的葬礼。

冬,杞伯姬回娘家探亲。

莒庆来我国迎娶叔姬。

杞惠公来我国朝见。

鲁庄公和齐桓公在城濮相会。

【传】

27.1　二十七年春,公会杞伯姬于洮,非事也[①]。天子非展义不巡守[②],诸侯非民事不举,卿非君命不越竟[③]。

【注释】

①非事:与民事无关。

②展义:宣扬德义。

③竟:通“境”。

【译文】

鲁庄公二十七年春,鲁庄公和杞伯姬在洮地会见,与民事无关。天子不是为了宣扬德义不出去巡察,诸侯不是为了百姓的事情不出行,卿不是国君命令不出国。

27.2　夏,同盟于幽,陈、郑服也[①]。

【注释】

①陈、郑服也：二十二年陈人杀其太子御寇，陈完奔齐，桓公任其为工正，此时陈可能不服于齐。鲁文公十七年《传》载郑子家与赵宣子书有云“文公四年二月壬戌，为齐侵蔡，亦获成于楚”，郑文公四年，当鲁庄公二十五年，郑与楚交好，可见也曾不服于齐。

【译文】

夏，鲁庄公和齐桓公、宋桓公、陈宣公、郑文公在幽地结盟，是由于陈国和郑国顺服。

27.3　秋，公子友如陈，葬原仲，非礼也[①]。原仲，季友之旧也[②]。

【注释】

①公子友如陈，葬原仲，非礼也：据后文，原仲是季友旧交，其如陈会葬非出于君命。“卿非君命不越竟”，故云“非礼”。

②季友：即公子友。

【译文】

秋，公子友去陈国参加原仲的葬礼，这是不合于礼的。原仲，是公子友的朋友。

27.4　冬，杞伯姬来，归宁也[①]。凡诸侯之女，归宁曰来[②]，出曰来归[③]。夫人归宁曰如某，出曰归于某。

【注释】

①归宁：出嫁后的女子返回娘家向父母问安。

②来：说明仍将返回夫家。

③出：被夫家所弃。来归：说明其归来之后，不再返回。

【译文】

冬，杞伯姬来，是说她回娘家。凡是诸侯的女儿，回娘家叫做“来”，被夫家休弃叫做“来归”。本国国君夫人回娘家叫做“如某”，被丈夫休弃叫做“归于某”。

27.5　晋侯将伐虢，士蒍曰：“不可。虢公骄，若骤得胜于我①，必弃其民。无众而后伐之，欲御我，谁与②？夫礼、乐、慈、爱，战所畜也③。夫民，让事、乐和、爱亲、哀丧④，而后可用也。虢弗畜也，亟战⑤，将饥⑥。”

【注释】

①骤得胜：一下子取胜。

②与：跟从。

③畜：具备。

④让事：谦让。此谓礼。乐和：和睦。此谓乐。爱亲：爱亲属。此谓慈。哀丧：对丧事哀痛。此谓爱。

⑤亟：屡次。

⑥饥：指失去民心、士气。

【译文】

晋献公准备进攻虢国，士蒍说：“不行。虢公骄横，如果一下子与我国交战而得胜，必然会抛弃他的百姓。他没有百姓支持后我们再去攻打他，即使要抗拒，有谁会跟他呢？礼、乐、慈、爱，这是战争所应当具备的条件。百姓谦让、和睦、对亲属爱护、对丧事哀痛，这然后可以使用。现在虢国不具备这些，屡次对外作战，百姓会缺乏士气的。”

27.6　王使召伯廖赐齐侯命[①]，且请伐卫，以其立子颓也。

【注释】

①召伯廖(liáo)：周王室卿士。

【译文】

周惠王派遣召伯廖赐命齐桓公，并请求他进攻卫国，因为卫国拥立子颓为天子。

二十八年

【经】

28.1　二十有八年春[①]，王三月甲寅[②]，齐人伐卫。卫人及齐人战，卫人败绩。

28.2　夏四月丁未[③]，邾子琐卒[④]。

28.3　秋，荆伐郑，公会齐人、宋人救郑。

28.4　冬，筑郿[⑤]。

28.5　大无麦、禾[⑥]，臧孙辰告籴于齐[⑦]。

【注释】

①二十有八年：鲁庄公二十八年当周惠王十一年，前666。

②甲寅：三月无甲寅日，记日有误。

③丁未：二十三日。

④邾子琐：邾国国君。

⑤郿：鲁国邑名，在今山东寿张南。

⑥大无麦、禾：指五谷严重歉收，即闹灾荒。禾，指黍、稷、稻一类的庄稼。

⑦臧孙辰：即庄公十一年《传》的鲁国臧文仲。告：请。籴(dí)：买进

粮食。

【译文】

鲁庄公二十八年春周历三月甲寅日，齐国人攻打卫国。卫国人与齐国人作战，卫国人大败。

夏四月二十三日，邾子琐去世。

秋，楚国攻打郑国，鲁庄公会合齐国人、宋国人救援郑国。

冬，修筑郿邑的城墙。

麦、禾严重歉收，臧孙辰向齐国请求购买粮食。

【传】

28.1　二十八年春，齐侯伐卫。战，败卫师。数之以王命[①]，取赂而还。

【注释】

①数：责备。

【译文】

鲁庄公二十八年春，齐桓公讨伐卫国。与卫国人作战，打败了卫国军队。用周天子的名义责备卫国，收取了财货后回国。

28.2　晋献公娶于贾[①]，无子。烝于齐姜[②]，生秦穆夫人及大子申生[③]。又娶二女于戎[④]，大戎狐姬生重耳[⑤]，小戎子生夷吾[⑥]。晋伐骊戎[⑦]，骊戎男女以骊姬[⑧]。归，生奚齐，其娣生卓子。

【注释】

①贾：姬姓诸侯国，在今山西襄汾。

②烝：与母辈通奸。齐姜：此为晋武公之妾。

③秦穆夫人：申生姐，后嫁于秦穆公。大：同“太”。

④戎：地在今山西交城。

⑤大戎：唐叔后代，姬姓，以狐为氏。

⑥小戎：允姓之戎。子：女子。

⑦骊戎：姬姓诸侯国，地在今山西析城、王屋两山之间。

⑧骊戎男：骊戎国君，男爵。女：纳女于人。

【译文】

晋献公娶了贾国女子，没有生儿子。他和齐姜私通，生了秦穆夫人和太子申生。又娶了戎人的两个女子，大戎狐姬生了重耳，小戎子生了夷吾。晋国攻打骊戎，骊戎国君把骊姬献给晋献公。骊姬嫁来后生了奚齐，她的妹妹生了卓子。

骊姬嬖，欲立其子，赂外嬖梁五与东关嬖五①，使言于公曰：“曲沃，君之宗也②。蒲与二屈③，君之疆也④，不可以无主。宗邑无主，则民不威⑤；疆埸无主⑥，则启戎心⑦。戎之生心，民慢其政⑧，国之患也。若使大子主曲沃，而重耳、夷吾主蒲与屈，则可以威民而惧戎，且旌君伐⑨。”使俱曰：“狄之广莫⑩，于晋为都。晋之启土，不亦宜乎？”晋侯说之。夏，使大子居曲沃，重耳居蒲城，夷吾居屈。群公子皆鄙⑪，唯二姬之子在绛。二五卒与骊姬谮群公子而立奚齐，晋人谓之“二五耦”⑫。

【注释】

①外嬖：也叫外宠，国君宠幸的臣子。梁五、东关嬖五：均为晋献公近臣。

②宗：宗邑。曲沃为晋献公始祖桓叔的封地，晋国宗庙所在。

③蒲：晋国邑名，在今山西隰县西北。与秦国交界。二屈：南屈、北屈二地。二屈毗邻，北屈在今山西吉县东北，与狄交界。

④疆：边境。

⑤不威：无所畏惧。

⑥疆埸（yì）：边境。

⑦启戎心：开启戎狄侵犯之心。

⑧慢其政：无视政令，即“不威”。

⑨旌（jīng）：表彰。伐：功劳。

⑩广莫：广大无边。

⑪皆鄙：都居于边境之地。

⑫二五耦：指梁五与东关嬖五二人狼狈为奸。古人两人共作俱曰“耦”。

【译文】

骊姬受到宠爱，想立自己的儿子为太子，贿赂男宠梁五和东关嬖五，让他们对晋献公说：“曲沃是国君的宗邑，蒲地和二屈是国君的边疆，不可以没有人主管。宗邑没人主管，百姓就无所畏惧；边疆没人主管，就会导致戎狄生起侵犯之心。戎狄有侵犯之心，百姓轻视政令，这是国家的祸患。如果让太子主管曲沃，又让重耳、夷吾主管蒲地和二屈，就可以使百姓畏惧、戎狄害怕，而且可以宣扬国君您的功绩。”又让两人一起进言：“狄人广大无边的土地，晋国可以在那里建立都邑。晋国能开辟疆土，不是很好的事情吗？”晋献公听了很高兴。夏，派遣太子居住曲沃，重耳居住蒲地，夷吾居住屈地。群公子都住在边境上，只有骊姬和她妹妹的儿子住在绛城。梁五与东关嬖五最终和骊姬诬陷了群公子，而立了奚齐为太子，晋国人称他们为“两个叫五的人朋比为奸”。

28.3 楚令尹子元欲蛊文夫人[1]，为馆于其宫侧，而振万焉[2]。夫人闻之，泣曰："先君以是舞也，习戎备也。今令尹不寻诸仇雠[3]，而于未亡人之侧[4]，不亦异乎！"御人以告子元[5]。子元曰："妇人不忘袭仇，我反忘之！"

【注释】

①令尹：楚国官名，为楚国最高官职，掌军政大权。子元：楚文王之弟。蛊：引诱。文夫人：指文王夫人息妫。

②振万：指万舞中的武舞，舞时摇铃铎以和节奏，所以叫"振万"。万，万舞。

③寻：用。

④未亡人：古代寡妇自称。

⑤御人：息妫身边的侍者。

【译文】

楚国令尹子元想诱惑楚文王夫人，在她的宫殿旁建造馆舍，在里边摇铃铎跳万舞。夫人听见后，哭着说："先君让人跳这个舞，是用来演习战备的。现在令尹不用于对付仇敌而用于我一个未亡人旁边，不是太不对头了吗？"侍者告诉了子元。子元说："妇人都不忘记攻袭仇敌，我反倒忘了。"

秋，子元以车六百乘伐郑[1]，入于桔柣之门[2]。子元、斗御疆、斗梧、耿之不比为旆[3]，斗班、王孙游、王孙喜殿[4]。众车入自纯门[5]，及逵市[6]。县门不发[7]，楚言而出[8]。子元曰："郑有人焉。"诸侯救郑，楚师夜遁。郑人将奔桐丘[9]，谍告曰[10]："楚幕有乌[11]。"乃止。

【注释】

①六百乘(shèng):六百辆兵车。一乘兵车甲士十人。

②桔柣(dié)之门:郑国远郊之门。

③斗御疆:又叫斗彊,若敖之子。旆(pèi):前军,以兵车前驱。

④斗班:斗彊之子。殿:后军。

⑤纯门:郑外郭门。

⑥逵市:郑城外大路上的市场。

⑦县门不发:此为郑诱敌之空城计。县门,郑内城的闸门。襄十年《传》孔《疏》云:"县门者,编版,广长如门,施关机以县门上,有寇则发机而下之。"

⑧楚言:说楚语,也就是子元所说的话。

⑨桐丘:在今河南扶沟西。

⑩谍:间谍,侦察兵。

⑪楚幕有乌:乌鸦栖止在楚军帐幕上,说明楚幕已空,楚军已经撤退。

【译文】

秋,子元带领六百辆战车进攻郑国,进入桔柣之门。子元、斗御疆、斗梧、耿之不比为前军,斗班、王孙游、王孙喜为后队。车队从纯门进去,到达内城外大路上的市场。内城的闸门没有放下,楚军怀疑有埋伏,用楚国话商议了一阵就退了出来。子元说:"郑国有能人在。"诸侯救援郑国,楚军就夜里悄悄退走了。郑国人准备逃往桐丘,间谍报告说:"楚国的帐篷上有乌鸦。"于是就停止不逃。

28.4 冬,饥。臧孙辰告籴于齐,礼也①。

【注释】

①臧孙辰告籴于齐,礼也:《周书·籴匡篇》云:"大荒,卿参告籴。"

【译文】

冬，发生饥荒。臧孙辰向齐国请求购买粮食，这是合于礼的。

28.5 筑郿，非都也。凡邑有宗庙先君之主曰都，无曰邑。邑曰筑，都曰城。

【译文】

修筑郿邑的城墙，称“筑”是因为郿不是都城。凡是城邑，有宗庙和先君神主的称“都”，没有的称“邑”。修筑邑的城墙称“筑”，修筑都的城墙称“城”。

二十九年

【经】

29.1 二十有九年春[①]，新延厩[②]。

29.2 夏，郑人侵许。

29.3 秋，有蜚。

29.4 冬十有二月，纪叔姬卒。

29.5 城诸及防[③]。

【注释】

①二十有九年：鲁庄公二十九年当周惠王十二年，前665。

②新：新造。延厩：马棚。延，马厩之名。

③诸：鲁地名，在今山东诸城西南。防：鲁地名，在今山东费县。

【译文】

鲁庄公二十九年春，新造延厩。

夏，郑国人侵袭许国。

秋，出现蜚虫。

冬十二月，纪叔姬去世。

修筑诸及防地的城墙。

【传】

29.1　二十九年春，新作延厩。书，不时也。凡马，日中而出，日中而入①。

【注释】

①日中而出，日中而入：春分时百草始繁，牧于坰野；秋分农事始藏，水寒草枯，则皆还厩。日中，古时春分秋分都叫日中，因昼夜中分。杨伯峻曰："据《周礼·夏官·圉师》及《牧师》，知马四季所居不同，春仲居牧，夏日居庌（yǎ，凉棚），秋仲居厩。《圉师》又云'春除蓐衅厩始牧'，则必于始牧之时而后衅厩，其时为夏正之二月，周正之夏矣。今实于殷正之春（丑、寅、卯三月）新厩，故云不时。"

【译文】

鲁庄公二十九年春，新造延厩。《春秋》记载，是因为不合时令。凡是马，春分时放牧，秋分时入厩。

29.2　夏，郑人侵许。凡师有钟鼓曰伐，无曰侵，轻曰袭①。

【注释】

①轻：轻装部队。袭：袭其不备。

【译文】

夏，郑国人侵袭许国。凡是出兵，有钟鼓之声称"伐"，没有称"侵"，轻装部队快速突击称"袭"。

29.3 秋，有蜚，为灾也。凡物不为灾不书。

【译文】

秋，出现蜚虫，造成了灾害。凡是事物不造成灾害，《春秋》就不加记载。

29.4 冬十二月，城诸及防。书，时也。凡土功①，龙见而毕务②，戒事也③，火见而致用④，水昏正而栽⑤，日至而毕⑥。

【注释】

①土功：土木工程。

②龙见：指夏正九月、周正十一月，苍龙角、亢二宿早晨出现于东方。龙，苍龙，东方七宿总称。见，同"现"。毕务：夏收秋收完毕。

③戒事：告诫百姓做好土木工程的准备工作。

④火见：心宿夏正十月初，次角、亢之后，晨出于东方。火，心宿，也叫大火星。致用：建筑工具放到工场，准备开工。

⑤水：即定星（营室），今飞马座 α、β 二星，十月黄昏正见于南方。栽：筑墙立板打夯。

⑥日至：冬至。冬至以后不再施工。

【译文】

冬十二月，修筑诸地和防地的城墙。《春秋》记载，是因为合于时令。凡是土木工程，苍龙星出现而农事结束，就要做好准备工作，大火星出现，就要把用具放到工场上，大水星黄昏在南方出现就要夯土筑墙，冬至以后不再施工。

29.5　樊皮叛王[①]。

【注释】

①樊皮叛王：此本应与下年《传》"王命虢公讨樊皮"云云为一体，为后人割裂。樊皮，周王室大夫。

【译文】

樊皮背叛周惠王。

三十年

【经】

30.1　三十年春王正月[①]。

30.2　夏，次于成[②]。

30.3　秋七月，齐人降鄣[③]。

30.4　八月癸亥[④]，葬纪叔姬。

30.5　九月庚午朔，日有食之[⑤]。鼓，用牲于社。

30.6　冬，公及齐侯遇于鲁济[⑥]。

30.7　齐人伐山戎[⑦]。

【注释】

①三十年：鲁庄公三十年当周惠王十三年，前664。

②成：即隐公五年之郕，故城在今山东范县。

③鄣：也叫纪鄣，纪国城邑，在今江苏赣榆。纪国虽已灭亡，但纪季仍保有酅地，并兼有鄣邑，此齐桓公降之。

④癸亥：二十三日。

⑤九月庚午朔，日有食之：此当为前664年8月28日之日全食。

⑥齐侯：指齐桓公。鲁济：春秋时济水流经曹、卫、齐、鲁等国，在齐境内叫齐济，在鲁境内叫鲁济。

⑦山戎：即北戎，地在今河北北部迁安、滦县一带。

【译文】

鲁庄公三十年春周历正月。

夏，我军驻扎在成地。

秋七月，齐国人使鄣地降附。

八月二十三日，安葬纪叔姬。

九月初一，发生日食。击鼓，用牺牲祭祀社神。

冬，鲁庄公和齐桓公在鲁国境内的济水边非正式会见。

齐国人攻打山戎。

【传】

30.1 三十年春，王命虢公讨樊皮。夏四月丙辰[①]，虢公入樊，执樊仲皮[②]，归于京师。

【注释】

①丙辰：十四日。

②樊仲皮：即樊皮，仲为其排行（第二）。

【译文】

鲁庄公三十年春，周惠王命令虢公讨伐樊皮。夏，四月十四日，虢公进入樊国，擒获了樊皮，带回京城。

30.2 楚公子元归自伐郑[①]，而处王宫。斗射师谏[②]，则执而梏之[③]。秋，申公斗班杀子元[④]。斗穀於菟为令尹[⑤]，自毁其家以纾楚国之难[⑥]。

【注释】

①公子元：即令尹子元。

②斗射师：或谓即斗廉，或谓为斗般。

③梏：铐上手铐。

④申公斗班：斗班为申县之长，称为申公。申，本为姜姓诸侯国，楚文王时灭之，为楚县。

⑤斗穀於菟(wū tú)：即令尹子文。

⑥毁其家：拿出家中的财物。毁，减少。纾：缓和。

【译文】

楚国公子元从攻打郑国的战役回国，住在王宫里。斗射师劝阻他，子元就把他抓起来戴上手铐。秋，申公斗班杀死子元。斗穀於菟做了令尹，拿出自己的家财来缓和楚国的危难。

30.3　冬，遇于鲁济，谋山戎也，以其病燕故也[①]。

【注释】

①谋山戎也，以其病燕故也：《史记·齐太公世家》云："桓公二十三年，山戎伐燕，燕告急于齐。齐桓公救燕，遂伐山戎，至于孤竹而还。燕庄公遂送桓公入齐境。桓公曰：'非天子，诸侯相送不出境，吾不可以无礼于燕。'于是分沟割燕君所至与燕，命燕君复修召公之政，纳贡于周，如成、康之时。诸侯闻之，皆从齐。"病燕，指山戎攻打燕国。此燕为姬姓北燕，召公奭之后。

【译文】

冬，鲁庄公和齐桓公在鲁国济水非正式会见，是策划攻打山戎，因为山戎危害燕国的缘故。

三十一年

【经】

31.1　三十有一年春[①]，筑台于郎[②]。

31.2　夏四月，薛伯卒[③]。

31.3　筑台于薛[④]。

31.4　六月，齐侯来献戎捷[⑤]。

31.5　秋，筑台于秦[⑥]。

31.6　冬，不雨。

【注释】

①三十有一年：鲁庄公三十一年当周惠王十四年，前663。

②郎：鲁邑，在山东曲阜。隐公九年有“城郎”之事。

③薛伯：薛国国君。

④薛：此薛为鲁国的城邑，具体所在不详，非指薛国。

⑤齐侯：指齐桓公。献戎捷：战胜而有所获，献其所获曰献捷，亦曰献功。献，致物于人。捷，此指俘虏。

⑥秦：鲁地名，在今山东范县。

【译文】

鲁庄公三十一年春，在郎地筑台。

夏四月，薛国国君去世。

在薛地筑台。

六月，齐桓公来我国献上俘获的戎人。

秋，在秦地筑台。

冬，没有下雨。

【传】

31.1　三十一年夏六月，齐侯来献戎捷，非礼也。凡诸侯有四夷之功[①]，则献于王，王以警于夷；中国则否。诸侯不相遗俘[②]。

【注释】

①夷：古代中原国家对四边少数民族的称呼。

②遗(wèi)：赠送。

【译文】

鲁庄公三十一年夏六月，齐桓公来我国奉献俘获的戎人，这是不合于礼的。凡是诸侯讨伐四方夷狄取得胜利，要把俘获的人或物奉献给周天子，周天子用之来警戒四方夷狄；在中原作战便不献。诸侯之间不能互相赠送俘虏。

三十二年

【经】

32.1　三十有二年春[①]，城小谷[②]。

32.2　夏，宋公、齐侯遇于梁丘[③]。

32.3　秋七月癸巳[④]，公子牙卒[⑤]。

32.4　八月癸亥[⑥]，公薨于路寝[⑦]。

32.5　冬十月己未[⑧]，子般卒[⑨]。

32.6　公子庆父如齐[⑩]。

32.7　狄伐邢[⑪]。

【注释】

①三十有二年：鲁庄公三十二年当周惠王十五年，前662。

②小谷：即谷，齐国邑名，在今山东东阿。

③宋公、齐侯：即宋桓公、齐桓公。梁丘：宋地名，在今山东成武东北。

④癸巳：初四。

⑤公子牙：僖叔，即叔牙。

⑥癸亥：初五。

⑦公薨于路寝：当时之礼，以诸侯死于路寝为得其正。路寝，正寝。古代国君处理政事的宫室。

⑧己未：初二。

⑨子般：鲁庄公太子。

⑩公子庆父：庄公之弟。

⑪邢：姬姓诸侯国，在今河北邢台。

【译文】

鲁庄公三十二年春，修筑小谷的城墙。

夏，宋桓公、齐桓公在梁丘非正式会见。

秋七月初四，公子牙去世。

八月初五，鲁庄公在路寝去世。

冬十月初二，子般去世。

公子庆父去齐国。

狄人攻打邢国。

【传】

32.1 三十二年春，城小谷，为管仲也。

【译文】

鲁庄公三十二年春,修筑小谷的城墙,这是为管仲而筑的。

32.2　齐侯为楚伐郑之故,请会于诸侯[①]。宋公请先见于齐侯。夏,遇于梁丘。

【注释】

①请会:指会合诸侯商量为郑报仇之事。

【译文】

齐桓公由于楚国进攻郑国的缘故,请求与诸侯会见。宋桓公请求与齐桓公先行会见。夏,二人在梁丘非正式会见。

32.3　秋七月,有神降于莘[①]。惠王问诸内史过曰[②]:"是何故也[③]?"对曰:"国之将兴,明神降之,监其德也[④];将亡,神又降之,观其恶也。故有得神以兴,亦有以亡,虞、夏、商、周皆有之。"王曰:"若之何?"对曰:"以其物享焉[⑤],其至之日,亦其物也。"王从之。内史过往,闻虢请命[⑥],反曰:"虢必亡矣,虐而听于神[⑦]。"

【注释】

①神:神灵。莘:虢地名,在今河南三门峡。

②内史过:周王室大夫。内史之官,代表周王室到诸侯行聘问庆吊之礼,也代表周王行策命之礼,时人认为他们通晓神道与天道,能预知吉凶。

③是:代词,这。

④监:与下句"观"俱有察看之意。

⑤物：指祭品、祭服。享：祭祀。

⑥请命：虢公请求神灵赐以土地。

⑦虐：暴虐。

【译文】

秋七月，有神明在莘地降临。周惠王向内史过询问说："这是什么原因？"内史过回答说："国家将要兴起，神明下降，观察它的德行；将要灭亡，神明也会下降，观察它的邪恶。所以有的得到神明而兴起，也有的得到神明而灭亡，虞、夏、商、周都有过这种情况。"周惠王说："那应该怎么办？"内史过回答说："用相应的物品来祭祀，依他来到的日子，就取那天的祭品祭祀他。"周惠王听从了。内史过前去祭祀，听到虢国请求神明赐予土地，回来说："虢国必定要灭亡了，暴虐而听命于神明。"

神居莘六月。虢公使祝应、宗区、史嚚享焉[①]。神赐之土田。史嚚曰："虢其亡乎！吾闻之：国将兴，听于民；将亡，听于神。神，聪明正直而壹者也，依人而行。虢多凉德[②]，其何土之能得！"

【注释】

①祝：太祝，掌祝辞祈祷之事。宗：宗人，掌祭祀之礼。史：太史，起草文书，记载史事。应、区、嚚（yín）：均为人名。

②凉德：薄德，缺德。

【译文】

神明在莘地住了六个月。虢公派遣祝应、宗区、史嚚去祭祀。神明答应赐给他疆土田地。史嚚说："虢国恐怕要灭亡了吧！我听说：国家将要兴起，听百姓的；将要灭亡，听神明的。神明，是聪明正直而一心一意的，按照各人的不同而赐福降祸。虢国多行恶德坏事，又怎么能够得到土地?”

32.4　初,公筑台临党氏,见孟任[①],从之。闷[②]。而以夫人言,许之,割臂盟公,生子般焉。雩[③],讲于梁氏[④],女公子观之[⑤]。圉人荦自墙外与之戏[⑥]。子般怒,使鞭之。公曰:“不如杀之,是不可鞭。荦有力焉,能投盖于稷门[⑦]。”

【注释】

①孟任:党氏女儿。

②闷(bì):关闭,闭门拒绝。

③雩(yú):求雨的祭祀。

④讲:演习。预先演习雩祭。梁氏:鲁国大夫。

⑤女公子:鲁庄公女儿。观之:观看雩祭。

⑥圉(yǔ)人:掌管养马、放牧之事的官。荦(luò):人名。

⑦盖:指稷门的门扇。稷门:鲁城正南之门。

【译文】

当初,庄公建造高台,可以看到党家,在台上望见党氏的女儿孟任,就跟着她走。孟任闭门拒绝。庄公答应立她为夫人,她答应了,割破手臂和庄公盟誓,后来就生了子般。一次正当雩祭,事先在梁家演习,庄公的女公子观看演习,圉人荦从墙外对她进行调戏。子般发怒,派人鞭打圉人荦。庄公说:“不如杀掉他,这个人不能鞭打。他很有力气,能够投掷稷门的城门门扇。”

公疾,问后于叔牙[①]。对曰:“庆父材[②]。”问于季友,对曰:“臣以死奉般。”公曰:“乡者牙曰‘庆父材’[③]。”成季使以君命命僖叔[④],待于铖巫氏[⑤],使铖季鸩之[⑥],曰:“饮此,则有后于鲁国[⑦];不然,死且无后。"饮之,归,及逵泉而卒[⑧]。立叔孙氏[⑨]。

【注释】

①后:后事。此指继承人。叔牙:与后面的庆父、季友都是庄公的弟弟。

②材:有才能。

③乡者:刚才。

④成季:即季友。僖叔:叔牙。

⑤鍼(qián)巫氏:即鍼季,鲁国大夫。巫为职或名,季为字。

⑥鸩(zhèn):一种鸟,羽毛有毒,古人用它浸酒以毒杀人。以毒酒饮人亦曰鸩。

⑦有后于鲁国:指后代在鲁国仍可享有禄位。

⑧逵泉:水名,在山东曲阜东南。

⑨叔孙氏:叔牙死,鲁国立他的儿子继承禄位,称为叔孙氏。

【译文】

庄公得了重病,向叔牙询问继承人的事。叔牙回答说:"庆父有才能。"向季友询问,季友回答说:"臣尽死力事奉子般。"庄公说:"刚才叔牙说'庆父有才能'。"季友就派人用国君的名义让僖叔等待在鍼巫家里,派鍼巫用毒酒毒死叔牙,说:"喝了这个,你的后代在鲁国还可以享有禄位;不这样,你死了,后代还没有禄位。"叔牙喝了毒酒,回家时走到逵泉就死去了。鲁国立他的后人为叔孙氏。

32.5　八月癸亥,公薨于路寝。子般即位,次于党氏[①]。冬十月己未,共仲使圉人荦贼子般于党氏[②]。成季奔陈。立闵公[③]。

【注释】

①次：住。党氏：子般外婆家。

②共仲：即庆父。贼：刺死。

③立闵公：《史记·鲁周公世家》云："八月癸亥，庄公卒，季友竟立子斑为君，如庄公命。侍丧，舍于党氏。先时，庆父与哀姜私通，欲立哀姜娣子开。及庄公卒而季友立斑。十月己未，庆父使圉人荦杀鲁公子斑于党氏。季友奔陈。庆父竟立庄公子开，是为湣公。"闵公，哀姜妹叔姜之子，名开。其时最大不过八岁。

【译文】

八月初五，鲁庄公在路寝去世。子般即位，住在党氏家里。冬十月初二，共仲派圉人荦在党家刺死了子般。季友逃亡到陈国。立闵公为国君。

闵公

【题解】

闵公，或作愍公、湣公，是鲁国第十七任君主。名启，鲁庄公庶子，母亲叔姜。前662年，庄公卒，季友按照庄公的命令，立子般为君。即位两个月，庆父使圉人荦杀子般于党氏，立闵公。时闵公年幼（至多八岁），大权为庆父把持。闵公在位仅两年（前661—前660）。前660年，庆父派卜齮袭杀闵公于武闱。

元年

【经】

1.1 元年春王正月①。

1.2 齐人救邢。

1.3 夏六月辛酉②，葬我君庄公。

1.4 秋八月，公及齐侯盟于落姑③。季子来归④。

1.5 冬，齐仲孙来⑤。

【注释】

①元年：鲁闵公元年当周惠王十六年，前661。

②辛酉：初七。

③齐侯：齐桓公。落姑：齐地名，在今山东平阴。

④季子：即季友，此时从陈国回到鲁国。

⑤仲孙：即仲孙湫，齐国大夫。

【译文】

鲁闵公元年春周历正月。

齐国人救援邢国。

夏六月初七，安葬我国国君鲁庄公。

秋八月，闵公与齐桓公在落姑结盟。季友回到国内。

冬，齐仲孙来我国。

【传】

1.1　元年春，不书即位，乱故也①。

【注释】

①乱：指上年之庆父之乱。子般被杀，成季奔陈。

【译文】

鲁闵公元年春，《春秋》没有记载闵公即位，是由于国内动乱的缘故。

1.2　狄人伐邢。管敬仲言于齐侯曰①："戎狄豺狼，不可厌也②。诸夏亲昵，不可弃也。宴安鸩毒③，不可怀也。《诗》云：'岂不怀归，畏此简书④。'简书，同恶相恤之谓也⑤。请救邢以从简书。"齐人救邢。

【注释】

①管敬仲:即管仲。

②厌:满足。

③宴安:安乐。

④岂不怀归,畏此简书:引诗见《诗经·小雅·出车》。简书,写在一片竹简上的文字,此指盟约。或曰指告急文书。沈钦韩《补注》云:"国有急难,不暇连简为策,单执简往告,犹今之羽檄矣。"

⑤同恶相恤:犹同仇敌忾,忧患与共。恤,救。

【译文】

狄人进攻邢国。管仲对齐桓公说:"戎狄好像豺狼,难以得到满足。中原各国互相亲近,不能够抛弃。安乐就像鸩酒毒药,不能够怀恋。《诗》说:'难道不想回家乡,邻邦盟约不敢忘。'盟约,就是同仇敌忾、忧患与共的意思,请求您遵从盟约救援邢国。"于是齐国人出兵救援邢国。

1.3 夏六月,葬庄公。乱故,是以缓[①]。

【注释】

①是以缓:庄公死于去年八月,至此时已经十一个月。依古礼,诸侯五月而葬,而据《春秋》所载,多三月而葬。

【译文】

夏六月,安葬庄公。由于发生动乱的缘故,所以推迟了。

1.4 秋八月,公及齐侯盟于落姑,请复季友也[①]。齐侯许之,使召诸陈,公次于郎以待之。"季子来归",嘉之也[②]。

【注释】

①复:回国。

②"季子来归",嘉之也:《春秋经》多直书人名,此称行次而不书名,所以有褒意。

【译文】

秋八月,闵公和齐桓公在落姑结盟,请求齐桓公帮助季友回国。齐桓公同意了闵公的请求,派人从陈国召回季友,闵公驻扎在郎地等候他。《春秋》记载说"季子回到国内",称"季子",这是赞美他。

1.5 冬,齐仲孙湫来省难[①]。书曰"仲孙",亦嘉之也。仲孙归曰:"不去庆父,鲁难未已[②]。"公曰:"若之何而去之?"对曰:"难不已,将自毙,君其待之。"公曰:"鲁可取乎?"对曰:"不可,犹秉周礼[③]。周礼,所以本也。臣闻之,国将亡,本必先颠[④],而后枝叶从之。鲁不弃周礼,未可动也。君其务宁鲁难而亲之。亲有礼,因重固[⑤],间携贰[⑥],覆昏乱,霸王之器也[⑦]。"

【注释】

①省(xǐng):慰问。

②不去庆父,鲁难未已:庆父杀子般,后来又杀闵公,是鲁国内乱的祸首。成语"庆父不死,鲁难未已",就是由这件事而来。

③秉:持,执。

④颠:颠仆。

⑤因:依。重固:稳定坚固。

⑥携贰:内部不和。

⑦器:策略,方法。

【译文】

冬，齐国仲孙湫来我国慰问祸难。《春秋》称之为“仲孙”，也是对他表示赞美。仲孙回国说：“不除掉庆父，鲁国的祸难没完没了。”齐桓公说：“怎么样才能除掉他？”仲孙回答说：“祸难不止，将会自取灭亡，您就等着瞧吧！”齐桓公说：“鲁国可以攻取吗？”仲孙说：“不行。它们还遵行周礼。周礼，是立国的根本。下臣听说：‘国家将要灭亡，如同大树，躯干必然先行仆倒，然后枝叶随着落下。’鲁国不抛弃周礼，是不能动它的。您应当从事于安定鲁国的祸难并且亲近它。亲近有礼仪的国家，依靠坚定稳固的国家，离间内部不和的国家，灭亡昏暗动乱的国家，这是称霸称王的策略。”

1.6 晋侯作二军[①]，公将上军，太子申生将下军。赵夙御戎[②]，毕万为右[③]，以灭耿、灭霍、灭魏[④]。还，为太子城曲沃。赐赵夙耿，赐毕万魏，以为大夫。

【注释】

①晋侯：晋献公。作二军：晋本有一军。

②赵夙：晋国大夫，赵衰的父亲。

③毕万：晋国大夫，周文王之子毕公高的后裔，姬姓。为后来晋国魏氏的先祖。

④耿：姬姓诸侯国，地在今山西河津东南。灭霍：《国语·晋语一》云：“（献公）十六年，公作二军。公将上军，太子申生将下军，以伐霍。太子遂行，克霍而反。”则灭霍者是太子之下军。霍，姬姓诸侯国，地在今山西霍县西南。魏：即桓公三年《传》的古魏国，姬姓诸侯国，地在今山西芮城。

【译文】

晋献公建立两个军，自己率领上军，太子申生率领下军。以赵夙为国君战车的驭手，以毕万作为车右，出兵灭掉耿国、霍国、魏国。回国后，为太子在曲沃建造城墙。把耿地赐给赵夙，把魏地赐给毕万，派他们做大夫。

士芀曰："大子不得立矣，分之都城而位以卿①，先为之极②，又焉得立。不如逃之，无使罪至。为吴大伯③，不亦可乎？犹有令名，与其及也④。且谚曰：'心苟无瑕，何恤乎无家⑤。'天若祚大子，其无晋乎⑥。"

【注释】

①都城：指曲沃。邑有宗庙先君之主曰都。位以卿：言申生将下军，位同卿。

②先为之极：言申生身为储君而位于卿，已经到了极点。

③吴大伯：即吴太伯，周太王嫡长子。太王准备立幼子季历，他与弟仲雍自动离开，一说逃至江南，断发文身，后立为吴太伯。

④与其及也：指与其留下来最终获罪被废。

⑤恤：忧虑。

⑥天若祚(zuò)大子，其无晋乎：祚，赐福。无晋，离开晋国。按，此句仍是劝太子逃亡之意。

【译文】

士芀说："太子不能继续做储君了，分给他都城，并让他处在卿位，先让他做到了极点，又怎么能够继续做储君呢？不如逃走他地，不要等罪降临。像吴太伯那样，不也是很好吗？这样还能有好的名声，胜过留下获罪。而且俗话说：'心里如果没有瑕疵，何必为无家而忧患呢？'上天如果赐福太子，他就一定会离开晋国。"

卜偃曰[①]:"毕万之后必大。万,盈数也[②];魏[③],大名也;以是始赏,天启之矣。天子曰兆民,诸侯曰万民。今名之大,以从盈数,其必有众[④]。"

【注释】

①卜偃:晋国大夫,掌占卜的官。杨伯峻曰:"以其职曰卜偃,以其姓氏则曰郭偃……参以《墨子》《吕览》,则卜偃之于晋文公,实变法称霸之功臣。"

②盈数:满数。

③魏:同"巍",高大。

④必有众:一定能得到百姓。

【译文】

卜偃说:"毕万的后代必定昌大。万,是满数;魏,是高大的名号。用这地方作起始封赏地,上天已启示预兆了。天子主天下称'兆民',诸侯主一国称'万民'。现在名号高大又随着满数,他一定会得到民众。"

初,毕万筮仕于晋[①],遇《屯》䷂之《比》䷇[②]。辛廖占之[③],曰:"吉。《屯》固、《比》入[④],吉孰大焉?其必蕃昌[⑤]。《震》为土[⑥],车从马[⑦],足居之[⑧],兄长之[⑨],母覆之[⑩],众归之[⑪],六体不易[⑫],合而能固[⑬],安而能杀[⑭]。公侯之卦也。公侯之子孙,必复其始[⑮]。"

【注释】

①筮仕:占卜做官的吉凶。

②《屯》䷂之《比》䷇:《屯》卦变易为《比》卦,第一爻由阳爻变为阴爻。《屯》,六十四卦之一,震下坎上。《比》,六十四卦之一,坤下

坎上。

③辛廖:周王室大夫。

④《屯》固、《比》入:《屯》艰险之象,所以坚固;《比》,亲密之象,所以能入。

⑤蕃昌:繁衍昌盛。

⑥《震》为土:《震》卦变为《坤》卦,《坤》为地,故言"为土"。

⑦车从马:《震》为车,《坤》为马,《震》变为《坤》,故言"从马"。

⑧足居之:《震》为足,《震》变为《坤》,安静之象,故言"足居之"。

⑨兄长之:《震》为长男,初爻变,为最长之意,故云。

⑩母覆之:《坤》为母,故云。

⑪众归之:《坤》为众。

⑫六体:指土、车、马、足、母、众六象。尚秉和《周易尚氏学附录》谓"《坎》数六,遇卦、之卦皆有《坎》。不易者,《坎》卦不变也"。

⑬合而能固:《比》卦有合众之义,《屯》卦有固守之义,故云。

⑭安而能杀:《比》卦有坤,坤为土安之象;《屯》卦有震,震为雷杀之象。以坤承震之变,故云。安为惠,杀为威,有惠有威,能生能杀。

⑮公侯之子孙,必复其始:毕万的祖毕公高为诸侯,他的后代一定可以恢复公侯的地位。始,指公侯之位。

【译文】

当初,毕万为在晋国做官而占卜,得到《屯》卦变成《比》卦。辛廖预测说:"吉利。《屯》坚固而《比》进入,还有比这更大的吉利吗?所以他必定繁衍昌盛。《震》卦变成了土,车跟随着马,脚踏实地,兄长抚育,母亲爱护,大众归附,这六条不变,能合又能固,安定又能杀戮。这是公侯的卦象。公侯的子孙,必定能恢复到他开始时公侯的地位。"

二年

【经】

2.1 二年春王正月[①],齐人迁阳[②]。

2.2 夏五月乙酉[③],吉禘于庄公[④]。

2.3 秋八月辛丑[⑤],公薨。

2.4 九月,夫人姜氏孙于邾[⑥]。

2.5 公子庆父出奔莒。

2.6 冬,齐高子来盟[⑦]。

2.7 十有二月,狄入卫。

2.8 郑弃其师[⑧]。

【注释】

①二年:鲁闵公二年当周惠王十七年,前660。

②齐人迁阳:阳,姬姓诸侯国,地在今山东沂水西南。此盖齐人逼迫阳人迁走取其地。

③乙酉:初六。

④吉禘(dì):古代诸侯死后,三年(实为二十五个月)丧期结束,将其神主送入太庙,合诸祖的神主举行的大祭叫禘。因为三年丧满,凶事已毕,故称吉禘。

⑤辛丑:二十四日。

⑥夫人姜氏:指鲁庄公夫人哀姜。孙(xùn):奔逃。

⑦高子:齐国的高傒。子,尊称。来盟:指齐桓公派高傒来慰问鲁国庆父之难。

⑧弃其师:指郑高克的军队溃败。

【译文】

鲁闵公二年春周历正月，齐国人迁移阳国的百姓。

夏五月初六，为鲁庄公举行大祭。

秋八月二十四日，鲁闵公去世。

九月，夫人姜氏逃亡到邾国。

公子庆父逃亡到莒国。

冬，齐国高子来我国结盟。

十二月，狄人攻入卫国。

郑国抛弃了它的军队。

【传】

2.1　二年春，虢公败犬戎于渭汭[①]。舟之侨曰[②]："无德而禄，殃也。殃将至矣。"遂奔晋。

【注释】

①犬戎：战国以后称为匈奴。渭汭：渭水注入黄河处，在今陕西华阴。

②舟之侨：虢国大夫。

【译文】

鲁闵公二年春，虢公在渭水流入黄河的地方打败犬戎。舟之侨说："没有德行而受禄，这是灾殃。灾殃将要来临了。"于是逃亡到晋国。

2.2　夏，吉禘于庄公，速也[①]。

【注释】

①速：鲁庄公卒于三十二年八月，按二十五月丧毕，本应于八月吉

禘，今五月就提前举行了，所以称“速”。

【译文】

夏，为庄公举行大祭。时间提前了。

2.3 初，公傅夺卜齮田[1]，公不禁。秋八月辛丑，共仲使卜齮贼公于武闱[2]。成季以僖公适邾[3]。共仲奔莒，乃入，立之[4]。以赂求共仲于莒，莒人归之。及密[5]，使公子鱼请[6]。不许，哭而往。共仲曰：“奚斯之声也。”乃缢。

【注释】

①公傅：闵公的保傅。当时诸侯贵族子弟皆有师有傅。卜齮(qí)：鲁国大夫。

②共仲：即庆父。武闱：路寝的旁门。路寝是古代天子、诸侯的正厅。

③僖公：闵公之弟。

④共仲奔莒，乃入，立之：共仲奔莒之后，成季复入鲁国而立僖公。

⑤密：鲁地名，在今山东费县北。

⑥公子鱼：鲁国贤臣，字奚斯。请：指请求恕罪。

【译文】

当初，闵公的保傅夺取卜齮的田地，闵公没有禁止。秋八月二十四日，庆父指使卜齮在武闱杀死了闵公。成季带着僖公去邾国。庆父逃亡到莒国，成季和僖公才回鲁国，立僖公为国君。用财货向莒国求取庆父，莒国人把他送回鲁国。到达密地，庆父派公子鱼入朝请求赦免，没有得到同意，公子鱼哭着回去。庆父听见了，说：“这是公子鱼的哭声啊！”于是上吊死了。

闵公，哀姜之娣叔姜之子也，故齐人立之。共仲通于哀姜，哀姜欲立之。闵公之死也，哀姜与知之，故孙于邾。齐人取而杀之于夷①，以其尸归。僖公请而葬之。

【注释】

①齐人取而杀之于夷：《列女传·孽嬖传》云："齐桓公立僖公，闻哀姜与庆父通以危鲁。乃召哀姜酖而杀之。"夷，地名，具体所在不详。

【译文】

闵公是哀姜妹妹叔姜的儿子，所以齐人立他为国君。庆父和哀姜私通，哀姜想立他为国君。闵公的被害，哀姜事先知道内情，所以她逃亡到邾国。齐国人向邾国索取了哀姜，在夷地杀了她，把她的尸首带回国。鲁僖公请求归还她的尸首，把她安葬了。

2.4　成季之将生也，桓公使卜楚丘之父卜之①。曰："男也。其名曰友，在公之右②。间于两社③，为公室辅④。季氏亡，则鲁不昌。"又筮之⑤，遇《大有》☲☰之《乾》☰☰⑥，曰："同复于父，敬如君所⑦。"及生，有文在其手曰"友"，遂以命之。

【注释】

①卜楚丘之父：鲁国大夫，专掌占卜。

②在公之右：指当权用事。

③间于两社：指为鲁执政大臣。鲁有两社，即周社、亳社，两社之间即朝廷之所在和执政大臣治事之所在。

④辅：辅弼。

⑤又筮之：古代卜用龟，筮用蓍草，以动物灵于植物，故先卜后筮。

⑥《大有》䷍:卦名,乾下离上。《乾》䷀:卦名,乾下乾上。

⑦同复于父,敬如君所:同其父亲一样尊贵,国人敬重他如国君一样。按,这是筮者解释之言,不是卦爻辞。高亨《左传国语的周易说通解》云:"《大有》卦是上《离》下《乾》,《乾》卦是上《乾》下《乾》。《乾》为父,《离》为子,《大有》上卦的《离》变为《乾》,是象征子与其父同德,'无改于父之道',所以说'同复于父'。《乾》又为君,《离》又为臣,《大有》上卦的《离》变为《乾》,又象征臣与其君同心,常在君的左右,所以又说'敬如君所'。"

【译文】

成季将要出生时,鲁桓公让卜楚丘之父占卜。他说:"生的是男孩。他的名叫友,在公侯身边当权用事;他处于两社之间,为公室的辅弼。季氏灭亡,则鲁国不能昌盛。"又用筮草占,得到《大有》变为《乾》,卜楚丘之父说:"尊贵如同父亲,受到敬重如同国君。"等到他生下来,他的手上有纹像个"友"字,就以友命名。

2.5 冬十二月,狄人伐卫。卫懿公好鹤,鹤有乘轩者[①]。将战,国人受甲者皆曰[②]:"使鹤,鹤实有禄位,余焉能战!"公与石祁子玦[③],与甯庄子矢[④],使守,曰:"以此赞国[⑤],择利而为之。"与夫人绣衣,曰:"听于二子[⑥]。"渠孔御戎,子伯为右,黄夷前驱,孔婴齐殿[⑦]。及狄人战于荧泽[⑧],卫师败绩,遂灭卫。卫侯不去其旗,是以甚败。狄人囚史华龙滑与礼孔,以逐卫人。二人曰:"我,大史也,实掌其祭。不先,国不可得也[⑨]。"乃先之。至则告守曰:"不可待也[⑩]。"夜与国人出。狄入卫,遂从之[⑪],又败诸河[⑫]。

【注释】

①鹤有乘轩者：汪中《述学》云："谓以卿之秩宠之，以卿之禄食之也。"未必一定载以轩车。轩，四面有遮蔽的车，大夫以上所乘。

②国人：指当时的城市自由民。受甲：授兵，临战前在祖庙领取甲胄武器。

③石祁子：卫国大夫。玦：有缺的环形玉佩，标志裁决之权。

④甯庄子：名速，甯跪之孙，卫国大夫。矢：即箭，标志发布军令之权。

⑤赞：助理。

⑥二子：指石祁子和甯庄子。

⑦殿：殿后。

⑧荧泽：在黄河之北，今河南淇县。

⑨"我，大史也"五句：古人极重视祭祀与祭器，所以太史这样说来骗狄人。

⑩待：抵御。

⑪从之：指追击卫人。

⑫河：指黄河。

【译文】

冬十二月，狄人攻打卫国。卫懿公喜欢鹤，有的鹤享受大夫待遇。卫国将要与狄人作战，国内接受甲胄的人都说："派鹤去吧！鹤享有官禄职位，我们怎么能作战！"卫懿公把玉玦交给石祁子，把令箭交给了甯庄子，派他们守御，说："用这个来辅助国家，选择有利的事去做。"把绣衣交给了夫人，说："听从祁、甯二位。"派渠孔驾驭战车，子伯为车右，黄夷为前锋，孔婴齐指挥后军。与狄人在荧泽交战，卫国军队大败，狄人于是灭亡了卫国。卫懿公不肯去掉自己的旗帜，所以惨败。狄人囚禁了太史华龙滑和礼孔，带着二人追逐卫军。二人说："我们是太史，是执掌卫国祭祀的人。如果我们不先回国，你们是不可能得到卫国的。"狄人于是让他们先回国都。二人到了国都,告诉守御的人说:“没法抵御了。”夜里和国都的人一起撤离。狄人进入卫都,跟着追击卫国人,又在黄河边上打败了卫国人。

初,惠公之即位也少①,齐人使昭伯烝于宣姜②,不可,强之。生齐子、戴公、文公、宋桓夫人、许穆夫人③。文公为卫之多患也,先适齐。及败,宋桓公逆诸河,宵济④。卫之遗民男女七百有三十人⑤,益之以共、滕之民为五千人⑥,立戴公以庐于曹⑦。许穆夫人赋《载驰》⑧。齐侯使公子无亏帅车三百乘、甲士三千人以戍曹⑨。归公乘马⑩,祭服五称⑪,牛羊豕鸡狗皆三百,与门材⑫。归夫人鱼轩⑬,重锦三十两⑭。

【注释】

①惠公之即位也少:惠公即位时不过十五六岁。惠公,卫懿公父亲。

②昭伯:卫宣公之子公子顽,卫惠公庶兄。烝:以下犯上之意,或指通奸,此处指臣子娶君夫人之意。宣姜:齐女,惠公之母。

③齐子:或云即齐桓公宠姬之一的长卫姬。戴公:卫戴公,名申。文公:卫文公,名燬。宋桓夫人:宋桓公之夫人,宋襄公之母。

④宵济:乘夜渡河。盖因畏狄师。

⑤遗民:逃出来的卫人。

⑥共、滕:均为卫地名。共,在今河南辉县。滕,所在不详。

⑦立戴公以庐于曹:戴公实以闵二年十二月立,立而旋卒。庐,临时寄居。曹,卫地名,在今河南滑县西南之白马故城。

⑧《载驰》:诗见《诗经·国风·鄘风》。是许穆夫人闻知卫国败亡,星夜兼程赶赴曹邑吊唁祖国的危亡时面对赶来阻止她回去的许

国大夫的悲愤之作。

⑨齐侯：指齐桓公。公子无亏：即公子武孟，母亲是卫姬。

⑩归（kuì）：通“馈”，赠送。乘马：指驾车之马。

⑪称：单衣复衣配套曰“称”。

⑫门材：建房做门用的木材。

⑬鱼轩：装饰着鱼皮的车子。

⑭重（chóng）锦：指精美的丝织品。三十两：三十匹。古代布帛，每匹四丈，分为两段，两两合卷，故谓之两，亦谓之匹。

【译文】

当初，卫惠公即位时年龄很小，齐国人让昭伯和宣姜成亲，昭伯不同意，齐国人就强迫他。生下齐子、戴公、文公、宋桓公夫人、许穆公夫人。文公由于卫国祸患太多，在与狄人交战前就去了齐国。等到卫国打败，宋桓公在黄河边迎接卫国败兵，夜间渡过了黄河。卫国的遗民男女共计七百三十人，加上共地、滕地的百姓共五千人，立戴公为国君，暂时寄居在曹邑。许穆夫人因此作《载驰》这首诗。齐桓公派遣公子无亏率领战车三百辆、甲士三千人守卫曹邑。赠送给戴公驾车的马，五套祭服，牛、羊、猪、鸡、狗各三百头，还有做门户的木材。赠送给夫人用鱼皮装饰的车子，厚实细锦三十匹。

2.6 郑人恶高克[①]，使帅师次于河上[②]，久而弗召。师溃而归，高克奔陈。郑人为之赋《清人》[③]。

【注释】

①郑人：指郑文公。高克：郑国大夫。

②帅师次于河上：据《诗经·国风·郑风·清人》疏，因狄侵卫，卫在河北，郑在河南，所以派高克帅师防备。

③《清人》：诗见《诗经·国风·郑风》。此诗讽刺高克率领部队在

边界上无所事事，浪荡闲逛，终致部队溃散而归，自己也逃亡陈国，同时更是斥责郑文公在抵御外敌之时，因讨厌高克反而派他带领士兵去河边驻防的决策是完全错误的，是自弃其师的昏庸行为。清，清邑。在今河南中牟。

【译文】

郑文公厌恶高克，派他领兵驻扎在黄河边，很久不召他回来。军队溃散逃回，高克逃亡到陈国。郑国人为他作《清人》诗。

2.7　晋侯使大子申生伐东山皋落氏①。里克谏曰②："大子奉冢祀③，社稷之粢盛④，以朝夕视君膳者也⑤，故曰冢子⑥。君行则守，有守则从。从曰抚军，守曰监国，古之制也。夫帅师，专行谋⑦，誓军旅⑧，君与国政之所图也⑨，非大子之事也。师在制命而已⑩。禀命则不威，专命则不孝，故君之嗣適不可以帅师⑪。君失其官，帅师不威，将焉用之。且臣闻皋落氏将战，君其舍之。"公曰："寡人有子，未知其谁立焉。"不对而退。见大子，大子曰："吾其废乎？"对曰："告之以临民⑫，教之以军旅⑬，不共是惧⑭，何故废乎？且子惧不孝，无惧弗得立，修己而不责人，则免于难。"

【注释】

①东山皋落氏：赤狄的一支。故地在今山西垣曲东南皋落镇。

②里克：晋国大夫里季。

③冢祀：宗庙之祀。

④粢盛：祭祀用的粮食。

⑤视君膳：古代礼制，太子须早晚照看国君的饮食。

⑥冢子：太子。冢，大。

⑦行谋:对策略做出决断。

⑧誓军旅:号令军队。

⑨国政:国家的正卿。

⑩制命:拟订命令。古代行师,主帅制命,所谓“自阃以外,将军制之”,“将在外,君命有所不受”。

⑪嗣適:嫡嗣。適,同“嫡”。

⑫告之以临民:指命令太子居曲沃而治其民,是以治理百姓之道训太子。临民,治理百姓。

⑬教之以军旅:指派太子将下军,是以军旅之事教导太子。

⑭共:通“恭”。

【译文】

晋献公派太子申生攻打东山皋落氏。里克进谏说:“太子是奉事宗庙祭祀、社稷大祭,以及早晚照看国君饮食的人,所以叫做冢子。国君出行就守国,如国家已有人留守就跟随国君。跟随国君称抚军,守护国家称监国,这是古代的制度。领兵作战,专谋断略,号令将士,这是国君和正卿所应该策谋的,不是太子的事情。领兵作战的要点在于专制号令。太子领兵,如果遇事要向上请示就失去威严,擅自发号施令就是不孝,所以国君的嫡子不能统率军队。国君失去了任命职官的准则,太子统率军队也没有威严,将怎么用兵打仗呢?再说下臣听说皋落氏准备出兵迎战,国君还是收回命令为好。”晋献公说:“我有好几个儿子,还不知立谁为嗣君呢。”里克不回答,退了下去。进见太子,太子说:“我恐怕要被废黜了吧!”里克回答说:“国君命令您在曲沃治理百姓,教导您熟悉军事,您应害怕的是自己不恭敬,有什么缘故会废黜您呢?而且做儿子的应该害怕自己不孝,不应该害怕不能做嗣君,自己修身而不责备别人,就能够免于祸难。”

大子帅师,公衣之偏衣①,佩之金玦②。狐突御戎,先友为右[3]，梁馀子养御罕夷[4]，先丹木为右[5]。羊舌大夫为尉[6]。先友曰："衣身之偏[7]，握兵之要[8]，在此行也，子其勉之。偏躬无慝[9]，兵要远灾[10]，亲以无灾，又何患焉[11]！"狐突叹曰："时，事之征也[12]；衣，身之章也[13]；佩，衷之旗也[14]。故敬其事，则命以始[15]；服其身，则衣之纯[16]；用其衷，则佩之度[17]。今命以时卒[18]，闷其事也[19]；衣之龙服[20]，远其躬也[21]；佩以金玦，弃其衷也。服以远之，时以闷之；龙，凉[22]；冬，杀；金，寒[23]；玦，离；胡可恃也？虽欲勉之，狄可尽乎？"梁馀子养曰："帅师者受命于庙，受脤于社[24]，有常服矣[25]。不获而龙，命可知也[26]。死而不孝，不如逃之。"罕夷曰："龙奇无常[27]，金玦不复，虽复何为，君有心矣。"先丹木曰："是服也[28]，狂夫阻之[29]。曰'尽敌而反'[30]，敌可尽乎！虽尽敌，犹有内谗[31]，不如违之[32]。"狐突欲行。羊舌大夫曰："不可。违命不孝，弃事不忠。虽知其寒[33]，恶不可取[34]，子其死之。"

【注释】

①偏衣：左右异色的衣服，一半颜色与国君之服相同。偏，半。

②金玦：青铜做成的玦。

③狐突御戎，先友为右：此处表明太子是代晋侯将上军。狐突，晋国大夫，字伯行，狐偃的父亲，晋文公重耳的外祖父。先友，晋国大夫。

④梁馀子养御罕夷：太子本将下军，此时既将上军，则夷罕将下军。梁馀子养，晋国大夫，梁是姓，馀子为其字，养其名。罕夷，晋国下卿。

⑤先丹木：晋国大夫。

⑥羊舌大夫：叔向祖父，其名不详。尉：军尉。在军帅之下，众官之上。晋国各军都设尉，主管发众使民之事。

⑦衣身之偏：指太子所穿偏衣有一半是国君之服的颜色。

⑧握兵之要：指太子佩金玦，将上军，下军从行。

⑨慝(tè)：恶意。

⑩兵要远灾：兵权在手，可以远离灾祸。

⑪又何患焉：按，先友将之视为好事，或已心知非常，故意这样说来慰勉太子。

⑫时，事之征也：意谓献公以冬季举兵征伐，冬主杀，则献公心存杀意。时，指征伐的时间。时为冬季。征，征象。

⑬衣，身之章也：古代的服色表明各人的身份。章，标记。

⑭佩，衷之旗也：佩饰表明心意。佩，配饰。衷之旗，心意的旗帜。

⑮命以始：在春夏发布命令。始，四时之始，指春夏。

⑯衣之纯：纯，指纯色衣服。古代戎服，尤贵纯色，故谓之均服。

⑰佩之度：佩饰要合乎礼度。古人以佩玉为常度。

⑱时卒：四时之卒，指年终。

⑲闷(bì)其事：使事情难以成功。闷，关门。亦泛指关闭。

⑳尨(máng)服：杂色服，指偏衣。

㉑远其躬：疏远太子。

㉒尨，凉：凉，《说文》引作"椋"，亦杂色之义。

㉓金，寒：古人谓玉之德温，而金之德寒。

㉔受脤(shèn)于社：出师前祭社稷，接受祭肉。脤，祭肉。

㉕常服：指规定的服饰。

㉖命可知也：指献公之命不怀善意。

㉗尨奇无常：《国语·晋语一》引仆人赞之语曰："太子殆哉！君赐之奇，奇生怪，怪生无常，无常不立。"无常，非常，不正常。

㉘是服：指偏衣。

㉙阻：疑。

㉚尽敌而反：这是献公命太子之辞。

㉛内谗：指骊姬。

㉜违：去。指逃亡。

㉝寒：指国君的心意不善。

㉞恶：指不忠不孝。

【译文】

太子申生带领军队，晋献公让他穿左右异色的偏衣，佩带有缺口的青铜环形佩器。狐突驾驭战车，先友作为车右。梁馀子养为罕夷驾驭战车，先丹木作为车右。羊舌大夫任军尉。先友说："穿着一半与国君衣服相同的偏衣，掌握着军队大权，成败全在此一行，您要好好勉励自己。分出一半衣服给你是没有恶意，兵权在手可以远离灾祸，既得国君亲近又远离灾祸，又担心什么呢！"狐突叹息说："时令，是事物的征象；衣服，是身份的标识；佩饰，是心志的旗帜。因此如果看重这件事，就应该在春、夏时发布命令；赐予衣服，就不要用杂色；使人衷心为己所用，就要让他佩带合于礼度的配饰。如今在年终发布命令，是要让事情不能顺利进行；赐给他穿杂色衣服，是有意要疏远他；让他佩带缺口青铜环佩器，是表示内心对他的决绝。现在是用衣服疏远他，用时令使他不能顺利进行；杂色，意味着凉薄；冬天，意味着肃杀；金，意味着寒冷；玦，意味着决绝，这怎么可以依靠呢？即使想勉力而为，狄人怎么能消灭干净呢？"梁馀子养说："领兵的人，在太庙里接受命令，在土地神庙里接受祭肉，有规定的服饰。如今没得到规定的服饰而得到杂色衣服，命令的不怀好意可想而知了。死了以后还要落个不孝的罪名，不如逃走。"罕夷说："杂色的奇装异服不合规定，青铜环形佩器表示决绝不归。这样，即使是回来又有什么意思？国君已经不怀好意了。"先丹木说："这样的衣服，狂人也会对它产生疑惑。国君说'将敌人消灭干净再回来'，敌人难道可以消灭得完吗？即使把敌人消灭干净了，还有内部的谗言，不如离开这里。”狐突想走，羊舌大夫说：“不行。违背君命是不孝，抛弃责任是不忠。虽然已经感到了国君心中寒薄，不孝不忠这样的邪恶也是不可取的，您还是为此而死吧！”

大子将战，狐突谏曰：“不可，昔辛伯谂周桓公云[①]：‘内宠并后[②]，外宠二政[③]，嬖子配適[④]，大都耦国，乱之本也。’周公弗从，故及于难。今乱本成矣，立可必乎？孝而安民[⑤]，子其图之，与其危身以速罪也。”

【注释】

①辛伯谂(shěn)周桓公：指桓公十八年子仪有宠于周桓王，桓王属之周公，辛伯谏周公之事。谂，规谏。

②内宠：暗指骊姬。

③外宠：暗指梁五与东关嬖五。

④嬖子：指奚齐、卓子。

⑤孝而安民：奉身为孝，不战为安民。

【译文】

太子准备作战，狐突劝阻说：“不行。从前辛伯劝阻周桓公说：‘妾媵并同于王后，宠臣相等于正卿，庶子和嫡子地位一样，大城和国都规模相同，这就是祸乱的根本。’周桓公没有听从，所以遭到祸难。现在祸乱的根本已经形成，您难道还能肯定会被立为嗣君吗？与其危害自身而加快罪过的到来，还不如奉身为孝、不战而安定百姓，您好好想想吧。”

2.8　成风闻成季之繇[①]，乃事之[②]，而属僖公焉[③]，故成季立之。

【注释】

①成风：鲁庄公之妾，僖公的母亲。繇(zhòu)：卜兆的占辞。

②事：结交。

③属：托付。

【译文】

成风听说了成季出生时占卜的卦辞，便与他结好，并且把僖公托付给他，所以成季立僖公为国君。

2.9 僖之元年，齐桓公迁邢于夷仪[①]。二年，封卫于楚丘[②]。邢迁如归，卫国忘亡。

【注释】

①夷仪：在今山东聊城。

②楚丘：在今河南滑县。

【译文】

僖公元年，齐桓公把邢国迁移到夷仪。二年，把卫国封在楚丘。邢国迁居后十分安定，好像回到原来的国土；卫国重建也安居乐业，忘记了自己的亡国之痛。

2.10 卫文公大布之衣[①]，大帛之冠[②]，务材训农[③]，通商惠工，敬教劝学，授方任能[④]。元年，革车三十乘[⑤]；季年[⑥]，乃三百乘。

【注释】

①大布：粗布。

②大帛：粗丝织成的厚帛。

③务材：努力从事生产。

④方：为官之道。

⑤革车：兵车。

⑥季年：末年。卫文公之末年在鲁僖公二十五年。

【译文】

卫文公穿着粗布衣服，戴着粗帛帽子，努力生产，教导农耕，便利商贩，加惠百工，重视教化，奖励求学，训导百官为官之道，举贤受能。元年时，战车只有三十辆；到末年，已有了三百辆。

僖公

【题解】

僖公，或作釐公，鲁国第十八任国君。名申，庄公少子，闵公弟，成风所生。前 660 年庆父杀闵公，鲁季友立申，是为僖公。在位三十三年，前 627 年死，子文公兴立。僖公在位的三十多年里，晋文公重耳经过十九年的流亡，重新回到晋国当上国君，振兴晋国，并在僖公二十八年城濮之战中打败楚国，成为霸主，建立了继齐桓公之后又一强大的霸业。僖公在位期间，诸侯国之间还发生了几次重要的战争，如僖公十五年的秦晋韩原之战，僖公二十二年的泓之战，僖公三十三年的崤之战，成为春秋中期争霸斗争中的重要事件。在这期间，五霸中的齐桓公、宋襄公、晋文公叱咤一时之后都死去。春秋的形势，进入一个新的时期。

元年

【经】

1.1 元年春王正月①。

1.2 齐师、宋师、曹伯次于聂北②，救邢③。

1.3 夏六月，邢迁于夷仪④。

1.4 齐师、宋师、曹师城邢。

1.5 秋七月戊辰[⑤]，夫人姜氏薨于夷，齐人以归[⑥]。

1.6 楚人伐郑[⑦]。

1.7 八月，公会齐侯、宋公、郑伯、曹伯、邾人于柽[⑧]。

1.8 九月，公败邾师于偃[⑨]。

1.9 冬十月壬午[⑩]，公子友帅师败莒师于郦[⑪]。获莒挐[⑫]。

1.10 十有二月丁巳[⑬]，夫人氏之丧至自齐[⑭]。

【注释】

①元年：鲁僖公元年当周惠王十八年，前659。

②曹伯：当作“曹师”。据《传》文“诸侯救邢”，则三国都是国君亲自率师，前二国皆称“师”，此不应独称“曹伯”。聂北：在今山东博平。

③救邢：庄公三十二年狄伐邢，此年诸侯救之。邢，姬姓国，在今河北邢台西南。

④夷仪：在今山东聊城西。

⑤戊辰：二十六日。

⑥夫人姜氏薨于夷，齐人以归：上年哀姜参与庆父之乱，齐人杀掉哀姜，现送回尸体。姜氏，哀姜。

⑦楚人：《春秋经》此前均称“楚”为“荆”，自此改称“楚”。

⑧柽(chēng)：宋地，在今河南淮阳西北。

⑨偃：邾地，在今山东费县南。

⑩壬午：十二日。

⑪公子友：季友。郦(lí)：鲁地，今河南内乡东北。

⑫获：大夫被俘虏，不管生死都叫获。莒挐(ná)：莒君的弟弟。

⑬丁巳：十八日。

⑭夫人氏:指哀姜。丧:入殓的尸体。

【译文】

鲁僖公元年春周历正月。

齐国、宋国、曹国的军队驻扎在聂北,准备救邢国。

夏六月,邢人迁都到夷仪。

齐国、宋国、曹国的军队在夷仪为邢筑城。

秋七月二十六日,夫人姜氏死于夷,齐人送回她的灵柩。

楚国人攻打郑国。

八月,僖公和齐桓公、宋襄公、郑文公、曹昭公、邾君在柽地会盟。

九月,僖公在偃地打败邾国军队。

冬十月十二日,公子友率军队在郦地打败莒国的军队,抓获莒君的弟弟挐。

十二月十八日,姜氏的灵柩从齐国送回。

【传】

1.1 元年春,不称即位,公出故也[①]。公出复入,不书,讳之也。讳国恶[②],礼也。

【注释】

①出:上年八月闵公死,僖公出奔邾。

②国恶:国家之乱。指上年鲁国庆父之乱。九月,庆父逃亡莒国,僖公才回鲁国即位。

【译文】

鲁僖公元年春,《春秋》不记载僖公即位,是因为僖公出奔在外的缘故。僖公因内乱出奔而回国,《春秋》不记载,是出于隐讳。隐讳国家的坏事,这符合礼法。

1.2　诸侯救邢。邢人溃，出奔师[①]。师遂逐狄人，具邢器用而迁之[②]，师无私焉[③]。

【注释】

①出奔师：奔逃到诸侯军队中。

②器用：指财货物品。

③私：指私下拿走邢国器用财物。

【译文】

齐、宋、曹三国军队救邢国。邢国的军队败溃，都逃到诸侯军中。诸侯军于是赶走了狄人，收拾了邢人的全部财货器用让他们迁走，军队没有私自占取邢人的财物。

1.3　夏，邢迁于夷仪，诸侯城之[①]，救患也。凡侯伯[②]，救患、分灾、讨罪[③]，礼也。

【注释】

①城之：为邢国筑城。《国语·齐语》云："狄人攻邢，桓公筑夷仪以封之。男女不淫，牛马选具。"《管子·大匡篇》云："狄人伐邢，邢君出，致于齐，桓公筑夷仪以封之，予车百乘，卒千人。"

②侯伯：诸侯之伯，即霸主，此指齐桓公。

③分灾：诸侯之国遭受天灾，用谷物布帛去救济。讨罪：率诸侯军讨伐有罪。

【译文】

夏，邢国迁到夷仪，诸侯为它修筑城墙，这是为它解救患难。凡霸主，解救患难、分担灾难、讨伐有罪，这是符合礼法的。

1.4 秋，楚人伐郑，郑即齐故也[①]。盟于荦[②]，谋救郑也。

【注释】

①即：亲近。

②荦(luò)：即《经》文的柽。鲁、齐、宋、郑、曹、邾等国在荦会盟。

【译文】

秋天，楚国人攻打郑国，是因为郑国人与齐国亲近。诸侯在荦地结盟，商量救郑之事。

1.5 九月，公败邾师于偃，虚丘之戍将归者也[①]。

【注释】

①虚丘：在今山东费县。上年哀姜逃到邾，邾人送还哀姜。邾国派兵戍守虚丘，准备侵犯鲁国。齐人送回哀姜之丧，邾人害怕，撤回虚丘之兵，被鲁国拦击。

【译文】

九月，僖公在偃地打败邾国军队，这是戍守虚丘将撤回的军队。

1.6 冬，莒人来求赂[①]。公子友败诸郦，获莒子之弟挐。非卿也，嘉获之也[②]。公赐季友汶阳之田及费[③]。

【注释】

①赂：财货。上年鲁国以财货向莒国求取庆父，现在莒国又以此为由向鲁国求取财货。

②非卿也，嘉获之也：莒挐不是卿，本不应予记载，但《经》文予以记载，是嘉奖季友擒获莒挐的功劳。

③汶阳之田：汶水之北的田地。阳，山南水北叫阳。费：故城在山东费县西北。

【译文】

冬，莒国人来求取财货。公子友在郦地打败他们，擒获莒君之弟挐。莒挐不是卿，《春秋》加以记载，是为了嘉奖季友的功劳。僖公将汶阳的田地和费地奖赏给季友。

1.7　夫人氏之丧至自齐。君子以齐人杀哀姜也为已甚矣[①]，女子，从人者也[②]。

【注释】

①已甚：太过分。已，太。

②从人者：古代礼制，女子未嫁从父，既嫁从夫，夫死从子。哀姜既已嫁鲁国，虽对鲁国有罪，也不应由娘家的齐国来处置。

【译文】

夫人姜氏的灵柩从齐国送回。君子认为齐国人杀哀姜是太过分了。女子，是跟从夫家的。

二年

【经】

2.1　二年春王正月[①]，城楚丘[②]。

2.2　夏五月辛巳[③]，葬我小君哀姜[④]。

2.3　虞师、晋师灭下阳[⑤]。

2.4　秋九月，齐侯、宋公、江人、黄人盟于贯[⑥]。

2.5　冬十月，不雨[⑦]。

2.6　楚人侵郑。

【注释】

①二年:鲁僖公二年当周惠王十九年,前658。

②城楚丘:此时卫尚庐于曹,先筑城而后迁徙,故云“城楚丘”。楚丘,在今河南滑县东。

③辛巳:十四日。

④小君:诸侯之妻。去年冬哀姜灵柩回来,此时才下葬。

⑤下阳:在今山西平陆北。

⑥江:嬴姓国,在今河南息县。黄:嬴姓国,在今河南潢川。贯:宋地,在今山东曹县南。

⑦不雨:不下雨,但没有发生旱灾。

【译文】

鲁僖公二年春周历正月,在楚丘筑城。

夏五月十四日,我国小君哀姜下葬。

虞国、晋国的军队攻灭下阳。

秋九月,齐桓公、宋襄公、江国、黄国的国君在贯地结盟。

冬十月,不下雨。

楚国人再次侵犯郑国。

【传】

2.1　二年春,诸侯城楚丘而封卫焉[①]。不书所会[②],后也[③]。

【注释】

①封:封国,建国。卫国因狄人入侵而君死国灭,重新恢复,所以称为“封”。

②会:指会见。

③后:迟到。指鲁僖公迟到。

【译文】

二年春，诸侯在楚丘筑城并把卫国封在那里。因鲁僖公迟到，所以《春秋》没记载诸侯会见。

2.2 晋荀息请以屈产之乘与垂棘之璧[1]，假道于虞以伐虢[2]。公曰："是吾宝也[3]。"对曰："若得道于虞，犹外府也[4]。"公曰："宫之奇存焉[5]。"对曰："宫之奇之为人也，懦而不能强谏，且少长于君[6]，君昵之[7]，虽谏，将不听。"乃使荀息假道于虞，曰："冀为不道[8]，入自颠軨[9]，伐鄍三门[10]。冀之既病，则亦唯君故[11]。今虢为不道，保于逆旅[12]，以侵敝邑之南鄙。敢请假道以请罪于虢[13]。"虞公许之，且请先伐虢。宫之奇谏，不听，遂起师。夏，晋里克、荀息帅师会虞师伐虢，灭下阳[14]。先书虞，贿故也。

【注释】

①荀息：晋大夫，名黯，字息，也叫荀叔。屈产之乘：北屈所产的马。北屈，在今山西吉县东北，与狄交界。垂棘：晋地，在山西潞城北。

②假道于虞以伐虢：虞，在今山西平陆东北。虢，此指北虢，其故都下阳据王夫之《稗疏》，在平陆大阳之南，滨河之北。虞在晋国南边，虢又在虞南边，所以晋伐虢要向虞借道。

③是：指屈产之乘与垂棘之璧。

④外府：外库。

⑤宫之奇：虞国的贤臣。

⑥少长于君：自小和虞君一起在宫中长大。

⑦昵：亲近。

⑧冀：国名，在今山西河津东北。不道：残暴。

⑨颠軨（líng）：也叫虞坂，虞国境内要道，即晋国想借之路。

⑩鄍（míng）：虞地，在今山西平陆东北。

⑪亦唯君故：晋国曾为虞伐冀，因此说晋伐冀使冀受到损伤，完全是为了虞君。

⑫保：同“堡”，堡垒。逆旅：客舍，似后来的旅馆。

⑬请罪：问罪，此乃委婉之说法。

⑭下阳：虢国要塞，也是虢国宗庙所在。

【译文】

晋国的荀息请求用北屈出产的马和垂棘的玉璧作为礼物借路虞国以讨伐虢国。晋献公说：“这两项东西是我的宝贝啊。”荀息回答说：“如果能借得虞国的道路，那就等于把东西放在自己的外库里。”晋献公又说：“宫之奇在那里。”荀息回答说：“宫之奇的为人，懦弱又不能坚决进谏，而且从小和虞君一起在宫中长大，虞君很亲近他，即使进谏，虞君也不会听。”于是让荀息向虞国借路，说：“冀国残暴，从颠軨攻打虞国，从三面城门进攻鄍地。晋国攻打冀国使冀国受到重创，完全是为了虞君啊。现在虢国无道，在客舍里筑碉堡，攻打晋国南部边境。所以请让我们借路，以向虢国问罪。”虞君答应了，并且请求作为前导先攻打虢国。宫之奇劝阻虞君，虞君不听，虞国于是发兵。夏，晋国的里克、荀息率领军队和虞军会师，攻打虢国，灭了下阳。《春秋》先写虞国，因为虞国接受了贿赂。

2.3 秋，盟于贯，服江、黄也①。

【注释】

①服江、黄：江、黄本是楚国的属国，现在来亲附齐国，所以诸侯会盟。

【译文】

秋，在贯地结盟，因为江、黄两国归附于齐国。

2.4 齐寺人貂始漏师于多鱼[①]。

【注释】

①寺人貂：即竖貂。寺人，宦官。漏师：泄露军事机密。多鱼：地名，大概在今河南虞城。

【译文】

齐国的宦官貂开始在多鱼泄露军事机密。

2.5 虢公败戎于桑田[①]。晋卜偃曰[②]："虢必亡矣。亡下阳不惧，而又有功[③]，是天夺之鉴[④]，而益其疾也[⑤]。必易晋而不抚其民矣[⑥]，不可以五稔[⑦]。"

【注释】

①桑田：地名，在今河南灵宝。

②卜偃：晋国的占卜官，名偃。

③有功：指打败戎人。

④鉴：镜子。

⑤疾：病，此借指罪恶。

⑥易晋：以晋为易，即轻视晋国。

⑦稔(rěn)：庄稼成熟叫稔。谷物一年一熟，所以"稔"又借为"年"。

【译文】

虢公在桑田打败戎人。晋国的卜偃说："虢国必定要亡国了。下阳被灭了不害怕，反而有了武功，这是上天夺走了它的镜子，而加重了它的罪恶。它必然轻视晋国而不安抚其百姓,不会超过五年了。”

2.6 冬,楚人伐郑,斗章囚郑聃伯[①]。

【注释】

①斗章:楚国大夫。聃伯:郑国大夫。

【译文】

冬,楚国人攻打郑国,楚国大夫斗章囚禁了郑国的聃伯。

三年

【经】

3.1 三年春王正月[①],不雨。

3.2 夏四月不雨。

3.3 徐人取舒[②]。

3.4 六月雨。

3.5 秋,齐侯、宋公、江人、黄人会于阳谷[③]。

3.6 冬,公子友如齐莅盟[④]。

3.7 楚人伐郑。

【注释】

①三年:鲁僖公三年当周惠王二十年,前657。

②徐:国名,嬴姓,在今安徽泗县西北。舒:偃姓国,在今安徽舒城一带。

③阳谷:齐地,在今山东阳谷北。

④莅盟:参加盟会。

【译文】

鲁僖公三年春周历正月，不下雨。

夏四月不下雨。

徐国人攻取了舒国。

六月下雨。

秋，齐桓公、宋襄公、江人、黄人在阳谷相会。

冬，公子友到齐国参加会盟。

楚国人攻打郑国。

【传】

3.1　三年春，不雨。夏六月雨。自十月不雨至于五月。不曰旱，不为灾也。

【译文】

鲁僖公三年春，不下雨。夏六月下雨。自上年十月一直到今年五月一直没有下雨。没有成灾，所以《春秋》的记载不说旱。

3.2　秋，会于阳谷，谋伐楚也。

【译文】

秋，诸侯在阳谷会见，商量讨伐楚国之事。

3.3　齐侯为阳谷之会，来寻盟。冬，公子友如齐莅盟。

【译文】

齐桓公为了阳谷的会见，派人来重续旧好。冬，鲁国派公子友到齐国参加盟会。

3.4　楚人伐郑，郑伯欲成[1]。孔叔不可[2]，曰："齐方勤我[3]，弃德不祥。"

【注释】

①成：讲和。

②孔叔：郑国大夫。

③勤我：为我而勤，即指来救我。勤，劳。

【译文】

楚国人攻打郑国，郑文公想讲和。孔叔不同意，说："齐国正要来救我，抛弃这种恩德不祥。"

3.5　齐侯与蔡姬乘舟于囿[1]，荡公[2]。公惧，变色。禁之，不可。公怒，归之，未之绝也。蔡人嫁之[3]。

【注释】

①蔡姬：蔡穆侯的妹妹，齐桓公夫人。囿：君主的园林。

②荡：摇晃。

③蔡人嫁之：此本与下年侵蔡事连为一体，为后人割裂在此。

【译文】

齐桓公和蔡姬在花园里乘船玩，蔡姬摇晃着船逗桓公。桓公害怕，变了脸色。要蔡姬停下来，她却不停。桓公发怒了，把蔡姬送回娘家，但没有完全休弃她。蔡国人却把她嫁给别国。

四年

【经】

4.1　四年春王正月[①]，公会齐侯、宋公、陈侯、卫侯、郑伯、许男、曹伯侵蔡[②]。蔡溃，遂伐楚，次于陉[③]。

4.2　夏，许男新臣卒[④]。

4.3　楚屈完来盟于师[⑤]，盟于召陵[⑥]。

4.4　齐人执陈辕涛涂[⑦]。

4.5　秋，及江人、黄人伐陈。

4.6　八月，公至自伐楚。

4.7　葬许穆公。

4.8　冬十有二月，公孙兹帅师会齐人、宋人、卫人、郑人、许人、曹人侵陈[⑧]。

【注释】

①四年：鲁僖公四年当周惠王二十一年，前656。

②侵蔡：上年蔡国把齐桓公夫人蔡姬嫁给别国引起诸侯侵蔡。

③次：驻扎。陉（xíng）：楚地，在今河南郾城南。

④许男新臣：许穆公，男爵，名新臣。

⑤屈完：楚大夫。

⑥召陵：地名，在今河南郾城东。

⑦辕涛涂：陈国大夫。

⑧公孙兹：鲁叔牙之子叔孙戴伯。

【译文】

鲁僖公四年春周历正月，鲁僖公会合齐桓公、宋襄公、陈宣公、卫文公、郑文公、许穆公、曹昭公入侵蔡国。蔡国溃败，于是攻打楚国，军队驻扎在陉地。

夏，许穆公新臣死于军中。

楚大夫屈完到诸侯军中会盟，在召陵结盟。

齐国人抓住陈国大夫辕涛涂。

秋，齐国军队和江、黄二国攻打陈国。

八月，鲁僖公从伐楚的军中回国。

安葬许穆公。

冬十二月，公孙兹率领军队和齐国、宋国、卫国、郑国、许国、曹国的军队会合入侵陈国。

【传】

4.1 四年春，齐侯以诸侯之师侵蔡[①]。蔡溃，遂伐楚。

【注释】

①侵蔡：蔡国嫁了蔡姬，又亲楚，齐侵蔡是为伐楚作准备。

【译文】

鲁僖公四年春，齐桓公率领宋、鲁、陈、卫、郑、许、曹等国的军队去攻打蔡国。蔡国军队被打败，诸侯的军队于是讨伐楚国。

楚子使与师言曰："君处北海，寡人处南海，唯是风马牛不相及也[①]，不虞君之涉吾地也，何故？"

【注释】

①风马牛不相及也：孔颖达《疏》引服虔曰："牝牡相诱谓之风……此言'风马牛'，谓马牛风逸，牝牡相诱，盖是末界之微事，言此事不相及，故以取喻不相干也。"一说：风，放逸，走失。谓齐楚两地

相离甚远，马牛不会走失至对方地界。后用以比喻事物之间毫不相干。风，谓兽类雌雄相诱。

【译文】

楚成王派使者去军中质问齐桓公说："贵国在北方，楚国在南方，两国相隔很远，就是牛马发情，也不能跑到一起呀，没想到您却侵入到我国来了，这是为什么呀？"

管仲对曰："昔召康公命我先君大公曰①：'五侯九伯②，女实征之③，以夹辅周室④。'赐我先君履⑤：东至于海⑥，西至于河⑦，南至于穆陵⑧，北至于无棣⑨。尔贡包茅不入⑩，王祭不共⑪，无以缩酒⑫，寡人是征⑬；昭王南征而不复⑭，寡人是问。"

【注释】

①召康公：周武王时太保召公奭。大公：即太公姜尚，齐国始封君。

②五侯九伯：五侯，指公、侯、伯、子、男五等爵位。九伯，指九州之长。

③女：通"汝"。

④夹（xié）：通"挟"。

⑤赐我先君履：赐履，指征伐的足迹所到的范围。

⑥东至于海：《齐语》"东至于纪酅"，则齐桓公之疆境东不至海。

⑦西至于河：《齐语》述齐桓公正其封疆，西至于济，则此"西至于河"及前"东至于海"，当为可以征伐之界。河，黄河。

⑧穆陵：楚地名，大约在湖北麻城西北一带。

⑨无棣：地名，在今山东、河北交界处，今属山东。

⑩尔：指楚王。包茅：古代祭祀时用以滤酒的菁茅。因以裹束菁茅

置匣中，故称。

⑪共：同“供”。

⑫缩酒：用菁茅滤去酒糟。

⑬是征：即征是。征，问罪。

⑭昭王南征而不复：周昭王晚年不理国事，人民怨恨，当他巡狩南方渡过汉水时，当地人民故意让他乘一只用胶黏的船，行至中流，船解体下沉，昭王与臣子都淹死了。昭王，即周昭王，成王之孙。

【译文】

管仲回答楚国使者说：“从前，召康公为周天子命令我们齐国的先君太公说：‘天下的诸侯，不论谁犯了罪，你都可以征伐，以便辅佐王室。’并赐予我们先君讨伐的范围：东到大海，西到黄河，南到穆陵，北到无棣。你们楚国，该进贡裹束的菁茅却没有进贡，以致天子祭祀时供应不上，没有东西可以滤酒祭神，寡人特意为此来问罪；昭王南巡到汉水而没有回去，寡人因此责问你们。”

对曰：“贡之不入，寡君之罪也，敢不共给？昭王之不复，君其问诸水滨[①]。”师进，次于陉。

【注释】

①“贡之不入”五句：贡之不入，罪小，故认改；昭王之不复，罪大，故推诿。诸，“之于”的合音。

【译文】

楚国使者回答说：“贡品没有送上去，这是我们国君的罪过，我们岂敢不供给？昭王南巡而不返，您去汉水边打听打听吧！”诸侯军队前进，驻扎在陉地。

夏,楚子使屈完如师,师退,次于召陵。

【译文】

到了夏天,楚王派大夫屈完到诸侯联军那里,联军后撤,驻扎在离陉地不远的召陵。

齐侯陈诸侯之师,与屈完乘而观之。齐侯曰:"岂不穀是为①,先君之好是继。与不穀同好,如何?"对曰:"君惠徼福于敝邑之社稷②,辱收寡君③,寡君之愿也。"齐侯曰:"以此众战,谁能御之?以此攻城,何城不克?"对曰:"君若以德绥诸侯④,谁敢不服?君若以力,楚国方城以为城⑤,汉水以为池,虽众,无所用之!"屈完及诸侯盟。

【注释】

①不穀:国君自谦的称呼。

②君惠徼(yāo)福于敝邑之社稷:此句意为您为敝国的社稷求福。惠,表谦敬的副词。徼,求。

③辱:客气语。收:接纳。

④绥(suí):安抚。

⑤方城:山名,今河南叶县南有方城山。

【译文】

齐桓公让诸侯的军队全部列好阵势,然后自己和屈完一起同乘一辆车去检阅军队。齐桓公说:"列国这样做难道是为了我吗?这是在继承我先君的友好精神呀!贵国和我们友好吧,怎么样?"屈完回答说:"您为敝国求福谋利,愿接受我楚君做盟友,这本是我楚君最大的愿望啊!"齐桓公又说:"用这样的军队去打仗,谁能抵挡得了?用这样的军队去攻城，什么样的城池不能攻下？”屈完回答说：“您如果以道德安定诸侯，哪个敢不服？如果要用武力，那我们楚国将把方城山作为城墙，汉水作为护城河，您的军队虽然众多，恐怕也用不上啊！”于是屈完代表楚国和诸侯签订了盟约。

4.2　陈辕涛涂谓郑申侯曰[①]：“师出于陈、郑之间，国必甚病[②]。若出于东方，观兵于东夷[③]，循海而归，其可也。”申侯曰：“善。”涛涂以告齐侯，许之。申侯见曰：“师老矣[④]，若出于东方而遇敌，惧不可用也[⑤]。若出于陈、郑之间，共其资粮屝屦[⑥]，其可也。”齐侯说，与之虎牢[⑦]。执辕涛涂。

【注释】

①申侯：郑国大夫。

②病：困乏。

③观兵：以兵力示威。东夷：指郯、莒、徐夷诸国。

④老：军队出兵久，疲惫不堪。

⑤惧不可用：不能对付敌人。

⑥资：也是粮。屝(fèi)屦：草鞋。常泛指行旅用品。

⑦虎牢：郑地，即制邑。

【译文】

陈国的辕涛涂对郑国的申侯说：“齐军经过陈国、郑国之间，陈、郑两国负担沉重，必十分困乏。如果出兵东方，向东夷诸国陈兵示威，再沿海路回国，这就好了。”申侯说：“对呀。”辕涛涂就把这个意见告诉齐桓公，齐桓公同意了。申侯去见齐桓公说：“军队出兵已久，疲惫不堪，如果从东方走，遇到敌人，恐怕不能抵御敌人啊。如果取道陈国、郑国之间，由他们供应粮食和草鞋，该更好。”齐桓公很高兴，把虎牢奖给申侯。把辕涛涂抓起来。

4.3　秋，伐陈[①]，讨不忠也[②]。

【注释】

①伐陈：指齐国和江、黄一起伐陈。

②不忠：指辕涛涂引诱齐军出东道。

【译文】

秋，齐国和江、黄等国一起讨伐陈国，是为惩罚它的不忠。

4.4　许穆公卒于师，葬之以侯[①]，礼也。凡诸侯薨于朝、会，加一等[②]；死王事[③]，加二等。于是有以衮敛[④]。

【注释】

①葬之以侯：许穆公是男爵，而以侯爵之礼葬之。

②加一等：葬礼加一等级。

③王事：指征伐。许男死于为周王伐楚，亦属王事。

④衮(gǔn)：衮衣，天子及上公的礼服。

【译文】

许穆公死于军中，用侯爵的礼节安葬他，这是合乎礼的。凡是诸侯死于朝觐、会盟，葬礼加一等；死于征战，加二等。因此用衮衣入殓。

4.5　冬，叔孙戴伯帅师会诸侯之师侵陈[①]。陈成[②]，归辕涛涂。

【注释】

①诸侯之师：即鲁、齐、宋、卫、郑、许、曹联军。

②成：求和。

【译文】

叔孙戴伯率领军队和诸侯联军攻打陈国。陈国服罪求和，齐人因此放回辕涛涂。

4.6 初，晋献公欲以骊姬为夫人，卜之[①]，不吉；筮之[②]，吉。公曰："从筮。"卜人曰[③]："筮短龟长[④]，不如从长。且其繇曰[⑤]：'专之渝[⑥]，攘公之羭[⑦]。一薰一莸[⑧]，十年尚犹有臭[⑨]。'必不可。"弗听，立之。生奚齐，其娣生卓子[⑩]。

【注释】

①卜：占卜。卜用龟甲。

②筮：用蓍草占卜。

③卜人：主占卜的官。

④筮短龟长：古人认为卜较筮为灵验，所以说筮短龟长。

⑤繇(zhòu)：占卜所得的兆辞。

⑥专：专宠。渝：变。

⑦攘：窃取，偷。羭(yú)：公羊。此暗指申生。

⑧薰：香草，暗指申生。莸：臭草，暗指骊姬。

⑨臭(xiù)：气味。凡气味不论香臭，都可称臭。此指臭气。

⑩娣：妹妹。按，以上追述前事，参见庄公二十八年《传》。

【译文】

当初，晋献公想立骊姬为夫人，占卜，不吉利；占筮，吉利。献公说："就依从占筮的吧。"占卜的人说："占筮不灵验，占卜比较灵验，不如依从占卜。况且其爻辞说：'专宠过分就会变出坏心，偷走你的公羊。香草臭草放在一起，十年之后还会有臭气。'一定不行。"晋献公不听，立了骊姬。骊姬生奚齐，她妹妹生了卓子。

及将立奚齐，既与中大夫成谋①，姬谓大子曰："君梦齐姜，必速祭之②。"大子祭于曲沃③，归胙于公④。公田⑤，姬置诸宫六日。公至，毒而献之。公祭之地，地坟⑥。与犬，犬毙。与小臣⑦，小臣亦毙。姬泣曰："贼由大子⑧。"大子奔新城⑨。公杀其傅杜原款。

【注释】

①中大夫：支持骊姬的宫中大夫。成谋：定下计谋。

②君梦齐姜，必速祭之：古人梦见先人，皆以食享之。齐姜，申生的生母。

③曲沃：晋献公祖庙所在，齐姜死后祔于祖姑，其庙也在曲沃。

④胙(zuò)：祭祀的酒肉。

⑤田：打猎。

⑥公祭之地，地坟：《史记·晋世家》曰："献公从猎来还，宰人上胙献公，献公欲飨之。骊姬从旁止之，曰：'胙所从来远，宜试之。'祭地，地坟……"祭之地，指饮前先酹酒，即将酒浇于地而祭。坟，地面隆起。

⑦小臣：献公身边太监。

⑧贼由大子：按，《史记·晋世家》记此语曰："骊姬泣曰：'太子何忍也！其父而欲弑代之，况他人乎？且君老矣，旦暮之人，曾不能待而欲弑之！'谓献公曰：'太子所以然者，不过以妾及奚齐之故。妾愿子母辟之他国，若早自杀，毋徒使母子为太子所鱼肉也。始

君欲废之，妾犹恨之；至于今，妾殊自失于此。’”更为阴险恶毒。贼，加害，干坏事。

⑨新城：即曲沃。

【译文】

到了晋献公准备立奚齐为太子时，骊姬已经和宫中大夫有了预谋。骊姬对太子申生说：“献公梦见你母亲齐姜，你要赶快去祭祀她。”太子就到曲沃去祭祀齐姜，回来把祭祀的酒肉献给献公。献公去打猎，骊姬把酒肉在宫中放了六天。献公回来，骊姬在酒肉中放了毒，然后献给献公。献公用酒来祭地，地上隆起一个土包来。拿肉去喂狗，狗吃了死了。给身边的太监吃，太监也死了。骊姬哭着说：“这是太子要加害于你。”太子申生逃亡到新城。献公杀了他的师父杜原款。

或谓大子：“子辞①，君必辩焉②。”大子曰：“君非姬氏，居不安，食不饱。我辞，姬必有罪。君老矣，吾又不乐。”曰：“子其行乎③！”大子曰：“君实不察其罪④，被此名也以出⑤，人谁纳我⑥？”

【注释】

①辞：申辩。

②辩：辨明是非。

③行：出逃。

④不察其罪：不了解我的罪过。

⑤被(pī)此名：带着弑父的恶名。

⑥人谁纳我：《国语·晋语二》云：“人谓申生曰：‘非子之悲，何不去乎？’申生曰：‘不可。去而罪释，必归于君，是怨君也。章父之恶，取笑诸侯，吾谁乡而入？内困于父母，外困于诸侯，是重困

也。弃君、去罪，是逃死也。吾闻之：仁不怨君，智不重困，勇不逃死。若罪不释，去而必重。去而罪重，不智；逃死而怨君，不仁；有罪不死，无勇。去而厚怨，恶不可重，死不可避，吾将伏以俟命。’”

【译文】

有人对太子说：“你应该申辩，国君是能够明辨是非的。”太子说：“国君没有骊姬，睡也不安，吃也不饱。我去辩解，骊姬必定有罪。国君老了，如果失去骊姬，一定不快乐，我也不快乐。”那人说：“那你将要逃亡吗？”太子说：“国君还没查清我的罪过，背负着弑君的罪名出逃，谁会收留我呢？”

十二月戊申[①]，缢于新城。姬遂谮二公子曰[②]：“皆知之。”重耳奔蒲，夷吾奔屈[③]。

【注释】

①戊申：二十七日。

②谮(zèn)：诬陷。

③重耳奔蒲，夷吾奔屈：蒲与屈本是二人的采邑。

【译文】

十二月二十七日，太子在新城上吊自杀。骊姬诬陷两位公子说：“他们都参与了这件事情。”于是重耳逃到蒲地，夷吾逃到屈地。

五年

【经】

5.1　五年春[①]，晋侯杀其世子申生[②]。

5.2　杞伯姬来朝其子[③]。

5.3 夏,公孙兹如牟[④]。

5.4 公及齐侯、宋公、陈侯、卫侯、郑伯、许男、曹伯会王世子于首止[⑤]。

5.5 秋八月,诸侯盟于首止。

5.6 郑伯逃归不盟[⑥]。

5.7 楚子灭弦[⑦],弦子奔黄[⑧]。

5.8 九月戊申朔,日有食之[⑨]。

5.9 冬,晋人执虞公。

【注释】

①五年:鲁僖公五年当周惠王二十二年,前655。

②晋侯杀其世子申生:申生自杀于上年十二月戊申,所用为夏历,以周历推算,正是今年春二月二十七日。世子,天子、诸侯的嫡长子,太子。

③伯姬:杞国君杞成公夫人。朝其子:派其子来朝于鲁。伯姬在庄公二十五年出嫁,其子此时最多不过十四岁。

④牟:鲁的邻国。

⑤王世子:周惠王太子郑,太子郑即后来的周襄王。首止:在今河南睢县东南。

⑥郑伯:郑文公。

⑦弦:姬姓国,在今河南潢川西北。

⑧黄:齐地,在今山东淄博南。

⑨九月戊申朔,日有食之:当为前655年8月19日之日全食。

【译文】

鲁僖公五年春周历正月,晋献公杀了他的太子申生。

杞伯姬派她的儿子来鲁国朝觐。

夏，公孙兹前往牟国。

鲁僖公和齐桓公、宋襄公、陈穆公、卫文公、郑文公、许僖公、曹昭公在首止会见周王太子。

秋八月，诸侯在首止结盟。

郑文公逃回不参加盟会。

楚成王灭了弦国，弦子逃奔黄地。

九月初一，日全食。

冬，晋国人俘虏了虞国国君。

【传】

5.1　五年春王正月辛亥朔，日南至①。公既视朔②，遂登观台以望③。而书，礼也。凡分、至、启、闭④，必书云物⑤，为备故也。

【注释】

①日南至：即今之冬至。周历正月初一为冬至。

②视朔：诸侯在每月初一以一只羊告祭于太庙叫告朔，也叫告月。告朔后，听取和处理一个月的政事叫视朔，也叫听朔。

③观(guàn)台：天子、诸侯的宫门都筑台，台上有屋，叫台门，台门两旁格外高出的屋子，叫观台。望：望云气。望云气之后要加以记载。

④分：春分、秋分。至：夏至、冬至。启：立春、立夏。闭：立秋、立冬。

⑤必书云物：古礼，国君于二分二至及四立之日，必登台以望天象或日旁云气之色，占其吉凶而书之。云物，气色灾变。

【译文】

鲁僖公五年春周历正月初一，冬至。僖公在太庙听政和处理政事后，就登上观台遥望云气。对此加以记载，是合于礼的。凡是春分秋分、夏至冬至、立春立夏、立秋立冬，必定要记载云气变化，这是为灾害做准备的缘故。

5.2 晋侯使以杀大子申生之故来告。

【译文】

晋献公使者来报告杀太子申生的原因。

初，晋侯使士芀为二公子筑蒲与屈，不慎，置薪焉[①]。夷吾诉之[②]，公使让之。士芀稽首而对曰[③]："臣闻之：'无丧而戚[④]，忧必雠焉[⑤]。无戎而城，仇必保焉[⑥]。'寇仇之保，又何慎焉！守官废命[⑦]，不敬；固仇之保，不忠。失忠与敬，何以事君？《诗》云[⑧]：'怀德惟宁[⑨]，宗子惟城[⑩]。'君其修德而固宗子，何城如之？三年将寻师焉[⑪]，焉用慎？"退而赋曰："狐裘尨茸[⑫]，一国三公，吾谁適从[⑬]？"

【注释】

①置薪焉：把柴草放进城墙里。

②诉之：告诉献公。

③稽首：叩头到地。古代最恭敬之礼。

④戚：悲哀。

⑤雠：应，指忧与戚相应。

⑥仇：此指仇敌。保：据守。

⑦废命：不执行命令。

⑧《诗》云：引诗见《诗经·大雅·板》。

⑨怀德惟宁：怀德是修德，修德是为了安宁。

⑩宗子惟城：意为团结好宗子，就等于修了城墙，何必再修泥土的城墙呢。宗子，同宗公子，此指献公之子重耳、夷吾。

⑪寻师：用兵。

⑫龙茸(méng róng)：亦作“蒙戎”，皮裘蓬松散乱的样子。

⑬谁適(dí)从：服从谁。適，主，以谁为主。

【译文】

当初，晋献公派士蔿为重耳、夷吾二位公子在蒲城和屈城加固城墙，士蔿不认真，把柴草放进城墙里。夷吾报告给晋献公，献公责备士蔿。士蔿叩头回答说：“下臣听说：‘没有丧事而悲伤，忧愁就跟着来了。没有兵患而筑城，反而为内部的仇敌凭借据守。’敌人可以以此据守，又何必谨慎？守着官位而不执行命令，是对君不敬；为仇敌修筑坚固的城墙，是对国不忠。失去了忠与敬，如何侍奉国君？《诗》中说：‘修德才能安民，众公子就是你的城墙。’国君如果修养德行而使众公子地位巩固，又何必修城？三年之后将要用兵，哪里用得着谨慎？”士蔿退下后作诗说：“狐皮大衣散乱蓬松，一国有三公，我该服从哪个公？”

及难[①]，公使寺人披伐蒲[②]。重耳曰：“君父之命不校[③]。”乃徇曰[④]：“校者，吾仇也。”逾垣而走。披斩其袪[⑤]，遂出奔翟[⑥]。

【注释】

①及难：指骊姬之难。

②寺人披：太监披。披，人名。

③校(jiào)：抵抗。

④徇：向众人宣布。

⑤袪(qū)：袖口。

⑥翟：同“狄”。

【译文】

等到发生骊姬之难，献公派寺人披攻打蒲城。重耳说：“奉了国君和父亲的命令来，不能抵抗。”于是向众人宣布：“抵抗者，就是我的仇敌。”重耳翻墙而逃。寺人披只砍掉了他的袖口，重耳逃奔到翟国。

5.3 夏，公孙兹如牟，娶焉。

【译文】

夏，公孙兹到牟国娶亲。

5.4 会于首止，会王大子郑，谋宁周也[①]。

【注释】

①宁周：周惠王宠爱少子带，有废太子郑之意，诸侯与太子郑相会，是表示对太子郑的支持。

【译文】

诸侯在首止相会，会见周太子郑，商量如何安定周王室。

5.5 陈辕宣仲怨郑申侯之反己于召陵[①]，故劝之城其赐邑[②]，曰：“美城之，大名也[③]，子孙不忘。吾助子请。”乃为之请于诸侯而城之，美。遂谮诸郑伯，曰：“美城其赐邑，将以叛也。”申侯由是得罪[④]。

【注释】

①辕宣仲：即辕涛涂。反己于召陵：见上年《传》，郑大夫申侯出卖

了辕涛涂，使他被齐人拘捕。

②城：修筑、加固城墙。赐邑：即上年《传》中齐桓公赐给申侯的虎牢。

③大名：名声更大。

④申侯由是得罪：申侯于鲁僖公七年被杀。

【译文】

陈国的辕宣仲埋怨郑国的申侯在召陵的时候出卖了他，所以故意劝他在封邑筑城，说："把城筑得美观一些，这样名声更大，子孙也不会忘记你。此事我可以帮你请求。"于是帮助申侯向诸侯请求筑城，城修筑得很美观。于是在郑文公面前说申侯的坏话，说："把赐邑修筑得那么美观，是准备反叛了。"申侯因此得罪于郑文公。

5.6　秋，诸侯盟。王使周公召郑伯①，曰："吾抚女以从楚，辅之以晋，可以少安②。"郑伯喜于王命而惧其不朝于齐也，故逃归不盟。孔叔止之曰③："国君不可以轻④，轻则失亲⑤；失亲患必至。病而乞盟⑥，所丧多矣，君必悔之。"弗听，逃其师而归⑦。

【注释】

①周公：名宰孔。

②吾抚女以从楚，辅之以晋，可以少安：楚、晋未与齐盟，周惠王意为使郑投靠楚、晋而不与齐结盟。首止之盟是为了定王世子之位，并非惠王之意，惠王恨之，故召郑伯使之叛齐。少安，即稍安，稍稍得到安定。

③孔叔：郑国大夫。

④轻：轻举妄动。

⑤亲:援助。

⑥病:疲病。

⑦逃其师:诸侯赴盟,有军队随从,郑伯只身逃走,所以说“逃其师”。

【译文】

秋,诸侯会盟。周王派周公召见郑文公,说:“我安抚你,希望你去跟随楚国,以晋国作为辅助,这就可以稍稍安定了。”郑文公喜得王命,又惧怕不朝见齐国的威胁,所以只身逃回不参见盟会。孔叔阻止他,说:“国君不可轻举妄动,轻举妄动就会失去援助;失去援助,祸患一定来到。等国家疲病困难了再去乞求结盟,失去的将更多,国君你必定后悔。”郑文公不听,丢下军队自己逃回国内。

5.7　楚斗穀於菟灭弦[①],弦子奔黄。于是江、黄、道、柏方睦于齐[②],皆弦姻也[③]。弦子恃之而不事楚[④],又不设备,故亡。

【注释】

①斗穀於菟:楚令尹子文。

②道:国名,在今河南确山北。柏:国名,在今河南舞阳东南。方睦于齐:僖公二年《经》记载:齐、宋、江、黄盟于贯。

③皆弦姻:此指这些国家与弦都有婚姻关系。

④恃之:依恃齐国。

【译文】

楚国的斗穀於菟灭了弦国,弦子逃奔到黄。此时江、黄、道、柏等国都与齐国友好,都与弦国有姻亲关系。弦子依仗这点而不亲近楚国,又不设防,所以被楚所灭。

5.8　晋侯复假道于虞以伐虢[①]。宫之奇谏曰:“虢,虞之表也[2]。虢亡,虞必从之。晋不可启[3],寇不可玩[4],一之谓甚,其可再乎?谚所谓'辅车相依[5],唇亡齿寒'者,其虞、虢之谓也。"公曰:"晋,吾宗也[6],岂害我哉?"对曰:"大伯、虞仲,大王之昭也[7]。大伯不从,是以不嗣[8]。虢仲、虢叔,王季之穆也[9],为文王卿士,勋在王室[10],藏于盟府[11]。将虢是灭,何爱于虞?且虞能亲于桓、庄乎[12]?其爱之也,桓、庄之族何罪?而以为戮[13],不唯逼乎?亲以宠逼[14],犹尚害之,况以国乎?"公曰:"吾享祀丰洁,神必据我[15]。"对曰:"臣闻之,鬼神非人实亲[16],惟德是依。故《周书》曰:'皇天无亲,惟德是辅[17]。'又曰:'黍稷非馨,明德惟馨[18]。'又曰:'民不易物,惟德繄物[19]。'如是,则非德,民不和,神不享矣。神所冯依[20],将在德矣。若晋取虞,而明德以荐馨香[21],神其吐之乎?"弗听,许晋使。宫之奇以其族行,曰:"虞不腊矣[22],在此行也,晋不更举矣[23]。"

【注释】

①晋侯复假道于虞以伐虢:晋献公第一次借道在僖公二年,灭下阳。

②表:指外围。

③启:开,指让晋扩张其野心。

④玩:轻慢,忽略。

⑤辅:车厢两旁的板。车载物必须用辅支持。

⑥宗:指同宗。晋、虞、虢都是姬姓诸侯国。

⑦大伯、虞仲,大王之昭也:意即大伯和虞仲是大王的儿子。大伯、虞仲,太王的长子和次子。"大"同"太"。大王,即古公亶父。昭,古代宗庙之制,始祖神位居中,子在左,叫昭;子之子在右,

叫穆。

⑧大伯不从，是以不嗣：大伯知道大王想传位给小儿子王季，就和虞仲出走吴国，不继承王位。不从，不跟随在侧。不嗣，没继承王位。

⑨虢仲、虢叔，王季之穆也：虢仲、虢叔，虢国的开国祖先，王季的次子和三子。王季为昭，二人为穆。虢叔为东虢，此被伐之虢为西虢，盖虢仲后代。其分支为北虢，僖公二年晋初次借道已取其下阳。

⑩勋：功勋。

⑪盟府：主管盟誓的官署。策勋之时，必有誓词。策勋之策兼其盟誓之辞，并藏于盟府。

⑫桓、庄：桓叔和庄伯。桓叔，晋献公曾祖。庄伯，晋献公祖父。

⑬而以为戮：桓、庄之族人多势大，晋献公行士芀阴谋，尽杀群公子。详见庄公二十三、二十四、二十五年《传》。

⑭亲以宠逼：至亲恃宠，威胁君位。

⑮据：依靠。

⑯鬼神非人实亲：即“鬼神非亲人”。

⑰皇天无亲，惟德是辅：此句见于《古文尚书·周书·蔡仲之命》。

⑱黍稷非馨，明德惟馨：此句见于《古文尚书·周书·君陈》。黍稷，古代祭祀所用谷物。馨，香气。明德，光明之德，美德。

⑲民不易物，惟德繄(yī)物：此句见于《古文尚书·周书·旅獒》。易，变换。物，指祭品。繄，是。

⑳冯：同“凭”。

㉑荐：贡献。

㉒不腊：过不了腊祭。腊，年终祭祖先的大祭。通常在夏正之十月，周正之十二月。《左传》之腊是夏正十月。

㉓不更举：不用再举兵。

【译文】

晋献公又向虞国借路去攻打虢国。宫之奇劝告虞公说:“虢国,是虞国的外围。虢如果亡国了,虞国必然跟着被灭。切不可启发晋国的野心,不可忽视晋国这支军队。上一次借路已经是很严重的错误了,怎么可以再来第二次呢?谚语说的‘辅和车相互依存,没了嘴唇牙齿就感到寒冷’,就是说的虞和虢的关系啊!”虞公说:“晋国和我们是同宗,难道他会害我不成?”宫之奇答道:“太伯、虞仲,都是太王的儿子,太伯不在身旁,所以没有继承君位。虢仲、虢叔,都是王季的儿子,做过文王的卿士,对于王室有大功,受封的典册还藏在盟府里面。现在,晋国将要灭虢国了,对于虞国又有什么舍不得呢?再说,虞国能比桓叔和庄伯更亲近晋侯吗?晋侯与桓叔、庄伯两族关系那么亲密,桓叔、庄伯两族有什么罪过,晋侯却把他们杀掉,不就是因为晋侯感觉到他们的威胁吗?亲近而且受宠,一旦威胁到晋侯,都会被杀害,更何况一个国家呢?”虞公说:“我祭祀的祭品丰盛而且清洁,神灵一定会保佑我的。”宫之奇回答说:“我听说,神鬼不会随便亲近哪一个人,只是依从有德行的人。所以《周书》上说:‘上天不亲近哪个人,只帮助有德行的。’又说:‘祭祀的黍稷并不算芳香远扬,光明的美德才能芳香远播。’又说:‘人们不必改变自己的祭品,只有德行才可以充当祭品。’像这样,那么,不是有德之人,则百姓不知,祭品再丰洁,神也不会享用的。神所依靠的,是有德行的人。如果晋国占领了虞国,再发扬美德,给神灵献上芳香的祭品,神灵难道会吐出来吗?”虞公不听,答应了晋国使者的要求。宫之奇带领全族人离开虞国,说:“虞国过不了今年的腊祭了。晋在这一次就会灭掉虞国,不需要再发兵了。”

八月甲午[①],晋侯围上阳[②]。问于卜偃曰:“吾其济乎[③]”?对曰:“克之。”公曰:“何时?”对曰:“童谣云:‘丙之晨[④],龙尾伏辰[⑤],均服振振[⑥],取虢之旂[⑦]。鹑之贲贲[⑧],天策焞焞[⑨],火中成军[⑩],虢公其奔。’其九月、十月之交乎[⑪]。丙子旦，日在尾，月在策[12]，鹑火中，必是时也。”

【注释】

①八月甲午：夏历是八月，周历十月十七日。

②上阳：在今河南陕县南。

③济：成功。

④丙：丙子日。

⑤龙尾：星宿名，东方苍龙七宿中的尾星。伏辰：日月会于尾星，故尾星伏而不见。辰，日月相会叫“辰”。

⑥均服：戎服，色黑。振振：威武美好的样子。

⑦旂(qí)：同“旗”。取旂意味获胜。

⑧鹑(chún)：鹑火星。柳宿亦名鹑火，为朱鸟七宿之第三宿。贲贲(bēn)：形容鹑火星的样子。

⑨天策：星名，也叫傅说星，靠近太阳。焞焞(tūn)：无光的样子。

⑩火中：鹑火星出现在南方。火，鹑火星。中，某星出现在南方。成军：整顿军队。

⑪交：晦朔交会之时。

⑫日在尾，月在策：此夜日月合朔于尾星，而月行较快，故旦而过在天策。

【译文】

八月十七日晋献公围攻上阳，问卜偃说：“我会成功吗？”卜偃回答说：“能攻克。”献公问：“什么时候？”卜偃回答说：“童谣说：‘丙子日的清晨，龙尾星暱伏不见，军服威武，必取虢国的旗帜。鹑火星形如大鸟，天策星暗淡无光，鹑火在南方，虢公将逃亡。’恐怕就在九月末十月初。丙子日清晨，日在尾星，月在天策星，鹑火在正南，正是虢国被灭时。”

冬十二月丙子朔[1]，晋灭虢，虢公丑奔京师[2]。师还，馆于虞[3]，遂袭虞，灭之[4]，执虞公及其大夫井伯，以媵秦穆姬[5]。而修虞祀[6]，且归其职贡于王[7]。故书曰："晋人执虞公。"罪虞，且言易也[8]。

【注释】

①丙子朔：按夏历为十月初一。

②丑：虢公名。

③馆：驻扎。

④遂袭虞，灭之：《韩非子·十过篇》云："荀息牵马操璧而报献公。献公说曰：'璧则犹是也，虽然，马齿亦益长矣。'"

⑤以媵秦穆姬：指晋献公嫁女儿给秦穆公，把井伯等人作为陪嫁。媵，陪嫁的男女，此作动词。

⑥虞祀：指晋代为祭祀虞国境内的山川之神。

⑦职贡：赋税。

⑧易：指晋国取虞容易。

【译文】

冬十二月初一，晋国灭掉了虢国，虢公丑逃亡到京师。晋国军队回国的时候，驻扎在虞国，于是偷袭虞国，灭了它，逮捕了虞公和大夫井伯，把井伯作为秦穆姬的陪嫁。晋国不废虞国的祭祀，而且把虞国的赋税归于周王。所以《春秋》记载"晋人执虞公"，是怪罪虞国，并且表明晋国取虞很容易。

六年

【经】

6.1　六年春王正月[1]。

6.2 夏,公会齐侯、宋公、陈侯、卫侯、曹伯伐郑,围新城[②]。

6.3 秋,楚人围许[③],诸侯遂救许。

6.4 冬,公至自伐郑。

【注释】

①六年:鲁僖公六年当周惠王二十三年,前654。

②新城:即《传》文中的新密,在今河南新密东南。以其为新筑之城,故称。

③楚人:指楚成王。

【译文】

鲁僖公六年春周历正月。

夏,鲁僖公会合齐桓公、宋桓公、陈宣公、卫文公、曹昭公攻打郑国,包围新城。

秋,楚人包围许国,诸侯于是救许国。

冬,鲁僖公伐郑回国。

【传】

6.1 六年春,晋侯使贾华伐屈[①]。夷吾不能守,盟而行[②]。将奔狄,郤芮曰[③]:"后出同走,罪也[④]。不如之梁。梁近秦而幸焉[⑤]。"乃之梁。

【注释】

①贾华:晋国大夫。伐屈:骊姬之乱,夷吾逃奔到屈,因此伐屈。

②盟:与屈人立盟约,要求不背叛自己。

③郤芮(xī ruì):也叫冀芮,晋国大夫。

④后出同走,罪也:重耳已奔狄,夷吾也奔狄,好像证实了骊姬的

诬辞。

⑤幸：亲近。

【译文】

六年春，晋献公派贾华攻打屈地。夷吾守不住了，与屈人订立盟约后出逃。准备逃亡到狄国，郤芮说："后出逃的和先出逃的一同逃奔狄，是有罪的。不如去梁国。梁国靠近秦又与它亲近。"于是夷吾逃到梁国。

6.2　夏，诸侯伐郑，以其逃首止之盟故也。围新密，郑所以不时城也①。

【注释】

①不时城：郑文公从首止逃回，为防备诸侯讨伐，在农忙时节急忙筑城。

【译文】

夏，诸侯攻打郑国，因为在首止之盟时他先跑回去的缘故。包围新密，即郑国在农忙时节急忙所筑之城。

6.3　秋，楚子围许以救郑①，诸侯救许，乃还②。

【注释】

①楚子围许以救郑：上年《传》中周王召郑伯曰"吾抚女以从楚"，故楚救之。

②乃还：郑国解围，楚王目的达到，撤兵。

【译文】

秋，楚人围攻许国以救援郑国，诸侯去救援许国，楚人于是回国。

6.4 冬,蔡穆侯将许僖公以见楚子于武城[1]。许男面缚[2],衔璧[3],大夫衰绖[4],士舆榇[5]。楚子问诸逢伯[6],对曰:"昔武王克殷,微子启如是[7]。武王亲释其缚,受其璧而祓之[8]。焚其榇,礼而命之[9],使复其所[10]。"楚子从之。

【注释】

①武城:在今河南南阳北。

②面缚:双手反绑于背而面向前。面,通"偭",背。

③衔璧:古人死后口中含玉,这里表示不准备生还。

④衰绖(dié):丧服,用粗麻布制成。

⑤舆榇(chèn):抬着棺材。榇,棺材。

⑥逢伯:楚大夫。

⑦微子启:商纣的庶兄,周代宋国的始祖。武王克商后,微子曾面缚向周乞降。

⑧祓(fú):为除灾去邪而举行的祭礼。

⑨礼:指给予礼遇。

⑩复其所:恢复微子之国。

【译文】

冬,蔡穆侯陪许僖公在武城面见楚成王。许僖公双手反绑,口中含玉,大夫穿着丧服,士抬着棺材。楚王询问逢伯,逢伯回答说:"从前周武王攻克了商朝,微子启也是这样。武王亲自松开他的捆绑,接受他的玉璧而为他举行祓礼。烧了他的棺材,依礼而任命他,恢复他的封国。"楚王听从了逢伯的意见。

七年

【经】

7.1　七年春[①]，齐人伐郑。

7.2　夏，小邾子来朝[②]。

7.3　郑杀其大夫申侯。

7.4　秋七月，公会齐侯、宋公、陈世子款、郑世子华盟于甯母[③]。

7.5　曹伯班卒[④]。

7.6　公子友如齐。

7.7　冬，葬曹昭公。

【注释】

①七年：鲁僖公七年当周惠王二十四年，前653。

②小邾子：即庄公五年《经》中的“郳犁来”。

③甯母：鲁地，在今山东鱼台。

④曹伯班：曹昭公，名班。

【译文】

鲁僖公七年春，齐国人攻打郑国。

夏，小邾子来鲁国朝觐。

郑国杀了他们的大夫申侯。

秋七月，鲁僖公和齐桓公、宋桓公、陈国太子款、郑国太子华在甯母会盟。

曹昭公班去世。

公子友到齐国修好。

冬，安葬曹昭公。

【传】

7.1 七年春，齐人伐郑。孔叔言于郑伯曰[①]："谚有之曰：'心则不竞[②]，何惮于病[③]。'既不能强，又不能弱，所以毙也[④]。国危矣，请下齐以救国[⑤]。"公曰："吾知其所由来矣[⑥]。姑少待我。"对曰："朝不及夕[⑦]，何以待君？"

【注释】

①孔叔：郑大夫。

②则：如果。竞：强。

③病：屈辱。

④毙：指国家败亡。

⑤下齐：向齐屈服。

⑥知其所由来：知道齐人来的目的。

⑦朝不及夕：指郑国之危朝不保夕。

【译文】

鲁僖公七年春，齐国人攻打郑国。孔叔对郑文公说："有谚语这样说：'心里如果不强，为什么怕屈辱？'既不能强，又不能弱，所以会灭亡。国家危险了，还是向齐国屈服以挽救郑国吧。"郑文公说："我知道齐人来的目的，姑且稍等一下吧。"孔叔说："郑国朝不保夕了，还怎么等待国君您呢？"

7.2 夏，郑杀申侯以说于齐[①]，且用陈辕涛涂之谮也[②]。

【注释】

①说：同"悦"，取悦，讨好。

②陈辕涛涂之谮：僖公五年，辕涛涂为报复而谮申侯欲据虎牢而

叛，申侯由是得罪于郑文公。

【译文】

夏，郑国杀了申侯以讨好齐国，且因为辕涛涂的诬陷。

初，申侯，申出也[①]，有宠于楚文王。文王将死[②]，与之璧，使行[③]，曰："唯我知女[④]，女专利而不厌[⑤]，予取予求[⑥]，不女疵瑕也[⑦]。后之人将求多于女[⑧]，女必不免[⑨]。我死，女必速行。无适小国，将不女容焉[⑩]。"既葬，出奔郑，又有宠于厉公[⑪]。子文闻其死也[⑫]，曰："古人有言曰：'知臣莫若君。'弗可改也已。"

【注释】

①申出：申国女子所生。所谓某出，即某国女子所生。

②文王将死：楚文王死于鲁庄公十九年。

③使行：让他离开楚国。

④女：通"汝"，你。

⑤专利：垄断财货。

⑥予取予求：即取于我，求于我。

⑦不女疵瑕：不以女为疵瑕，不怪罪你。疵瑕，缺点或过失。

⑧后之人：指继位的楚君。求多于女：向你大量求取财物。

⑨不免：不免于刑罚。

⑩将不女容：将不会收留你。

⑪有宠于厉公：申侯逃奔到郑国，时郑厉公在位。

⑫子文：即斗穀於菟。

【译文】

当初，申侯，为申国女子所生，受宠于楚文王。楚文王临死的时候，给了申侯一块玉璧，让他离开楚国，说："只有我了解你。你垄断财货而且不知满足，你可以从我这里取，从我这里求，我也不怪罪你。后继的人向你大量索取财物，你必然不免于获罪。我死后，你速离开楚国。不要去小国那里，小国不会收留你。"楚文王下葬后，申侯逃奔郑国，又受宠于郑厉公。子文听到他的死讯，说："古人的话说：'了解臣子的莫过于国君了。'此话不可改变啊。"

7.3 秋，盟于甯母，谋郑故也。

【译文】

秋，在甯母会盟，商量攻打郑国之事。

管仲言于齐侯曰："臣闻之，招携以礼①，怀远以德②。德礼不易，无人不怀。"齐侯修礼于诸侯③，诸侯官受方物④。

【注释】

①招携：招抚离心之国。携，离，离心。

②怀远：使疏远之国归附。怀，思念，怀归，归附。

③修礼：此指按礼节对待。

④诸侯官受方物：齐国派有关官员接受诸侯贡献的土产献给天子。方物，本地产物，土产。

【译文】

管仲对齐桓公说："臣下听说：以礼招抚有二心的国家，以德来安抚疏远的国家。不违背礼和德，无人不归附。"齐桓公依礼对待诸侯，派有关官员接受诸侯贡献的土产献给天子。

郑伯使大子华听命于会①,言于齐侯曰:"泄氏、孔氏、子人氏三族②,实违君命③。君若去之以为成,我以郑为内臣④,君亦无所不利焉。"齐侯将许之。管仲曰:"君以礼与信属诸侯⑤,而以奸终之⑥,无乃不可乎?子父不奸之谓礼⑦,守命共时之谓信⑧。违此二者,奸莫大焉。"公曰:"诸侯有讨于郑,未捷。今苟有衅⑨,从之,不亦可乎?"对曰:"君若绥之以德,加之以训⑩,辞⑪,而帅诸侯以讨郑,郑将覆亡之不暇⑫,岂敢不惧?若揔其罪人以临之⑬,郑有辞矣⑭,何惧?且夫合诸侯以崇德也⑮,会而列奸⑯,何以示后嗣?夫诸侯之会,其德刑礼义,无国不记。记奸之位⑰,君盟替矣⑱。作而不记,非盛德也。君其勿许,郑必受盟。夫子华既为大子,而求介于大国⑲,以弱其国,亦必不免。郑有叔詹、堵叔、师叔三良为政⑳,未可间也。"齐侯辞焉。子华由是得罪于郑㉑。

【注释】

①听命于会:在盟会上接受命令。

②泄氏、孔氏、子人氏三族:都是郑国大夫。

③实违君命:意指僖公五年逃首止之盟是三族的主意。这是太子华想谗害三族,故如此说。

④为内臣:指郑国侍奉齐国,如国内臣民。

⑤属:会合。

⑥奸:邪恶。

⑦子父不奸:不违抗父命。奸,违反。

⑧守命共时:犹言见机行事以完成君命。守命,承命。共时,完成使命。共,通"恭"。

⑨衅:空隙。杜预《春秋左传注》:"子华犯父命,是其衅隙。"

⑩训：以礼教训它。

⑪辞：指郑国不接受。

⑫覆亡：救亡。

⑬揔(zǒng)：同“总”，率领。罪人：指违犯父命的太子华。临：征伐。

⑭有辞：有说辞，有理。

⑮崇德：尊崇德行。

⑯会：会合诸侯。列奸：使奸人列于君位。列，位，多指君位。奸，奸人，指太子华。

⑰记奸之位：记载奸人列于君位。

⑱替：废弃。

⑲求介：求助。介，借助。

⑳叔詹、堵叔、师叔：三人皆郑国贤臣。

㉑得罪于郑：僖公十六年，郑文公杀太子华。

【译文】

郑文公派太子华在盟会上接受命令，太子华对齐桓公说：“泄氏、孔氏、子人氏三族，实在是违背了您的命令。如果除掉他们以言和，我们郑国将如国内臣民那要侍奉齐国，这对于您也没什么不利。”齐桓公准备答应他。管仲说：“国君您以礼义和信用来会合诸侯，而以邪恶来结束它，恐怕不可以吧？儿子不违抗父命叫礼，见机行事完成使命叫信。违背这两项，没有比这更大的邪恶了。”齐桓公说：“诸侯讨伐郑国，还没有胜利。现在如果有机可乘，利用它，不是也很好吗？”管仲回答说：“国君您如果以德安抚它，再以理教训它，郑国仍不接受，就率领诸侯讨伐它。郑国救亡都来不及，哪里敢不怕？如果率领罪人来征讨，郑国就有理了，还怕什么？再说，会合诸侯应尊崇德行，会合诸侯却使奸人列于国君之位，将如何昭示后代？诸侯会盟，他们的德行、刑罚、礼仪、道义，没有哪国不记载的。如果记载了奸人之位，那盟约就等于废了。事情做了却不记载，不是崇高的道德。国君您一定不要答应！郑国一定会接受盟约的。太子华既然是太子，却求助于大国来削弱自己的国家，必定不免于祸患。郑国有叔詹、堵叔、师叔三位贤臣执政，不会受到离间。”齐桓公于是辞谢了太子华的请求。子华因此得罪于郑国。

7.4　冬，郑伯使请盟于齐。

【译文】

冬，郑文公派使者来齐国请求订立盟约。

7.5　闰月①，惠王崩。襄王恶大叔带之难②，惧不立，不发丧而告难于齐③。

【注释】

①闰月：指闰十二月。

②襄王：即周王太子郑，周襄王。恶：怕，担心。大叔带之难：太子郑怕王子带争位。大叔带，即王子带，襄王弟弟。

③不发丧而告难于齐：僖公五年齐桓公为首止之会，即为定襄王之位，故此时他告难于齐。此节本与八年春洮之盟为一体，后人割裂分为两段。

【译文】

闰月，周惠王去世。襄王担心王子带争位，害怕不能立为天子，因此秘不发丧，而先向齐国报告灾难。

八年

【经】

8.1　八年春王正月①，公会王人、齐侯、宋公、卫侯、许男、曹伯、陈世子款盟于洮[2]。郑伯乞盟[3]。

8.2 夏，狄伐晋。

8.3 秋七月，禘于大庙[4]，用致夫人[5]。

8.4 冬十有二月丁未[6]，天王崩[7]。

【注释】

①八年：鲁僖公八年当周襄王元年，前652。

②王人：周王室的使者。洮(táo)：地名，北边属鲁、南边属曹，在今山东鄄城西南。

③乞盟：郑伯初未参加会盟，后才请求加入。

④禘(dì)：天子诸侯的庙祭。此指三年终丧后的大祭。大庙：即太庙，鲁国始祖周公之庙。

⑤用：因。致：指把夫人的神主送于太庙而列于昭穆之位。夫人：指哀姜。

⑥丁未：十八日。

⑦天王：指周惠王。周惠王本上年闰十二月死，以今年十二月十八日告。

【译文】

鲁僖公八年春周历正月，鲁僖公和周王室使者、齐桓公、宋桓公、卫文公、许僖公、曹共公、陈国世子款在洮地结盟。郑文公请求加盟。

夏，狄人攻打晋国。

秋七月，在太庙举行禘祭，因为要把夫人的牌位送入太庙。

冬十二月十八日，周惠王去世。

【传】

8.1 八年春，盟于洮，谋王室也[1]。郑伯乞盟，请服也。襄王定位而后发丧[②]。

【注释】

①八年春，盟于洮，谋王室也：此句应连接上年《传》“惠王崩”一事。

②襄王定位而后发丧：洮之盟，拥立太子郑为周王，是为周襄王。襄王定位后才公布惠王死讯。

【译文】

鲁僖公八年春，诸侯在洮会盟，商量如何安定王室。郑文公请求参加盟会，表示归服。襄王即位后才公布惠王死讯，举行丧礼。

8.2　晋里克帅师，梁由靡御，虢射为右[①]，以败狄于采桑[②]。梁由靡曰：“狄无耻[③]，从之必大克。”里克曰：“惧之而已，无速众狄[④]。”虢射曰：“期年[⑤]，狄必至，示之弱矣[⑥]。”夏，狄伐晋，报采桑之役也。复期月[⑦]。

【注释】

①梁由靡御，虢射为右：梁由靡、虢射，皆晋大夫。

②采桑：地名，在今山西乡宁西。

③无耻：不以逃走为耻。

④速：招致。

⑤期(jī)年：一年。

⑥示之弱：显示晋军的懦弱。据下文“报采桑之役也”，此句以上是补叙去年之事。

⑦复：应验。期月：即期年。

【译文】

晋国的里克率领军队，梁由靡驾战车，虢射为车右，在采桑打败了狄人。梁由靡说："狄人无羞耻之心，追击他们，必定大胜。"里克说："吓吓他们而已，不要招致其他的狄人来。"虢射说："一年之后狄人必来报复，因为我们显示我军懦弱。"夏，狄人进攻晋国，报复采桑之战，应验了一年后来报复的预言。

8.3　秋，禘而致哀姜焉，非礼也。凡夫人，不薨于寝①，不殡于庙②，不赴于同③，不祔于姑④，则弗致也。

【注释】

①不薨于寝：哀姜参与庆父之乱，被齐人杀于夷，见鲁闵公二年和僖公元年《传》。寝，正寝，指夫人的卧室。

②殡于庙：周代礼制，人死入棺，要停棺于祖庙。殡，停棺待葬。

③赴：讣告。同：同盟之国。

④祔(fù)：后死者附祭于先祖的活动。

【译文】

秋，禘祭后把哀姜的神主送进太庙，不符合礼制。凡是夫人，不死在自己的寝宫里，不在祖庙停棺，不讣告同盟国，不附祭于祖姑，就不能把神主送进太庙。

8.4　冬，王人来告丧①，难故也②，是以缓。

【注释】

①王人：周王室的使者。

②难故：因王室有难。

【译文】

冬，周王室的人来报告周惠王之丧，因王室有难，所以报告晚了。

8.5　宋公疾[①]，大子兹父固请曰[②]：“目夷长且仁[③]，君其立之。”公命子鱼[④]，子鱼辞，曰：“能以国让，仁孰大焉？臣不及也，且又不顺[⑤]。”遂走而退[⑥]。

【注释】

①宋公：宋桓公。

②兹父：即后来的宋襄公。

③目夷：兹父庶兄，字子鱼。

④命子鱼：命令立子鱼。

⑤不顺：指舍嫡立庶。

⑥遂走而退：本当与下年“春，宋桓公卒”云云为一体，后人割裂为两段。

【译文】

宋桓公生病，太子兹父再三地请求说：“目夷年长而又仁厚，您还是立他为国君吧。”桓公下令立子鱼为国君，子鱼辞让说：“能以国家相让的人，还有比这更仁厚的吗？臣下不如他啊，再说也不符合礼制。”于是跑着退出去。

九年

【经】

9.1　九年春王三月丁丑[①]，宋公御说卒[②]。

9.2　夏，公会宰周公、齐侯、宋子、卫侯、郑伯、许男、曹伯于葵丘[③]。

9.3　秋七月乙酉[④]，伯姬卒[⑤]。

9.4　九月戊辰[⑥]，诸侯盟于葵丘。

9.5　甲子[⑦]，晋侯佹诸卒[⑧]。

9.6 冬，晋里克杀其君之子奚齐[9]。

【注释】

①九年：鲁僖公九年当周襄王二年，前651。丁丑：十九日。

②御说(yuè)：宋桓公。

③宰周公：宰孔，周王太宰，食邑在周，所以叫宰周公。宋子：宋襄公，因宋桓公未葬，所以称“子”。葵丘：在今河南兰考东。

④乙酉：二十九日。

⑤伯姬卒：按《公羊传》、《穀梁传》的说法，伯姬订婚但未出嫁，死时就以成人之礼之丧，所以《经》文记作“伯姬卒”。

⑥戊辰：十三日。

⑦甲子：依夏历在九月，按周历为十一月十日。

⑧晋侯佹(guǐ)诸：晋献公。

⑨杀其君之子奚齐：奚齐，晋公子，骊姬所生。奚齐未正式即位，所以称“其君之子”，称“杀”不称“弑”。

【译文】

鲁僖公九年春周历三月十九日，宋桓公御说去世。

夏，鲁僖公和宰周公、齐桓公、宋襄公、卫文公、郑文公、许僖公、曹共公在葵丘会见。

秋七月二十九日，伯姬去世。

九月十三日，诸侯在葵丘会盟。

十一月初十，晋献公去世。

冬，晋大夫里克杀死国君之子奚齐。

【传】

9.1 九年春，宋桓公卒。未葬而襄公会诸侯[1]，故曰子。凡在丧，王曰小童，公侯曰子[②]。

【注释】

①会诸侯：指参加葵丘之会。

②公侯曰子：《春秋》之例，旧君死，新君立，不论已葬未葬，当年称子，逾年称爵。公侯，包括公、侯、伯、子、男五等爵。

【译文】

鲁僖公九年春，宋桓公去世。还没有下葬宋襄公就会见诸侯，所以《春秋》称他为“子”。凡在丧期，天子称为“小童”，公侯称“子”。

9.2　夏，会于葵丘，寻盟[①]，且修好[②]，礼也。

【注释】

①寻盟：重温过去的盟约，以巩固过去的盟约。

②修好：继续友好关系。

【译文】

夏，诸侯在葵丘会见，重温原先的盟约，且继续原来的友好关系，这是合乎礼的。

王使宰孔赐齐侯胙[①]，曰：“天子有事于文武[②]，使孔赐伯舅胙[③]。”齐侯将下拜[④]。孔曰：“且有后命[⑤]。天子使孔曰：‘以伯舅耋老[⑥]，加劳[⑦]，赐一级，无下拜。’”对曰：“天威不违颜咫尺[⑧]，小白余敢贪天子之命[⑨]，无下拜？恐陨越于下[⑩]，以遗天子羞。敢不下拜？”下，拜；登，受[⑪]。

【注释】

①王使宰孔赐齐侯胙：致胙于齐桓公，乃因其强大，足以令诸侯。王，指周襄王。胙，祭肉。

②天子有事于文武：即周王祭祀祖庙。有事，指祭祀之事。文武，周文王、周武王。

③伯舅：天子对同姓诸侯称伯父或叔父，对异姓诸侯称为伯舅。

④下拜：下阶行再拜稽首礼。此为当时臣对君之礼。

⑤有后命：指天子还有命令。

⑥耋(dié)老：指年纪大。耋，年七十叫耋。

⑦加劳：加上功劳。

⑧违：离。颜：颜面。咫尺：极言其近。咫，八尺为咫。

⑨小白：齐桓公名。

⑩陨越：颠坠。

⑪下，拜；登，受：先降于两阶之间，再拜稽首，然后升堂，又再拜稽首，然后受赐。下，下到两阶之间。登，登堂。

【译文】

周襄王派宰孔给齐桓公赠送祭肉，说："天子祭祀文王、武王，派宰孔把祭肉赐给伯舅。"齐桓公将下阶行跪拜礼接受，宰孔说："天子还有命令。天子派宰孔时说：'因为伯舅年纪大，加上有功劳，加赐一等，不要下阶拜赐。'"齐桓公回答说："天子的威严不离开脸面咫尺之遥，小白我哪敢贪天子之命而不下拜？不下拜只怕会跌倒在阶下，给天子带来羞耻。哪敢不下阶拜赐？"齐桓公下台阶，跪拜；再登堂，接受祭肉。

9.3　秋，齐侯盟诸侯于葵丘，曰："凡我同盟之人，既盟之后，言归于好[①]。"宰孔先归，遇晋侯曰："可无会也[②]。齐侯不务德而勤远略[③]，故北伐山戎[④]，南伐楚[⑤]，西为此会也。东略之不知[⑥]，西则否矣。其在乱乎[⑦]。君务靖乱[⑧]，无勤于行[⑨]。"晋侯乃还。

【注释】

①言归于好:言。语助词。按,关于葵丘之盟的誓词,《孟子·告子下》云:"葵丘之会,诸侯束牲载书而不歃血。初命曰:'诛不孝,无易树子,无以妾为妻。'再命曰:'尊贤、育才,以彰有德。'三命曰:'敬老、慈幼,无忘宾、旅。'四命曰:'士无世官,官事无摄。取士必得,无专杀大夫。'五命曰:'无曲防,无遏籴,无有封而不告。'曰:'凡我同盟之人,既盟之后,言归于好。'"《穀梁传》云:"葵丘之盟,陈牲而不杀,读书,加于牲上,壹明天子之禁,曰:'毋雍泉,毋讫籴,毋易树子,毋以妾为妻,毋使妇人与国事。'"

②无会:不参加盟会。此会晋献公迟到,宰孔在回去的路上遇见晋献公。

③勤远略:指忙于远征。略,征伐。

④北伐山戎:伐山戎在鲁庄公三十一年。

⑤南伐楚:伐楚在鲁僖公四年。

⑥东略:伐东方诸侯。

⑦其在乱乎:指西方有乱,齐国借口伐西方。

⑧靖乱:平定内乱。晋国太子申生已死,奚齐立为太子,国人不服,内乱将要萌发。

⑨无勤于行:行,指去参加盟会。关于葵丘之会,《史记·齐太公世家》云:"秋,复会诸侯于葵丘,益有骄色。周使宰孔会。诸侯颇有叛者。晋侯病,后,遇宰孔。宰孔曰:'齐侯骄矣,第无行!'从之。"《公羊传》亦云"葵丘之会,桓公震而矜之,叛者九国"。

【译文】

秋,齐桓公在葵丘盟会诸侯,说:"凡是我们一同结盟的国家,结盟之后,大家归于友好。"宰孔先回去,遇见晋献公,说:"可以不参加盟会。

齐桓公不致力于修养德行而忙于远征，所以北边攻打山戎，南边攻打楚国，西边就在葵丘举行盟会。是否伐东方诸侯还未可知，西边则不可能。恐怕晋国将要有内乱了。您应该先安定内乱，不要忙于参加盟会。”晋献公于是也回去了。

9.4　九月，晋献公卒，里克、丕郑欲纳文公[①]，故以三公子之徒作乱[②]。

【注释】

①丕郑：晋国大夫。文公：即晋文公重耳。

②三公子之徒：申生、重耳、夷吾的党羽。

【译文】

九月，晋献公去世。里克、丕郑准备接纳重耳回国，所以率三位公子的党羽作乱。

初，献公使荀息傅奚齐[①]。公疾，召之，曰：“以是藐诸孤辱在大夫[②]，其若之何？”稽首而对曰：“臣竭其股肱之力[③]，加之以忠贞。其济[④]，君之灵也；不济，则以死继之。”公曰：“何谓忠贞？”对曰：“公家之利[⑤]，知无不为，忠也；送往事居[⑥]，耦俱无猜[⑦]，贞也。”及里克将杀奚齐，先告荀息曰：“三怨将作[⑧]，秦、晋辅之[⑨]，子将何如？”荀息曰：“将死之。”里克曰：“无益也。”荀叔曰[⑩]：“吾与先君言矣，不可以贰[⑪]。能欲复言而爱身乎[⑫]？虽无益也，将焉辟之[⑬]？且人之欲善，谁不如我？我欲无贰，而能谓人已乎[⑭]？”

【注释】

①傅：辅佐。

②以是藐诸孤辱在大夫：意谓将此弱小孤儿托付给你。藐，小，弱，指奚齐。孤，无父叫孤。辱在，当时习语。

③竭其股肱(gōng)之力：竭尽全力。股肱，大腿和手臂。

④济：成功。

⑤公家之利：指有利于公室。

⑥往：指死者。居：指新君。

⑦耦：指死者新君双方。猜：猜疑。

⑧三怨：指三公子之徒。

⑨晋：指三怨之外的晋人。暗指反对者甚众。

⑩荀叔：即荀息。

⑪贰：二心。

⑫复言：实现诺言。爱身：爱惜己身，指贪生怕死。

⑬辟：躲避。

⑭能谓人已乎：其意亦不阻止里克之效忠于重耳等人。已，止。

【译文】

当初，晋献公让荀息辅佐奚齐。献公生病，召见荀息，说："把这个弱小的孤儿托付给你，你将怎么办？"荀息叩头回答说："臣下将竭尽全力，并加上忠贞。如果成功，那是国君在天之灵；不成功，我将一死谢罪。"献公问："什么是忠贞？"回答说："公家的利益，知道了没有不去做的，这是忠；送走死去的侍奉新即位的，两边都不会猜疑，这是贞。"等到里克将要杀掉奚齐时，事先告诉荀息说："三方的怨恨将要发作，秦国、晋国的人都支持他，你将怎么办？"荀息说："我将为之死。"里克说："死无益啊！"荀息说："我和先君有言在先，不可以有二心。哪能想要实践诺言又贪生怕死呢？即使无益，我又能躲到哪里去？再说人们要行善，哪个不像我一样？我不能有二心，哪能叫别人不要这样做？"

冬十月，里克杀奚齐于次[①]。书曰："杀其君之子。"未葬也[②]。荀息将死之，人曰："不如立卓子而辅之[③]。"荀息立公子卓以葬。十一月，里克杀公子卓于朝[④]，荀息死之。君子曰："《诗》所谓'白圭之玷，尚可磨也；斯言之玷，不可为也[⑤]。'荀息有焉。"

【注释】

①次：居丧的茅屋。

②未葬：献公未下葬。

③卓子：献公之子，骊姬之娣所生。参见僖公四年《传》。

④朝：朝廷。

⑤白圭之玷，尚可磨也；斯言之玷(diàn)，不可为也：引《诗》见《诗经·大雅·抑》。圭，玉。玷，玉上的瑕疵。

【译文】

冬十月，里克在居丧的茅屋里杀了奚齐。《春秋》记载说："杀其君之子。"是因为献公还未下葬。荀息准备为之死，有人说："不如立卓子辅佐他。"荀息立了卓子并安葬了晋献公。十一月，里克在朝廷上杀了公子卓。荀息为此自杀。君子说："《诗》所说的'白玉上的瑕疵，还可以磨掉；言语有了斑点，就无法改变了。'荀息就是如此啊！"

9.5 齐侯以诸侯之师伐晋，及高梁而还[①]，讨晋乱也。令不及鲁[②]，故不书。

【注释】

①高梁：晋地，在今山西临汾东北。

②令不及鲁：命令没有发到鲁国。

【译文】

齐桓公率诸侯军队攻打晋国,到高梁就回国了,此次是为了讨伐晋国之乱。命令没有发到鲁国,所以《春秋》没有记载。

9.6　晋郤芮使夷吾重赂秦以求入[①],曰:"人实有国[②],我何爱焉[③]?人而能民[④],土于何有[⑤]。"从之。齐隰朋帅师会秦师,纳晋惠公。秦伯谓郤芮曰[⑥]:"公子谁恃[⑦]?"对曰:"臣闻亡人无党[⑧],有党必有仇。夷吾弱不好弄[⑨],能斗不过[⑩],长亦不改,不识其他[⑪]。"公谓公孙枝曰[⑫]:"夷吾其定乎[⑬]?"对曰:"臣闻之,唯则定国[⑭]。《诗》曰:'不识不知,顺帝之则[⑮]。'文王之谓也。又曰:'不僭不贼,鲜不为则[⑯]。'无好无恶,不忌不克之谓也[⑰]。今其言多忌克,难哉!"公曰:"忌则多怨,又焉能克?是吾利也[⑱]。"

【注释】

①郤芮:晋大夫。夷吾:即晋惠公。重赂秦:指送重礼给秦,此实为割地,以助其回国。

②人实有国:别人占有了国家。

③爱:爱惜,舍不得。

④能民:得民。

⑤土于何有:土地不足惜。

⑥秦伯:秦穆公。

⑦谁恃:依靠谁。

⑧亡人:指夷吾也逃亡在外。无党:没有党羽。

⑨弱不好弄:指幼小时不好侮弄人。

⑩能斗不过:能与人争斗,但不过分。

⑪不识其他：以上郤芮的答言，意谓夷吾在晋国无党无仇，无恩无怨，不会有人反对他。

⑫公孙枝：字子桑，秦大夫。

⑬其定乎：能否定国。

⑭则：准则，法则。

⑮不识不知，顺帝之则：引《诗》见《诗经·大雅·皇矣》。意为好像不知不识，却顺着上帝的法则。

⑯不僭(jiàn)不贼，鲜不为则：引《诗》见《诗经·大雅·抑》。僭，假，不信。贼，伤害。

⑰不忌：不猜忌。不克：不好胜。

⑱吾利：秦国之利。

【译文】

晋国大夫郤芮让夷吾给秦国送重礼以请求回国，说："人家占有了国家，我们还有什么舍不得呢？回国而得到百姓，土地何足惜？"夷吾听从了郤芮的话。齐国的隰朋率领军队和秦军会合护送晋惠公回国。秦穆公问郤芮："公子依靠谁？"郤芮回答说："臣下听说逃亡之人没有党羽，有党羽则必有仇人。夷吾自小不好侮弄人，能与人争斗，但不过分。长大了也是这样，其他的就不知道了。"秦穆公对公孙枝说："夷吾能安定国家吗？"公孙枝说："臣下听说：只有符合准则才能安定国家。《诗》里说：'不识不知，却顺应上帝的法则。'文王治国，就是如此。又说：'不造假，不害人，少有不成为楷模的。'无爱好，无厌恶，就是说不猜忌也不好胜。现在他的话既猜忌又好胜，要回去定国，难啊！"秦穆公说："忌刻就多怨恨，又怎么能取胜？这正是对秦有利啊。"

9.7　宋襄公即位①，以公子目夷为仁②，使为左师以听政③，于是宋治。故鱼氏世为左师④。

【注释】

①宋襄公：即太子兹父，见上年《传》。

②目夷：字子鱼，后以鱼为氏。

③左师：宋国六卿之一。

④世为左师：鲁文公七年，目夷之子公孙友继任左师。

【译文】

宋襄公即位，因为公子目夷仁厚，让他担任左师以主持政事，于是宋国大治。所以鱼氏世代做左师的官。

十年

【经】

10.1　十年春王正月[①]，公如齐。

10.2　狄灭温[②]，温子奔卫。

10.3　晋里克弑其君卓及其大夫荀息[③]。

10.4　夏，齐侯、许男伐北戎[④]。

10.5　晋杀其大夫里克。

10.6　秋七月。

10.7　冬，大雨雪[⑤]。

【注释】

①十年：鲁僖公十年当周襄王三年，前650。

②温：周王畿内小国，在今河南温县。

③晋里克弑其君卓及其大夫荀息：杀卓子和荀息《传》在去年，而《经》书于今年，盖因《传》仍晋史用夏正，卓被杀于夏正之十一月。但此时各国历法俱不精确，鲁太史不知何据列于此年。此用“弑”，因卓子父死逾年为君。但其为君仅数日。

④北戎：山戎。

⑤雨(yù)：作动词，雨雪，下雪。

【译文】

鲁僖公十年春周历正月，鲁僖公前往齐国。

狄人灭了温，温国君逃奔到卫国。

晋国大夫里克杀了他的国君卓和大夫荀息。

夏，齐桓公和许僖公攻打北戎。

晋国杀了他们的大夫里克。

秋七月。

冬，下了场大雪。

【传】

10.1 十年春，狄灭温，苏子无信也[①]。苏子叛王即狄[②]，又不能于狄[③]，狄人伐之，王不救，故灭[④]。苏子奔卫。

【注释】

①苏子：即《经》之温子，温国本苏忿生之田，所以又称苏子。

②叛王即狄：鲁庄公十九年周室五大夫之乱，苏子叛王，先逃于卫，大概后来又逃到狄。

③不能：不和。

④故灭：狄虽灭温，但不能占有其地，温仍为周所有，二十五年赐予晋。

【译文】

鲁僖公十年春，狄人灭了温，原因是苏子无信用。苏子背叛周王投奔狄人，又与狄人不和，狄人讨伐他，周王不救他，所以被灭。苏子逃奔到卫。

10.2　夏四月，周公忌父、王子党会齐隰朋立晋侯[1]。晋侯杀里克以说[2]。将杀里克，公使谓之曰："微子则不及此[3]。虽然，子弑二君与一大夫[4]，为子君者，不亦难乎?"对曰："不有废也，君何以兴？欲加之罪，其无辞乎？臣闻命矣。"伏剑而死。于是丕郑聘于秦，且谢缓赂[5]，故不及。

【注释】

①周公忌父：周王卿士。王子党：周大夫。晋侯：晋惠公。

②说：数说里克之罪。

③微子：如果没有你。微，无。

④二君：奚齐、公子卓。一大夫：荀息。

⑤谢缓赂：为推迟割地而致歉。

【译文】

夏四月，周公忌父、王子党会合齐国的隰朋立了晋惠公。晋惠公要杀里克并数说他的罪状。要杀里克之前，惠公派人对他说："如果没有你，我没有今天。尽管如此，你杀了两个国君和一个大夫，做你的国君，不是也很难吗?"里克回答说："没有被废的人，哪有你的兴起呢？要加给我罪名，还怕没有借口吗？臣下领命了。"里克拔剑自杀。此时丕郑正聘问于秦，是为了推迟割地而去秦国致歉，所以躲过了这场祸患。

10.3　晋侯改葬共大子[1]。秋，狐突适下国[2]，遇大子[3]。大子使登[4]，仆[5]，而告之曰："夷吾无礼[6]，余得请于帝矣[7]。将以晋畀秦[8]，秦将祀余。"对曰："臣闻之：'神不歆非类，民不祀非族[9]。'君祀无乃殄乎[10]？且民何罪？失刑乏祀[11]，君其图之。"君曰："诺。吾将复请。七日，新城西偏，将有巫者而见我焉[12]。"许之，遂不见。及期而往，告之曰[13]："帝许我罚有罪矣[14],敝于韩[15]。”

【注释】

①改葬共大子:即太子申生。共,通“恭”。申生自杀后,因国内乱,草草安葬,现重新安葬。

②下国:犹言陪都,曲沃新城。

③大子:太子,指申生,此指申生鬼魂。

④登:登上车。

⑤仆:驾车。狐突原本就是申生之御也。

⑥夷吾无礼:疑指惠公烝于申生夫人贾君。

⑦得请于帝:请求天帝并得到同意。

⑧畀(bì):给予。

⑨神不歆非类,民不祀非族:上句就神言之,非其族之祀,神不受;下句就人言之,非其类之鬼,人不祭。歆,《说文》:“歆,神食气也。”享神的食物,鬼神实不能食,以为神但嗅其气而已,故曰歆。非类,指异族人。非族,即非类。

⑩殄(tiǎn):灭绝。

⑪失刑:处罚不当。晋民无罪而亡其国,则太子之请失其刑。

⑫巫者而见(xiàn)我:指自己将附在巫者身上来传话。见我,指巫者现其身说话。

⑬告之:巫者告诉狐突。

⑭有罪:有罪之人,指夷吾。

⑮敝:失败。韩:韩原。

【译文】

晋惠公改葬太子申生。秋,狐突到新城曲沃去,遇见太子。太子让他登上车,让他驾车。并告诉他说:“夷吾无礼,我请求天帝并得到同意,将把晋国送给秦国,秦国将会祭祀我。”狐突回答说:“臣下听说:‘神不享用异族人的祭祀，百姓也不祭祀不同族的鬼神。'您的祭祀恐怕要灭绝的。再说百姓有什么罪？刑罚不当，断绝祭祀，您要考虑考虑啊！"申生说："好的。我将重新请求天帝。七日之后，新城的西边，将有一个巫人传达我的话。"狐突答应了，申生就不见了。到了时候，狐突前去，巫人告诉他："天帝允许我惩罚有罪之人，他将在韩原大败。"

丕郑之如秦也，言于秦伯曰："吕甥、郤称、冀芮实为不从①，若重问以召之②，臣出晋君③，君纳重耳，蔑不济矣④。"

【注释】

①吕甥：又叫瑕甥、瑕吕饴甥、阴饴甥。盖吕、瑕、阴皆其采邑，饴为其名；为晋侯之外甥，故配名而称之甥。郤称：晋大夫。冀芮：即郤芮。不从：指不给秦贿赂。

②重问：重礼。古人问好必有礼品。

③出晋君：赶走晋惠公。

④蔑：无。

【译文】

丕郑去秦国的时候，对秦穆公说："吕甥、郤称、冀芮确实不同意贿赂秦国土地，如果用重礼慰问并把他们召来，臣下赶走晋君，国君您再送重耳回国，事情没有不成功的。"

冬，秦伯使泠至报问①，且召三子②。郤芮曰："币重而言甘，诱我也。"遂杀丕郑、祁举及七舆大夫③：左行共华、右行贾华、叔坚、骓歂、累虎、特宫、山祁，皆里、丕之党也。丕豹奔秦④，言于秦伯曰："晋侯背大主而忌小怨⑤，民弗与也⑥，伐之必出。"公曰："失众⑦，焉能杀？违祸⑧，谁能出君？"

【注释】

①泠(líng)至:秦国大夫。报问:回拜丕郑的聘问。

②三子:即吕甥等三人。

③七舆大夫:晋国下军的将官,即下面的七人。

④丕豹:丕郑的儿子。

⑤大主:指秦国。小怨:指里克、丕郑一党。

⑥弗与:不会拥护。

⑦失众:失去众人支持。

⑧违祸:避祸逃亡。

【译文】

冬,秦穆公派泠至回拜丕郑的聘问,并且把吕甥等三人召来。郤芮说:"礼物厚重而且话语甜美,这是诱骗我啊。"于是杀了丕郑、祁举和七个军中大夫:左行共华、右行贾华、叔坚、骓歂、累虎、特宫、山祁,都是里克、丕郑的同党。丕豹逃奔到秦国,对秦穆公说:"晋君背叛大的主子而忌恨小的怨仇,百姓是不会拥护他的。如果攻打晋国,百姓必定会赶走晋君。"秦穆公说:"失去众人的支持,哪里还能杀大臣呢?大臣都避祸逃亡了,还有谁能赶走国君?"

十一年

【经】

11.1 十有一年春①。晋杀其大夫丕郑父②。

11.2 夏,公及夫人姜氏会齐侯于阳谷③。

11.3 秋八月,大雩④。

11.4 冬,楚人伐黄⑤。

【注释】

①十有一年：鲁僖公十一年当周襄王四年，前649。

②丕郑父：即丕郑。杀丕郑是去年，此处用的是周历。

③姜氏：声姜，鲁僖公夫人，齐桓公之女。阳谷：在今山东阳谷北。

④雩(yú)：求雨之祭。

⑤黄：在今河南潢川西北。

【译文】

鲁僖公十一年春，晋国杀了它的大夫丕郑。

夏，鲁僖公和夫人姜氏在阳谷和齐桓公相会。

秋八月，举行大规模的求雨雩祭。

冬，楚国人攻打黄国。

【传】

11.1　十一年春，晋侯使以丕郑之乱来告[①]。

【注释】

①十一年春，晋侯使以丕郑之乱来告：今年晋国才派人来鲁国报告杀丕郑，因此《经》文记在今年春。

【译文】

鲁僖公十一年春，晋惠公派使者来报告丕郑之乱。

11.2　天王使召武公、内史过赐晋侯命[①]。受玉惰[②]。过归，告王曰："晋侯其无后乎！王赐之命而惰于受瑞[③]，先自弃也已，其何继之有[④]？礼，国之干也[⑤]；敬，礼之舆也[⑥]。不敬，则礼不行，礼不行，则上下昏，何以长世？"

【注释】

①召(shào)武公:周王卿士。内史过:周大夫,内史,官名,过,人名。赐命:新君即位,周天子给予册封,表示一种荣宠。

②受玉:接受赐玉。赐策命时必赐玉以为信。惰:懒洋洋的样子。《周语上》作"执玉卑,拜不稽首",即其意。

③瑞:玉的通称。

④何继之有:即"有何继"。无继即无后。晋惠公之子怀公在鲁僖公二十四年被杀,未闻其有子,即有子,亦无位于晋。

⑤干:躯干。

⑥舆:载礼的车子,此用比喻。

【译文】

周天子派召武公、内史过来为晋惠公册封并赐予荣宠。晋惠公接受玉时懒洋洋的。内史过回去,告诉周天子说:"晋侯恐怕不会有后代继承禄位了。天子赐予荣宠,而他接受时无精打采,这是先自暴自弃啊,哪还会有继位的?礼仪,是国家的躯干;恭敬,是载礼的车子。不恭敬则礼仪不能施行,礼仪不施行则上下昏乱,又怎么能够长世不衰?"

11.3 夏,扬、拒、泉、皋、伊、雒之戎同伐京师[①],入王城[②],焚东门,王子带召之也[③]。秦、晋伐戎以救周。秋,晋侯平戎于王[④]。

【注释】

①扬、拒、泉、皋:四处皆戎人城邑,都在今河南洛阳西南。伊、雒之戎:居于今伊河、洛河之间的戎人。

②王城:今在河南洛阳西北隅。

③王子带召之:王子带企图叛乱篡位,因此招来戎人并作为内应。王子带,周惠王之子,襄王叔父。

④平:讲和。

【译文】

夏,扬、拒、泉、皋、伊、雒等地的戎人一同攻打京城,进入到王城,烧了东门,这是王子带招来的。秦、晋攻打戎人以救周王。秋,晋惠公让戎人和周天子讲和。

11.4　黄人不归楚贡[1]。冬,楚人伐黄国。

【注释】

①不归楚贡:不给楚国贡品。黄本是楚国盟国,后又亲齐,大概恃齐而不给楚国进贡。

【译文】

黄国人不给楚人进贡。冬,楚人攻打黄。

十二年

【经】

12.1　十有二年春王三月庚午[1],日有食之[2]。

12.2　夏,楚人灭黄。

12.3　秋七月。

12.4　冬十有二月丁丑[3],陈侯杵臼卒[4]。

【注释】

①十有二年:鲁僖公十二年当周襄王五年,前648。

②日有食之:日食。此为前648年4月6日之日全食。

③丁丑:十一日。

④陈侯杵臼:陈宣公,名杵臼。

【译文】

鲁僖公十二年春周历三月初一，日食。

夏，楚人灭了黄国。

秋七月。

冬十二月十一日，陈宣公杵臼去世。

【传】

12.1 十二年春，诸侯城卫楚丘之郛[①]，惧狄难也[②]。

【注释】

①卫楚丘之郛(fú)：卫在鲁僖公二年迁到楚丘。楚丘，在今河南滑县东。郛，郭，外城。

②惧狄难：防备狄人再次入侵。

【译文】

鲁僖公十二年春，诸侯一起为卫国的楚丘修筑外城，是惧怕狄人再次入侵。

12.2 黄人恃诸侯之睦于齐也，不共楚职[①]，曰："自郢及我九百里[②]，焉能害我？"夏，楚灭黄。

【注释】

①共：通"供"。职：贡。

②自郢及我九百里：郢，楚都，在湖北江陵。黄，在今河南潢川。以古代里数，相距约九百里。

【译文】

黄人依恃着诸侯都和齐国和睦，不再给楚国进贡，说："从郢都到我国有九百里远，楚人哪能危害我？”夏，楚人灭了黄国。

12.3　王以戎难故[1]，讨王子带。秋，王子带奔齐。

【注释】

①戎难：即上年王子带召戎人入侵京师。

【译文】

周王因为戎人攻打京师的缘故，讨伐王子带。秋，王子带逃亡齐国。

12.4　冬，齐侯使管夷吾平戎于王，使隰朋平戎于晋[1]。

【注释】

①齐侯使管夷吾平戎于王，使隰朋平戎于晋：上年晋侯曾“平戎于王”，未成功，所以齐桓公又派管仲和隰朋去调解。管夷吾，管仲。

【译文】

冬，齐桓公派管仲去让戎人和周天子讲和，派隰朋去让戎人和晋人讲和。

王以上卿之礼飨管仲，管仲辞曰：“臣，贱有司也[1]，有天子之二守国、高在[2]，若节春秋来承王命[3]，何以礼焉？陪臣敢辞[4]。”王曰：“舅氏[5]！余嘉乃勋[6]，应乃懿德[7]，谓督不忘[8]。往践乃职[9]，无逆朕命[10]。”管仲受下卿之礼而还。君子曰：“管氏之世祀也宜哉[11]！让不忘其上[12]。《诗》曰：‘恺悌君子，神所劳矣[13]。’”

【注释】

①贱有司:指低级的官员。管仲是下卿,齐桓公所任命。

②国、高:国氏、高氏是大族,世代为齐国上卿,是天子所任命。

③节:依时节。春秋来承王命:指春秋时节朝聘之礼。

④陪臣:诸侯的大夫,对天子自称陪臣。

⑤舅氏:舅父。齐国与周王异姓,所以称舅父。

⑥乃:你。

⑦应:接受。懿德:美德。

⑧督:通"笃",深厚。

⑨往践乃职:管仲虽位为下卿,然在齐执政,职高而位卑,此仍劝其受上卿之礼。践,履行。

⑩逆:违背。

⑪宜:应当。

⑫让:谦让。其上:指高、国二氏。

⑬恺悌君子,神所劳矣:引诗见《诗经·大雅·旱麓》,意思是和乐平易的君子,神灵一定会保佑他。

【译文】

周王用上卿的礼仪设宴招待管仲,管仲辞让说:"我,只是个低级的官员。有天子任命的国氏、高氏在,如果他们按季节在春秋两季来接受天子之命,那将用什么礼节呢?下臣谨辞谢。"周天子说:"舅父!我赞美你的勋劳,接受你的美德,这是深厚而难以忘记的。来履行你的职责吧,不要违背我的命令!"管仲还是坚持接受下卿的礼节后回国。君子说:"管氏世世代代受到祭祀是应该的啊!谦让而不忘他的上卿。《诗》里说:'和乐平易的君子,神灵会保佑他的!'"

十三年

【经】

13.1 十有三年春[①],狄侵卫[②]。

13.2 夏四月,葬陈宣公。

13.3 公会齐侯、宋公、陈侯、卫侯、郑伯、许男、曹伯于咸[③]。

13.4 秋九月,大雩。

13.5 冬,公子友如齐。

【注释】

①十有三年:鲁僖公十三年当周襄王六年,前647。

②狄侵卫:依《传》文,狄侵卫在去年春。

③咸:卫地,在今河南濮阳东南。

【译文】

鲁僖公十三年春,狄人入侵卫国。

夏四月,安葬陈宣公。

鲁僖公在咸地与齐桓公、宋襄公、陈穆公、卫文公、郑文公、许僖公、曹共公等会见。

秋九月,举行盛大的求雨雩祭。

冬,公子友到齐。

【传】

13.1 十三年春,齐侯使仲孙湫聘于周[①],且言王子带[②]。事毕,不与王言[③]。归,复命曰:“未可。王怒未怠[④],其十年乎?不十年,王弗召也[⑤]。”

【注释】

①仲孙湫：齐大夫。

②言王子带：去年王子带逃到齐国，此时齐桓公想让仲孙湫替他求情，请周襄王召他回去。

③不与王言：不提王子带之事。

④未怠：未息，未缓和。

⑤不十年，王弗召也：僖公二十二年《传》云："王子带自齐复归于京师，王召之也。"果于十年之后召之。

【译文】

鲁僖公十三年春，齐桓公派仲孙湫到周朝廷聘问，并要谈王子带之事。聘问事情结束，仲孙湫却不提王子带之事。回到齐国，他向齐桓公回复说："不可以提。天子怒气未消，恐怕要十年以后吧？不到十年，天子是不会召他回去的。"

13.2 夏，会于咸，淮夷病杞故[①]，且谋王室也[②]。

【注释】

①淮夷：指淮河南北一带的小民族。病杞：淮夷觊觎杞国，让杞国感到威胁。

②谋王室：商量如何安定王室。

【译文】

夏，诸侯在咸地会见，是因为淮夷使杞国感到威胁，并且为了商量如何安定周王室。

13.3 秋，为戎难故，诸侯戍周，齐仲孙湫致之[①]。

【注释】

①致：送。送戍周的军队。

【译文】

秋，为了防备戎人入侵，诸侯军戍守周城。齐国的仲孙湫率军前往。

13.4　冬，晋荐饥[①]，使乞籴于秦[②]。秦伯谓子桑[③]："与诸乎？"对曰："重施而报[④]，君将何求？重施而不报，其民必携[⑤]，携而讨焉，无众必败[⑥]。"谓百里[⑦]："与诸乎？"对曰："天灾流行，国家代有[⑧]，救灾恤邻，道也。行道有福。"丕郑之子豹在秦，请伐晋。秦伯曰："其君是恶，其民何罪？"秦于是乎输粟于晋，自雍及绛相继[⑨]，命之曰"泛舟之役"[⑩]。

【注释】

①荐饥：连年歉收引起饥荒。

②乞籴(dí)：请求购买粮食。

③子桑：公孙枝。

④重(chóng)施：指既护送夷吾回国，又支援其粮食。

⑤携：离，离心。

⑥无众：没有众人支持。

⑦百里：即百里奚，秦大夫。

⑧代有：轮流发生。代，更替。

⑨雍：秦国都城，在今陕西凤翔南。绛：晋国都城，在今山西翼城东南。

⑩泛舟之役：用船运粮，所以叫"泛舟之役"。自雍及绛，大约是沿渭河而东，至华阴转黄河，又东入汾河转浍河。泛，浮。

【译文】

冬，晋国再次发生饥荒，派人到秦国请求购买粮食。秦穆公问子桑："给他吗？"子桑回答说："多次给予恩惠而后报答我们，国君还有什么祈求的呢？多次施恩而不报答，其百姓必然离心。离心之后再去讨伐它，失去众人支持，必败无疑。"问百里奚："给他吗？"百里奚回答说："天灾到处流行，各国都会有。救济灾荒，施援邻国，本是正道。实行正道，国家有福。"丕郑的儿子丕豹正在秦国，请求乘此机会攻打晋国。秦穆公说："我们厌恶他的国君，他的百姓有什么罪呢？"秦国于是把粮食送到晋国去，运粮的船队从雍城到绛城接连不断，所以把它叫做"泛舟之役"。

十四年

【经】

14.1 十有四年春①，诸侯城缘陵②。

14.2 夏六月，季姬及鄫子遇于防③。使鄫子来朝。

14.3 秋八月辛卯④，沙鹿崩⑤。

14.4 狄侵郑。

14.5 冬，蔡侯肸卒⑥。

【注释】

①十有四年：鲁僖公十四年当周襄王七年，前646。

②缘陵：地名，在今山东昌乐东南。

③季姬：鄫子夫人，鲁僖公之女。鄫(zēng)：姒姓国，在今山东枣庄东。鲁襄公六年被莒国所灭。

④辛卯：初五。

⑤沙鹿：山名，在今河北大名东。

⑥蔡侯肸(xī):蔡穆侯。

【译文】

鲁僖公十四年春,诸侯在缘陵筑城。

夏六月,季姬和鄫子在防地见面。派鄫子来朝见。

秋八月初五,沙鹿山崩塌。

狄人入侵郑国。

冬,蔡穆侯肸去世。

【传】

14.1　十四年春,诸侯城缘陵而迁杞焉[①]。不书其人,有阙也[②]。

【注释】

①迁杞:淮夷侵伐杞国,因此诸侯修筑缘陵城并把杞国迁过去。

②有阙:指《经》文文字有缺漏。

【译文】

鲁僖公十四年春,诸侯修筑缘陵城并把杞国迁过去。《春秋》不记载具体的人,是因为文字有缺漏。

14.2　鄫季姬来宁[①],公怒,止之[②],以鄫子之不朝也。夏,遇于防,而使来朝。

【注释】

①宁:归宁,回娘家。

②止之:留住她。

【译文】

鄫国的季姬来鲁国回娘家，鲁僖公发怒，留住季姬不让她回去，因为鄫子不来朝见。夏，在防地让他们相见，并使鄫子来朝见。

14.3 秋八月辛卯，沙鹿崩。晋卜偃曰[1]："期年将有大咎[2]，几亡国。"

【注释】

①卜偃：晋国史官。

②期(jī)年：一周年。大咎：大难。

【译文】

秋八月初五，沙鹿山崩塌。晋国的卜偃说："一年内晋国将有大难，几乎亡国。"

14.4 冬，秦饥，使乞籴于晋，晋人弗与。庆郑曰[1]："背施[2]，无亲；幸灾[3]，不仁；贪爱[4]，不祥；怒邻[5]，不义。四德皆失，何以守国？"虢射曰[6]："皮之不存，毛将安傅[7]？"庆郑曰："弃信，背邻，患孰恤之？无信患作，失援必毙[8]。是则然矣。"虢射曰："无损于怨[9]，而厚于寇[10]，不如勿与。"庆郑曰："背施、幸灾，民所弃也。近犹仇之[11]，况怨敌乎[12]？"弗听。退曰："君其悔是哉！"

【注释】

①庆郑：晋国大夫。

②背施：背弃施恩者。

③幸灾：幸灾乐祸。

④贪爱：贪图所爱惜的东西。

⑤邻：指秦国。

⑥虢射：晋大夫。

⑦皮之不存，毛将安傅：皮比喻曾许割给秦国的城池，毛比喻借给秦国粮食。意谓已背弃秦国的施恩而不与其城，结怨已深，如今虽给秦国粮食，犹毛之无皮，无所附着。傅，通"附"。

⑧毙：失败。

⑨无损于怨：意为即使给粮食，也不会减少秦国的怨恨。

⑩厚于寇：增加秦国力量。

⑪近：指国内人。

⑫怨敌：指秦国。

【译文】

冬，秦国闹饥荒，派人到晋国希望购买粮食，晋国不同意。庆郑说："背弃恩惠，就会失去亲人；幸灾乐祸，就是不仁；贪图所爱，就是不祥；激怒邻国，就是不义。四种德行都失去了，你凭什么守卫国家？"虢射说："皮已经不存在了，毛还附着在哪里？"庆郑说："丢弃信义，背弃邻国，有祸患时谁来支援你？无信用，祸患就会来；失去援助，必定失败。这是必然的结果啊。"虢射说："就是给粮食，也不会减少秦国的怨恨，反而增加了它的力量，不如不给。"庆郑说："背弃恩惠，幸灾乐祸，百姓也会抛弃你。国内百姓把你当仇敌，更何况怨恨你的敌人呢？"晋惠公不听。庆郑退出去时说："国君对此一定会后悔的！"

十五年

【经】

15.1　十有五年春王正月[①]，公如齐。

15.2　楚人伐徐[②]。

15.3 三月，公会齐侯、宋公、陈侯、卫侯、郑伯、许男、曹伯盟于牡丘[③]，遂次于匡[④]。公孙敖帅师及诸侯之大夫救徐[⑤]。

15.4 夏五月，日有食之。

15.5 秋七月，齐师、曹师伐厉[⑥]。

15.6 八月，螽[⑦]。

15.7 九月，公至自会[⑧]。

15.8 季姬归于鄫。

15.9 己卯晦[⑨]，震夷伯之庙[⑩]。

15.10 冬，宋人伐曹。

15.11 楚人败徐于娄林[⑪]。

15.12 十有一月壬戌[⑫]，晋侯及秦伯战于韩[⑬]，获晋侯[⑭]。

【注释】

①十有五年：鲁僖公十五年当周襄王八年，前645。

②徐：徐国，在今安徽泗县西北。

③牡丘：在今山东聊城东北。

④次：驻扎。匡：宋地，在今河南睢县西。

⑤公孙敖：鲁国庆父的儿子孟穆伯。

⑥厉：国名，在今河南鹿邑东。

⑦螽(zhōng)：蝗灾。

⑧至自会：由牡丘会盟后回国。

⑨己卯：九月三十日。晦：阴历每月的最后一天。

⑩震：雷击。夷伯：鲁大夫展氏的祖父。

⑪娄林：在今安徽泗县东北。

⑫壬戌：十四日。

⑬韩：韩原，在今山西河津、万泉之间。

⑭获：生擒。

【译文】

鲁僖公十五年春周历正月，鲁僖公到齐国去。

楚人讨伐徐国。

三月，鲁僖公会见齐桓公、宋襄公、陈穆公、卫文公、郑文公、许僖公、曹共公，并在牡丘结盟。诸侯军驻扎在匡地。公孙敖率领军队和诸侯军一起救徐国。

夏五月，日食。

秋七月，齐国、曹国军队攻打厉国。

八月，发生蝗灾。

九月，僖公从牡丘会盟后回国。

季姬回到鄫国。

九月三十日晦日，雷击了夷伯之庙。

冬，宋国人攻打曹国。

楚人在娄林打败徐国。

十一月十四日，晋惠公和秦穆公在韩原交战，秦生擒了晋惠公。

【传】

15.1　十五年春，楚人伐徐，徐即诸夏故也[①]。三月，盟于牡丘，寻葵丘之盟，且救徐也。孟穆伯帅师及诸侯之师救徐[②]，诸侯次于匡以待之[③]。

【注释】

①诸夏：中原诸国，这里指以齐国为首的中原诸侯联盟。

②孟穆伯：即公孙敖。

③待之：等候孟穆伯。

【译文】

鲁僖公十五年春，楚人攻打徐国，因为徐国亲近中原诸国。三月，诸侯在牡丘会盟，重温葵丘的盟约，同时商量救援徐国。孟穆伯率军和诸侯军一起救徐，诸侯军驻扎在匡地以等待孟穆伯。

15.2 夏五月，日有食之。不书朔与日①，官失之也②。

【注释】

①朔：初一。

②官失之：史官记日食月食，按例当注明日期与朔望，此是史官漏记。

【译文】

夏五月，日食。《春秋》不记朔日和日期，是史官漏记了。

15.3 秋，伐厉，以救徐也。

【译文】

秋，攻打厉国，是为了救援徐国。

15.4 晋侯之入也，秦穆姬属贾君焉①，且曰："尽纳群公子②。"晋侯烝于贾君③，又不纳群公子，是以穆姬怨之。晋侯许赂中大夫④，既而皆背之。赂秦伯以河外列城五⑤，东尽虢略⑥，南及华山⑦，内及解梁城⑧，既而不与。晋饥，秦输之粟；秦饥，晋闭之籴。故秦伯伐晋。

【注释】

①秦穆姬：秦穆公夫人，晋献公之女。贾君：太子申生的妃子。晋

惠公的嫂子。

②群公子：指因骊姬之乱逃亡在外的众公子。

③烝于贾君：指与贾君通奸。

④晋侯：晋惠公。中大夫：指晋国内执政大臣。如里克、丕郑等。

⑤河外：指河西与河南。黄河自龙门至华阴，自北而南，晋都于绛，故以河西与河南为外。

⑥虢略：虢国的边界。略，边界。

⑦华山：山名，在今陕西华阴境内。

⑧解梁城：今山西解、临晋、虞乡三县之地。

【译文】

晋惠公从秦国回晋国时，秦穆夫人曾将贾君托付给晋惠公，并且对他说："应该让公子们都回国。"晋惠公回国后，竟和贾君通奸，又不肯接纳众公子，因此秦穆夫人怨恨晋惠公。晋惠公答应给中大夫财礼，后来又背弃了诺言。答应将黄河以西以南的五座城割给秦国，东边到虢国的边界，南到华山，还包括河内的解梁城，后来也都反悔不给了。晋国闹饥荒，秦国送给他粮食；秦国闹饥荒，晋惠公却拒绝卖粮食给秦国。所以秦穆公发兵攻打晋国。

卜徒父筮之[①]，吉："涉河，侯车败[②]。"诘之，对曰："乃大吉也。三败，必获晋君。其卦遇《蛊》䷑[③]，曰：'千乘三去，三去之余，获其雄狐[④]。'夫狐《蛊》[⑤]，必其君也。《蛊》之贞，风也；其悔[⑥]，山也。岁云秋矣[⑦]，我落其实而取其材[⑧]，所以克也。实落材亡，不败何待？"

【注释】

①卜徒父：秦国卜官，名徒父。

②涉河，侯车败：这是筮辞。侯车，晋侯之车。

③《蛊》☶☴：《周易》卦名。《巽》下《艮》上。

④千乘(shèng)三去，三去之余，获其雄狐：此三句是繇辞。千乘，一千辆兵车，作为大国诸侯的代称。三去，石韫玉《读左卮言》之说："三去即三驱，其词应于下文之'三败及韩'，盖晋人三败，则秦人三驱之矣。"雄狐，指晋侯。《蛊》外卦为《艮》，《九家易》，《艮》为狐，是其象为狐。主五爻，五为君位，则其象为雄狐。古人喜以雄狐喻君。

⑤狐《蛊》：《蛊》卦中的雄狐。

⑥《蛊》之贞，风也；其悔，山也：下卦为贞，内卦，代表己方；上卦为悔，外卦，代表对方。《蛊》卦由《巽》下《艮》上构成，贞为《巽》为风，是秦的象征；悔为《艮》为山，是晋的象征。

⑦岁云秋矣：下文云"九月"，是夏正九月。"云"为语中助词，无义。

⑧我落其实而取其材：《巽》为风象秦，《艮》为山象晋，风经山上，故附会为落实取材之象。

【译文】

卜徒父占筮，得到吉卦，占词上说："渡过黄河，晋侯的车子将败。"秦穆公追问他，卜徒父回答说："这是大吉大利啊！连败他们三次，一定能抓住晋国的国君。占筮得到《蛊》卦，卦辞说：'千乘之国三次进军，三次进军之后，能逮住那只雄狐。'那只雄狐，指的就是他们的国君。《蛊》的内卦是风，外卦是山。时节已到了秋天，树上的果实都让风吹落了，山上的木材也可为我所用，所以一定能打胜仗。果实落地，木材也丧失了，此时不败，还等何时？"

三败及韩①，晋侯谓庆郑曰："寇深矣，若之何？"对曰："君实深之，可若何！"公曰："不孙②。"卜右③，庆郑吉，弗使。步扬御戎④，家仆徒为右⑤。乘小驷⑥，郑入也⑦。庆郑曰：

"古者大事[8]，必乘其产，生其水土而知其人心，安其教训而服习其道[9]。唯所纳之[10]，无不如志[11]。今乘异产，以从戎事，及惧而变，将与人易[12]。乱气狡愤[13]，阴血周作，张脉偾兴[14]，外强中干，进退不可，周旋不能。君必悔之。"弗听。

【注释】

①及韩：指晋军退到韩原。

②孙：通"逊"，指出言无礼。

③卜右：占卜担任车右的人。

④步扬：晋国公族大夫。郤氏之后。御戎：驾驭兵车。

⑤家仆徒：晋大夫。

⑥小驷：马的名称，比较矮小。

⑦郑入：郑人进贡的。

⑧大事：此指战争。成公十三年《传》云："国之大事，在祀与戎。"

⑨服习：熟悉，习惯。

⑩纳之：使之。

⑪志：意愿。

⑫易：相反。指马与人的意图相反。

⑬乱气狡愤：指马呼吸、喘气而发怒。

⑭脉：血管。偾(fèn)兴：紧张突起。

【译文】

晋国战败了三次，一直退到韩地。晋惠公对庆郑说："敌人深入国境，怎么办？"庆郑说："是您让敌人深入的，又能怎么办？"晋惠公说："你这话太放肆了！"晋国占卜车右的人选，庆郑得吉卦，但晋惠公不用他。惠公让步扬驾驭战车，家仆徒为车右。用郑国所献的马小驷拉车。庆郑说："古代战争，必定要用本国产的马驾车。本国产的马熟悉水土，知人心意，听从教训，任凭怎样使用它，无不如意。现在用别国产的马来驾车打仗，一旦遇到意外情况，将因恐惧而改变常态，必然违反人的意图。那时它因受刺激而紧张地呼吸，血液在全身急促奔流，血管膨胀，外似强壮而内里已气虚力竭，进退不能，旋转不便。那时国君一定要后悔的。”晋惠公不听。

九月，晋侯逆秦师。使韩简视师[①]，复曰[②]：“师少于我，斗士倍我[③]。”公曰：“何故？”对曰：“出因其资[④]，入用其宠[⑤]，饥食其粟：三施而无报，是以来也。今又击之，我怠秦奋，倍犹未也[⑥]。”公曰：“一夫不可狃[⑦]，况国乎？”遂使请战。曰：“寡人不佞，能合其众而不能离也[⑧]，君若不还[⑨]，无所逃命。”秦伯使公孙枝对曰：“君之未入[⑩]，寡人惧之[⑪]；入而未定列[⑫]，犹吾忧也。苟列定矣，敢不承命！”韩简退曰：“吾幸而得囚[⑬]。”

【注释】

①韩简：晋大夫。视师：探视秦国兵力。

②复：复命。

③斗士：拼死敢斗之士。

④出因其资：夷吾出奔，曾依靠秦国的资助。

⑤入用其宠：回国也靠秦国帮助。

⑥倍：相差一倍。

⑦一夫：普通人。狃(niǔ)：轻慢。

⑧能合其众而不能离也：意为既已把军队集合起来，就无法解散他们。言外非得较量一下不可。

⑨君：指秦君。

⑩未入：未回到国内。

⑪惧之：替晋侯担心。

⑫未定列：君位未安定。

⑬幸而得囚：做俘虏已是幸运了。言外此战晋国必败。

【译文】

九月，晋惠公迎战秦军。晋方派韩简去探视秦兵的虚实。韩简回来说："军队比我们少，拼死敢斗之士却比我们多一倍。"晋惠公说："此话怎讲？"韩简回答说："国君您逃离晋国时得到过秦国的资助；返国即位，也是得到秦国的帮助；有饥荒时吃了他们送的粟米，三次的恩惠都没有报答，秦国正是由于这样才来讨伐我们的。现在您又迎击他们，我军懈怠，秦军振奋，斗志相差一倍还不止呢。"晋惠公说："一介匹夫还不可让人轻辱，何况一个国家？"于是派韩简向秦军约战，说："我实不才，既已把军队集合起来，就无法解散他们。秦军如果不撤兵，我们实在无法回避进军的命令了。"秦穆公派公孙枝回答说："当初国君未能回国，我替他担忧；回国后君位未巩固，我仍然替他担忧。现在君位如果安定了，我岂敢不接受贵君作战的命令呢？"韩简回去的时候说："我如果能做俘虏，免死于战场，已经是非常幸运的了。"

壬戌[①]，战于韩原。晋戎马还泞而止[②]。公号庆郑，庆郑曰："愎谏违卜[③]，固败是求[④]，又何逃焉？"遂去之。梁由靡御韩简，虢射为右，辂秦伯[⑤]，将止之，郑以救公误之[⑥]，遂失秦伯。秦获晋侯以归[⑦]。

【注释】

①壬戌：十四日。

②戎马：指小驷。还（xuán）泞而止：马陷于泥潭之中，回旋不得出来。还，盘旋。

③愎谏：不接受劝谏。违卜：违反卜辞。指不用庆郑为车右。

④固败是求：即“固求败”，本来是自找失败。

⑤辂（yà）：通“迓”。迎上前去。

⑥郑以救公误之：此句讲韩简遇到秦穆公，正要抓获，庆郑招呼他去救惠公，因此耽误了抓秦穆公的机会。

⑦秦获晋侯以归：《史记·晋世家》、《吕氏春秋·爱士篇》、《韩诗外传》十、《淮南子·泛论训》、《说苑·复恩篇》及《金楼子·说蕃篇》等都有秦伯尝赦食乘马肉之壮士三百人，韩之战危急时，此三百人救护秦伯，击退晋军，并俘获晋侯之事。

【译文】

九月十四日，秦、晋在韩原开战，晋惠公所乘兵车的马陷进泥潭之中，回旋不得出来。晋惠公向庆郑呼救，庆郑说：“不接受劝谏，又违反卜辞，实在是自找失败，还要逃走干什么？”于是离开晋惠公。梁由靡给韩简驾车，虢射为车右，迎战秦穆公，准备抓获秦穆公，因庆郑招呼他们去搭救晋惠公，因此耽误了抓秦穆公的时机。秦军反而抓获晋惠公回国了。

晋大夫反首拔舍从之[①]，秦伯使辞焉，曰：“二三子何其戚也[②]！寡人之从晋君而西也[③]，亦晋之妖梦是践[④]，岂敢以至[⑤]？”晋大夫三拜稽首[⑥]，曰：“君履后土而戴皇天[⑦]，皇天后土，实闻君之言。群臣敢在下风[⑧]。”

【注释】

①反首：头发披散，向下垂着。拔舍：拔起帐篷，露宿于野。

②戚：忧伤。

③从晋君而西：指俘虏晋惠公西归秦国。此为委婉说法。

④晋之妖梦：指僖公十年，晋大夫狐突遇到太子申生的鬼魂，申生

斥责惠公无道，必败于韩，晋人称此事为妖梦。

⑤以：太。至：过分。

⑥三拜稽首：古人有再拜稽首之礼，此是变礼，是将亡或已亡国之人所行之礼。

⑦后土、皇天：都是对天的尊称。

⑧群臣敢在下风：意即我们也听到了您岂敢以至的话。下风，比喻处于下位，卑位。

【译文】

晋国的大夫们都披头散发，拆除帐篷，露宿于野，跟随着晋惠公。秦穆公派人安慰他们说："你们这些人何必那么忧伤呢？我跟随着晋侯西去，只是应验了晋国的妖梦罢了，哪里敢把事情做得太过分呢！"晋国大夫们三拜叩头说："国君头上有天，脚下有地，皇天后土，都听到您的话了，下臣们都在下面听候吩咐。"

穆姬闻晋侯将至，以太子罃、弘与女简璧登台而履薪焉①。使以免服衰绖逆②，且告曰："上天降灾，使我两君匪以玉帛相见③，而以兴戎。若晋君朝以入，则婢子夕以死；夕以入，则朝以死。唯君裁之！"乃舍诸灵台④。

【注释】

①太子罃（yīng）：即后来的秦康公。登台而履薪：撤掉上台的木梯，积薪其下，人站于薪上，表示要自焚而死。

②免（wèn）服、衰绖（cuī dié）：都是丧服。初死则有免，服成则衰绖。免，去冠括发，以布缠头。衰绖，古人丧服胸前当心处缀有长六寸、广四寸的麻布，名衰，因名此衣为衰；围在头上的散麻绳为首绖，缠在腰间的为腰绖。衰、绖两者是丧服的主要部分。

③匪：同“非”。

④灵台：秦国的灵台，在秦都郊外。

【译文】

秦穆夫人听说晋惠公被抓来了，领着太子罃、儿子弘和女儿简璧登上堆着柴草的高台。她派使者拿着丧服去迎接秦穆公，并且说：“老天降下灾祸，让我们两国国君不是用玉帛以礼相见，而是大动干戈。如果晋君早晨进入国都，那么贱妾就晚上死；晚上进入国都，就早上死。请国君考虑！”于是，秦穆公只好把晋惠公安置在郊外的灵台。

大夫请以入[①]。公曰：“获晋侯，以厚归也[②]。既而丧归[③]，焉用之？大夫其何有焉[④]？且晋人戚忧以重我[⑤]，天地以要我[⑥]。不图晋忧，重其怒也[⑦]；我食吾言[⑧]，背天地也。重怒难任，背天不祥，必归晋君。”公子絷曰[⑨]：“不如杀之，无聚慝焉[⑩]。”子桑曰：“归之而质其大子[⑪]，必得大成。晋未可灭而杀其君，只以成恶[⑫]。且史佚有言曰[⑬]：‘无始祸[⑭]，无怙乱[⑮]，无重怒。’重怒难任，陵人不祥[⑯]。”乃许晋平。

【注释】

①请以入：请把惠公带回秦国都。

②以厚归：俘获晋君，是重大胜利，是“厚”。

③丧归：穆姬要自杀，是“丧”。

④何有：有何益处。

⑤戚忧以重我：指晋大夫反首拔舍，以忧愁来感动我。

⑥要：约束。

⑦重其怒：加重他们的怨恨。

⑧食吾言：指前已答应“岂敢以至”，所以不敢食言。

⑨公子絷：秦大夫，秦公子子显。穆公的儿子。

⑩聚慝（tè）：指晋惠公回国后仍将与秦为敌。慝，邪恶。

⑪质其大子：以其太子为质。

⑫成恶：造成更大的怨恨。

⑬史佚：西周初年的史官。

⑭无始祸：不要首发祸患。

⑮怙乱：等于说乘人之危。怙，依靠。

⑯陵人：欺凌别人。

【译文】

秦国大夫都请求把晋侯带进国都。秦穆公说："俘获晋君，本是大胜而归。如果闹出丧事，那有什么用？大臣们又有什么好处呢？再说晋大夫们用忧愁来感动我，指着天地和我相约，不考虑晋人的忧虑，会加重对我的怨恨。我如果说话不算数，就违背了天地。增加愤怒则难以承当，违背天意将不吉利，所以一定要放回晋君。"公子絷说："不如杀掉他，免得聚积邪恶。"子桑说："把晋君送回国，让他的太子留下作人质，必定更有好处。晋国还不会被灭亡，如果杀掉他们的国君，只能增加互相的仇恨。况且史佚说过：'不要先发动祸患，不要依靠动乱，不要加重愤怒。'加重愤怒，使人难以承受；欺凌别人，不吉利。"于是秦国同意晋国讲和。

晋侯使郤乞告瑕吕饴甥[①]，且召之。子金教之言[②]，曰："朝国人而以君命赏[③]。且告之曰：'孤虽归，辱社稷矣。其卜贰圉也[④]。'"众皆哭。晋于是乎作爰田[⑤]。吕甥曰："君亡之不恤[⑥]，而群臣是忧，惠之至也。将若君何？"众曰："何为而可？"对曰："征缮以辅孺子[⑦]。诸侯闻之，丧君有君，群臣辑睦[⑧]，甲兵益多，好我者劝[⑨]，恶我者惧，庶有益乎。"众说[10],晋于是乎作州兵[11]。

【注释】

①郤乞:晋大夫。瑕吕饴甥:晋大夫,姓吕,字子金,又称吕甥,食邑于瑕、阴二地,又称阴饴甥。

②教之:教郤乞怎么说话。

③朝国人:使国人朝。

④卜贰圉(yǔ):意即立太子圉为君。卜,占卜。贰,指太子。《晋语一》云:"夫太子,君之贰也。"《礼记·坊记》云:"卜之日称贰君。"圉,惠公太子,即晋怀公。

⑤作爰田:谓变更旧日田土所有制,以公田赏赐众人。也称辕田。杨伯峻曰:"盖晋惠既以大量田土分赏众人,自必变更旧日田土所有制,一也;所赏者众,所得必分别疆界,又不能不开阡陌以益之,二也。商鞅'制辕田,开阡陌',然后秦孝公得以'东雄诸侯',则晋此之作爰田,其作用亦可知矣。"

⑥恤:忧。

⑦征:征收赋税。缮:修整军备。孺子:即太子圉。

⑧辑睦:和睦。

⑨劝:勉励。

⑩说:同"悦"。

⑪作州兵:改革兵制,训练地方武装。

【译文】

晋惠公派郤乞回国告诉瑕吕饴甥,并召他来进行谈判。瑕吕饴甥教郤乞说:"你接见国人并以晋君的名义赏赐东西给他们。并且告诉他们说:'我虽然将回国,但已经给国家带来耻辱了,还是占卜一下立圉继承君位吧!'"众人听了郤乞的话,都感动得哭了。晋国从此时开始改易田制作爰田。吕甥说:"国君被俘流亡在外不忧愁自己,而担心着国内群臣，这是最大的恩惠啊。我们将怎样对待国君呢？”众人问道：“怎么办才好呢？”吕甥对大家说：“征收赋税，修整军备，辅助新君圉。诸侯知道我们虽失去了国君，又有了新君，群臣和睦，武器装备更多，与晋国友好的国家会勉励我们，憎恶晋国的会害怕我们，这也许更有好处。”众人很高兴。晋国从此开始改革兵制作州兵。

初，晋献公筮嫁伯姬于秦[①]，遇《归妹》䷵之《睽》䷥[②]。史苏占之曰[③]：“不吉。其繇曰[④]：‘士刲羊[⑤]，亦无衁也[⑥]。女承筐，亦无贶也[⑦]’。西邻责言[⑧]，不可偿也。《归妹》之《睽》，犹无相也[⑨]。《震》之《离》，亦《离》之《震》[⑩]。‘为雷为火，为嬴败姬[⑪]。车说其輹[⑫]，火焚其旗，不利行师，败于宗丘[⑬]。《归妹》《睽》孤[⑭]，寇张之弧[⑮]，侄其从姑，六年其逋[⑯]，逃归其国，而弃其家[⑰]，明年其死于高梁之虚[⑱]。’”及惠公在秦，曰：“先君若从史苏之占，吾不及此夫。”韩简侍，曰：“龟，象也[⑲]；筮，数也[⑳]。物生而后有象，象而后有滋[㉑]，滋而后有数。先君之败德，及可数乎[㉒]？史苏是占，勿从何益[㉓]？《诗》曰：‘下民之孽，匪降自天。僔沓背憎，职竞由人[㉔]。’”

【注释】

①筮嫁：出嫁时进行占筮。

②《归妹》䷵：卦名，《兑》下《震》上。之：变为。《睽(kuí)》䷥：卦名，《兑》下《离》上。

③史苏：晋献公之时的占卜官。

④繇：占辞。

⑤刲(kuī)：刺。

⑥衁(huāng)：血。

⑦无贶(kuàng):无实,无所得。贶,赐予。

⑧西邻:指秦国。责言:指责的话。

⑨《归妹》之《睽》,犹无相也:此二句从卦名来讲,"归妹"是嫁女之意,"睽"是隔绝之意,所以《归妹》变为《睽》,是婚姻走向绝交,是没有帮助的。相,助。

⑩《震》之《离》,亦《离》之《震》:《归妹》卦是《兑》下《震》上;《睽》卦是《兑》下《离》上。《归妹》之《睽》就等于《震》变《离》,而《震》变《离》和《离》变《震》是一样的。

⑪为雷为火,为嬴败姬:《震》代表雷,《离》代表火,是晋国的象征,也是火气太盛的象征。火盛是女子嫁后反害其娘家的预兆,所以说"为嬴败姬"。嬴,秦国姓。姬,晋国姓。

⑫车说其輹(fù):《说卦》云,《震》为车,《兑》为毁折,故谓"车脱其輹"。说,通"脱"。輹,车厢下面钩住车轴的木头。

⑬宗丘:即韩原。

⑭孤:孤绝。

⑮弧:弓。

⑯侄其从姑,六年其逋(bū):意为太子圉是伯姬侄子,二年后即鲁僖公十七年,太子圉入秦为人质,因此说"侄其从姑";僖公二十二年圉逃归本国,所以是"六年其逋"。逋,逃亡。

⑰弃其家:弃其家犹言弃其妻。圉在秦娶秦穆公女儿怀嬴,逃回时怀嬴留在秦没有回晋国,因此说"弃其家"。

⑱明年其死于高梁之虚:以上几句是卜筮之辞,是预言,其实是事后追记的。高梁,晋地,在今山西临汾东北。

⑲龟,象也:用龟甲来占卜,吉凶表现在形象上。象,指火灼龟甲之后裂纹的形象。

⑳筮,数也:用蓍草占筮,吉凶表现在数目上。数,筮草成卦所得的数目。

㉑滋:滋生,长。

㉒及可数:倒装句,即“数可及”。

㉓勿:语首助词,无义。

㉔下民之孽,匪降自天。僔沓(zǔn tà)背憎,职竞由人:引《诗》见《诗经·小雅·十月之交》。孽,妖孽。僔沓,指在一起热烈谈论。僔,聚语。沓,杂沓。背憎,背地里互相憎恨。职,语助词。竞,通“竟”,终究。

【译文】

当初,晋献公为了嫁伯姬给秦国曾经占筮过,得到《归妹》卦变成《睽》卦。史苏占卜说:“不吉利啊!爻辞说:‘男人刺羊而没有血,女子提着筐而没东西装,这是做事而无所得。’西边的邻国责备下来,晋国无法应付。《归妹》变成《睽》,说明没有人帮忙。《震》卦变成《离》卦,也就是《离》卦变成《震》卦。‘《震》是雷,《离》是火。又是雷又是火,姓嬴的将打败姓姬的。战车将脱落车輹,大火将烧掉军旗,不利于出师,必将败于宗丘。《归妹》嫁女,《睽》卦孤单,敌人将张弓向自己进攻。侄儿跟随着姑姑,六年之后才会逃回自己的国家,但是将抛弃自己的妻室,第二年将死在高梁的废墟上。’”到了晋惠公被俘在秦国时,说:“先君当初如果听从了史苏的占卜,我也不会落到这个地步了。”韩简随侍在旁,说:“龟甲,是用形象来占卜的;筮草,是凭数目来占筮的。事物要先生成,才有形象,有形象之后才能演变,演变以后才有数目。先君所做败德之事太多了,难道数得完吗?史苏的占卜,就是听从了又有什么好处?《诗》里面说:‘下民的罪孽,不是自天而降的。当面谈笑奉承,背后相互憎恨,这终究是人为的啊。’”

15.5　震夷伯之庙,罪之也,于是展氏有隐慝焉①。

【注释】

①隐慝:隐恶。

【译文】

雷击夷伯庙,是降罪于他,从这里可以知道展氏有隐匿的罪恶。

15.6 冬,宋人伐曹,讨旧怨也[①]。

【注释】

①旧怨:指鲁庄公十四年曹与齐、陈伐宋,此乃旧怨。

【译文】

冬,宋国人攻打曹,是要讨伐过去的怨恨。

15.7 楚败徐于娄林,徐恃救也[①]。

【注释】

①恃救:等待齐国等诸侯国去救援。

【译文】

楚人在娄林打败徐国,因为徐国在等待救援。

15.8 十月,晋阴饴甥会秦伯,盟于王城。秦伯曰:“晋国和乎[①]?”对曰:“不和。小人耻失其君而悼丧其亲[②],不惮征缮以立圉也[③],曰:‘必报仇,宁事戎狄。’君子爱其君而知其罪[④],不惮征缮以待秦命[⑤],曰:‘必报德,有死无二[⑥]。’以此不和。”秦伯曰:“国谓君何?”对曰:“小人戚,谓之不免[⑦];君子恕[⑧],以为必归。小人曰:‘我毒秦[⑨],秦岂归君?’君子曰:‘我知罪矣,秦必归君。贰而执之[⑩],服而舍之,德莫厚焉,刑莫威焉[11]！服者怀德，贰者畏刑，此一役也，秦可以霸。纳而不定[12]，废而不立，以德为怨，秦不其然[13]！'"秦伯曰："是吾心也。"改馆晋侯[14]，馈七牢焉[15]。

【注释】

①和：团结一致。

②失其君：指惠公被俘。丧其亲：指将士战死。

③不惮：不怕。

④知其罪：了解惠公的错误。

⑤待秦命：等待秦国送惠公回国的命令。

⑥死无二：死无二心。

⑦不免：指秦君不肯赦免惠公。

⑧恕：宽恕。

⑨毒秦：害苦了秦。

⑩贰而执之：心怀二心，就俘虏他。

⑪威：威严。

⑫纳而不定：既送惠公回国，又不能使他安定君位。

⑬不其然：不会这样。

⑭馆：作动词，安置在宾馆。

⑮馈七牢：即待之以诸侯之礼，准备送他回国。馈，赠送。牢，牛、羊、猪各一头为一牢。

【译文】

十月，晋国的阴饴甥会见秦穆公，并在王城订立盟约。秦穆公问："晋国内和睦吗？"阴饴甥回答说："不和睦。小人因失去国君而感到耻辱，又哀悼亲人的战死，不怕征税和整顿武备之劳以立太子圉，说：'宁可事奉戎狄，也一定要报仇。'君子爱他的国君了解他的错误，不辞征税和整顿武备的劳苦以等待秦国送回国君的命令，说：'一定要报答秦国的恩德，死也不敢有二心。'所以说不和睦。"秦穆公又问："晋人会认为秦国将如何处置晋君呢？"阴饴甥回答说："小人忧愁，认为秦国不会赦免国君；君子宽恕，认为国君必定会回来。小人说：'我们害苦了秦国，秦国岂能让国君回来？'君子说：'我们知罪了，秦国必定会让国君回来。心怀二心，便俘虏他；既已服罪，便放了他。德行没有比这个更宽厚的，刑罚也没有比这更威严的了。这样，服罪的怀念秦国的恩德，有二心的害怕受刑罚，这一仗，秦国可以成为诸侯霸主。当初贵国送国君回国，又不能使他安于君位，或者废了他又不立新君，使当初的恩德反变成怨恨，秦国必不会这样做的吧！"秦穆公又说："这可是说到我的心坎上了。"于是改变态度，将晋惠公安置到宾馆里，并赠送了牛、羊、猪各七头。

蛾析谓庆郑曰："盍行乎①？"对曰："陷君于败②，败而不死，又使失刑③，非人臣也。臣而不臣，行将焉入？"十一月，晋侯归。丁丑④，杀庆郑而后入。

【注释】

①盍：何不。行：逃走。

②陷君于败：谓惠公呼救而不救，又因使韩简救惠公而失秦伯。

③失刑：当受刑罚而逃走，使晋不得罚之。

④丁丑：二十九日。

【译文】

蛾析对庆郑说："你何不逃走呢？"庆郑回答说："是我使国君陷于失败，失败了自己又没有殉国，如果再逃走，使国君无法施行刑罚，那就更失人臣之道了。做人臣子而有失人臣之道，即使逃走，又能逃到哪里去？"十一月，晋惠公回国。二十九日，惠公杀了庆郑然后才进入国都。

是岁，晋又饥，秦伯又饩之粟[①]，曰："吾怨其君，而矜其民[②]。且吾闻唐叔之封也[③]，箕子曰[④]：'其后必大。'晋其庸可冀乎[⑤]？姑树德焉，以待能者[⑥]！"

【注释】

①饩(xì)：赠送。

②矜：哀怜。

③唐叔：武王之子，成王时始封于晋，为晋始祖。

④箕子：殷纣王的叔父。

⑤其庸：难道。冀：希望得到，图谋它。

⑥能者：有才能的人。

【译文】

这一年，晋国又发生饥荒，秦穆公又送给他们粮食，说："我怨恨他们的国君，但哀怜他的百姓。再说我听说唐叔受封的时候，箕子曾说过：'唐叔的后代必定会强大。'晋国难道是可以随便得到的吗？我姑且多树立德行，以等待有才能的人。"

于是秦始征晋河东[①]，置官司焉[②]。

【注释】

①征：赋税，此作动词，征收赋税。河东：黄河之东，即"东尽虢略，南及华山，内及解梁城"者，地当在今山西、河南两省境内。

②置官司：设置官吏，负责管理。

【译文】

从这时候起，秦国开始在黄河以东征收赋税，设置官吏，负责管理。

十六年

【经】

16.1 十有六年春王正月戊申朔[①]，陨石于宋五。是月，六鹢退飞[②]，过宋都。

16.2 三月壬申[③]，公子季友卒[④]。

16.3 夏四月丙申[⑤]，鄫季姬卒[⑥]。

16.4 秋七月甲子[⑦]，公孙兹卒[⑧]。

16.5 冬十有二月，公会齐侯、宋公、陈侯、卫侯、郑伯、许男、邢侯、曹伯于淮[⑨]。

【注释】

①十有六年：鲁僖公十六年当周襄王九年，前644。

②鹢(yì)：鸟名。

③壬申：二十五日。

④公子季友：鲁国大臣，又称季子，成季，执鲁国之政十六年。参见闵公元年《经》、《传》。

⑤丙申：二十日。

⑥鄫季姬：鲁国女子嫁给鄫国为夫人者。

⑦甲子：十九日。

⑧公孙兹：即鲁国的叔孙戴伯。

⑨淮：地名，在今江苏盱眙。

【译文】

鲁僖公十六年春周历正月初一，在宋国有五颗陨石从天上坠落。这个月，六只鹢鸟后退着飞过宋国的国都。

三月二十五日，公子季友去世。

夏四月二十日，鄫国季姬去世。

秋七月十九日，公孙兹去世。

冬十二月，僖公在淮地与齐桓公、宋襄公、陈穆公、卫文公、郑文公、许僖公、邢侯、曹共公相会。

【传】

16.1 十六年春，陨石于宋五，陨星也①。六鹢退飞过宋都，风也②。周内史叔兴聘于宋③，宋襄公问焉，曰："是何祥也④？吉凶焉在⑤？"对曰："今兹鲁多大丧⑥，明年齐有乱⑦，君将得诸侯而不终⑧。"退而告人曰："君失问⑨。是阴阳之事，非吉凶所生也⑩。吉凶由人，吾不敢逆君故也。"

【注释】

①陨星：坠落之星，实即陨石。

②风也：此解释"退飞"，是因为风太大。

③内史：史官，名叔兴。

④祥：吉凶的征兆。

⑤焉在：将发生在哪里。

⑥今兹：今年。鲁多大丧：今年鲁国有季友、公孙兹之死，所以说大丧。

⑦明年齐有乱：明年齐桓公死，孝公奔宋。

⑧君将得诸侯而不终：意指宋襄公图霸，最终却不能成功。

⑨失问：问得不恰当，不得体。

⑩是阴阳之事，非吉凶所生也：指陨石与六鹢之事是宇宙阴阳之气所产生的，非关人事吉凶。

【译文】

鲁僖公十六年春，在宋国有五颗陨石从天上坠落，那是坠落的星星。六只鹢鸟倒退着飞过宋国的都城，是风太大的缘故。周朝内史叔兴到宋国聘问，宋襄公问此事，说："这是什么样的预兆啊？吉凶将出现在哪里？"叔兴回答说："今年鲁国多大的丧事，明年齐国有内乱，国君你将得到诸侯支持却不能成功。"叔兴退出去后告诉别人说："宋君问得不得体。这是阴阳的事情，非与人事吉凶有关。吉凶是由人事来定的，我只是不好违背国君之意才这样回答。"

16.2 夏，齐伐厉不克，救徐而还[①]。

【注释】

①齐伐厉不克，救徐而还：上年秋齐伐厉国以救徐，此再伐厉以救援徐国。

【译文】

夏，齐国攻打厉国，没有攻下，救援徐国后班师回国。

16.3 秋，狄侵晋，取狐、厨、受铎[①]，涉汾，及昆都[②]，因晋败也[③]。

【注释】

①狐、厨、受铎：三地都在山西汾水西的襄汾一带。

②昆都：在今山西临汾南。

③晋败：指晋国韩原之败。

【译文】

秋，狄人入侵晋国，攻入狐、厨、受铎三地，渡过汾水，到达昆都。因为晋国在韩原打败，因此入侵。

16.4　王以戎难告于齐[①]，齐征诸侯而戍周[②]。

【注释】

①王以戎难告于齐：僖公十一年夏，诸戎攻打京师，此后戎人常来骚扰。

②征：此指调集。

【译文】

周王把戎人入侵的灾难告诉齐国，齐国征集诸侯军队戍守京城。

16.5　冬，十一月乙卯[①]，郑杀子华[②]。

【注释】

①乙卯：十二日。

②子华：太子华。宁母之盟，子华请齐国杀洩氏等三族，齐国拒绝。子华因此得罪于郑。事见僖公七年《传》。

【译文】

冬，十一月十二日，郑国杀了太子华。

16.6　十二月会于淮，谋鄫[①]，且东略也[②]。城鄫，役人病[③]。有夜登丘而呼曰[④]："齐有乱。"不果城而还[⑤]。

【注释】

①谋鄫：淮夷侵凌鄫国，因此齐国与诸侯会于淮，商量救鄫国。

②东略：攻打东方。

③病：疲困。

④有：或，有人。

⑤不果城：未筑完城。役人不堪劳苦，对筑城不满，一哄而散。

【译文】

十二月诸侯在淮会合，商量救鄫国之事，并准备攻打东方。在鄫国筑城，服劳役的人困苦不堪。夜里有人登上小山高呼说："齐国有动乱！"没有筑完城就都回国了。

十七年

【经】

17.1　十有七年春[①]，齐人、徐人伐英氏[②]。

17.2　夏，灭项[③]。

17.3　秋，夫人姜氏会齐侯于卞[④]。

17.4　九月，公至自会[⑤]。

17.5　冬十有二月乙亥[⑥]，齐侯小白卒[⑦]。

【注释】

①十有七年：鲁僖公十七年当周襄王十年，前643。

②英氏：偃姓国，在今安徽金寨东南。

③项：国名，在今河南项城。

④卞：鲁地，在今山东泗水东。

⑤至自会：因鲁军灭项，僖公被齐扣留，后才放回。详见《传》文。

⑥乙亥：初八。

⑦小白：齐桓公。

【译文】

鲁僖公十七年春，齐国、徐国人攻打英氏。

夏，灭了项国。

秋，鲁国夫人姜氏在卞地会见齐桓公。

九月，僖公从淮地的会见返回。

冬十二月初八，齐桓公小白去世。

【传】

17.1　十七年春，齐人为徐伐英氏，以报娄林之役也[①]。

【注释】

①报娄林之役：僖公十五年，楚败徐于娄林。英氏是楚的盟国，可能参加了娄林之役。

【译文】

鲁僖公十七年春，齐国因为徐国的缘故攻打英氏，以报复娄林的战役。

17.2　夏，晋大子圉为质于秦，秦归河东而妻之[①]。

【注释】

①秦归河东而妻之：僖公十五年，秦征河东且置官司，现将河东之地还晋，并嫁女给太子圉。

【译文】

夏，晋太子圉到秦国作人质，秦国归还河东之地并嫁女给太子圉。

惠公之在梁也[①]，梁伯妻之。梁嬴孕[②]，过期[③]，卜招父与其子卜之[④]。其子曰："将生一男一女。"招曰："然。男为人臣，女为人妾[⑤]。"故名男曰圉，女曰妾[⑥]。及子圉西质[⑦]，妾为宦女焉[8]。

【注释】

①惠公之在梁：惠公奔梁在僖公六年，这里补叙前事。

②梁嬴：惠公所娶梁伯女儿。

③过期：超过十个月还未生。

④卜招父：梁国太卜。

⑤男为人臣，女为人妾：臣、妾本义为奴婢。

⑥名男曰圉，女曰妾：圉指养马奴隶。惠公给男孩取名叫圉，女孩取名叫妾，是想借此来消除不祥。

⑦西质：即质于秦。

⑧宦女：妾媵。

【译文】

晋惠公在梁国的时候，梁伯把女儿嫁给他。梁嬴怀孕，过了分娩期还未生。卜招父和他的儿子占卜。他的儿子说："梁嬴将生一男一女。"招父说："是的。男的将做人家的奴仆，女的将做人家的奴婢。"所以把男的叫做圉，女的叫做妾。后来子圉去秦国做人质，妾在秦国做了侍女。

17.3　师灭项。淮之会[1]，公有诸侯之事，未归，而取项[2]。齐人以为讨[3]，而止公[4]。

【注释】

①淮之会：在去年冬十二月。

②公有诸侯之事，未归，而取项：僖公参加淮之会，未归，鲁军就灭了项国。

③以为讨：以为是僖公下命令进攻。

④止：留，扣留。

【译文】

鲁国军队灭了项国。淮地会盟时，僖公因参加诸侯会盟，未回来，而鲁军就占领了项国。齐人认为是僖公下令灭项，因此扣留了僖公。

17.4　秋，声姜以公故[1]，会齐侯于卞。九月，公至。书曰："至自会。"犹有诸侯之事焉[2]，且讳之也[3]。

【注释】

①声姜：僖公夫人，齐侯女。

②犹有：尚有，指事情未完。

③讳之：讳言僖公被扣留，所以《春秋》记作"至自会"。

【译文】

秋，声姜因为僖公的缘故，在卞地会见齐桓公。九月，僖公回国。《春秋》记作"至自会"。这是因为淮之会还没结束，且讳言被扣留。

17.5　齐侯之夫人三：王姬，徐嬴，蔡姬，皆无子。齐侯好内[1]，多内宠[2]，内嬖如夫人者六人[3]：长卫姬，生武孟[4]；少卫姬，生惠公[5]；郑姬，生孝公[6]；葛嬴，生昭公[7]；密姬，生懿公[8]；宋华子[9]，生公子雍。公与管仲属孝公于宋襄公[10]，以为大子。雍巫有宠于卫共姬[11]，因寺人貂以荐羞于公[12]，亦有宠[13]，公许之立武孟[14]。管仲卒，五公子皆求立[15]。冬十月乙亥[16]，齐桓公卒。易牙入，与寺人貂因内宠以杀群吏[17]，而立公子无亏。孝公奔宋。十二月乙亥[18]，赴[19]。辛巳[20]，夜殡[21]。

【注释】

①内:指妇女。

②内宠:国君宠爱的人。

③内嬖:同"内宠"。如夫人:如同夫人,后用以称妾。

④长卫姬,生武孟:长卫姬,卫姬有二,所以分长少。武孟,公子无亏,武孟是其字。

⑤惠公:公子元。

⑥孝公:公子昭。

⑦昭公:公子潘。

⑧懿公:公子商人。

⑨宋华子:宋国华氏之女。

⑩属:托付。

⑪雍巫:即易牙。雍,通"饔"。古代掌烹饪之官。卫共姬:长卫姬。

⑫因:通过。寺人貂:竖刁。荐:进献。羞:精美的食品。

⑬亦有宠:指易牙、寺人貂等也受宠。《史记·齐太公世家》云:"管仲病,桓公问曰:'群臣谁可相者?'管仲曰:'知臣莫如君。'公曰:'易牙如何?'对曰:'杀子以适君,非人情,不可。'公曰:'开方如何?'对曰:'倍亲以适君,非人情,难近。'公曰:'竖刀如何?'对曰:'自宫以事君,非人情,难亲。'管仲死,而桓公不用管仲言,卒近用三子,三子专权。"

⑭公许之立武孟:武孟为长卫姬所生,因此长卫姬和雍巫等请求立其为太子。

⑮五公子皆求立:孝公已立为太子,但非嫡长子,所以五人都求立。

⑯乙亥:初七。

⑰内宠:指六位如夫人。群吏:诸大夫。

⑱乙亥:初八。

⑲赴:同"讣",发讣告。

⑳辛巳：十四日。

㉑夜殡：夜间入殓。沈钦韩《补注》曰："按礼，殡于日出时，言夜殡，明其非常。"按，自卒至殡已过了六十七日。《史记·齐太公世家》云："及桓公卒，遂相攻，以故宫中空，莫敢棺。桓公尸在床上六十七日，尸虫出于户。……辛巳夜，敛殡。"

【译文】

齐桓公的三个夫人：王姬、徐嬴、蔡姬，都没有儿子。齐桓公喜欢女色，有很多内宠，宫内被宠爱如同夫人的有六人：长卫姬，生了武孟；少卫姬，生了惠公；郑姬，生了孝公；葛嬴，生了昭公；密姬，生了懿公；宋华子，生了公子雍。齐桓公和管仲把孝公托付给宋襄公，立为太子。雍巫受长卫姬的宠信，通过寺人貂进献了精美的食品给齐桓公，因此也受到宠信。齐桓公答应立武孟为太子。管仲死后，五个公子都求立为太子。冬十月初七，齐桓公死去。易牙进入宫中，和寺人貂依靠那些内宠杀了诸大夫，而立了公子无亏。孝公逃奔到宋国。十二月初八，发出讣告。十四日，夜里将齐桓公入殓。

十八年

【经】

18.1　十有八年春王正月①，宋公、曹伯、卫人、邾人伐齐②。

18.2　夏，师救齐③。

18.3　五月戊寅④，宋师及齐师战于甗⑤，齐师败绩。

18.4　狄救齐。

18.5　秋八月丁亥⑥，葬齐桓公。

18.6　冬，邢人、狄人伐卫。

【注释】

①十有八年:鲁僖公十八年当周襄王十一年,前642。

②宋公、曹伯、卫人、邾人伐齐:宋襄公为护送齐孝公回国,因此召集诸侯伐齐。

③师:鲁师。

④戊寅:十四日。

⑤甗(yǎn):齐地,在今山东济南附近。

⑥丁亥:八月无丁亥日,恐《经》文记日有误。

【译文】

鲁僖公十八年春周历正月,宋襄公、曹共公、卫国人、邾国人一起攻打齐国。

夏,鲁国的军队救援齐国。

五月十四日,宋军和齐军在甗地开战,齐军打败了。

狄人救援齐军。

秋八月丁亥日,安葬齐桓公。

冬,邢国人、狄人攻打卫国。

【传】

18.1 十八年春,宋襄公以诸侯伐齐[①]。三月,齐人杀无亏[②]。

【注释】

①以:率领。

②齐人杀无亏:宋襄公以兵护送齐太子昭(孝公)回国,齐人恐惧,杀无亏。

【译文】

鲁僖公十八年春,宋襄公率诸侯攻打齐国。三月,齐国人杀了无亏。

18.2　郑伯始朝于楚[①]，楚子赐之金[②]，既而悔之，与之盟曰："无以铸兵[③]。"故以铸三钟。

【注释】

①郑伯始朝于楚：齐桓公一死，郑国就亲附楚国。

②楚子：楚成王。金：铜。

③铸兵：铸造兵器。

【译文】

郑文公初次到楚国朝见，楚成王赐给他很多铜，不久又后悔了，于是和郑国人盟誓说："不要用它来铸造兵器！"所以郑国人就铸造了三座钟。

18.3　齐人将立孝公，不胜[①]，四公子之徒遂与宋人战[②]。夏五月，宋败齐师于甗[③]，立孝公而还。

【注释】

①不胜：挡不住。指挡不住四公子一伙人的反对。

②遂与宋人战：孝公逃到宋国，四公子一伙便与宋军作战。

③齐师：此齐师实际上是四公子一伙人。

【译文】

齐国人准备立孝公，挡不住四公子一伙人，四公子一伙与宋军作战。夏五月，宋军在甗地打败齐人，立了孝公回国。

秋八月，葬齐桓公。

【译文】

秋八月，安葬齐桓公。

18.4　冬，邢人、狄人伐卫，围菟圃[①]。卫侯以国让父兄子弟及朝众[②]，曰："苟能治之，燬请从焉[③]。"众不可，而后师于訾娄[④]。狄师还。

【注释】

①菟圃：卫地，在今河南长垣。

②卫侯：卫文公。让：让位。朝众：指朝廷上的人。

③燬(huǐ)：卫文公名。

④师：摆开阵势，准备迎战。訾(zī)娄：在今河南滑县西南。

【译文】

冬，邢人、狄人一起攻打卫国，包围了菟圃。卫文公想把君位让给父兄子弟和其他人，说："谁如果能治理好国家，我就让位并服从他。"大家不同意，于是就在訾娄摆开阵势。狄人的军队于是退回去了。

18.5　梁伯益其国而不能实也[①]，命曰新里[②]，秦取之[③]。

【注释】

①益其国：开拓了疆土。不能实：不能把百姓迁入充实其地。

②新里：在今陕西澄县东北。

③秦取之：此与下"十九年春遂城而居之"本为一体，为后人割裂分为二。

【译文】

梁国国君开拓了疆土却不能把百姓迁进去，他把新的国土命名为

"新里",但被秦国占领了。

十九年

【经】

19.1　十有九年春王三月[①],宋人执滕子婴齐[②]。

19.2　夏六月,宋公、曹人、邾人盟于曹南[③]。

19.3　鄫子会盟于邾[④]。己酉[⑤],邾人执鄫子,用之[⑥]。

19.4　秋,宋人围曹[⑦]。

19.5　卫人伐邢[⑧]。

19.6　冬,会陈人、蔡人、楚人、郑人盟于齐。

19.7　梁亡。

【注释】

①十有九年春:鲁僖公十九年当周襄王十二年,前641。

②滕子:即滕宣公,滕国国君,名婴齐。

③曹南:曹国南部边境。

④鄫子会盟于邾:鄫子未赶上曹南之盟,因此会盟于邾。

⑤己酉:二十一日。

⑥用之:杀了他用以祭祀。

⑦宋人围曹:曹南之盟,曹人未尽地主之谊,宋襄公怒而伐曹。

⑧伐邢:卫人报复上年菟圃之围。

【译文】

鲁僖公十九年春周历三月,宋国人抓走了滕国国君婴齐。

夏六月,宋襄公、曹国人、邾国人在曹南会盟。

鄫子在邾国结盟。二十一日,邾国人抓住鄫子,杀了他用以祭祀。

秋,宋国围攻曹国。

卫国人攻打邢国。

冬,僖公与陈国、蔡国、楚国、郑国的使者会见,并在齐国结盟。

梁国灭亡。

【传】

19.1 十九年春,遂城而居之。

【译文】

鲁僖公十九年春,秦国人在新里筑了城并居住在那里。

19.2 宋人执滕宣公。

【译文】

宋国人拘捕了滕国国君滕宣公。

19.3 夏,宋公使邾文公用鄫子于次睢之社①,欲以属东夷②。司马子鱼曰③:"古者六畜不相为用④,小事不用大牲,而况敢用人乎?祭祀以为人也。民,神之主也。用人,其谁飨之⑤?齐桓公存三亡国以属诸侯⑥,义士犹曰薄德⑦。今一会而虐二国之君⑧,又用诸淫昏之鬼⑨,将以求霸,不亦难乎?得死为幸⑩。

【注释】

①邾文公:即邾子。名蘧蒢。次睢:地名,在今江苏徐州铜山区附近。社:土地神。此指社祭。

②以属东夷：以此使东夷诸国来归属。

③司马子鱼：公子目夷。

④六畜不相为用：如祭马神则不用马作牺牲。此意指社祭不应用人。六畜，马、牛、羊、豕、犬、鸡。

⑤飨：通“享”。

⑥齐桓公存三亡国以属诸侯：鲁、卫、邢三国，皆因内乱或外患而靠齐桓公援助才得以转危为安，亡而复存。《国语·齐语》云：“桓公忧天下诸侯，鲁有夫人、庆父之乱，二君弑死，国绝无嗣。桓公闻之，使高子存之。狄人攻邢，桓公筑夷仪以封之。狄人攻卫，卫人出庐于曹，桓公城楚丘以封之。天下诸侯称仁焉，是故诸侯归之。”三亡国，指鲁、卫、邢三国。

⑦义士：有义之人。薄德：德不厚。

⑧一会：指曹南之会。虐二国之君：指执滕宣公和用鄫子于次睢之社。

⑨淫昏之鬼：指睢人之社。

⑩得死：善终。子鱼预言宋襄公能善终就不错了。

【译文】

夏，宋襄公让邾文公杀死鄫子并用来祭祀次睢的土地神，想以此使东夷各国来归附。司马子鱼说：“古人六种牲畜不能互相用来祭祀，小祭祀不用大牺牲，何况用人呢？祭祀本来是为了人的。百姓，是神的主人。用人祭祀，有谁来享用啊？齐桓公保存了三个已灭亡的国家来使诸侯归附，义士还说他是德薄。现在一次会盟就伤害了两国的国君，又杀人祭昏邪的鬼神，这样想称霸诸侯，不是很困难吗？能善终就算幸运了。”

19.4　秋，卫人伐邢，以报菟圃之役。于是卫大旱①，卜有事于山川②，不吉。甯庄子曰③：“昔周饥，克殷而年丰④。今邢方无道,诸侯无伯[⑤],天其或者欲使卫讨邢乎?”从之,师兴而雨[⑥]。

【注释】

①于是:此时。

②卜有事于山川:占卜祭祀山川。

③甯庄子:名速,卫大夫。

④年丰:年成好,收成丰足。

⑤无伯:此时齐桓公已死,无霸主。伯,通“霸”。

⑥师兴而雨:军队刚集结就下雨。

【译文】

秋,卫国人攻打邢国,以报复菟圃之役。此时卫国大旱,为祭祀山川进行占卜时,卦象显示不吉利。甯庄子说:“过去周发生饥荒,打败了殷商后就丰收了。现在邢国无道,诸侯无霸主,老天或许是要让卫国讨伐邢国吧?”卫军听从了他的话,军队刚集结就下雨了。

19.5 宋人围曹,讨不服也[①]。子鱼言于宋公曰:“文王闻崇德乱而伐之[②],军三旬而不降[③],退修教而复伐之[④],因垒而降[⑤]。《诗》曰:‘刑于寡妻,至于兄弟,以御于家邦[⑥]。’今君德无乃犹有所阙[⑦],而以伐人,若之何?盍姑内省德乎[⑧]?无阙而后动[⑨]。”

【注释】

①不服:曹不服于宋国。

②崇:古国名,在今陕西西安鄠邑区东,到崇侯虎为君时,被周文王所灭。

③军三旬:军队攻了三十天。

④退：退兵。修教：修明教化。

⑤因垒而降：与上“军三旬不降”为对比。因垒，靠着原来的工事，指文王未增修工事。垒，指工事。

⑥刑于寡妻，至于兄弟，以御于家邦：诗见《诗经·大雅·思齐》。刑，通“型”，典范，此作动词。寡妻，嫡妻。至于兄弟，推及到兄弟。御，治理。

⑦无乃：恐怕。阙：缺误，疏失。

⑧盍：何不。省（xǐng）德：反思一下自己的德行。

⑨动：动兵。

【译文】

宋国人围攻曹国，是因曹国不服宋国。子鱼对宋襄公说：“文王听说崇国国内德行混乱，于是讨伐它，军队攻了三十天而崇军不投降。文王就退兵回去，修明教化然后再攻打。文王靠着原来的工事进攻，崇国人就投降了。《诗》里说：‘先给嫡妻作典范，再推及到兄弟，以此来治理一家一国。’现在国君您的德行恐怕还有所欠缺，就要攻打别人，怎么可能呢？您何不先退兵，反思一下自己的德行，没有欠缺再动兵吧。”

19.6　陈穆公请修好于诸侯[①]，以无忘齐桓之德。冬，盟于齐，修桓公之好也[②]。

【注释】

①修好：重修友好关系。

②修桓公之好：此次盟会，由陈国建议，实为想结成一个与宋对抗的联盟。

【译文】

陈穆公请在诸侯中间重修友好关系，以不忘记齐桓公的德行。冬，诸侯盟会于齐国，以重修齐桓公建立的友好关系。

19.7　梁亡，不书其主[1]，自取之也。初，梁伯好土功[2]，亟城而弗处[3]，民罢而弗堪[4]，则曰："某寇将至。"乃沟公宫[5]，曰："秦将袭我[6]。"民惧而溃，秦遂取梁。

【注释】

①不书其主：《春秋》不记载灭亡梁国的人。

②梁伯：梁国国君。好土功：喜欢大兴土木。

③亟城而弗处：多次兴建，又无人居住。亟，屡次。

④罢：疲惫。

⑤沟公宫：在国君所住的公室外挖深沟。

⑥秦将袭我：此句呼应上面"某寇将至"。

【译文】

梁国灭亡，《春秋》不记载灭梁的人，是因为梁国乃自取灭亡。当初，梁国国君喜欢大兴土木，多次建城建好后又没人居住。百姓疲惫不堪，于是说："某某敌寇就要来了。"于是在国君住的宫室外挖深沟，有人说："秦国将来偷袭我。"百姓害怕而溃逃，秦国于是占领了梁国。

二十年

【经】

20.1　二十年春[1]，新作南门[2]。

20.2　夏，郜子来朝[3]。

20.3　五月乙巳[4]，西宫灾[5]。

20.4　郑人入滑[6]。

20.5　秋，齐人、狄人盟于邢。

20.6　冬，楚人伐随。

【注释】

①二十年：鲁僖公二十年当周襄王十三年，前640。

②南门：鲁国都城南门，本名稷门。

③郜子：郜国国君。

④乙巳：二十三日。

⑤西宫：诸侯之宫有东宫、西宫、北宫。此西宫发生火灾。

⑥滑：国名。姬姓国，在今河南偃师。

【译文】

鲁僖公二十年春，重新建造鲁国南门。

夏，郜国国君来朝见。

五月二十三日，西宫发生火灾。

郑国入侵滑国。

秋，齐国和狄人在邢结盟。

冬，楚国攻打随国。

【传】

20.1　二十年春，新作南门。书，不时也[①]。凡启塞[②]，从时[③]。

【注释】

①不时：违反农时。此次作南门是已过冬至而兴土木，所以说"不时"。

②启塞：启，门户。塞，门闩。此"启、塞"都作动词，指修造门户和门闩。

③从时：符合农时。

【译文】

鲁僖公二十年春，重新修造南门。《春秋》记载此事，因违反农时。

凡是修造城门和门闩，应不违农时。

20.2 滑人叛郑而服于卫。夏，郑公子士、泄堵寇帅师入滑[1]。

【注释】

①郑公子士、泄堵寇帅师入滑：滑地近郑，郑在所必争。公子士，郑文公之子。泄堵寇，郑国大夫。

【译文】

滑国背叛郑国而归附卫国。夏，郑国的公子士、泄堵寇率领军队入侵滑国。

20.3 秋，齐、狄盟于邢，为邢谋卫难也[1]。于是卫方病邢[2]。

【注释】

①为邢谋卫难：上一年卫伐邢。齐、狄会盟为策划救援邢国。

②病：担心，防备。明年狄为邢伐卫。

【译文】

秋，齐国、狄人在邢国结盟，是为邢国谋划如何对付卫国的入侵。从这时起卫国开始担心邢国的威胁。

20.4 随以汉东诸侯叛楚。冬，楚斗穀於菟帅师伐随，取成而还。君子曰："随之见伐，不量力也。量力而动，其过鲜矣[1]。善败由己[2]，而由人乎哉？《诗》曰：'岂不夙夜，谓行多露[3]。'"

【注释】

①鲜(xiǎn):少。

②善败:成败。

③岂不夙夜,谓行多露:引诗见《诗经·召南·行露》。君子引此诗是比喻有所畏惧则不动,要量力而动。夙夜,早夜,夜未尽天未明的时候。谓,通"畏",害怕。行,路。

【译文】

随国率领汉水以东的诸侯国背叛楚国。冬,楚国的斗穀於菟率领军队攻打随国,取得随国人的合约后回师。君子说:"随国被讨伐,是自己不自量力啊。度量自己的力量后再行动,它的过失就少了。成败是由自己,难道是由别人吗?《诗》里说:'哪里是不早点赶路,我是怕路上露水太多。'"

20.4　宋襄公欲合诸侯①,臧文仲闻之,曰:"以欲从人②,则可;以人从欲,鲜济③。"

【注释】

①欲合诸侯:想会合诸侯,其实是想当霸主。

②以欲从人:让自己的欲望服从别人。

③济:成功。

【译文】

宋襄公准备会合诸侯。臧文仲听到了,说:"以自己的欲望去服从别人,可以;强迫别人服从自己的意愿,很少能成功。"

二十一年

【经】

21.1　二十有一年春①,狄侵卫②。

21.2　宋人、齐人、楚人盟于鹿上[3]。

21.3　夏，大旱。

21.4　秋，宋公、楚子、陈侯、蔡侯、郑伯、许男、曹伯会于盂[4]。执宋公以伐宋。

21.5　冬，公伐邾。

21.6　楚人使宜申来献捷[5]。

21.7　十有二月癸丑[6]，公会诸侯盟于薄[7]。释宋公。

【注释】

①二十有一年：鲁僖公二十一年当周襄王十四年，前639。

②狄侵卫：僖公十九年，卫伐邢，狄人为邢报复卫国。参见上年《传》。

③鹿上：宋地，在今山东巨野西南。

④盂：宋地，在今河南睢县。

⑤宜申：楚大夫斗宜申。献捷：进献战利品。

⑥癸丑：初十。

⑦诸侯：指楚子、陈侯等。薄：即亳，宋邑，在今河南商丘北。

【译文】

鲁僖公二十一年春，狄人入侵卫国。

宋国人、齐国人、楚国人在鹿上结盟。

夏，大旱。

秋，宋襄公、楚成王、陈穆公、蔡庄公、郑文公、许僖公、曹共公在盂地会盟。抓了宋襄公并且攻打宋国。

冬，鲁僖公攻打邾国。

楚人派斗宜申来鲁国进献攻打宋国的战利品。

十二月初十，鲁僖公在薄地与诸侯会盟。释放了宋襄公。

【传】

21.1　二十一年春，宋人为鹿上之盟[①]，以求诸侯于楚[②]。楚人许之。公子目夷曰："小国争盟，祸也。宋其亡乎，幸而后败[③]。"

【注释】

①为鹿上之盟：此盟乃宋襄公欲求称霸。

②求诸侯于楚：僖公十七年，齐桓公卒；十八年，郑始朝楚；十九年，楚又与陈、蔡、郑盟于齐，则此时部分中原诸侯已归附楚国。宋襄公要想称霸，需请求楚国支持，要求归附楚国的中原诸侯奉己为盟主。

③幸而后败：战败不亡算是幸运了。

【译文】

鲁僖公二十一年春，宋国人和诸侯举行鹿上之盟，要求归附楚国的诸侯奉自己为盟主，楚人答应了。公子目夷说："小国争当盟主，灾祸啊。宋恐怕会亡国！如果战败了而不亡，那是幸运了。"

21.2　夏，大旱。公欲焚巫尪[①]。臧文仲曰："非旱备也[②]。修城郭、贬食、省用、务穑、劝分[③]，此其务也。巫尪何为？天欲杀之，则如勿生；若能为旱，焚之滋甚[④]。"公从之。是岁也，饥而不害[⑤]。

【注释】

①公欲焚巫尪(wāng)：僖公要烧死巫尪来求雨。这种习俗起源很早。巫，女巫，主持祈祷求雨。尪，指患骨骼弯曲症而面朝天的人。

②非旱备也：这不是防备旱灾的办法。

③贬食：节约饮食。省用：节省开支。务穑：致力于农业以救荒。劝分：劝有积蓄的人分施给别人。

④滋甚：更加厉害。

⑤不害：不伤害民众。

【译文】

夏，大旱。僖公准备烧死巫尫来求雨。臧文仲说："这不是防备大旱的办法。修好城郭、节约饮食、节省开支、致力农业、劝人施舍，这才是当务之急啊。巫尫能做什么？天如果要杀他们，则不如不要生他们；如果他们能造成旱灾，烧死他们旱灾更厉害。"僖公听从了他的话。这年，有饥荒而不伤害人。

21.3　秋，诸侯会宋公于盂。子鱼曰："祸其在此乎！君欲已甚，其何以堪之？"于是楚执宋公以伐宋[①]。

【注释】

①于是楚执宋公以伐宋：《史记·楚世家》云："宋襄公欲为盟会，召楚。楚王怒曰：'召我，我将好往袭辱之。'遂行，至盂，遂执辱宋公，已而归之。"

【译文】

秋，诸侯和宋襄公在盂会盟。子鱼说："祸患恐怕就在这里吧！国君的欲望太过分了，别人怎么受得了？"在这次盟会上，楚国抓住宋襄公并攻打宋国。

21.4　冬，会于薄以释之[①]。子鱼曰："祸犹未也[②]，未足以惩君。"

【注释】

①会于薄以释之：据《经》文，是鲁国从中调停，楚国才释放宋襄公。

②犹未：还未完。

【译文】

冬，诸侯在薄地相会并释放了宋襄公。子鱼说："祸患还没有完结啊，还不足以惩罚国君。"

21.5　任、宿、须句、颛臾①，风姓也。实司大皞与有济之祀②，以服事诸夏③。邾人灭须句，须句子来奔，因成风也④。成风为之言于公曰："崇明祀⑤，保小寡⑥，周礼也；蛮夷猾夏⑦，周祸也。若封须句，是崇皞、济而修祀，纾祸也⑧。"

【注释】

①任：国名，在今山东济宁。宿：国名，在今山东东平。须句：亦作"须朐(qú)"，国名，在山东东平。颛臾(zhuān yú)：在山东费县。以上几国都是风姓国。

②司：主持。大皞：亦作"太皓"、"太昊"，传说中古代东夷族首领。一说太皞即帝喾。上述四国都是太皞后代。有济：济水。

③诸夏：周王室所分封的诸国。

④因成风：须句是成风娘家，所以须句子奔逃到鲁国。成风，庄公妾，僖公之母。

⑤崇：尊崇。明祀：即指太皞与济水之祀。

⑥保小寡：保护小国寡民，指须句。

⑦蛮夷：此指邾。邾国地近诸戎，故称其为蛮夷，有蔑视之意。猾：扰乱。

⑧纾祸：解除祸患。

【译文】

任、宿、须句、颛臾，都是风姓国。他们主持太皞和济水的祭祀，并服从侍奉中原诸国。邾国灭了须句，须句君逃奔到鲁国，因为须句是成风的娘家。成风为此对鲁僖公说："尊崇对太皞和济水的祭祀，保护小国，这是周朝的礼仪；蛮夷的邾国扰乱诸夏，是周朝的祸患。如果封须句，就是尊崇对太皞和济水的祭祀，纾解祸患啊。"

二十二年

【经】

22.1 二十有二年春[①]，公伐邾，取须句。

22.2 夏，宋公、卫侯、许男、滕子伐郑[②]。

22.3 秋八月丁未[③]，及邾人战于升陉[④]。

22.4 冬十有一月己巳朔，宋公及楚人战于泓[⑤]，宋师败绩。

【注释】

①二十有二年：鲁僖公二十二年当周襄王十五年，前638。

②伐郑：郑国亲附楚国，所以宋襄公率诸侯攻打郑国。

③丁未：初八。

④升陉(xíng)：鲁地，今地不详。

⑤泓：水名，在今河南柘城北。

【译文】

鲁僖公二十二年春，僖公攻打邾国，夺取了须句。

夏，宋襄公、卫文公、许僖公、滕国君一起攻打郑国。

秋八月初八，和邾人在升陉作战。

冬十一月初一，宋襄公和楚国人在泓水作战，宋国军队大败。

【传】

22.1　二十二年春，伐邾，取须句，反其君焉[1]，礼也。

【注释】

①反其君：让其君返回须句。

【译文】

鲁僖公二十二年春，鲁国攻打邾国，夺取了须句，让须句国君返回须句，这是合于礼的。

22.2　三月，郑伯如楚。

【译文】

三月，郑文公到楚国去。

22.3　夏，宋公伐郑。子鱼曰："所谓祸在此矣[1]。"

【注释】

①所谓祸在此矣：郑自齐桓公死后即归附楚国，今年又朝楚。宋公伐郑，即是与楚争霸，所以说祸在此。

【译文】

夏，宋襄公攻打郑国。子鱼说："所说的祸患就在这里了。"

22.4　初，平王之东迁也[1]，辛有适伊川[2]，见被发而祭于野者[3]，曰："不及百年，此其戎乎[4]！其礼先亡矣。"秋，秦、晋迁陆浑之戎于伊川[5]。

【注释】

①平王之东迁：周平王东迁洛邑，在前770年，是为东周。

②辛有：周大夫。伊川：伊河所经之地，在今河南嵩县及伊川一带。

③被发而祭：此为夷狄之俗。被，同“披”。

④此其戎乎：指这里将成为戎人居住的地方。

⑤陆浑之戎：允姓之戎人，居于陆浑。陆浑在今甘肃敦煌西。

【译文】

当初，平王东迁的时候，辛有到伊川去，见到披散头发在野外祭祀的人，说：“等不到百年，这里将是戎人居住的地方了！因为它的礼仪已经先消亡了。”秋，秦国、晋国将陆浑的戎人迁到伊川。

22.5 晋大子圉为质于秦，将逃归，谓嬴氏曰[①]：“与子归乎？”对曰：“子，晋大子，而辱于秦[②]，子之欲归，不亦宜乎？寡君之使婢子侍执巾栉[③]，以固子也[④]。从子而归，弃君命也。不敢从，亦不敢言[⑤]。”遂逃归。

【注释】

①嬴氏：怀嬴。僖公十七年太子圉为质于秦，秦国将怀嬴嫁给他。

②辱：屈居，指为质于秦。

③婢子：妇人自己的卑称。侍执巾栉（zhì）：意为侍候你。巾，手巾。栉，梳子。

④固子：使子固，使你安心。

⑤不敢言：意为不敢泄密。

【译文】

晋太子圉在秦国做人质，准备逃回晋国，对怀嬴说：“和你一起回去吧？”怀嬴回答说：“你，是晋太子，而屈居于秦。你要回去，不是应该的吗？我们国君让贱妾来侍候你，是为了使你安心。我跟随你回去，是背弃了我们国君的命令。我不敢随你回去，也不敢泄露你的秘密。”太子圉于是逃归晋国。

22.6　富辰言于王曰[①]：“请召大叔[②]。《诗》曰：‘协比其邻，昏姻孔云[③]。’吾兄弟之不协，焉能怨诸侯之不睦[④]？”王说[⑤]。王子带自齐复归于京师，王召之也[⑥]。

【注释】

①富辰：周大夫。

②大叔：王子带。王子带于僖公十二年逃奔齐国。

③协比其邻，昏姻孔云：引诗见《诗经·小雅·正月》。协，和谐。比，亲近。孔，很，甚。云，友好。

④不睦：指不服于周。

⑤说：同“悦”。

⑥王召之也：按，僖公十三年，仲叔湫曾说：“不十年，王弗召也。”至此应验。

【译文】

富辰对周襄王说：“请把太叔带召回来。《诗》里说：‘与邻居亲近团结，婚姻亲戚也甚为友好。’我们兄弟都不和谐，哪能埋怨诸侯不服宗周呢？”周襄王听了很高兴。王子带从齐国回到京师，是周襄王把他召回来的。

22.7　邾人以须句故出师。公卑邾[①]，不设备而御之[②]。臧文仲曰：“国无小，不可易也[③]。无备，虽众，不可恃也[④]。《诗》曰：‘战战兢兢，如临深渊，如履薄冰[⑤]。’又曰：‘敬之敬之，天惟显思，命不易哉[⑥]。'先王之明德，犹无不难也，无不惧也[⑦]，况我小国乎！君其无谓邾小。蜂虿有毒[⑧]，而况国乎？"弗听。八月丁未，公及邾师战于升陉，我师败绩。邾人获公胄[⑨]，县诸鱼门[⑩]。

【注释】

①卑：轻视。

②不设备：不防备。

③易：轻视。

④恃：依靠。

⑤战战兢兢，如临深渊，如履薄冰：引《诗》见《诗经·小雅·小旻》。

⑥敬之敬之，天惟显思，命不易哉：引《诗》见《诗经·周颂·敬之》。敬，戒慎。显，明。思，语气词，无义。不易，即"难"。意谓做事必须认真严肃，天监临在上而无所不照，获得与保守天命极不容易。

⑦惧：戒惧。

⑧虿(chài)：蝎子类的毒虫。

⑨胄：头盔。

⑩县：悬挂。鱼门：邾国城门。

【译文】

邾国人因为须句的缘故而出兵攻鲁。鲁僖公轻视邾国，不设防就抵御邾国军队。臧文仲说："国家无所谓小，不能轻视它。不设防，虽是人多，也不可靠。《诗》里说：'战战兢兢，如同面对着深渊，如同行走在薄冰上。'又说：'戒慎啊戒慎！上天光明普照，得天命不易啊！'以先王那样的美德，尚且会碰到困难，没有不戒惧的，何况我们小国呢。国君不要以为邾国小，蜂、虿虽小却有毒，而况国家呢？"僖公不听。八月初八，僖公和邾国军队在升陉作战，鲁军大败。邾国人缴获僖公的头盔，把它悬挂在鱼门上。

22.8　楚人伐宋以救郑。宋公将战，大司马固谏曰[①]：“天之弃商久矣[②]，君将兴之，弗可赦也已[③]。”弗听。

【注释】

①大司马：即下文的子鱼，宋公子目夷，时为大司马，掌管军队。固谏：坚决劝阻。固，或认为是人名，即公孙固。

②商：此指宋。宋本是商的后裔，商为周所灭。

③弗可赦：违天之罪是不可赦免的。

【译文】

楚国派兵进攻宋国以救援郑国。宋襄公准备应战。大司马坚决劝阻道：“上天抛弃我们已经很久了，您想复兴它，违背天意，恐怕不可赦免啊。”宋襄公不听。

冬十一月己巳朔，宋公及楚人战于泓。宋人既成列[①]，楚人未既济[②]。司马曰：“彼众我寡，及其未既济也，请击之。”公曰：“不可。”既济而未成列[③]，又以告。公曰：“未可。”既陈而后击之[④]，宋师败绩。公伤股[⑤]，门官歼焉[⑥]。

【注释】

①既成列：已经摆好阵势。

②既济：全部渡过泓水。

③成列：形成队列，排成行列。

④陈：同“阵”，军阵。此为动词，列好阵势。

⑤公伤股：《史记·楚世家》云：“射伤宋襄公。”股，大腿。

⑥门官：国君的亲兵。

【译文】

冬十一月初一，宋襄公和楚军在泓水边交战。宋国的军队已经列好了阵势，楚国的军队还没有完全渡过泓水。司马子鱼劝宋襄公说："楚军人多，我军人少，趁他们还没有全部渡过河，赶紧下令进攻。"宋襄公说："不可以。"楚军渡过河还未摆成阵势，司马子鱼又劝宋襄公进攻，宋襄公说："还是不可以。"等到楚人摆好阵势，宋襄公才下令进攻，结果宋军大败，宋襄公自己也大腿受了伤，亲兵全部被杀死。

国人皆咎公①。公曰："君子不重伤②，不禽二毛③。古之为军也，不以阻隘也④。寡人虽亡国之余，不鼓不成列⑤。"子鱼曰："君未知战。勍敌之人⑥，隘而不列⑦，天赞我也。阻而鼓之⑧，不亦可乎？犹有惧焉。且今之勍者，皆吾敌也。虽及胡耇⑨，获则取之，何有于二毛⑩？明耻教战⑪，求杀敌也。伤未及死，如何勿重？若爱重伤，则如勿伤；爱其二毛，则如服焉⑫。三军以利用也⑬，金鼓以声气也⑭。利而用之，阻隘可也；声盛致志⑮，鼓儳可也⑯。"

【注释】

①咎：归罪。

②重(chóng)伤：对已受伤的敌人再加以伤害。

③禽：同"擒"。二毛：头发两种颜色，指头发花白的老人。

④不以阻隘：不把敌人逼到险要地方以取胜。

⑤鼓：作动词，击鼓进军。

⑥勍(qíng)敌：强敌。勍，强。

⑦隘而不列：处于险隘之地还未列阵。

⑧阻而鼓之：凭险而进攻。

⑨胡耇（gǒu）：老年人。

⑩何有：有何可怜惜呢？有何舍不得呢？

⑪明耻：明白国耻之心。教战：教以战术。

⑫如：应该。服：投降。

⑬以利用：抓住有利时机用兵。

⑭金鼓以声气：金鼓是用来鼓舞士气的。

⑮声盛：金鼓洪亮。致志：鼓舞士气。

⑯儳（chán）：队列参差不齐。

【译文】

宋国国内人都怪罪宋襄公。宋襄公说："有德之人是不忍心伤害已经受了伤的敌人的，不捉拿头发花白的老年人。古人行军打仗，不凭险要地方来求得胜利。我虽是殷商亡国的后代，也不进攻还没摆好阵势的敌人。"子鱼说："您还不知道怎样打仗。强大的敌人被逼在险要的地方来不及摆开阵势，这是上天在帮助我们呀！凭着险阻进攻敌人，怎么不可以呢？我还怕打不赢呢！再说这些强大的士兵，都是我们的敌人。即使是老年的，抓到了就是俘虏，管他什么头发花白？训练士兵，先让他们明白国耻之心，然后教他们战术，就是为了杀死敌人。敌人受了伤，还没有死，怎么就不可以再杀伤他呢！您如果舍不得再伤害他，还不如一开始就不杀伤；如果怜悯他头发花白，就干脆向他投降。军队打仗，就应抓住有利时机作战，鸣金、击鼓，是用来鼓舞士气的。敌人在险隘之处，正是可利用的时机。鼓声大作，激发士气，进攻未成列的敌人，完全是应该的啊！"

22.9　丙子晨①，郑文夫人芈氏、姜氏劳楚子于柯泽②。楚子使师缙示之俘馘③。君子曰："非礼也。妇人送迎不出门④，见兄弟不逾阈⑤，戎事不迩女器⑥。"

【注释】

①丙子：初八。

②芈(mǐ)氏：楚贵族之女。芈，楚姓。姜氏：齐女。劳：慰问。柯泽：郑国之地。

③师缙：楚国乐师。示之俘馘(guó)：这是为了显示战绩。俘，生擒的俘虏。馘，战时割取的所杀敌人的左耳，用以计功。此指死俘。

④送迎不出门：指送迎不出房门。

⑤不逾阈(yù)：不越过门槛。阈，门槛。

⑥不迩女器：不接近妇女的用具。迩，近。

【译文】

十一月初八早晨，郑文公夫人芈氏、姜氏到柯泽慰劳楚成王。楚成王派师缙将俘虏与杀死的敌人的左耳给她们看。君子说："这是不合于礼的。妇人迎送客人不出房门，见兄弟不跨越门槛，有战事时不接近妇女的用具。"

丁丑[1]，楚子入飨于郑[2]，九献[3]，庭实旅百[4]，加笾豆六品[5]。飨毕，夜出，文芈送于军[6]，取郑二姬以归[7]。叔詹曰[8]："楚王其不没乎[9]！为礼卒于无别[10]！无别不可谓礼，将何以没？"诸侯是以知其不遂霸也[11]。

【注释】

①丁丑：初九。

②入飨于郑：楚成王入郑都，郑文公宴请他。

③九献：九次向宾客敬酒。为国君飨燕之礼。

④庭实旅百：陈列于庭中的礼品有百种。旅，陈列。亦为国君飨燕

之礼。

⑤加：在正礼之外又增添其他。笾（biān）豆：古代礼器，用以装礼品。六品：六件。

⑥文芈：即郑文夫人芈氏。

⑦取郑二姬：指楚成王带走了郑国两位姬姓女子做侍妾。

⑧叔詹：郑大夫。

⑨不没：不得善终。没，善终。鲁文公元年，楚成王为其子商臣所杀。

⑩无别：男女无别。古人讲男女大防。郑文公夫人劳军，夜间送楚王回楚军，楚王取走二姬，都有妇女参与，因此说是男女无别，不合于礼。

⑪不遂霸：不能完成霸业。僖公二十八年，楚为晋败于城濮。

【译文】

初九，楚王入郑国都，郑文公宴享他，主人敬了九次酒，在庭院中陈列礼品有百种，另加用笾豆装的食品六件。宴享结束，到夜里才出来，文芈一直送他到军营中。楚王还带了郑国的二位侍妾回去。叔詹说："楚王恐怕要不得善终了！施行礼仪最后连男女都无区别！男女无别不可以认为是有礼。楚王怎么能善终呢？"诸侯因此知道楚成王不会成就霸业。

二十三年

【经】

23.1　二十有三年春①，齐侯伐宋，围缗②。

23.2　夏五月庚寅③，宋公兹父卒④。

23.3　秋，楚人伐陈。

23.4　冬十有一月，杞子卒⑤。

【注释】

①二十有三年：鲁僖公二十三当周襄王十六年，前637。

②缗(mín)：古国名，在今山东金乡东北。

③庚寅：二十五日。

④宋公兹父：宋襄公。

⑤杞子：杞国国君杞成公。

【译文】

鲁僖公二十三春，齐孝公攻打宋国，包围了缗。

夏五月二十五日，宋襄公去世。

秋，楚国攻打陈国。

冬十一月，杞成公去世。

【传】

23.1 二十三年春，齐侯伐宋，围缗，以讨其不与盟于齐也①。

【注释】

①不与盟于齐：僖公十九年，陈穆公"请修好于诸侯"，盟于齐。宋国不参加会盟。

【译文】

鲁僖公二十三年春，齐孝公攻打宋国，包围缗地，是为讨伐它不参加齐国的会盟。

23.2 夏五月，宋襄公卒，伤于泓故也。

【译文】

夏五月，宋襄公去世，是因为在泓之战中受伤的缘故。

23.3　秋，楚成得臣帅师伐陈[1]，讨其贰于宋也[2]。遂取焦、夷[3]，城顿而还[4]。子文以为之功[5]，使为令尹。叔伯曰[6]："子若国何[7]？"对曰："吾以靖国也[8]。夫有大功而无贵仕[9]，其人能靖者与有几[10]？"

【注释】

①成得臣：楚臣，字子玉。

②贰于宋：对楚国二心而对宋国亲近。

③焦、夷：二地都属陈国。焦当今安徽亳州，夷在亳州东南。

④顿：国名，姬姓，在今河南项城西。

⑤之：代词，其，指成得臣子玉。

⑥叔伯：楚大夫薳吕臣。

⑦若国何：拿国家怎么办。叔伯认为子玉不能胜任令尹之职。

⑧靖国：安定国家。靖，安定。

⑨贵仕：高位。

⑩与：语气词。

【译文】

秋，楚国的成得臣率领军队攻打陈国，讨伐它背叛楚国亲近宋国。于是攻入焦、夷二地，并在顿修筑城墙后回国。子文认为这是他的功劳，就让他做令尹。叔伯说："你将拿国家怎么办啊？"子文回答说："我将以此安定国家。有大功而无高位，这样的人能安定国家的有几人？"

23.4　九月，晋惠公卒[①]。怀公立[②]，命无从亡人[③]。期[④]，期而不至，无赦。狐突之子毛及偃从重耳在秦，弗召。冬，怀公执狐突曰："子来则免。"对曰："子之能仕，父教之忠[⑤]，古之制也。策名、委质[⑥]，贰乃辟也[⑦]。今臣之子，名在重耳[⑧]，有年数矣。若又召之，教之贰也。父教子贰，何以事君？刑之不滥[⑨]，君之明也，臣之愿也。淫刑以逞[⑩]，谁则无罪？臣闻命矣[⑪]。"乃杀之。

【注释】

①晋惠公卒：《春秋》记载晋惠公死在明年冬，可能《经》文记载有误。

②怀公：晋太子圉。

③无从：不要跟随。亡人：逃亡之人，指重耳，因其逃亡在外。

④期：对跟随重耳逃亡的人规定了返回的期限。

⑤父教之忠：父亲应教儿子忠诚。

⑥策名：把名字写在简册上。古时出仕之初，必须先把名字写在简策上。委质：出仕时需要送上见面的礼物。质，通"贽"，见面礼。无质就不能为人臣。

⑦贰：二心。辟：罪过。

⑧名在重耳：指做重耳的臣子。

⑨刑之不滥：不滥用刑罚。

⑩淫刑以逞：滥用刑罚以图快意。

⑪闻命：听到命令了。

【译文】

九月，晋惠公去世。晋怀公即位，命令不要跟随逃亡在外的重耳等人。并限定了返回的期限，到了期限不回来，不赦罪。狐突的儿子狐毛和狐偃跟随重耳在秦国，狐突不肯召他们回来。冬，怀公抓住狐突，对他说："儿子回来就赦免你。"狐突回答说："儿子能做官，父亲要教育他做到忠诚，这是自古的制度。把自己的名字写在简册上，给主人送上见面礼，如果有二心，就是罪过。现在臣下的儿子，名字列在重耳那边已经有好几年了。如果又召他们回来，那是教他们有二心啊。父亲教儿子三心二意，他怎么事奉国君呢？刑罚不滥用，是国君的圣明，下臣的希望。滥用刑罚以逞快意，谁能无罪呢？下臣听你的命令就是了。"晋怀公于是杀了狐突。

卜偃称疾不出，曰："《周书》有之①：'乃大明服②。'己则不明③，而杀人以逞，不亦难乎？民不见德④，而唯戮是闻⑤，其何后之有⑥？"

【注释】

①《周书》：指《尚书·康诰》篇。

②大明：指君主贤明。服：百姓顺服。

③则：如果。

④不见德：看不到德行，指君主不明。

⑤唯戮是闻：即"唯闻戮"，指滥用刑罚，杀人以逞。

⑥其何后之有：杜预《春秋左传注》："言怀公必无后于晋，为二十四年杀怀公张本。"

【译文】

卜偃称病不出门，说："《周书》里说：'君主贤明，臣民顺服。'如果自己不贤明，而杀人以图快意，不是也很难稳固吗？百姓看不到君主的恩德，只听到杀戮，其后代还能长享有君位吗？"

23.5 十一月，杞成公卒。书曰“子”，杞，夷也[①]。不书名[②]，未同盟也[③]。凡诸侯同盟，死则赴以名[④]，礼也。赴以名，则亦书之，不然则否，辟不敏也[⑤]。

【注释】

①杞，夷也：指杞国用夷人之礼仪。襄公二十九年《传》云：“杞，夏余也，而即东夷。”则杞本非夷，因其用夷礼，因而将其视为夷。

②不书名：不记载杞成公的名字。

③未同盟：指未和鲁国结为同盟国。以上解释《经》文为何记为“杞子”。

④赴以名：在讣告上写上名字。赴，同“讣”。

⑤辟：避免。敏：通“审”，明悉。

【译文】

十一月，杞成公去世。《春秋》记载为“子”，是因为杞国用夷礼。不记载名字，是因为没有和鲁国结盟。凡结盟的诸侯国，死后在讣告上写上名字，是合乎礼的。讣告上写名字，《春秋》就加以记载，否则就不记载，避免弄不清楚而误记。

23.6 晋公子重耳之及于难也[①]，晋人伐诸蒲城[②]。蒲城人欲战。重耳不可，曰：“保君父之命而享其生禄[③]，于是乎得人[④]。有人而校[⑤]，罪莫大焉。吾其奔也。”遂奔狄[⑥]。从者狐偃、赵衰、颠颉、魏武子、司空季子[⑦]。狄人伐廧咎如[⑧]，获其二女：叔隗、季隗，纳诸公子。公子取季隗，生伯儵、叔刘，以叔隗妻赵衰，生盾[⑨]。将适齐，谓季隗曰：“待我二十五年，不来而后嫁。”对曰：“我二十五年矣[⑩]，又如是而嫁，则就木焉[⑪]。请待子。”处狄十二年而行。

【注释】

①及于难：指太子申生之难。僖公四年，晋献公听信宠姬骊姬的谗言，逼死太子申生，公子重耳、夷吾同时出逃。

②蒲城：今山西隰县，重耳的封邑。

③保：依靠。生禄：养生的禄邑。

④得人：得到众人拥护。

⑤有人：即“得人”。校：同“较”，较量，对抗。

⑥狄：古代北方的少数民族。

⑦狐偃：重耳的舅父，字子犯。赵衰（cuī）：字子余。颠颉（xié）：晋大夫。魏武子：名犨（chōu）。司空季子：一名胥臣。食邑于臼，又称臼季。

⑧廧咎（qiáng gāo）如：狄族的别种，隗姓。在今河南安阳西南。

⑨盾：即赵盾。

⑩二十五年：指已经二十五岁了。

⑪就木：进棺材。木，棺材。

【译文】

晋公子重耳在骊姬之乱的时候，晋献公派人攻打蒲城。蒲城人要迎战。重耳不同意，说：“我是靠了国君的命令才有了养生的禄邑，因此才得到众人的拥护。有了百姓的拥护就要与国君对抗，没有比这更大的罪过了。我还是逃亡吧。”于是逃奔到狄国。狐偃、赵衰、颠颉、魏武子、司空季子等人都跟随他出逃。狄国人攻打廧咎如，抓获了他们的两个女儿叔隗和季隗，把她们送给公子重耳。重耳娶了季隗，生了伯儵、叔刘。他把叔隗给了赵衰，生了赵盾。重耳准备到齐国去，对季隗说：“等我二十五年，我如果不回来，你再出嫁。”季隗回答说：“我已经二十五岁了，再过二十五年出嫁，我将进棺材了。我还是等您吧！”重耳在狄国呆了十二年才离开。

过卫，卫文公不礼焉[①]。出于五鹿[②]，乞食于野人[③]，野人与之块[④]。公子怒，欲鞭之。子犯曰："天赐也[⑤]。"稽首，受而载之。

【注释】

①不礼：不以礼待之。焉：之，代词，指重耳。

②五鹿：卫地，在今河南濮阳东北莎鹿城。

③野人：乡下人。

④块：土块。

⑤天赐：上天的赐予。子犯认为土块是土地的象征，表示上天将赐予重耳土地，即能回国当国君。

【译文】

重耳过卫国的时候，卫文公没有以礼接待他。经过五鹿这个地方，重耳一行人向乡下人要饭吃，乡下人给了他一块泥土。重耳发怒了，要鞭打乡下人。子犯忙说："这是上天赐予我们的啊！"行了稽首之礼后，把土块接过来放在了车上。

及齐，齐桓公妻之，有马二十乘[①]，公子安之[②]。从者以为不可[③]。将行，谋于桑下[④]。蚕妾在其上[⑤]，以告姜氏[⑥]。姜氏杀之，而谓公子曰："子有四方之志[⑦]，其闻之者吾杀之矣。"公子曰："无之[⑧]。"姜曰："行也。怀与安[⑨]，实败名[⑩]。"公子不可。姜与子犯谋，醉而遣之[⑪]。醒，以戈逐子犯。

【注释】

①二十乘(shèng)：八十匹马。一乘四匹马，古时一车四马为一乘。

②安之：安居于齐，不想走了。

③从者：即跟随重耳逃亡的狐偃等人。

④桑下：桑树下。

⑤蚕妾：养蚕的女奴。

⑥姜氏：齐桓公嫁给重耳的齐女。

⑦四方之志：指远大的志向。

⑧无之：重耳想安于齐国，因此不承认。

⑨怀与安：眷恋享受，安于现状。

⑩败名：败坏功名。

⑪遣之：把重耳送出齐国。

【译文】

到了齐国，齐桓公将宗室女儿嫁给重耳，又赠马八十匹。重耳便安于齐国的生活不想再走了。跟随出逃的人都认为这样不行。他们准备让重耳离开齐国，并在桑树下商量。养蚕的女奴在桑树上听到了，便报告给姜氏。姜氏把女奴杀了，然后对公子重耳说："您有远大的志向，那些听到秘密的人，我已经杀了。"重耳说："没有这回事。"姜氏说："您走吧！眷恋享受，安于现状，只能败坏功名。"公子不愿走，姜氏与子犯商量，把重耳灌醉，然后把他送走。重耳醒来之后，生气地拿起戈来追赶子犯。

及曹，曹共公闻其骈胁[①]，欲观其裸[②]。浴，薄而观之[③]。僖负羁之妻曰[④]："吾观晋公子之从者，皆足以相国[⑤]。若以相，夫子必反其国[⑥]。反其国，必得志于诸侯[⑦]。得志于诸侯，而诛无礼，曹其首也。子盍蚤自贰焉[⑧]。"乃馈盘飧，置璧焉[⑨]。公子受飧反璧[⑩]。

【注释】

①骈胁:腋下肋骨连成一片。

②裸:裸体。指想乘重耳裸身时看看。

③薄:迫近。

④僖负羁:曹国大夫。

⑤相国:做国家的辅佐之臣。

⑥夫子:那个人,指重耳。

⑦得志于诸侯:指称霸诸侯。

⑧盍:"何不"的合音词。蚤:通"早"。

⑨乃馈盘飧(sūn),置璧焉:意即以璧为贽,向重耳示好。因臣不能与外人结交,所以把璧藏在饭里,不让外人知道。飧,晚饭。

⑩反璧:表示不贪财。

【译文】

到了曹国,曹共公听说重耳腋下肋骨连成一片,便想要乘重耳裸露身体的时候看一看。重耳洗澡的时候,他便迫近前去观看。曹大夫僖负羁的妻子说:"我看晋公子的随从,都是足以做国家辅臣的人才。如果用他们做辅政大臣,公子必定会返回晋国即位。返国之后,一定会称霸诸侯。称霸之后而惩罚对他无礼的国家,曹国必首当其冲。你何不早一点表示自己与曹君不同呢?"于是僖负羁就赠送给重耳一盘晚餐,把一块玉璧放置在食物中。重耳接受了他的晚餐而送还了玉璧。

及宋,宋襄公赠之以马二十乘。

【译文】

到了宋国,宋襄公赠送给重耳八十匹马。

及郑,郑文公亦不礼焉。叔詹谏曰①:"臣闻天之所启②,

人弗及也。晋公子有三焉[3]，天其或者将建诸[4]，君其礼焉。男女同姓，其生不蕃[5]。晋公子，姬出也[6]，而至于今，一也。离外之患[7]，而天不靖晋国[8]，殆将启之，二也。有三士足以上人而从之[9]，三也。晋、郑同侪[10]，其过子弟[11]，固将礼焉，况天之所启乎？”弗听。

【注释】

①叔詹：郑大夫郑詹。

②启：开，赞助，指天所帮助的人。

③三焉：三项与众不同的地方。

④其或者：其、或者，都是揣测副词。建诸：指天有意立他为君。

⑤蕃：繁盛。

⑥姬出：姬姓女所生。重耳之母为大戎狐姬。

⑦离：同“罹”，遭受。外：指逃亡国外。

⑧不靖晋国：重耳逃亡国外，晋国内一直不能安定。

⑨三士：指狐偃、赵衰和贾佗。上人：超过一般人。

⑩同侪(chái)：同等地位。

⑪其过子弟：那些来往经过郑国的晋国子弟。

【译文】

重耳到了郑国，郑国国君郑文公对他也不加礼遇。叔詹劝告郑文公说：“我听说上天所要帮助的人，一般人是比不上的。晋公子重耳有三件特殊的事非他人所能比。上天或者将要立他为君，您还是以礼相待的好。男女同姓通婚，他们的子孙不能繁盛。姬姓的晋公子重耳，又是姬姓女所生，但他至今仍健康地活着，这是第一件特殊的事。他遭受了逃亡在外的忧患，而晋国国内却不能安定，上天替重耳创造有利条件，这是第二件特殊的事。有三个超出一般人的人跟着他，这是第三件。晋国和郑国是同等地位的国家，平时他们的子弟来往，本该以礼相待，更何况是天要帮助的人！”郑文公不听。

及楚，楚子飨之[1]，曰：“公子若反晋国，则何以报不穀[2]？”对曰：“子、女、玉、帛[3]，则君有之，羽、毛、齿、革则君地生焉[4]。其波及晋国者[5]，君之余也，其何以报君？”曰：“虽然，何以报我？”对曰：“若以君之灵，得反晋国，晋、楚治兵[6]，遇于中原[7]，其辟君三舍[8]。若不获命[9]，其左执鞭、弭[10]，右属櫜、鞬[11]，以与君周旋[12]。”子玉请杀之。楚子曰：“晋公子广而俭[13]，文而有礼[14]。其从者肃而宽[15]，忠而能力[16]。晋侯无亲[17]，外内恶之。吾闻姬姓，唐叔之后[18]，其后衰者也[19]，其将由晋公子乎[20]。天将兴之，谁能废之？违天必有大咎。”乃送诸秦。

【注释】

①楚子：楚成王。

②不穀：君王自称之词。

③子、女：指男女奴隶。

④羽：鸟羽，翡翠、孔雀之类。毛：旄牛。齿：象牙。革：犀牛皮。

⑤波及：流散到。

⑥治兵：交战。

⑦中原：即原中，原野之中，指战场。

⑧辟：躲避。三舍：一舍三十里，共九十里。

⑨获命：获得退兵的命令。

⑩鞭：马鞭。弭(mǐ)：不加装饰的弓。

⑪属：手摸着。櫜(gāo)：箭袋。鞬(jiān)：弓套。

⑫周旋：应酬，此引申作交战。

⑬广：志向远大。俭：检束，指严于律己。

⑭文：说话有文采。

⑮肃：态度严肃。宽：待人宽厚。

⑯能力：能为重耳效力。

⑰晋侯：指晋惠公。

⑱唐叔：晋国始祖，周成王弟弟。

⑲其后衰者也：指晋国德泽久长，不会马上衰落。

⑳将由晋公子乎：指将由重耳振兴晋国。

【译文】

到了楚国，楚成王设宴招待他，说："公子如果返回晋国即位，那么将如何报答我呢？"重耳回答说："男女奴仆，宝玉丝帛，君王已经有了；鸟羽、兽毛、象牙、犀牛皮，是贵国的土产。晋国生产的这些东西，不过是贵国流散到晋国的剩余罢了。我拿什么报答您好呢？"楚王说："虽说是这样，您究竟用什么来报答我？"重耳回答说："如果托您的福，能够返回晋国，一旦晋、楚两国交战，在战场上相遇，那我将把军队后撤九十里。如果还得不到君王的谅解而退兵，那只好左手拿着马鞭、弓箭，右手抚着箭袋、弓套与君王较量一番了。"令尹子玉请求楚王杀掉重耳。楚王说："晋公子重耳志向广大严于律己，文辞华美而有礼节。他的随从态度严肃，待人宽厚，忠诚而能为主人效力。现在的晋国国君没有亲近的人，国内外均不得人心。我听说唐叔的后代，是姬姓中最后衰亡的，这大概要由重耳来重振国势吧！上天要振兴他，谁又能够废掉他呢？违背天意，必定会有大灾难。"于是就把重耳送到秦国。

秦伯纳女五人，怀嬴与焉①。奉匜沃盥②，既而挥之③。怒曰："秦、晋匹也④，何以卑我⑤！"公子惧，降服而囚⑥。

【注释】

①怀嬴:秦穆公之女,原嫁给晋怀公,怀公逃归后,又嫁给晋文公重耳,后又称辰嬴。

②奉匜(yí)沃盥(guàn):怀嬴执洗手的盘子注水其中,重耳洗手。奉,捧着。匜,盛水的盘子。沃,注水。盥,洗。

③挥之:挥手甩干水。此为不礼貌的行为。怀嬴本为重耳侄媳,现在又嫁重耳,重耳心中不快,故有此下意识的动作。

④匹:匹敌,相等。

⑤卑我:以我为卑。卑我即是卑秦。

⑥降服而囚:脱去上衣,自囚以谢罪。

【译文】

秦穆公送给重耳五个女子,怀嬴也在其中。一次,怀嬴捧着水盘,倒水给重耳洗手。洗完之后,重耳挥手甩干。怀嬴生气地说:"秦国和晋国地位相等,您为何蔑视我?"公子重耳害怕了,脱去上衣,把自己拘禁起来向怀嬴谢罪。

他日,公享之[①]。子犯曰:"吾不如衰之文也[②],请使衰从。"公子赋《河水》[③],公赋《六月》[④]。赵衰曰:"重耳拜赐[⑤]。"公子降[⑥],拜,稽首。公降一级而辞焉[⑦]。衰曰:"君称所以佐天子者命重耳[⑧],重耳敢不拜?"

【注释】

①公:秦穆公。

②文:有文辞,善外交辞令。

③赋:宴会上宾主都可以指定诗篇,让乐工演奏,称赋诗。《河水》:杜预以为逸《诗》篇名。表示对秦穆公尊敬。《国语·晋语四》韦

昭《注》云:"河当作沔,字相似误也。其诗曰:'沔彼流水,朝宗于海。'言己反国,当朝事秦。"江永《群经补义》曰:"此说是也。余谓'嗟我兄弟,邦人诸友,莫肯念乱,谁无父母',亦欲以此感动秦伯,望其念乱而送己归也。"按,《左传》记赋《诗》始于此,终于定公四年秦哀公赋《无衣》。杨伯峻曰:"始于此,非前此无赋《诗》者,盖不足记也。终于定四年者,盖其时赋《诗》之风渐衰,后竟成绝响矣。"

④《六月》:《诗经·小雅》篇名。《国语·晋语四》韦昭《注》云:"《小雅·六月》道尹吉甫佐宣王征伐,复文、武之业。其诗云:'王于出征,以匡王国。'其二章曰:'以佐天子。'三章曰:'共武之服,以定王国。'此言重耳为君,必霸诸侯,以匡佐天子。"

⑤拜赐:拜谢秦穆公的好意。

⑥降:下阶退到堂下。

⑦降一级而辞:秦穆公下阶一级,表示不敢接受降拜的大礼。

⑧佐天子者:《六月》是歌颂尹吉甫辅佐周宣王北伐的诗,所以称"佐天子者"。

【译文】

有一天,秦穆公宴享重耳。子犯说:"我不如赵衰善于文辞,请让赵衰跟您去。"在宴会上,重耳教乐工奏《河水》这首诗以表示对秦穆公的尊敬,秦穆公叫人奏了《六月》这首诗作为回谢。赵衰忙说:"重耳快拜谢君王的美意!"重耳退到阶下,拜,叩头。秦穆公下阶一级表示辞让。赵衰说:"君主用辅佐天子的诗来命令重耳,重耳岂敢不拜?"

二十四年

【经】

24.1　二十有四年春王正月①。

24.2　夏,狄伐郑②。

24.3 秋七月。

24.4 冬,天王出居于郑[3]。

24.5 晋侯夷吾卒[4]。

【注释】

①二十有四年:鲁僖公二十四年当周襄王十七年,前636。

②狄伐郑:此次狄人攻打郑国,是周襄王所引。

③天王出居于郑:周襄王因王子带之乱逃奔到郑国。天王,天子,此指周襄王。

④夷吾:晋惠公。实死于上年九月。见上年《传》。

【译文】

鲁僖公二十四年周历正月。

夏,狄人攻打郑国。

秋七月。

冬,周襄王出奔到郑国。

晋侯夷吾去世。

【传】

24.1 二十四年春王正月,秦伯纳之[1]。不书,不告入也。

【注释】

①秦伯纳之:此与上年重耳事本为一体,被后人割裂置此。纳之,派兵护送重耳回国。

【译文】

鲁僖公二十四年春周历正月,秦穆公派兵护送重耳回国。《春秋》没有记载这件事,因为重耳回国之事没有向鲁国报告。

及河[1]，子犯以璧授公子，曰："臣负羁绁从君巡于天下[2]，臣之罪甚多矣，臣犹知之，而况君乎？请由此亡[3]。"公子曰："所不与舅氏同心者[4]，有如白水[5]。"投其璧于河[6]。

【注释】

①河：黄河。

②负羁绁（xiè）：指任仆役随从奔走。羁，马络头。绁，马缰绳。巡于天下：逃亡的委婉说法。

③亡：奔逃，指离开重耳。

④所：假设连词，如果。舅氏：舅父。

⑤有如白水：指河水发誓。有如，誓词中的常用语。

⑥投其璧于河：表示取信于河神。

【译文】

到了黄河，子犯把一块玉璧交给重耳说："臣下为您任仆役跟随着您奔走巡行天下，臣下的罪过很多，臣下自己都知道，何况您呢！请允许我从此离开您吧！"重耳说："我如果不与舅父一条心，可以指着黄河水发誓。"就把那块玉璧扔进黄河。

济河，围令狐[1]，入桑泉[2]，取臼衰[3]。二月甲午[4]，晋师军于庐柳[5]。秦伯使公子絷如晋师[6]。师退，军于郇[7]。辛丑[8]，狐偃及秦、晋之大夫盟于郇。壬寅[9]，公子入于晋师[10]。丙午[11]，入于曲沃[12]。丁未[13]，朝于武宫[14]。戊申[15]，使杀怀公于高梁[16]。不书，亦不告也。

【注释】

①令狐：在今山西临猗西。

②桑泉：在临猗东北。

③臼衰(cuī)：在今山西解县西北。

④甲午：二月无甲午日，恐记日有错。

⑤晋师：指晋怀公的军队。庐柳：在临猗。

⑥公子絷：秦公子。如：前往。

⑦郇(xún)：在临猗西南。

⑧辛丑：甲午后第七天。

⑨壬寅：辛丑第二天。

⑩公子入于晋师：晋军转向重耳，所以重耳能进入晋军中。

⑪丙午：壬寅后第四天。

⑫曲沃：在今山西闻喜东北。曲沃是晋国祖宗庙所在地。

⑬丁未：丙午第二天。

⑭武宫：晋曲沃武公之庙。晋侯每即位，必朝之。

⑮戊申：丁未第二天。

⑯高梁：在今山西临汾。

【译文】

渡过黄河，重耳一行包围了令狐，进入桑泉，攻取了臼衰。二月甲午日，晋怀公的军队驻扎在庐柳。秦穆公派公子絷到怀公军队中传达秦国的命令。晋军退，驻扎在郇地。辛丑日，狐偃和秦国、晋怀公的大夫在郇地结盟。壬寅日，重耳进入晋国军队，掌握了军队。丙午日，进入曲沃。丁未日，朝拜祖庙武宫。戊申日，派人在高梁杀了晋怀公。《春秋》没有记载这些事，也是因为晋人没来鲁国报告。

吕、郤畏逼[①]，将焚公宫而弑晋侯[②]。寺人披请见，公使让之，且辞焉，曰："蒲城之役[③]，君命一宿[④]，女即至[⑤]。其后余从狄君以田渭滨[⑥]，女为惠公来求杀余，命女三宿，女中宿至[⑦]。虽有君命，何其速也。夫袪犹在[⑧]。女其行乎。"

对曰："臣谓君之入也，其知之矣[9]。若犹未也，又将及难[10]。君命无二[11]，古之制也。除君之恶，唯力是视[12]。蒲人、狄人，余何有焉[13]？今君即位，其无蒲、狄乎？齐桓公置射钩而使管仲相[14]，君若易之[15]，何辱命焉[16]？行者甚众，岂唯刑臣[17]。"公见之，以难告[18]。三月，晋侯潜会秦伯于王城[19]。己丑晦[20]，公宫火，瑕甥、郤芮不获公，乃如河上，秦伯诱而杀之。晋侯逆夫人嬴氏以归[21]。秦伯送卫于晋三千人，实纪纲之仆[22]。

【注释】

①吕、郤：吕，吕甥，即瑕甥。郤，郤芮。二人是晋惠公旧臣。

②公宫：晋侯的宫庭。晋侯：指重耳，此时已即君位，后又称晋文公。

③蒲城之役：指僖公五年，寺人披曾奉晋献公之命至蒲城追杀重耳之事。

④一宿：一夜。此指住一夜后到蒲城。

⑤女：通"汝"，你。即至：指当天就到了。

⑥田：打猎。渭滨：渭水之滨。

⑦中宿：第二宿后第三日。

⑧袪（qū）：袖管。寺人披伐蒲城，重耳越墙逃走，寺人披斩得重耳一只袖口。详见僖公五年《传》。

⑨知之：知道为君之道。

⑩及难：赶上灾难。及，赶上，指遭受。

⑪无二：无二心。

⑫唯力是视：即唯视力，尽自己能力之所及。

⑬余何有：对我有什么关系呢？

⑭齐桓公置射钩而使管仲相：齐桓公和公子纠争位时，管仲是公子纠之臣，为使公子纠继位，与桓公在回齐路上相遇时欲射杀桓公，误中衣带钩。后因鲍叔牙推荐，齐桓公又重用管仲。

⑮易之：改变齐桓公的做法。

⑯何辱命焉：何须你下命令。

⑰刑臣：受过宫刑之臣，寺人披自称。

⑱难：指吕、郤焚烧公宫的阴谋。

⑲潜会：秘密地会见。王城：秦地，在今陕西大荔东。

⑳晦：月终之日。

㉑嬴氏：指怀嬴。

㉒纪纲之仆：得力之仆人。

【译文】

吕甥、郤芮害怕受到重耳的迫害，准备焚烧公宫并杀死晋君重耳。寺人披请求进见重耳，重耳派人去责备他，拒绝接见他，说："蒲城之战，献公命令你一夜之后到达蒲城，你当天就到了。后来我跟狄君一起在渭水之滨打猎，你奉惠公之命来追杀我。命令你三个晚上以后赶到，你过了两个晚上就到了。虽然有国君的命令，可是追杀我你却那么快！当初被你砍掉的那只袖子还在呢，你还是走吧！"寺人披回答说："我以为您回国为君，应该懂得为君之道了。如果还不懂，又将会有灾难啊。执行国君的命令不能三心二意，这是自古以来的制度。铲除国君所厌恶的人，我是尽力而为。杀一个蒲人或狄人，于我有什么关系呢？现在您当了国君，难道就没有像当年在蒲城和在狄那样的反对者吗？齐桓公能不计射钩之仇而重用管仲为相，您如果没有齐桓公的度量，改变他那样的做法，那我自然会走开，不必劳烦您下命令。那样的话要走的人很多，岂止我一个？"重耳于是接见了他。寺人披把吕、郤将作乱的事报告了重耳。三月，重耳秘密地到王城会见秦穆公。三月三十日，公宫被烧，瑕甥、郤芮没有抓到重耳，就追赶到黄河边上，秦穆公把二人诱骗过去杀掉。重耳把怀嬴接回国内,秦穆公送给晋国三千名卫士,作为得力的仆人。

初,晋侯之竖头须①,守藏者也②。其出也,窃藏以逃,尽用以求纳之③。及入④,求见。公辞焉以沐⑤。谓仆人曰:“沐则心覆⑥,心覆则图反⑦,宜吾不得见也。居者为社稷之守⑧,行者为羁绁之仆,其亦可也⑨,何必罪居者?国君而仇匹夫,惧者甚众矣。”仆人以告,公遽见之⑩。

【注释】

①竖头须:竖,古代地位低微的小吏。头须,人名。

②藏(zàng):库藏。

③纳:接纳重耳回国。

④入:指重耳回国。

⑤辞焉以沐:以洗头为借口辞谢不接见。沐,洗头。

⑥沐则心覆:洗头时低头向下,心也向下,所以说心覆。

⑦图反:考虑问题颠倒。

⑧居者:留在国内的人。社稷之守:看守社稷。

⑨其:指居者和行者。

⑩遽:立即,马上。

【译文】

当初,晋君有个小臣,名叫头须,是个监守府库的人。当年重耳逃亡时,头须偷走府库中的财物,全部用在接纳重耳回国这件事上。等到重耳回国了,头须请求进见重耳。重耳借口正在洗头而不愿见他。头须对重耳的仆人说:“洗头的时候心是向下倒过来的,心倒过来,考虑问题就颠倒了,该我不能够进见他。在国内居留的人为您看守国家,跟您逃亡的人替您奔走服役，这两种人都是一样的。何必把留守的人看成是有罪的人呢？做国君的如果仇视普通人，那么害怕的人就多了。”仆人把这些话告诉给重耳，重耳马上接见了他。

狄人归季隗于晋，而请其二子[①]。文公妻赵衰，生原同、屏括、楼婴[②]。赵姬请逆盾与其母[③]，子馀辞[④]。姬曰：“得宠而忘旧，何以使人？必逆之！”固请，许之。来，以盾为才[⑤]，固请于公，以为嫡子，而使其三子下之[⑥]，以叔隗为内子[⑦]，而己下之。

【注释】

①请：请求留下。二子：指伯儵、叔刘。

②生原同、屏括、楼婴：赵同、赵括、赵婴齐各食邑于原、屏、楼三地，故谓之原同、屏括、楼婴。原，在今河南济源西北。屏地未详。楼，在今山西永和南。

③赵姬：重耳女，即妻赵衰者。

④子馀：赵衰字。

⑤才：有才干。

⑥下之：居于赵盾之下。

⑦内子：嫡妻。

【译文】

狄国人将季隗送回晋国，而请求留下伯儵、叔刘二人。晋文公把女儿嫁给赵衰，生了原同、屏括、楼婴。赵姬请求接回赵盾和他的母亲叔隗，赵衰辞谢不同意。赵姬说：“得到了宠爱而忘记了旧人，还如何使唤别人？一定要接他们回来。”坚决向赵衰请求，赵衰同意了。于是把叔隗和赵盾接回来。赵姬认为赵盾有才干，坚决向晋文公请求，要把赵盾立为嫡子，而使亲生的三个儿子居于赵盾之下；又以叔隗为正妻，自己居于叔隗之下。

晋侯赏从亡者，介之推不言禄[①]，禄亦弗及。推曰："献公之子九人，唯君在矣。惠、怀无亲，外内弃之。天未绝晋，必将有主。主晋祀者[②]，非君而谁？天实置之，而二三子以为己力[③]，不亦诬乎[④]？窃人之财，犹谓之盗，况贪天之功以为己力乎？下义其罪[⑤]，上赏其奸，上下相蒙[⑥]，难与处矣！"其母曰："盍亦求之？以死，谁怼[⑦]？"对曰："尤而效之[⑧]，罪又甚焉。且出怨言，不食其食。"其母曰："亦使知之，若何？"对曰："言，身之文也[⑨]。身将隐[⑩]，焉用文之？是求显也[⑪]。"其母曰："能如是乎？与女偕隐[⑫]。"遂隐而死。晋侯求之，不获，以绵上为之田[⑬]，曰："以志吾过，且旌善人[⑭]。"

【注释】

①介子推：晋大夫，姓介，名推。之，为语助。

②主晋祀者：主持晋国宗庙祭祀的人。指继位为国君。

③二三子：那些人，指从亡者。

④诬：欺骗。

⑤义其罪：以其罪为义。

⑥相蒙：相互欺骗蒙蔽。

⑦怼(duì)：怨恨。

⑧尤：过失，罪过。

⑨文：文饰。

⑩隐：隐居。

⑪求显：求显达，求为人所知。

⑫偕隐：一起隐居。

⑬晋侯求之，不获，以绵上为之田：《史记·晋世家》云："介子推从者怜之，乃悬书宫门曰：'龙欲上天，五蛇为辅，龙已升云，四蛇各入其宇。一蛇独怨，终不见处所。'文公出，见其书，曰：'此介子推也。吾方忧王室，未图其功。'使人召之，则亡。遂求所在，闻其入绵上山中，于是文公环绵上山中而封之，以为介推田。号曰介山。"《新序》且谓"求之不能得，以谓焚其山宜出。及焚其山，遂不出而焚死"。绵上，地名，在今山西介休东南。田，祭田。

⑭旌：表扬。

【译文】

晋文公奖赏跟随他逃亡的臣子，介子推没有提出要求赏赐，赏赐也没加给介之推。介之推说："献公有儿子九个，现今只有国君在了。惠公、怀公没亲近之人，国内外的人都抛弃他。上天不愿灭绝晋国，必定会有新君。主持晋国宗庙祭祀的人，不是国君还有谁呢？上天一定要立国君为君，而他们几位随从逃亡的人却贪天之功以为己力，这不是欺蒙上天吗？偷人家的财物，尚且叫他盗贼，何况贪天之功以为自己的力量呢？在下的人把罪恶当做正义的行为，在上的又对他们所做的坏事加以赞赏，上下互相欺诈蒙骗，这就难以和他们相处了。"介之推的母亲说："你何不也去求得封赏？否则就这样死去，又怨谁呢？"介之推回答说："明知他们是错的又去效仿它，罪过就更大了。再说我已口出怨言，不能再接受他的俸禄。"他的母亲说："要不然也让他知道一下，怎么样？"介之推回答说："言辞，是身体上的装饰。身体将要隐藏起来，还要装饰干什么？这反而是去求得显达了。"他母亲说："你能做到这样吗？那么我和你一起隐居吧！"于是母子俩一起隐居到死。重耳派人到处寻找他们没找到，就把绵上作为介之推的祭田，说："就用这来记载我的过错，并表扬好人吧！"

24.2　郑之入滑也，滑人听命[①]。师还，又即卫[②]。郑公子士、泄堵俞弥帅师伐滑[③]。王使伯服、游孙伯如郑请滑[④]。郑伯怨惠王之入而不与厉公爵也[⑤]，又怨襄王之与卫、滑也[⑥]，故不听王命而执二子[⑦]。王怒，将以狄伐郑。富辰谏曰："不可。臣闻之：大上以德抚民[⑧]，其次亲亲[⑨]，以相及也[⑩]。昔周公吊二叔之不咸[⑪]，故封建亲戚以蕃屏周[⑫]。管、蔡、郕、霍、鲁、卫、毛、聃、郜、雍、曹、滕、毕、原、酆、郇[⑬]，文之昭也[⑭]。邘、晋、应、韩[⑮]，武之穆也[⑯]。凡、蒋、刑、茅、胙、祭[⑰]，周公之胤也[⑱]。召穆公思周德之不类[⑲]，故纠合宗族于成周而作诗[⑳]，曰：'常棣之华，鄂不韡韡[㉑]。凡今之人，莫如兄弟。'其四章曰：'兄弟阋于墙，外御其侮[㉒]。'如是，则兄弟虽有小忿[㉓]，不废懿亲[㉔]。今天子不忍小忿以弃郑亲，其若之何？庸勋、亲亲、昵近、尊贤[㉕]，德之大者也。即聋、从昧、与顽、用嚚[㉖]，奸之大者也。弃德崇奸，祸之大者也。郑有平、惠之勋[㉗]，又有厉、宣之亲[㉘]，弃嬖宠而用三良[㉙]，于诸姬为近[㉚]，四德具矣[㉛]。耳不听五声之和为聋[㉜]，目不别五色之章为昧[㉝]，心不则德义之经为顽[㉞]，口不道忠信之言为嚚。狄皆则之，四奸具矣[㉟]。周之有懿德也，犹曰'莫如兄弟'，故封建之。其怀柔天下也[㊱]，犹惧有外侮。扞御侮者[㊲]，莫如亲亲，故以亲屏周[㊳]。召穆公亦云。今周德既衰，于是乎又渝周、召[㊴]，以从诸奸[㊵]，无乃不可乎？民未忘祸[㊶]，王又兴之，其若文、武何[㊷]？"王弗听，使颓叔、桃子出狄师[㊸]。

【注释】

①郑之入滑也,滑人听命:僖公二十年滑人叛郑,郑军入滑。听命,听从命令。此指服从郑国。

②即卫:滑人又亲卫。

③公子士、泄堵俞弥:郑国大夫。泄堵俞弥,即泄堵寇。

④王:周襄王。伯服、游孙伯:周大夫。请滑:请求不要讨伐滑。

⑤惠王之入而不与厉公爵:此事见庄公二十一年《传》。厉公,指郑厉公。

⑥与卫、滑:偏袒卫、滑二国。

⑦二子:伯服、游孙伯二人。

⑧大上:即"太上",最上等。

⑨亲亲:亲近自己的亲属。

⑩相及:及于他人。

⑪吊:伤悼。二叔之不咸:指管叔、蔡叔联合商纣之子武庚叛乱被周公平定,管叔被杀,蔡叔被流放而死。二叔,指管叔、蔡叔,二人都是周武王弟弟。不咸,不得善终。

⑫封建:分封土地,建立国家。蕃屏周:为周室作藩篱、屏障。

⑬管、蔡、郕、霍、鲁、卫、毛、聃、郜、雍、曹、滕、毕、原、酆、郇:都是周初封国名。管,在今河南郑州,始封君为武王之弟叔鲜。毛,西周时在扶风,东迁后在洛阳附近,始封君为毛公。聃,当在今河南开封,始封君为季载。雍,在今河南修武西,沁阳东北,始封君为文王第十三子雍伯。毕,在今陕西西安与咸阳西北,横跨渭水南北。酆,在今陕西西安鄠邑区东,咸阳南。郇,今山西临猗西南。

⑭文之昭:文王的儿子。

⑮邘(yú)、晋、应、韩:也是封国国名。邘,在今河南沁阳西北,始封君为周武王第二子邘叔。一说当在大、小盂鼎出土地陕西眉县。应,在今河南鲁山东,始封君为武王第四子。韩,其封本当在今

河北固安东南韩寨营，后迁陕西韩城。

⑯武之穆：武王的儿子。

⑰凡、蒋、邢、茅、胙、祭：也是封国国名。蒋，在今河南固始东北，始封君为周公第三子伯龄。茅，在今山东金乡茅乡，始封君为茅伯，后属邾。胙，在今河南延津北故胙城东。祭，在今河南郑州东北，始封君为周公第五子。

⑱胤（yìn）：后代。

⑲召（shào）穆公：又称召伯虎，周厉王、宣王时大臣。不类：指周德衰微。类，善。

⑳纠合：集合。诗：据后文，是《诗经·小雅·常棣》。

㉑常棣之华，鄂不韡韡：常棣，又作“棠棣”。花名，又叫郁李。鄂，通“萼”，花萼，花蒂。不，萼足。韡韡，光明貌。

㉒兄弟阋（xì）于墙，外御其侮：意即兄弟内部虽然不和，犹同心抵御外侮。阋，争吵，争斗。

㉓忿：怨恨。

㉔懿亲：好亲戚。

㉕庸勋：酬劳有功。庸，酬劳。

㉖即聋：接近耳背的人。从昧：跟从昏暗的人。与顽：赞成固陋的人。用嚚（yín）：使用奸诈的人。

㉗平、惠之勋：周平王东迁，曾依靠郑国帮助。周惠王因王子颓之乱出奔，也靠郑国帮助返国。事见庄公二十年、二十一年《传》。

㉘厉、宣之亲：郑国始封君桓公友是周厉王儿子，周宣王弟弟。厉、宣，指周厉王、宣王。

㉙弃嬖宠：指僖公七年郑文公杀嬖臣申侯及十六年杀太子华。用三良：信任叔詹、堵叔、师说等贤臣。

㉚于诸姬为近：郑国出自周厉王，在姬姓诸国中与王室血缘最近。

㉛四德：即庸勋、亲亲、暱近、尊贤。

㉜五声：宫、商、角、徵(zhǐ)、羽五音。和：唱和。

㉝五色：青、赤、黄、白、黑五色。章：文采。

㉞则：法则。

㉟四奸：聋、昧、顽、嚚。

㊱怀柔：笼络。

㊲扞御：抵御。

㊳以亲屏周：以亲属来作为周室的屏障。

㊴渝：改变。

㊵从诸奸：指用狄军。

㊶民未忘祸：周室前有王子颓之乱，僖公十一年王子带又勾结狄人入侵，人们尚未忘记。

㊷若文、武何：意指必将废弃文、武二王建立的功业。

㊸颓叔、桃子：二人皆周大夫。出狄师：出动狄军伐郑。

【译文】

郑军攻入滑国的时候，滑人听从命令服了郑。郑军回去，滑国又亲附了卫国。郑国的公子士、泄堵俞弥又率军队讨伐滑国。周王派伯服、游孙伯到郑国去请求不要打滑国。郑文公怨恨当年周惠王回到王城时不给郑厉公酒爵，又埋怨周襄王偏袒卫、滑二国，所以不听周王之命而抓了伯服和游孙伯。周襄王大怒，准备率领狄人攻打郑国。富辰劝阻说："不可以。臣下听说：上等的策略是用德行来安抚百姓，其次是亲近自己的亲属，然后推及到别人。过去周公伤悼管叔、蔡叔不得善终，所以为亲属分封土地，建立国家，以保卫周室。管、蔡、郕、霍、鲁、卫、毛、聃、郜、雍、曹、滕、毕、原、酆、郇各国，都是文王的儿子。邘、晋、应、韩四国，都是武王的儿子。凡、蒋、邢、茅、胙、祭各国，是周公的后代。召穆公担忧周德衰微，所以召集宗族在成周作诗，说：'常棣的花儿，花蒂都有光彩。现在的人们，总不能像兄弟一样亲近。'诗的第四章又说：'兄弟在家争吵，遇到外侮共同抵抗。'像这样，那么，兄弟即使有小小的怨恨，也不能废弃友好亲戚。今天你不能忍耐小小的怨恨而要抛弃郑国这个亲戚，那又能怎么样呢？酬劳有功、亲爱亲戚、亲近近亲、尊敬贤者，这是最大的德行啊。接近聋子、跟从昏昧的人、支持固陋的人、重用奸诈的人，是最大的邪恶。抛弃大德，崇尚邪恶，是最大的祸患！郑国有辅佐平王、惠王的功劳，又是厉王、宣王的亲属，郑国能抛弃那奸佞的宠臣而重用三良，在姬姓诸国中属于近亲，它四种德行都具备了。耳朵听不到和谐的五音是聋子，眼睛分不清五色的文采是昏昧，心不以德义为准则是顽固，口不说忠信之言是奸诈。狄人都效法这些，四种奸邪都具备了。周室有美德的时候，尚且说'不如兄弟亲近'，所以要分封建国。在它能笼络天下的时候，还担心有外来的侵略。抵御外来的侵犯，没有比近亲更好的了，所以以近亲来保卫周室。召穆公也是这样说的。现在周室德行已经衰败，在此时又要改变周公、召公的做法，而跟从邪恶用狄人，恐怕不可以吧？百姓不会忘记当年的祸乱，君王又要把它挑起来，怎么向文王、武王交代呢？"周襄王不听，仍派颓叔、桃子出动狄军攻打郑国。

夏，狄伐郑，取栎①。王德狄人②，将以其女为后。富辰谏曰："不可。臣闻之曰：'报者倦矣③，施者未厌④。'狄固贪惏⑤，王又启之。女德无极⑥，妇怨无终⑦，狄必为患。"王又弗听。

【注释】

①栎：郑地，在今河南禹县。

②德：感谢。

③报者：报德者，指周襄王。

④施者：施德者，指狄人。厌：满足。

⑤贪惏：同“贪婪”。

⑥女德无极：指妇女受恩不知止境。

⑦妇怨无终：妇人的怨恨永无终了。

【译文】

夏，狄人攻打郑国，夺取了栎。周襄王感谢狄人，准备把狄人的女儿作为王后。富辰劝阻说：“不可以。臣下听说：‘报答的人已经疲倦了，施恩的人还未满足。’狄人本来就贪婪，君王又开启了他们的贪心。女人受恩没有止境，她的怨恨也就不会终了，狄人必定会成为祸患。”周襄王还是不听。

初，甘昭公有宠于惠后①，惠后将立之，未及而卒②。昭公奔齐③，王复之④。又通于隗氏⑤。王替隗氏⑥。颓叔、桃子曰：“我实使狄⑦，狄其怨我。”遂奉大叔以狄师攻王。王御士将御之⑧，王曰：“先后其谓我何⑨？宁使诸侯图之。”王遂出。及坎欿⑩，国人纳之。

【注释】

①甘昭公：王子带，周襄王弟弟，即下文的大叔。甘，在今河南洛阳南。

②卒：指惠后死。

③昭公奔齐：事见僖公十二年《传》。

④王复之：事见僖公二十二年《传》。

⑤隗氏：指周襄王所娶狄女。

⑥替：废弃。

⑦我实使狄：指狄人之所以如此，实是由我们指使。

⑧御士：侍卫之士。

⑨先后：指死去的惠后。

⑩坎欿(kǎn)：地名，在今河南巩义东南。

【译文】

当初，甘昭公被惠后宠爱，惠后想立他为太子，没来得及实现惠后就死了。甘昭公逃奔到齐国，周天子又让他回来。他又和隗氏私通。周襄王把隗氏废了。颓叔、桃子说："狄人之所以这样，实在是我们造成的。狄人恐怕要怨恨我们的。"于是就拥戴王子带率狄军攻打周王。周王的侍卫要抵抗，周襄王说："如果杀死太叔，惠后将会怎么说呢？宁可让诸侯国来想办法解决。"周襄王于是出逃，到了坎欿，国都的人又把他接回去。

秋，颓叔、桃子奉大叔以狄师伐周，大败周师，获周公忌父、原伯、毛伯、富辰[①]。王出适郑，处于氾[②]。大叔以隗氏居于温[③]。

【注释】

①获周公忌父、原伯、毛伯、富辰：《国语·周语中》云："王黜狄后。狄人来，诛杀谭伯。富辰曰：'昔吾骤谏王，王弗从，以及此难。若我不出，王其以我为怼乎？'乃以其属死之。"则此四人当皆被杀。

②氾(fàn)：地名，在今河南襄城南。

③温：今河南温县西南。

【译文】

秋，颓叔、桃子拥戴太叔率狄军攻打周王，大败周王军队，俘虏了周公忌父、原伯、毛伯、富辰。周王逃奔到郑国，居住在氾地。太叔带着隗氏居住在温地。

24.3 郑子华之弟子臧出奔宋①,好聚鹬冠②。郑伯闻而恶之,使盗诱之。八月,盗杀之于陈、宋之间。君子曰:“服之不衷③,身之灾也。《诗》曰:‘彼己之子,不称其服④。’子臧之服,不称也夫。《诗》曰:‘自诒伊戚⑤。’其子臧之谓矣。《夏书》曰‘地平天成’⑥,称也。”

【注释】

①郑子华之弟子臧出奔宋:僖公十六年郑杀太子华,大概其时子臧也逃亡。

②鹬(yù)冠:用鹬毛做的帽子。鹬,鸟名。

③不衷:不合适。

④彼己之子,不称其服:引《诗》见《诗经·国风·曹风·候人》。古人知天文者冠鹬冠,子臧不知天文而鹬冠,故以为不称。彼己之子,那个人。

⑤自诒(yí)伊戚:引《诗》见《诗经·小雅·小明》。意为给自己留下忧伤。诒,留下。伊,此。戚,忧伤。

⑥地平天成:此句所引的《夏书》是逸书。意为大地平静,上天成全。

【译文】

郑子华的弟弟子臧逃奔到宋国,他喜欢收集鹬冠。郑文公听说了非常讨厌,就派盗贼把子臧骗出来。八月,盗贼在陈国和宋国交界处把子臧杀了。君子说:“服饰不合适,是身体的灾祸。《诗》里说:‘那个人哪,他的服饰不相称。’子臧的服饰,就是不相称。《诗》里说,‘自己给自己找忧愁’,说的不就是子臧吗?《夏书》说,‘大地平静,上天成全’,就是说要上下相称。”

24.4　宋及楚平。宋成公如楚，还，入于郑。郑伯将享之，问礼于皇武子[①]。对曰："宋，先代之后也[②]，于周为客[③]。天子有事[④]，膰焉[⑤]；有丧，拜焉[⑥]。丰厚可也。"郑伯从之，享宋公，有加[⑦]，礼也。

【注释】

①皇武子：郑卿。

②先代之后：宋为殷商之后。先代，指殷商。

③于周为客：郑国是姬姓国，周室宗亲，宋对于郑来说是客人。

④有事：指祭祀。

⑤膰(fán)：祭肉，此作动词，送上祭肉。

⑥拜焉：答拜。

⑦有加：在正礼之外又有所增加。

【译文】

宋国和楚国讲和。宋成公到楚国去，回国时，进入郑国。郑文公准备宴享他，向皇武子问礼节。皇武子回答说："宋国，是先朝的后代，对于周室来说，是客人。天子祭祀，要分给他祭肉；有丧事，宋国来吊唁，天子要答拜。招待丰盛是可以的。"郑文公听从了，宴享宋成公，礼节有所增加，这是合于礼的。

24.5　冬，王使来告难[①]，曰："不穀不德[②]，得罪于母弟之宠子带[③]，鄙在郑地氾[④]，敢告叔父。"臧文仲对曰："天子蒙尘于外[⑤]，敢不奔问官守[⑥]。"王使简师父告于晋[⑦]，使左鄢父告于秦[⑧]。天子无出[⑨]，书曰"天王出居于郑"，辟母弟之难也。天子凶服、降名[⑩]，礼也。

【注释】

①告难:告王子带之乱。

②不穀:不善,诸侯自称的谦辞。

③母弟:王子带是周襄王的弟弟。母弟,应为“母氏”。

④鄙:野居。天子离开王都叫野居。

⑤蒙尘:受难。

⑥奔问:赶去慰问。官守:本指天子左右群臣,此代指天子以表恭敬。

⑦简师父:周大夫。

⑧左鄢父:周大夫。

⑨无出:天子无所谓出国。

⑩凶服:穿着凶服。降名:周王使者称“不穀”,是以诸侯自称天子,是自降身份,因此是降名。

【译文】

冬,周王派使者来报告王子带之乱,说:“不穀没有德行,得罪了母亲的宠弟王子带,野居在郑国的氾地,谨以报告叔父。”臧文仲回答说:“天子受难在外,哪敢不赶去慰问呢?”周王还派简师父去晋国报告,派左鄢父到秦国报告。天子是无所谓出国的,《春秋》记载说“天王出居于郑”,是说因为躲避兄弟的祸难。天子穿着凶服,以诸侯之名自称,这合乎礼制。

24.6 郑伯与孔将钼、石甲父、侯宣多省视官具于氾①,而后听其私政②,礼也。

【注释】

①孔将钼、石甲父、侯宣多:此三人都是郑国大夫。官:官司,指天子的工作人员。具:器用。

②私政：指属于郑国的政事。天子出居郑国，郑文公巡视官、具后，方谈郑国的政事。

【译文】

郑文公和孔将钽、石甲父、侯宣多三人一起到氾地去慰问天子的随行人员并巡视供天子用的器物，然后听取郑国的政事，这合乎礼。

24.7　卫人将伐邢，礼至曰[①]："不得其守[②]，国不可得也。我请昆弟仕焉[③]。"乃往，得仕[④]。

【注释】

①礼至：卫大夫。

②不得其守：实指不杀掉其正卿。守，官，指邢国正卿国子。

③昆弟：兄弟。

④得仕：此与下年"春卫人伐邢"本为一体，为后人割裂为二。

【译文】

卫国人准备攻打邢国，礼至说："不杀掉他们的正卿，邢国不可能得到。我让我的兄弟先去做官。"于是他们去了邢国，做了官。

二十五年

【经】

25.1　二十有五年春王正月[①]，丙午[②]，卫侯燬灭邢[③]。

25.2　夏四月癸酉[④]，卫侯燬卒。

25.3　宋荡伯姬来逆妇[⑤]。

25.4　宋杀其大夫。

25.5　秋，楚人围陈，纳顿子于顿[⑥]。

25.6　葬卫文公。

25.7　冬十有二月癸亥[⑦]，公会卫子、莒庆盟于洮[⑧]。

【注释】

①二十有五年：鲁僖公二十五年当周襄王十八年，前635。

②丙午：二十日。

③卫侯燬：卫文公，名燬。

④癸酉：十九日。

⑤荡伯姬：鲁国女，嫁与宋大夫荡氏为妻。逆妇：为儿子娶媳妇。

⑥楚人围陈，纳顿子于顿：僖公二十三年，陈国威胁顿国，顿子逃亡到楚国，因此楚围攻陈，并护送顿子回国。

⑦癸亥：十二日。

⑧卫子：卫国新君卫成公郑，因卫文公死去未满一年，所以称卫子。莒庆：莒国大夫。洮：鲁地，在今山东泗水东南。

【译文】

鲁僖公二十五年周历正月，二十日，卫国国君燬灭了邢国。

夏四月十九日，卫文公燬去世。

宋国的荡伯姬来迎娶媳妇。

宋国杀了他们的大夫。

秋，楚人包围陈国，并把顿子护送回国。

安葬卫文公。

冬十二月十二日，僖公在洮地和卫君、莒庆会盟。

【传】

25.1　二十五年春，卫人伐邢[①]。二礼从国子巡城[②]，掖以赴外[③]，杀之[④]。正月丙午，卫侯燬灭邢，同姓也，故名[⑤]。礼至为铭曰[⑥]：“余掖杀国子，莫余敢止[⑦]。”

【注释】

①二十五年春，卫人伐邢：此事与上年《传》末“卫人将伐邢”同为一事。

②二礼：指卫大夫礼至及其弟弟。

③掖以赴外：挟持住扔到城墙外。掖，抓住人的手臂。

④杀之：上年《传》礼至说灭邢必先杀国子，因此先杀了他。

⑤同姓也，故名：卫国无罪而灭了同姓的邢国，所以《经》文直接记载卫侯的名。有批评之意。

⑥为铭：在铜器上作铭文。

⑦止，阻止。

【译文】

鲁僖公二十五年春，卫国人攻打邢国。礼至兄弟跟随国子巡城，挟持着把他扔到城墙外，杀了他。正月二十日，卫侯燬灭了邢国。卫国和邢国同姓，《春秋》所以记载卫侯之名。礼至还在铜器上作铭文说：“我挟持杀了国子，没有人敢阻止我。”

25.2　秦伯师于河上，将纳王①。狐偃言于晋侯曰②：“求诸侯，莫如勤王③。诸侯信之，且大义也④。继文之业⑤，而信宣于诸侯⑥，今为可矣。”

【注释】

①将纳王：上年王子带之乱，周襄王逃亡到氾地，秦穆公准备以武力护送襄王回朝。

②晋侯：晋文公。

③勤王：为王事勤劳。此指纳王。

④诸侯信之，且大义也：勤王可以得到诸侯信任，且合乎大义。

⑤继文之业：文，指晋文侯，曾辅佐周平王东迁。

⑥信宣于诸侯：在诸侯中宣扬信用。

【译文】

秦穆公的军队驻扎在黄河边，准备以武力护送周襄王回朝。狐偃对晋文公说："求霸于诸侯，不如起兵救援天子。这样可以得到诸侯的信任，而且合乎大义。既继承了文侯的事业，而且在诸侯中宣扬了信用。现在做这个事情可以了。"

使卜偃卜之①，曰："吉。遇黄帝战于阪泉之兆②。"公曰："吾不堪也③。"对曰："周礼未改。今之王，古之帝也④。"公曰："筮之⑤。"筮之，遇《大有》☲之《睽》☲⑥，曰："吉。遇'公用享于天子'之卦也⑦。战克而王飨，吉孰大焉⑧？且是卦也，天为泽以当日⑨，天子降心以逆公⑩，不亦可乎？《大有》去《睽》而复，亦其所也⑪。"

【注释】

①卜偃：占卜之官。此句主语是晋文公。

②黄帝战于阪泉：传说黄帝与赤帝战于阪泉之野，三战获胜。阪泉，在今河北逐鹿。

③不堪：不敢当。黄帝战于阪泉，是天子征伐之事，晋为诸侯，所以说不敢当。

④周礼未改。今之王，古之帝也：卜偃的意思是说黄帝战于阪泉之兆是指襄王与王子带之争，周德虽衰，其命未改，典章制度也未改，因此战争名义上由周王领衔，周王和黄帝地位相当。

⑤筮之：古代先卜后筮。

⑥《大有》☲：卦名，《乾》下《离》上。《睽》☲：卦名，《兑》下《离》上。

⑦公用享于天子：《易·大有·九三》的爻辞。《大有》之《睽》，第三

爻由阳爻变为阴爻，所以用这一爻的爻辞。享，今《易》作“亨”。

⑧战克而王飨，吉孰大焉：卜偃根据《大有》的爻辞说明这是战胜狄兵，周王请公赴宴，大吉。

⑨天为泽以当日：此句是解释卦象。《大有》中《离》下的《乾》（天）变为《睽》中《离》下的《兑》（泽），就是天为泽迎着太阳。

⑩天子降心以逆公：《乾》为天，《离》为火，《乾》在《离》下，这是天子屈心下意来接待公侯。

⑪《大有》去《睽》而复，亦其所也：本卦转为之卦，终要回到本卦。《大有》变为《睽》；《睽》终将回到《大有》，象征天子离开王朝，终要回到王朝。这是理所当然的。

【译文】

晋文公让卜偃占卜，卜偃说：“吉利。得到的是黄帝战于阪泉的征兆。”文公说：“我不敢当啊！”卜偃回答说：“周朝的礼制没有改变，现在的王，就是古代的帝啊。”文公说：“占筮看看。”占筮结果得到《大有》卦变为《睽》卦，卜偃说：“吉利。得到‘公被天子招待’这样的卦，象征战胜之后天子设宴席招待，还有比这更大的吉利吗？再说这卦，天为水泽迎着太阳，象征天子屈心下意来接待公侯，这不也是很好吗？《大有》变为《睽》，终将回到《大有》，也是理所当然的。”

晋侯辞秦师而下[①]。三月甲辰[②]，次于阳樊[③]。右师围温[④]，左师逆王。夏四月丁巳[⑤]，王入于王城，取大叔于温[⑥]，杀之于隰城[⑦]。

【注释】

①辞秦师而下：辞退秦军，晋军顺流而下。

②甲辰：十九日。

③阳樊：即“樊”，在今河南济源。

④围温：王子带及狄后居住在温地。

⑤丁巳：初三。

⑥大叔：王子带。

⑦隰城：即隰郕，在今河南武涉。

【译文】

晋文公辞退秦军，顺流而下。三月十九日，晋军驻扎在阳樊。右军包围温，左军迎接周襄王。夏四月初三，周王进入王城，在温地抓获大叔王子带，在隰城把他杀了。

戊午[①]，晋侯朝王，王飨醴，命之宥[②]。请隧[③]，弗许，曰："王章也[④]。未有代德[⑤]，而有二王[⑥]，亦叔父之所恶也[⑦]。"与之阳樊、温、原、欑茅之田[⑧]。晋于是始启南阳[⑨]。

【注释】

①戊午：初四。

②王飨醴，命之宥：飨醴、命宥，设宴招待。醴，甜酒。命之宥，敬酒后再回敬。宥，劝人饮食。

③请隧：晋文公请求周王允许他死后以天子之礼下葬。隧，隧道，全在地下的地道，天子葬以隧道。诸侯葬以露出地面的羡道。

④王章：周王所用的典章制度。

⑤代德：指新王朝成立。

⑥二王：诸侯而用天子之礼，等于是有二王。

⑦叔父：晋国为武王子唐叔虞之后，故周王称叔父。恶：厌恶。

⑧田：即地。

⑨启：开辟。南阳：在今河南新乡一带。即阳樊诸邑所在地。

【译文】

初四，晋文公朝见周王。周王用甜酒设宴招待，晋文公回敬周王酒。晋文公请求死后用隧道之礼下葬，周王不允许，说："这是周王的礼制。还没有取代周朝，而有两个天子，这是叔父所厌恶的。"周王赐给晋文公阳樊、温、原、欑茅等地。晋国在此时开始开辟南阳。

阳樊不服，围之[①]。苍葛呼曰[②]："德以柔中国，刑以威四夷[③]，宜吾不敢服也。此[④]，谁非王之亲姻，其俘之也。"乃出其民[⑤]。

【注释】

①围之：晋军围阳樊。

②苍葛：阳樊人。

③刑以威四夷：此指不应以武力威胁阳樊。威，威胁。

④此：此地，指阳樊。

⑤出其民：阳樊人不愿归属晋国，晋人只好听任其民迁走。

【译文】

阳樊不归服，晋军包围阳樊。苍葛高呼说："要用德来安抚中原国家，刑罚只用于四方夷狄。你们用武力，难怪我们不敢归服啊！在这里，谁不是周王亲戚，岂能做俘虏呢？"晋人只好让阳樊人迁出城去。

25.3　秋，秦、晋伐鄀[①]。楚斗克、屈御寇以申、息之师戍商密[②]。秦人过析[③]，隈入而系舆人[④]，以围商密，昏而傅焉[⑤]。宵，坎血加书[⑥]，伪与子仪、子边盟者。商密人惧，曰："秦取析矣！戍人反矣[⑦]。"乃降秦师。秦师囚申公子仪、息公子边以归。楚令尹子玉追秦师，弗及，遂围陈，纳顿子于顿。

【注释】

①鄀(ruò):秦、楚边界上的小国,受楚国保护,都商密,在今河南淅川西南。

②斗克:字子仪,楚申地的地方长官,称申公。屈御寇:字子边,楚息地的长官,称息公。楚国地方官称"公",如申公、息公。商密:鄀的国都。

③析:鄀国的城邑。包括今河南内乡、淅川西北。

④隈(wēi):河流弯曲处,此指丹水河。系舆人:捆绑着自己的士兵假装成析地的俘虏。舆人,众人,此指秦军士兵。

⑤昏:黄昏。傅:逼近城下。

⑥坎血加书:在地上掘坎,杀牲其上,歃血而盟,并把盟书放在上面。

⑦戍人:指楚军。

【译文】

秋,秦国、晋国攻打鄀国。楚斗克、屈御寇率申地、息地的军队戍守商密。秦人经过析地,绕道丹水河湾道,并捆绑着自己的士兵假扮成俘虏,来包围商密,黄昏时逼近到城下。夜里,秦人挖地掘坎,杀牲歃血,并把盟书放在上面,假装与楚国的子仪、子边盟誓。商密人害怕了,说:"秦人占领析地了!戍守的楚人反叛了!"于是就投降了秦军。秦军囚禁了申公子仪、息公子边回国。楚国令尹子玉追赶秦军,赶不上了。于是包围陈国,把顿子送回顿国。

25.4 冬,晋侯围原,命三日之粮①。原不降,命去之②。谍出③,曰:"原将降矣。"军吏曰:"请待之④。"公曰:"信,国之宝也,民之所庇也⑤。得原失信,何以庇之?所亡滋多⑥。"退一舍而原降⑦。迁原伯贯于冀⑧。赵衰为原大夫,狐溱为温大夫⑨。

【注释】

①命三日粮:下令准备三天的军粮。即准备三天内攻下。

②去之:撤军。

③谍:晋军间谍。出:从围城中出来。

④待之:不要急于撤军,等待原国投降。

⑤庇:庇护。

⑥所亡滋多:得原与失信相比,失去的东西更多。

⑦一舍:三十里。

⑧原伯贯:原邑长官。冀:在今山西河津东北。

⑨狐溱:狐毛之子。

【译文】

冬,晋文公围攻原邑,下令准备三天的军粮。三天后,原邑不降,晋文公下令撤军。间谍从城里出来说:“原邑准备投降了。”晋国的军官说:“请再等等看。”文公说:“信用,是国家的宝贝,庇护百姓的东西。得到原邑却失去信用,用什么庇护百姓?失去的东西将更多!”晋军后退三十里而原邑投降。晋人把原伯贯迁到冀地。命赵衰为原大夫,狐溱为温大夫。

25.5　卫人平莒于我①,十二月,盟于洮,修卫文公之好,且及莒平也。

【注释】

①卫人平莒于我:僖公元年,鲁国打败莒国,获莒挐。此后鲁、莒结怨。卫国从中调停,使两国言归于好。

【译文】

卫国人调停莒国和我国的关系，十二月，在洮地结盟，重修与卫文公的旧好，并且和莒国讲和。

25.6　晋侯问原守于寺人勃鞮[①]，对曰："昔赵衰以壶飧从[②]，径[③]，馁而弗食[④]。"故使处原[⑤]。

【注释】

①寺人勃鞮(dī)：寺人披。

②壶飧(sūn)：用壶装食物。

③径：走小路。

④馁：饿。

⑤故使处原：以上补叙任命赵衰为原大夫的原因。

【译文】

晋文公就镇守原邑的人选询问寺人勃鞮，勃鞮回答说："当年赵衰带着用壶装的食物跟着您，一个人走在小路上，饿了也不吃带的食物。"所以就任命赵衰为原大夫。

二十六年

【经】

26.1　二十有六年春王正月[①]，己未[②]，公会莒子、卫甯速盟于向[③]。

26.2　齐人侵我西鄙，公追齐师，至酅[④]，弗及。

26.3　夏，齐人伐我北鄙[⑤]。

26.4　卫人伐齐[⑥]。

26.5　公子遂如楚乞师[⑦]。

26.6　秋，楚人灭夔[8]，以夔子归。

26.7　冬，楚人伐宋，围缗[9]。公以楚师伐齐，取谷[10]。

26.8　公至自伐齐。

【注释】

①二十有六年：鲁僖公二十六年当周襄王十九年，前634。

②己未：初九。

③甯速：卫大夫甯庄子。向：莒地。在今山东莒县南。

④巂(xī)：齐地，在今山东东阿南。

⑤齐人伐我北鄙：齐侵西鄙未得逞，因此再入侵北鄙。

⑥卫人伐齐：卫人伐齐以救鲁。

⑦公子遂：《传》称东门襄仲，也叫东门遂，鲁庄公之子。

⑧夔：楚同姓国，在今湖北秭归。

⑨缗(mín)：宋邑，今山东金乡。

⑩谷：齐地，在今山东东阿。

【译文】

鲁僖公二十六年周历正月初九，鲁僖公在向地会见莒子、卫国的甯速并结盟。

齐国人入侵我西部边境，僖公追逐齐国军队，到达巂地，没追上。

夏，齐国人攻打我北部边境。

卫国攻打齐国。

公子遂到楚国请求出兵。

秋，楚人灭了夔国，抓获了夔子回国。

冬，楚国人攻打宋国，包围缗地。僖公率领楚军攻打齐国，攻取了谷地。

僖公由伐齐回国。

【传】

26.1　二十六年春王正月，公会莒兹丕公、甯庄子盟于向[1]，寻洮之盟也[2]。

【注释】

①兹丕公：莒子。

②寻洮之盟：洮之盟在去年。

【译文】

鲁僖公二十六年周历正月，僖公和莒兹丕公、卫国的甯庄子在向地结盟，巩固洮地之盟。

26.2　齐师侵我西鄙，讨是二盟也[1]。

【注释】

①二盟：指洮之盟和向之盟。齐孝公仍以霸主自居，不许鲁与他国盟会。

【译文】

齐国军队入侵我西部边境，这是因二次结盟而加以讨伐。

26.3　夏，齐孝公伐我北鄙。卫人伐齐，洮之盟故也[1]。

【注释】

①卫人伐齐，洮之盟故也：鲁、卫结盟，齐人伐鲁，卫于是伐齐以救鲁。

【译文】

夏，齐孝公出兵侵犯我国北部边境。卫国出兵攻打齐国，这是因为鲁、卫两国有洮地之盟的缘故。

公使展喜犒师[①]，使受命于展禽[②]。齐侯未入竟，展喜从之[③]，曰："寡君闻君亲举玉趾[④]，将辱于敝邑[⑤]，使下臣犒执事[⑥]。"齐侯曰："鲁人恐乎？"对曰："小人恐矣，君子则否。"齐侯曰："室如县罄[⑦]，野无青草，何恃而不恐？"对曰："恃先王之命。昔周公、大公股肱周室[⑧]，夹辅成王。成王劳之，而赐之盟，曰：'世世子孙，无相害也。'载在盟府[⑨]，大师职之[⑩]。桓公是以纠合诸侯，而谋其不协，弥缝其阙[⑪]，而匡救其灾[⑫]，昭旧职也。及君即位，诸侯之望曰：'其率桓之功[⑬]。'我敝邑用不敢保聚[⑭]，曰：'岂其嗣世九年[⑮]，而弃命废职[⑯]？其若先君何？君必不然。'恃此以不恐。"齐侯乃还。

【注释】

①展喜：鲁大夫。犒(kào)：慰劳。

②展禽：鲁大夫，名获，食邑于柳下，谥为"惠"，故又称柳下惠。

③展喜从之：展喜出境出会齐侯。

④玉趾：犹言"贵步"，委婉之辞。

⑤将辱于敝邑：屈辱你莅临我国。委婉之辞。

⑥执事：不敢直接称呼齐侯而托辞左右办事的人，实指齐侯。

⑦室如县罄(qìng)：指室内空洞无物。罄，通"磬"。

⑧周公：名旦，鲁国始祖。大公：姜尚，齐国的始祖。股肱(gōng)：大腿和胳膊，比喻辅助之臣。

⑨载：载书，指盟约。盟府：管理盟约、文书档案的官府。

⑩大师：司盟之官，周初太公为大师，兼主司盟。大，同"太"。职：主。

⑪弥缝:补救。阙:过失。

⑫匡救:拯救。

⑬其率桓之功:指齐孝公一定会继承齐桓公的功业。率,遵循。

⑭用:因。保聚:聚众防守。

⑮嗣世九年:齐孝公继桓公之位已九年。嗣世,嗣位。

⑯弃命废职:抛弃先王之命,废太公之职。

【译文】

鲁僖公派展喜去犒劳齐国军队,并让他向展禽请教犒劳齐军的辞令。齐孝公的军队还没有进入鲁国境内,展喜先出境迎接齐孝公,然后跟随着他,说:"我们国君听说您亲自举贵步前来,将驾临我国,所以派下臣来犒劳您的军队。"齐孝公问:"鲁国人害怕吗?"展喜回答说:"小人害怕,君子则不是这样。"齐孝公说:"你们屋内空空,连粮食都没有,田野里连草都不长,你们依靠什么而不害怕?"展喜回答说:"靠的是先王的命令。从前,我们的始祖周公,贵国的太公,都是周天子有力的助手,他们共同辅佐成王,成王慰劳他们,给他们订立盟约,说:'你们的子孙,世世代代不要互相侵害。'这些盟辞,仍藏在盟府之中,由太师保管着。贵国的先君齐桓公所以联合诸侯会盟,对不团结的进行调解,纠正诸侯的错误,救助他们的灾难,以此显扬贵国太公的职责。等到您当上国君之后,各国都盼望说:'他一定会遵循桓公的功业的。'因此我们鲁国不敢聚众防守,都说:'难道齐侯继位才九年,就背弃成王之命而废除太公之职了吗?否则,怎么对得起太公和桓公呢?齐侯一定不会这样做的。'靠着这一点,所以他们不怕。"齐孝公于是撤兵回国。

26.4 东门襄仲、臧文仲如楚乞师①,臧孙见子玉而道之伐齐、宋②,以其不臣也③。

【注释】

①东门襄仲:公子遂。臧文仲:臧孙辰。

②子玉:楚国令尹成得臣。道:引导。

③不臣:不臣事周室。不臣是借口,实因齐、宋不侍奉楚国。

【译文】

东门襄仲、臧文仲到楚国请求出兵。臧孙辰会见子玉并且引导他们攻打齐、宋两国,因为两国不侍奉楚国。

26.5　夔子不祀祝融与鬻熊[①],楚人让之。对曰:"我先王熊挚有疾[②],鬼神弗赦[③],而自窜于夔。吾是以失楚[④],又何祀焉?"秋,楚成得臣、斗宜申帅师灭夔[⑤],以夔子归。

【注释】

①夔子不祀祝融与鬻(yù)熊:《史记·楚世家》:"楚之先祖出自帝颛顼高阳。高阳生称,称生卷章,卷章生重黎。重黎为帝喾高辛居火正,甚有功,能光融天下,帝喾命曰祝融。帝诛重黎,而以其弟吴回为重黎后,复居火正,为祝融。吴回生陆终。陆终生子六人,六曰季连,芈姓,楚其后也。周文王之时,季连之苗裔曰鬻熊。"祝融与鬻熊都是楚国的先祖,夔与楚同姓,礼应祭祀二祖。

②熊挚:楚始祖熊绎的后人。

③鬼神弗赦:祈祷于鬼神,病不见好,所以说"弗赦"。

④失楚:失去楚国的援助。

⑤斗宜申:司马子西。

【译文】

夔子不祭祀祝融与鬻熊,楚国人责怪他。夔子回答说:"我们的先王熊挚有病,鬼神不赦免他,所以自己跑到夔。我们因此失去楚国的援助,又祭祀什么呢?"秋,楚成得臣、斗宜申率军队灭夔,俘虏了夔子回国。

26.6 宋以其善于晋侯也[1],叛楚即晋。冬,楚令尹子玉、司马子西帅师伐宋,围缗。

【注释】

①善于晋侯:僖公二十三年《传》载,重耳出亡过宋,宋襄公赠马二十乘,即指此事。

【译文】

宋国因为曾对晋侯表示友善,背叛楚国亲近晋国。冬,楚国命令尹子玉、司马子西率领军队讨伐宋国,包围了缗地。

公以楚师伐齐,取谷。凡师,能左右之曰以[1]。置桓公子雍于谷,易牙奉之以为鲁援[2]。楚申公叔侯戍之[3]。桓公之子七人,为七大夫于楚。

【注释】

①左右之:指随意指挥别国军队。

②易牙:即雍巫。

③申公叔侯:申公名叔侯。

【译文】

鲁僖公率楚国军队攻打齐国,占领了谷地。凡是出兵,能随意指挥别国军队的叫做"以"。把齐桓公的儿子雍安置在谷地,易牙侍奉他并作为鲁国的后援。楚国申公叔侯戍守谷地。齐桓公有七个儿子,都在楚国做大夫。

二十七年

【经】

27.1　二十有七年春[①]，杞子来朝。

27.2　夏六月庚寅[②]，齐侯昭卒[③]。

27.3　秋八月乙未[④]，葬齐孝公。

27.4　乙巳[⑤]，公子遂帅师入杞[⑥]。

27.5　冬，楚人、陈侯、蔡侯、郑伯、许男围宋。

27.6　十有二月甲戌[⑦]，公会诸侯[⑧]，盟于宋。

【注释】

①二十有七年：鲁僖公二十七年当周襄王二十年，前633。

②庚寅：十八日。

③齐侯昭：齐孝公。

④乙未：二十四日。

⑤乙巳：九月初四。

⑥公子遂帅师入杞：杞子朝鲁时不敬，鲁国因此派兵讨伐。

⑦甲戌：初五。

⑧诸侯：指楚子、陈穆公、蔡庄公、郑文公、许僖公。

【译文】

鲁僖公二十七年春，杞子来朝见。

夏六月十八日，齐孝公昭去世。

秋八月二十四日，安葬齐孝公。

九月初四，公子遂率军队入侵杞国。

冬，楚国人、陈穆公、蔡庄公、郑文公、许僖公包围宋国。

十二月初五，鲁僖公会见诸侯，在宋国之地结盟。

【传】

27.1 二十七年春，杞桓公来朝，用夷礼[①]，故曰子。公卑杞，杞不共也[②]。

【注释】

①用夷礼：用夷狄的礼节。

②不共：不恭敬。共，通"恭"。

【译文】

鲁僖公二十七年春，杞桓公来鲁国朝见，用夷狄的礼节，所以《春秋》称他为"子"。鲁僖公瞧不起他，认为杞桓公不恭敬。

27.2 夏，齐孝公卒。有齐怨[①]，不废丧纪[②]，礼也。

【注释】

①有齐怨：去年齐两次伐鲁。

②丧纪：丧事的礼数。

【译文】

夏，齐孝公去世。鲁国对齐国虽有怨恨，仍然不废弃丧礼的礼数，这是符合于礼的。

27.3 秋，入杞，责无礼也。

【译文】

秋，鲁国公子遂攻入杞国，以责备其无礼。

27.4 楚子将围宋[①]，使子文治兵于睽[②]，终朝而毕，不戮一人[③]。子玉复治兵于蒍[④],终日而毕,鞭七人,贯三人耳[⑤]。国老皆贺子文[⑥],子文饮之酒。蒍贾尚幼[⑦],后至,不贺。子文问之,对曰:"不知所贺。子之传政于子玉[⑧],曰:'以靖国也[⑨]。'靖诸内而败诸外,所获几何?子玉之败,子之举也。举以败国,将何贺焉?子玉刚而无礼,不可以治民[⑩]。过三百乘[⑪],其不能以入矣[⑫]。苟入而贺,何后之有?"

【注释】

①楚子:楚成王。围宋:是因为宋叛楚。

②子文:名斗穀於菟,曾为楚国令尹。睽(kuí):楚地名。

③终朝而毕,不戮一人:此言子文之宽简。终朝,一个上午。自旦至食时。戮,惩罚。

④子玉:名得臣,此时已代子文任楚国令尹。蒍(wěi):楚地名。

⑤贯三人耳:贯耳,军中刑罚,用箭穿耳,比鞭刑重。

⑥国老皆贺子文:古礼,举拔得人,乃为之庆贺。国老,国中退职老臣。

⑦蒍贾:一名伯嬴,楚名相孙叔敖之父。

⑧传政:指将令尹之职传给子玉。

⑨以靖国也:僖公二十三年,子玉伐陈有功,子文使为令尹。叔伯曰:"子若国何?"子文答"吾以靖国也"。靖,安定。

⑩治民:此指治军。

⑪过三百乘(shèng):兵车超过三百乘。一车四马为一乘。按每乘七十五人计,共二万二千五百人。

⑫不能以入:不能全师回国。

【译文】

楚成王准备攻打宋国,派子文在睽地练兵。子文一个上午就完事了，不惩罚一个人。令尹子玉又在蒍地练兵，演练了一整天才结束，鞭打了七个军士，用箭穿了三个人的耳朵。楚国的老臣们都来向子文祝贺，子文便招待他们喝酒。蒍贾当时还年幼，后到，却不祝贺。子文问他为什么，蒍贾回答说："我不知道该祝贺什么。您把政权传给了子玉，说是'为了安定国家'。这样国内虽可获得暂时的安定，但对外却可能要失败，岂非得不偿失？子玉的作战失败，是由于您的推荐。推荐人却导致国家失败，我祝贺什么呢？子玉其人刚强无礼，不可以让他治理军队，他统帅军队，兵车超过三百乘的话，恐怕就不能胜利回国了。如果凯旋了，再来祝贺也不迟呀。"

冬，楚子及诸侯围宋①。宋公孙固如晋告急②。先轸曰③："报施、救患④，取威、定霸，于是乎在矣⑤。"狐偃曰："楚始得曹，而新昏于卫⑥，若伐曹、卫，楚必救之，则齐、宋免矣⑦。"于是乎蒐于被庐⑧，作三军⑨，谋元帅⑩。赵衰曰："郤縠可⑪。臣亟闻其言矣，说礼、乐而敦《诗》、《书》⑫。《诗》、《书》，义之府也⑬；礼、乐，德之则也；德、义，利之本也。《夏书》曰：'赋纳以言，明试以功，车服以庸⑭。'君其试之。"乃使郤縠将中军，郤溱佐之⑮；使狐偃将上军，让于狐毛⑯，而佐之。命赵衰为卿，让于栾枝、先轸⑰。使栾枝将下军，先轸佐之。荀林父御戎⑱，魏犨为右⑲。

【注释】

①及诸侯：据《经》文记载，随楚成王一起围宋的诸侯还有陈、蔡、郑、许等国。

②宋公孙固：宋庄公的孙子，曾为大司马。

③先轸：晋国将领，又称原轸。

④报施:指晋文公重耳流亡于宋国,当时宋襄公赠马八十匹,现应报恩。救患:救宋被围之患。

⑤于是乎在:在此一举。

⑥昏:同"婚"。

⑦齐、宋免矣:去年楚伐齐,侵占谷地,狐偃估计晋伐曹、卫,即可使齐、宋免于楚国的侵略,又可用以激楚。

⑧蒐(sōu):检阅军队,亦指演习。被庐:晋国地名。

⑨作三军:闵公元年晋献公作二军,文公乘此机会建立三军,即中军、上军、下军。

⑩谋元帅:商量元帅的人选。晋国三军各置将、佐,称为六卿。中军主将为元帅、正卿。

⑪郤縠(hú):晋大夫

⑫说:同"悦"。敦:崇尚。

⑬义之府:道义的府库,指道义集中的著作。

⑭赋纳以言,明试以功,车服以庸:引文见《尚书·益稷》。赋纳,听取。赋,通"敷",遍。试,尝试。功,事,具体任务。庸,功绩。

⑮佐之:为副手。

⑯狐毛:狐偃的哥哥。

⑰栾枝:又称栾贞子。

⑱荀林父:僖公二十八年《传》称荀林父将中行,故又以中行为氏,谥桓,又称中行桓子。

⑲魏犫(chōu):即僖公二十三年《传》中的魏武子。

【译文】

这年冬天,楚成王和诸侯包围宋国。宋国的公孙固到晋国告急。先轸说:"报答宋国的施恩,救援宋国的患难,在诸侯中取得威望,奠定霸业,就在这一仗了。"狐偃说:"楚国刚得到曹国的同盟,新近又与卫国结为婚姻。如果攻打曹、卫两国,楚国必定救援,那么,齐国和宋国就可免于被攻了。”晋国因此在被庐阅兵，建立上、中、下三军，并商量中军元帅的人选。赵衰说：“郤縠可以胜任。我屡次听他谈论，他喜爱礼、乐而熟悉《诗》、《书》这些典籍。《诗》、《书》这两部典籍，道义都蕴藏其中；礼、乐，又是道德修养的准则。德与义，是利益的根本。《夏书》上说：‘使用一个人，应全面听取他的意见，把具体的任务交给他，使他受到明白的考验，如果成功，就赏赐给他车马服饰作为酬劳。’您不妨试用一下吧。”于是晋文公就派郤縠统帅中军，郤溱辅佐他；派狐偃率领上军，狐偃让给狐毛而自己为副。任命赵衰为卿，赵衰让给栾枝、先轸。派栾枝率领下军，先轸辅佐他。荀林父为晋文公驾驭战车，魏犨担任车右。

晋侯始入而教其民[①]，二年，欲用之。子犯曰：“民未知义[②]，未安其居。”于是乎出定襄王[③]，入务利民[④]，民怀生矣[⑤]。将用之。子犯曰：“民未知信，未宣其用[⑥]。”于是乎伐原以示之信[⑦]。民易资者[⑧]，不求丰焉[⑨]，明征其辞[⑩]。公曰：“可矣乎？”子犯曰：“民未知礼，未生其共[⑪]。”于是乎大蒐以示之礼[⑫]，作执秩以正其官[⑬]。民听不惑[⑭]，而后用之。出谷戍[⑮]，释宋围，一战而霸[⑯]，文之教也。

【注释】

①教其民：训练百姓作战。

②未知义：不懂得道义。

③出定襄王：事见僖公二十五年《传》。当时周王朝发生王子带之乱，晋文公平定其乱。

④入务利民：《国语·晋语四》：“弃责（债）薄敛，施舍分寡，救乏振滞，匡困资无，轻关易道，通商宽农，懋穑劝分，省用足财，利器明德，以厚民性（生）。”

⑤怀生:即指安居乐业。怀,眷恋。生,产业。

⑥宣:明白。明白信义的作用。

⑦伐原以示之信:按,伐原在僖公二十五年。

⑧易资:交换商品,即做买卖。

⑨不求丰:不过分的求利。

⑩明征其辞:明码实价。

⑪共:通"恭",恭敬之心。

⑫大蒐:指蒐于被庐。

⑬执秩:负责管理爵禄秩位的官。

⑭民听不惑:百姓听从指挥,明辨是非。

⑮出谷戍:赶走楚在谷地的驻军。事见下年《传》。

⑯一战而霸:指明年的城濮之战。此段文字综述晋文公经城濮之战成为霸主。

【译文】

晋文公一回国即位,就训练百姓作战。过了两年,就想用他们。子犯说:"百姓还不懂道义,还没能安守自己的本位。"于是在外,晋文公为周襄王平定王子带之乱;在内,则注重为百姓谋福利。百姓于是都安于他们的生计。晋文公又准备用他们作战。子犯说:"百姓还不知道信用,还不明白信义的作用。"于是文公就去攻打原邑来让百姓明白信义的作用。百姓们做买卖不求多获利益,讲究明码实价,以示信义。晋文公问:"现在可以用百姓作战了吧?"子犯说:"百姓还不知道礼义,未养成恭敬尊上的习惯。"因此举行盛大的演习来让百姓知道礼义,建立管理爵禄佚位之官来规定官员的职责。等到百姓听从指挥,明辨是非,服从命令而不疑惑,然后才使用他们作战。于是,使楚国撤去戍守谷地的军队,解除宋国的包围,一战而成就霸业,这都是文公的教化所致。

二十八年

【经】

28.1 二十有八年春[①]，晋侯侵曹，晋侯伐卫。

28.2 公子买戍卫[②]，不卒戍[③]，刺之[④]。

28.3 楚人救卫[⑤]。

28.4 三月丙午[⑥]，晋侯入曹，执曹伯[⑦]。畀宋人[⑧]。

28.5 夏四月己巳[⑨]，晋侯、齐师、宋师、秦师及楚人战于城濮[⑩]，楚师败绩。

28.6 楚杀其大夫得臣[⑪]。

28.7 卫侯出奔楚[⑫]。

28.8 五月癸丑[⑬]，公会晋侯、齐侯、宋公、蔡侯、郑伯、卫子、莒子盟于践土[⑭]。

28.9 陈侯如会。

28.10 公朝于王所[⑮]。

28.11 六月，卫侯郑自楚复归于卫[⑯]。卫元咺出奔晋[⑰]。

28.12 陈侯款卒[⑱]。

28.13 秋，杞伯姬来[⑲]。

28.14 公子遂如齐。

28.15 冬，公会晋侯、齐侯、宋公、蔡侯、郑伯、陈子、莒子、邾子、秦人于温[⑳]。

28.16 天王狩于河阳[㉑]。

28.17 壬申[㉒]，公朝于王所[㉓]。

28.18 晋人执卫侯[㉔]，归之于京师。卫元咺自晋复归于卫。

28.19　诸侯遂围许[25]。

28.20　曹伯襄复归于曹[26]，遂会诸侯围许。

【注释】

①二十有八年：鲁僖公二十八年当周襄王二十一年，前632。

②公子买：鲁大夫，字子丛。

③不卒戍：驻守期未满就离开。

④刺：杀。

⑤楚人救卫：鲁、卫都是楚国的盟国，晋要伐卫，于是楚人救援卫。

⑥丙午：初八。

⑦曹伯：曹共公。

⑧畀(bì)宋人：把曹国祭田给予宋人。畀，给予。

⑨己巳：初二。

⑩城濮：卫地，在今山东鄄城临濮集。

⑪楚杀其大夫得臣：子玉自杀。得臣，即子玉。

⑫卫侯：卫成公，知道楚军败，逃奔到楚。

⑬癸丑：十六日。

⑭卫子：卫成公出奔，其弟叔武代理参加会盟，所以称卫子。践土：郑地，在今河南原阳西南。

⑮公朝于王所：周襄王参加践土之盟，鲁僖公借此机会朝见周王。

⑯卫侯郑：卫成公。

⑰元咺(xuān)：卫大夫。其先采邑在元，因以为氏。元，在今河北元氏。

⑱陈侯款：陈穆公。

⑲杞伯姬：鲁庄公女，杞成公夫人、桓公母亲。

⑳陈子：指刚即位的陈共公。

㉑狩：冬猎。河阳：在今河南孟州西。

㉒壬申：十月初七。

㉓公朝于王所：僖公再次朝见周王。

㉔卫侯：卫成公。

㉕诸侯遂围许：许国亲楚，又不参加践土之盟，因此包围许国加以讨伐。

㉖曹伯襄：曹共公。

【译文】

鲁僖公二十八年春，晋文公入侵曹国，攻打卫国。

公子买戍守卫国，驻守期限未到就离开，鲁国杀了他。

楚人救援卫国。

三月初八，晋文公攻入曹国，抓住曹共公，并把曹国的祭田送给宋国。

夏四月初二，晋文公和齐国、宋国、秦国的军队在城濮与楚国人作战，楚军大败。

楚国杀了大夫子玉。

卫成公逃奔楚国。

五月十六日，鲁僖公和晋文公、齐昭公、宋成公、蔡庄公、郑文公、卫叔武、莒子会见，在践土结盟。

陈穆公前往参加会盟。

鲁僖公到周王行宫朝见。

六月，卫侯郑从楚国又回到卫国。卫元咺逃奔到晋国。

陈穆公款去世。

秋，杞伯姬来鲁国归宁。

公子遂到齐国。

冬，鲁僖公在温地和晋文公、齐昭公、宋成公、蔡庄公、郑文公、陈共公、莒子、邾子、秦人会见。

周天子在河阳狩猎。

十月初七，僖公再次到周王行宫朝见。

晋国人抓住卫成公，送到京师交周王处置。卫国的元咺从晋国又回到卫国。

诸侯围攻许国。

曹共公回归曹国，未回国就参加诸侯围攻许国。

【传】

28.1　二十八年春，晋侯将伐曹，假道于卫①，卫人弗许。还，自南河济②。侵曹伐卫。正月戊申③，取五鹿④。二月，晋郤縠卒。原轸将中军⑤，胥臣佐下军⑥，上德也⑦。晋侯、齐侯盟于敛盂⑧。卫侯请盟，晋人弗许。卫侯欲与楚，国人不欲，故出其君以说于晋。卫侯出居于襄牛⑨。

【注释】

①假道于卫：曹国在今山东境内，卫在河南境内，晋伐曹向卫借道路最近。

②自南河济：卫不肯借道，晋军只得南下渡过黄河，绕道去攻打曹国。南河，即南津，也称棘津、济津、石济津，在河南淇县之南，延津之北，河道今已湮。

③戊申：初九。

④取五鹿：僖公二十三年《传》，重耳“出于五鹿，乞食于野人，野人与之块”，子犯认为土块是土地的象征，表示上天将赐予重耳土地，今故取之以应其兆。

⑤原轸将中军：起用先轸为中军元帅。《国语·晋语四》：“取五鹿，先轸之谋也。郤縠卒，使先轸之代。”原轸，即先轸。

⑥胥臣佐下军：胥臣接替先轸原先职务。

⑦上德：先轸以下军佐跃为中军帅，故云尚德。上，通“尚”，崇尚。

⑧敛盂：卫地，在今河南濮阳东南。

⑨襄牛：卫国东部边境，在今山东范县。

【译文】

鲁僖公二十八年春，晋文公准备攻打曹国，向卫国借道路。卫国不同意。晋军回师，南下渡过黄河，绕道去入侵曹国、攻打卫国。正月初九，攻占了五鹿。二月，晋中军将郤縠死了，由先轸率中军，胥臣为下军佐，这是崇尚德行。晋文公、齐昭公在敛盂结盟。卫成公请求参加结盟，晋人不答应。卫成公想转而结好楚国，国内人不愿意，所以赶走了卫成公，以此取悦于晋国。卫成公逃离国都住到襄牛去了。

28.2　公子买戍卫，楚人救卫，不克。公惧于晋[①]，杀子丛以说焉[②]。谓楚人曰：“不卒戍也。”

【注释】

①公惧于晋：鲁、卫本是楚国的盟国，晋国强大了，鲁国害怕。

②杀子丛以说焉：杀公子买以讨好晋国。子丛，公子买。

【译文】

公子买戍守卫国，楚人救援卫国，没有成功。鲁僖公害怕晋国，于是杀了他以讨好晋国。对楚人则说：“戍守期限未到就撤走，所以杀了他。”

28.3　晋侯围曹，门焉[①]，多死。曹人尸诸城上[②]，晋侯患之。听舆人之谋曰[③]：“称舍于墓[④]。”师迁焉。曹人凶惧[⑤]，为其所得者，棺而出之[⑥]。因其凶也而攻之[⑦]。三月丙午，入曹。数之以其不用僖负羁[⑧]，而乘轩者三百人也[⑨]。且曰：“献状[⑩]。”令无入僖负羁之宫而免其族[⑪]，报施也[⑫]。魏犨、颠颉怒曰：“劳之不图[⑬]，报于何有！”爇僖负羁氏[⑭]。魏犨伤于胸。公欲杀之，而爱其材。使问[⑮]，且视之。病[⑯]，将杀之。魏犨束胸见使者，曰：“以君之灵，不有宁也[⑰]。”距跃三百，曲踊三百[⑱]。乃舍之。杀颠颉以徇于师[⑲]，立舟之侨以为戎右[⑳]。

【注释】

①门：做动词，攻打城门。

②尸诸城上：将晋军尸体堆列城上。

③舆人：役卒。

④舍于墓：将军队驻扎在曹人墓地上。

⑤凶惧：恐惧。曹人恐晋师掘其墓地，故恐惧。

⑥棺而出之：将晋军尸体装入棺材中送出来。

⑦因其凶：乘着他们恐惧时。

⑧数之：列数曹共公的罪状。

⑨乘轩者三百人：乘轩者，指贵族被封官爵的人。明郝敬《读左传日钞》卷三谓：“曹蕞尔国，举群臣不能三百人，而况大夫？言三百者，极道其滥耳。”

⑩献状：晋文公流亡于曹国，曹共公曾乘文公洗澡时偷看文公骿胁。现责其当初无礼罪状。详僖公二十三年《传》。

⑪宫：住宅。免其族：赦免僖负羁同族的人。

⑫报施：报“盘飧置璧”之恩。

⑬劳之不图：即不图劳。劳，功劳。图，考虑。杨伯峻曰：“二人各有从亡之劳，见僖二十三年《传》；而作三军时，除狐毛、狐偃、赵衰外，若郤縠、郤溱、栾枝、先轸皆非从亡者，魏犨仅为戎右，颠颉不言其官，则位又在其下矣。二人有不平之忿，因有劳之不

图语。”

⑭爇(ruò):烧。

⑮问:慰劳。

⑯病:伤重。

⑰不有宁:意为很安宁,安康。

⑱距跃三百(mò),曲踊三百(mò):魏犨以此表示自己伤并不重。距跃,直跃向前。或曰向上跳。百,杜预注:“百,犹励也。”陆德明释文:“百,音陌,劢也……劢,音迈。”孔颖达疏:“言每跳皆勉力为之。”一说踊跃之度大约有此。曲踊,回身耸跳。或曰向前跳。

⑲徇:示众。

⑳舟之侨:本虢国旧臣,鲁闵公二年奔晋,为晋大夫。

【译文】

晋文公包围了曹国,攻城门时死了很多人。曹军把晋军的尸体都堆列在城上,晋文公很担心。他听到士兵们在议论说:“把军队驻扎在他们的墓地上,挖他们的祖坟。”晋文公就把军队迁往曹人墓地。曹国人十分恐惧,就把他们所得到的晋军尸体用棺材装好送出来。趁着曹国人恐惧的时候,晋军发起进攻。三月初八,晋军攻入曹国都城。晋人列举曹共公的罪状,责备他不任用大臣僖负羁,而乘车的佞臣反而有三百人,并责令说:“要供认当年偷看晋侯洗澡的罪状。”晋文公下令不得进入僖负羁的家里,同时赦免他的族人,以此来报答僖负羁当年的恩惠。魏犨、颠颉发怒说:“我们这些有功劳的不考虑奖赏,还谈什么报答僖负羁?”于是放火烧了僖负羁的房屋。魏犨胸部受了伤,晋文公想杀他,但又爱惜他的才能,因此派使者去慰劳他,并察看他的病情,如果伤得厉害,就杀了他。魏犨把胸部捆得紧紧的出来见使者,说:“托国君的福,我不是好好的吗?”说完就向前跳三次,又回身耸跳三次。于是晋文公饶恕他,把颠颉杀了在军中示众，立舟之侨为车右。

宋人使门尹般如晋师告急[①]。公曰："宋人告急，舍之则绝[②]，告楚不许[③]。我欲战矣，齐、秦未可，若之何？"先轸曰："使宋舍我而赂齐、秦，藉之告楚[④]。我执曹君，而分曹、卫之田以赐宋人。楚爱曹、卫，必不许也。喜赂、怒顽[⑤]，能无战乎？"公说，执曹伯，分曹、卫之田以畀宋人。

【注释】

①门尹般：宋大夫。门尹，相当于楚之大阍，为宋重臣。

②舍之则绝：不救宋，宋将与晋绝交。

③告楚不许：请楚退兵，楚必不许。

④藉之告楚：让齐、秦两国替宋向楚请求退兵。

⑤喜赂、怒顽：齐、秦两国喜得宋国的财物，又恼怒楚国的顽抗。

【译文】

宋国派门尹般向晋军求救。晋文公说："宋国来告急，不救他，就断绝了交往；要求楚国撤兵，楚人一定不答应。我们要同楚国作战，齐国和秦国又不同意，怎么办呢？"先轸说："让宋国不要来向我们求救，而去给齐、秦赠送财礼，假手他们两国去请楚国退兵。我们则拘留曹君，把曹、卫两国的田地分赐给宋人。楚国与曹、卫亲善，必定不会答应齐、秦两国的请求。齐、秦两国既高兴于得了宋国的贿赂，又恼怒楚人的顽抗，这样，他们能不参战吗？"晋文公听了很高兴，就扣住曹君，把曹、卫两国的田地分给了宋人。

楚子入居于申[①]，使申叔去谷[②]，使子玉去宋，曰："无从晋师[③]。晋侯在外十九年矣，而果得晋国。险阻艰难，备尝之矣；民之情伪，尽知之矣。天假之年④，而除其害⑤。天之所置，其可废乎？《军志》曰⑥：‘允当则归⑦。’又曰：‘知难而退。’又曰：‘有德不可敌。’此三志者⑧，晋之谓矣。”子玉使伯棼请战⑨，曰：“非敢必有功也，愿以间执谗慝之口⑩。”王怒，少与之师，唯西广、东宫与若敖之六卒实从之⑪。

【注释】

①申：本姜姓小国，后为楚所吞并，在今河南南阳。

②申叔：即申公叔侯，楚大夫。去谷：两年前，楚伐齐，占领齐国谷地，命申叔驻防那里。现在命其撤兵，以消除齐国的怨恨。

③无从晋师：避免与晋军交战。

④天假之年：文公入国时已六十二岁。假，给予。之，指晋文公。

⑤除其害：指与文公对立的惠公、怀公、吕甥、郤芮等都被除掉。

⑥《军志》：古代兵书。

⑦允当则归：适可而止。允当，恰如其分。

⑧三志：三条记载。

⑨伯棼：楚大夫，即斗椒，一字子越。斗伯比之孙。

⑩间执：防止，杜塞。谗慝（tè）之口：播弄是非的话，指前面艻贾批评子玉会失败的话。

⑪西广、东宫与若敖之六卒：楚军队名称。西广，右军。东宫，太子属下的部队。若敖之六卒，即若敖氏的亲兵六百人。若敖，子玉的祖父。

【译文】

楚成王驻兵于申，下令叫申叔撤离谷地，叫子玉撤离宋国，告诫子玉说：“不要去追逐晋军。晋侯流亡在外十九年，居然得到了晋国，当了国君。艰难险阻，他都经历过；民情真伪，他都明白。上天给他这样长的寿命，又帮他把政敌都剪除了，这是上天要树立他，能够废得了吗？兵书《军志》上说：‘适可而止。’又说：‘知难而退。’又说：‘有德的人是不可与之为敌的。’这三条，都适用于晋国。”子玉派伯棼去向楚成王请战，说：“不敢说一定能立功，只是想以此堵住播弄是非说闲话的人的嘴。”楚成王很不高兴，就给他少量的军队，只有右军西广、东宫太子属下和若敖氏的亲兵六百人跟着去。

子玉使宛春告于晋师曰①：“请复卫侯而封曹②，臣亦释宋之围。”子犯曰：“子玉无礼哉！君取一③，臣取二④，不可失矣。”先轸曰：“子与之！定人之谓礼⑤，楚一言而定三国，我一言而亡之。我则无礼，何以战乎？不许楚言，是弃宋也。救而弃之⑥，谓诸侯何？楚有三施，我有三怨⑦，怨仇已多⑧，将何以战？不如私许复曹、卫以携之⑨，执宛春以怒楚，既战而后图之⑩。”公说，乃拘宛春于卫，且私许复曹、卫。曹、卫告绝于楚⑪。

【注释】

①宛春：楚大夫。

②复卫侯：恢复卫侯君位。封曹：恢复曹国之地。

③君：指晋文公。取一：只得到释宋围一桩好处。

④臣：指子玉。取二：可得复卫封曹两桩好处。

⑤定人：使人定，安定别人的国家。

⑥救而弃之：本为救宋而来，结果反弃之不顾。

⑦楚有三施，我有三怨：三施，对宋、曹、卫三国都有恩惠。三怨，不答应子玉，三国都对晋有怨恨。

⑧已：太。

⑨携：离间。离间曹、卫与楚的同盟。

⑩既战而后图之：打完仗后再说。

⑪曹、卫告绝于楚：晋用先轸之计，拆散了楚、曹、卫联盟。

【译文】

子玉于是派宛春通知晋军说："请你们让卫侯复位，同时把土地退还曹国，我也就解除宋国的包围。"子犯说："子玉好无礼！我们国君只得宋国解围这一样好处；他为人臣，倒得恢复曹、卫两样好处。不要失掉这样的作战机会。"先轸说："国君应该答应他！能安定别人的国家就是有礼。楚国一句话安定了三国，我们一句话送掉了三国。那是我们无礼，这样，还拿什么作战呢？不答应楚国的请求，就是抛弃宋国；既然来救宋国，结果又抛弃了它，怎么向诸侯列国交代呢？楚国一句话给三国带来恩惠，我方一句话使三国都埋怨我们，怨仇太多，将凭什么作战？不如私下答应恢复曹、卫来离间他们，再扣留宛春以激怒楚国，其余的等打完仗再说吧。"晋文公赞成。于是就把宛春囚在卫国，并且私下答应恢复曹国、卫国。曹、卫两国于是宣告与楚国断绝关系。

子玉怒，从晋师。晋师退。军吏曰："以君辟臣①，辱也。且楚师老矣②，何故退？"子犯曰："师直为壮，曲为老③。岂在久乎？微楚之惠不及此④，退三舍辟之，所以报也⑤。背惠食言，以亢其仇⑥，我曲楚直。其众素饱⑦，不可谓老。我退而楚还，我将何求？若其不还，君退臣犯，曲在彼矣。"退三舍。楚众欲止，子玉不可。

【注释】

①辟：躲避。

②老：指军队疲弊已极，士气衰落不振。楚师去年冬围宋，至此已

五六月，故言“老”。

③师直为壮，曲为老：曲、直，指道理。

④微：如果没有。

⑤退三舍辟之，所以报也：晋文公流亡于楚时，曾许诺交战时退让三舍。见僖公二十三年《传》。三舍，九十里。

⑥亢：捍御，庇护。

⑦素：向来。饱：士气饱满。

【译文】

子玉非常恼怒，追逐晋军。晋军朝后撤退。军官们说：“我们国君倒要躲避他们臣子，这是耻辱啊！况且楚军士气已经衰疲不振，我们为什么要撤退？”子犯说：“出兵打仗，理直者就气壮，理曲者就气衰，哪在时间的长短呢？如果没有楚国的恩惠，我们没有今天，后退九十里避让，就是为了报答楚王的恩惠。如果忘恩失信，又去保护他们的仇敌，那么，我们理亏，他们理直。他们的士气一向很旺盛，不能算是衰疲。我们退兵之后，楚国如果也撤回去，那我们还苛求什么？如果他们不撤兵，那么，为君的已经退了，为臣的还要进犯，这就是他们理亏了。”晋军退了九十里。楚国将士要求就此罢休，子玉不同意。

夏四月戊辰[①]，晋侯、宋公、齐国归父、崔夭、秦小子慭次于城濮[②]。楚师背酅而舍[③]，晋侯患之，听舆人之诵[④]，曰：“原田每每[⑤]，舍其旧而新是谋[⑥]。”公疑焉。子犯曰：“战也。战而捷，必得诸侯。若其不捷，表里山河[⑦]，必无害也。”公曰：“若楚惠何？”栾贞子曰：“汉阳诸姬，楚实尽之[⑧]，思小惠而忘大耻[⑨]，不如战也。”晋侯梦与楚子搏，楚子伏己而盬其脑[⑩]，是以惧。子犯曰：“吉。我得天[⑪]，楚伏其罪[⑫]，吾且柔之矣[⑬]。”

【注释】

①戊辰：初一。

②宋公：宋成公。国归父、崔夭：都是齐大夫。小子慭(yìn)：秦穆公的儿子。

③背酅(xī)而舍：背靠险要之地驻扎。酅，丘陵险阻之地。

④诵：宜于诵读的韵文，如诗歌、顺口溜之类。

⑤原田：即休耕地。每每：草盛的样子。

⑥舍其旧而新是谋：去年已耕种的，今年即不再用，而用休耕地，故曰“舍其旧而新是谋”。新是谋，谋新。

⑦表里山河：表是外，里是内，指晋外有黄河，内有太行之险。

⑧汉阳诸姬，楚实尽之：《史记·楚世家》载楚武王三十五年伐随，始开濮地而有之；文王六年伐蔡；楚强，陵江、汉间小国，皆畏之；成王时楚地千里云云；则汉水之北的姬姓小国多为楚吞并。汉阳诸姬，汉水之北许多姬姓小国。阳，水北为阳。

⑨思小惠而忘大耻：楚当年厚待重耳，是小惠；晋同姓诸国被灭，是大耻。

⑩盬(gǔ)其脑：吮吸他的脑髓。盬，咬，吮吸。

⑪得天：晋文公被压在下面，面朝天，所以说得天帮助。

⑫伏其罪：楚王面向地，是伏罪。

⑬柔：柔服之意。脑髓为柔软之物，或曰脑髓性属阴柔。

【译文】

夏四月初一，晋文公、宋成公、齐国大夫国归父和崔夭以及秦国的小子慭一起驻军城濮。楚军背靠险要之地扎营。晋文公很是担心楚人凭险进攻。他听到众人唱到：“休耕之地绿油油，旧的不要了，新的多犁锄。”晋文公仍然犹豫不决。子犯说：“打吧！战而得胜，必定获得诸侯拥戴。万一不胜，我们外有黄河，内有大山，一定不妨事的。”文公说：“那楚国的恩惠怎么办？”栾贞子说：“汉水以北的姬姓小国都被楚国灭了，何必还记着他那点小恩惠而忘记大的耻辱，不如就交战吧。”晋文公梦见和楚王搏斗，楚王伏在他的身上吮吸他的脑髓，所以有些害怕。子犯说：“这是吉兆。我在下面脸朝天，是我得天助；他在上面脸朝地，是他伏罪，我们将要以柔制服他们了。”

子玉使斗勃请战①，曰：“请与君之士戏②，君冯轼而观之③，得臣与寓目焉④。”晋侯使栾枝对曰：“寡君闻命矣。楚君之惠，未之敢忘，是以在此⑤。为大夫退⑥，其敢当君乎⑦？既不获命矣，敢烦大夫，谓二三子⑧：‘戒尔车乘，敬尔君事，诘朝将见⑨。’”

【注释】

①斗勃：楚大夫。

②戏：游戏。此是轻视晋军的话。

③冯轼：靠着车前的横木。冯，同“凭”。

④寓目：看。

⑤是以在此：指退避三舍，撤退到这里。

⑥为大夫退：以为楚军也已退。为，通“谓”，以为。大夫，指子玉。

⑦其：通“岂”。君：指晋文公。

⑧二三子：等于说“你们将领”，指楚国诸将士。

⑨诘朝：明天早晨。

【译文】

子玉派斗勃来要求交战，说：“我军愿与晋军游戏一番，请贵君靠着车轼看看，得臣也将陪同观看。”晋文公派栾枝答复他说：“我们的国君听到贵国的命令了。楚君的恩惠，我们是不敢忘记的，所以才撤到这里。我们以为得臣已经退兵了，难道还敢抵挡国君吗？既然不退兵，那么，只好麻烦您转告你们将领：'准备好你们的战车，忠于你们的国事，明天早上见面。'"

晋车七百乘，韅、靷、鞅、靽[①]。晋侯登有莘之虚以观师[②]，曰："少长有礼[③]，其可用也。"遂伐其木，以益其兵[④]。己巳[⑤]，晋师陈于莘北[⑥]，胥臣以下军之佐当陈、蔡[⑦]。子玉以若敖之六卒将中军，曰："今日必无晋矣[⑧]。"子西将左，子上将右[⑨]。胥臣蒙马以虎皮，先犯陈、蔡[⑩]。陈、蔡奔，楚右师溃。狐毛设二旆而退之[⑪]。栾枝使舆曳柴而伪遁[⑫]，楚师驰之[⑬]。原轸、郤溱以中军公族横击之[⑭]。狐毛、狐偃以上军夹攻子西[⑮]，楚左师溃。楚师败绩。子玉收其卒而止[⑯]，故不败。

【注释】

①韅(xiǎn)、靷(yǐn)、鞅(yāng)、靽(bàn)：指马身上的缰绳络头之类，形容车马装备齐全。晋军战车七百乘，共有军士五万二千五百人。韅，系在马背部分的皮带。一说，指马腹带。靷，引车前行的皮带。骖马的外辔穿过服马的游环，系于车轴，以引车前进。鞅，套在牛马颈上的皮带。一说在马腹上。靽，驾车时套在牲口后股的皮带。

②有莘：古国名，在今河南陈留东北。虚：同"墟"，旧城废址。

③少长有礼：指晋军壮者在前，年长者在后，说明已懂得礼让。

④益：增加。

⑤己巳：初二。

⑥莘北：即城濮。

⑦陈、蔡：陈国、蔡国是楚国的同盟国，两国军队为楚方右翼。

⑧无晋：指消灭晋军。

⑨子西将左，子上将右：子西，楚司马斗宜申。子上，即斗勃。

⑩胥臣蒙马以虎皮，先犯陈、蔡：胥臣为晋下军佐，引一支部队攻击楚右师。

⑪狐毛设二旆(pèi)而退之：古代行军，只有中军主帅才树立二旆，狐毛是上军主将，故意设二旆且战且退以迷惑楚军。旆，军中大旗。

⑫栾枝使舆曳柴而伪遁：晋下军用战车拖着树枝，扬起灰尘，假装败逃，以诱楚中军。舆，战车。曳柴，拖着树枝。

⑬楚师：楚之中军。

⑭中军公族：由晋国贵族子弟所组成的中军。

⑮夹攻子西：狐毛本伪装撤退，此时也回头分两路夹攻子西率领的左师。

⑯子玉收其卒：子玉所收当为若敖之六卒。

【译文】

晋军兵车七百辆，装备非常齐全。晋文公登上莘国的旧城检阅全军，说："少壮的在前，年长的在后，军队已知道礼让，可以使用了。"于是命令士兵砍下山上的树木，补充兵器。初二这一天，晋军在莘北摆开阵势，下军副帅胥臣率部队抵御陈、蔡两国军队。子玉以若敖的亲兵作为中军，说："今天一定会消灭晋军。"楚子西统帅左军，子上统帅右军。晋军胥臣用虎皮蒙在战马身上，先攻陈、蔡两国军队。陈、蔡两军败逃，楚方右翼部队溃散。狐毛树起两面大旗，冒充晋中军撤退，栾枝则让兵车拖着树枝假装逃走，楚兵狂奔追上去。先轸、郤溱率中军的亲兵从中间拦腰攻击楚军，狐毛、狐偃率上军夹攻子西，楚国的左翼部队也溃败。子玉收兵不动，所以没有败。

晋师三日馆、谷①，及癸酉而还②。甲午③，至于衡雍④，作王宫于践土。

【注释】

①三日馆:歇兵三日。谷:做动词,吃楚军的粮食。

②癸酉:初六。

③甲午:二十七日。

④衡雍:郑国地名,在今河南原阳西北。

【译文】

晋军进驻楚人军营休整三天,吃楚军留下的粮食,到初六才起程回国。四月二十七日,晋军到达衡雍,晋文公在践土为天子建了一座行宫。

乡役之三月①,郑伯如楚致其师②。为楚师既败而惧,使子人九行成于晋③。晋栾枝入盟郑伯。五月丙午④,晋侯及郑伯盟于衡雍。

【注释】

①乡役:指这次城濮之战。乡,通“向”。

②致其师:把军队交给楚国指挥,一起对晋国作战。

③子人九:郑国大夫。行成:求和。

④丙午:初九。

【译文】

这一战役之前的三个月,郑文公到楚国把军队交给楚国指挥。楚军失败后郑文公害怕,就派遣子人九去向晋国求和。晋国的栾枝进入郑国和郑文公订立盟约。五月初九,晋文公和郑文公在衡雍结盟。

丁未[1]，献楚俘于王，驷介百乘[2]，徒兵千[3]。郑伯傅王[4]，用平礼也[5]。己酉[6]，王享醴，命晋侯宥[7]。王命尹氏及王子虎、内史叔兴父策命晋侯为侯伯[8]，赐之大辂之服[9]，戎辂之服[10]，彤弓一、彤矢百[11]，玈弓矢千[12]，秬鬯一卣[13]，虎贲三百人[14]，曰："王谓叔父，敬服王命，以绥四国。纠逖王慝[15]。"晋侯三辞，从命。曰："重耳敢再拜稽首，奉扬天子之丕显休命[16]。"受策以出。出入三觐[17]。

【注释】

①丁未：初十。

②驷介：四匹披甲的马驾的战车。

③徒兵：步兵。

④傅王：给周王担任赞礼的职务。傅，相，负责赞礼的人。

⑤用平礼：按周平王接待晋文侯的礼仪来接待晋文公。

⑥己酉：十二日。

⑦王享醴，命晋侯宥：周王设盛礼宴请宾客，晋侯在周王敬酒之后回敬周王。

⑧尹氏、王子虎：周王卿士。内史叔兴父：周大夫，任内史之职。策命：书面任命。侯伯：诸侯的领袖，即霸主。

⑨大辂(lù)之服：金路，衮冕。大辂，古时天子所乘之车。以金辂赐同姓诸侯。服，指乘大辂时相配的冕服。

⑩戎辂之服：革路，韦弁服。戎辂，兵车。服，指乘戎辂时相配的韦弁，即熟皮所制的冠。

⑪彤弓、彤矢：漆了红色的弓箭。

⑫玈(lú)弓矢：黑色的弓箭。

⑬秬鬯(chàng)：古代宗庙祭祀用的香酒。以郁金香合黑黍酿成。

秬，黑黍。卣(yǒu)：酒器。

⑭虎贲：勇士，指天子的侍卫。

⑮纠：劾责。逖(tì)：剔除。慝(tè)：恶。

⑯丕显休命：此形容天子的命令伟大、光明、美好。丕，大。显，明。休，美。

⑰出入三覲：一共朝见了三次。覲，进见。

【译文】

五月初十，晋文公把楚俘献给周天子，有驷马披甲的兵车一百辆，步卒一千人。郑文公担任相礼，用的是从前周平王接待晋文侯的礼节。五月十二日，周天子设享宴，用甜酒招待晋文公，并允许文公向自己敬酒。周天子还命令卿士尹氏、王子虎和内史叔兴父以书面命令晋文公为诸侯的领袖，赐给晋文公祭祀用的大辂和服饰、举行兵礼时用的戎辂和服饰，红色的弓一张，红色的箭一百枝，黑色的弓十张，黑色的箭一千枝，黑黍造的香酒一卣，勇士三百人，说："天子对叔父说：请恭敬地服从天子的命令，好好地安抚四方诸侯惩治那些邪恶的坏人吧。"晋文公辞让了几次，才接受命令，说："重耳谨再拜叩头，接受并发扬天子重大而美好的赐命。"于是晋文公接受了策书离开王宫。晋文公前后一共朝见周天子三次。

卫侯闻楚师败，惧，出奔楚[①]，遂适陈，使元咺奉叔武以受盟[②]。癸亥[③]，王子虎盟诸侯于王庭，要言曰[④]："皆奖王室[⑤]，无相害也。有渝此盟[⑥]，明神殛之[⑦]，俾队其师[⑧]，无克祚国[⑨]，及而玄孙，无有老幼。"君子谓是盟也信[⑩]，谓晋于是役也，能以德攻[⑪]。

【注释】

①出奔楚：从襄牛逃往楚国。

②使元咺(xuǎn)奉叔武以受盟：即使叔武摄政。元咺，卫国大夫。叔武，卫成公的兄弟。

③癸亥：二十六日。

④要言：约言，立誓言。

⑤奖：扶助。

⑥渝：变，背叛。

⑦殛(jí)：诛，惩罚。

⑧俾：使。队：同“坠”，丧失。

⑨无克：不能够。祚国：享有国家。

⑩信：讲信义。

⑪以德攻：以德义战胜敌国。

【译文】

卫成公听说楚国兵败，非常害怕，从襄牛逃往楚国，又逃到陈国，并派元咺事奉着叔武去接受诸侯的盟约。五月二十六日，王子虎在周王的住处与诸侯订立盟约，立下誓言说：“大家都应扶助王室，不能互相残害。谁要违背盟约，神灵就要严惩他，使他的军队败亡，不能享有国家，而且一直殃及到子孙，不论老幼都是一样。”君子认为这次盟约是守信用的，并认为在这次战役中晋国能够做到用道德的力量来讨伐楚国。

28.4　初，楚子玉自为琼弁、玉缨[①]，未之服也。先战，梦河神谓己曰：“畀余，余赐女孟诸之麋[②]。”弗致也。大心与子西使荣黄谏[③]，弗听。荣季曰：“死而利国[④]，犹或为之，况琼玉乎？是粪土也[⑤]，而可以济师[⑥]，将何爱焉？”弗听。出，告二子曰：“非神败令尹，令尹其不勤民[⑦]，实自败也。”既败，王使谓之曰："大夫若入[⑧]，其若申、息之老何[⑨]？"子西、孙伯曰："得臣将死，二臣止之曰：'君其将以为戮。'"及连穀而死[⑩]。晋侯闻之而后喜可知也，曰："莫余毒也已[⑪]！芀吕臣实为令尹[⑫]，奉己而已[⑬]，不在民矣。"

【注释】

①琼：红色的玉。弁：马冠。玉缨：以玉装饰的马鞅。

②孟诸：宋国的沼泽地。麋：通"湄"，水边之地。

③大心：子玉的儿子，即下文的孙伯。荣黄：楚臣，即下文的荣季。

④而：如果。

⑤是：此，指琼弁、玉缨。

⑥济师：帮助军队打胜仗。

⑦不勤民：不以民事为重。

⑧大夫：指子玉。

⑨其若申、息之老何：申、息二邑子弟皆从子玉出征而死，子玉将如何对其父兄。与项羽无面目对江东父老义有相似处。

⑩连穀：楚地名。今地不详。

⑪毒：害，指再也没有危害我的人。

⑫芀吕臣：楚大夫叔伯，继子玉为令尹。

⑬奉己而已：只知保全自己罢了。

【译文】

当初，子玉曾为自己制作了镶玉的马冠马鞅，但还不曾用过。在战斗之前，子玉梦见河神对他说："把这些东西送给我，我赐给你孟诸沼泽地。"子玉不肯送。子玉之子大心和子西让荣黄去劝他，子玉不听。荣黄说："如果有利于国家，牺牲性命也要做，何况是美玉呢？这些东西，不过是粪土而已。如果能保佑军队打胜仗，还有什么舍不得呢？"子玉仍然不肯。荣黄出来告诉大心、子西说："不是神灵要让令尹失败，而是令尹不肯为百姓办事，实在是自讨失败啊。”子玉战败后，楚成王派人对他说：“申、息的子弟大多战死了，大夫如果回来，怎么向申、息两地的父老交代呢？”子西、孙伯对使者说：“子玉打算自杀的，是我们二人阻止了他，说：‘不要自杀，等着楚王来制裁你吧。’”走到连穀，楚王还没有赦令下来，子玉就自杀了。晋文公得到这个消息，喜形于色，说：“子玉一死，再没有人能害我了。蒍吕臣接任楚国的令尹，不过是保住自己而已，他是不会为老百姓的事用心的。”

28.5　或诉元咺于卫侯曰[①]：“立叔武矣[②]。”其子角从公[③]，公使杀之。咺不废命[④]，奉夷叔以入守[⑤]。

【注释】

①或：有人。诉：谮，说人坏话。

②立叔武矣：诬告元咺要立叔武。

③角：元咺之子元角。

④废命：废弃卫成公之命。

⑤奉夷叔以入守：仍侍奉叔武回国摄政。

【译文】

有人在卫成公面前诬告元咺说：“他要立叔武做国君。”元咺的儿子角跟随着卫成公，卫成公派人杀了他。元咺并没有因此废弃卫成公之命，仍然侍奉叔武回国摄政。

六月，晋人复卫侯[①]。甯武子与卫人盟于宛濮[②]，曰：“天祸卫国，君臣不协[③]，以及此忧也。今天诱其衷[④]，使皆降心以相从也[⑤]。不有居者，谁守社稷？不有行者，谁扞牧圉[⑥]？不协之故，用昭乞盟于尔大神以诱天衷[⑦]。自今日以往，既盟之后，行者无保其力[8]，居者无惧其罪。有渝此盟，以相及也[9]。明神先君，是纠是殛[10]。”国人闻此盟也，而后不罚。

【注释】

①复卫侯：让卫成公返回。

②甯武子：卫大夫。宛濮：在今河南长垣西南。

③不协：指“卫侯欲与楚，国人不欲”。

④天诱其衷：当时习惯语，意指天保佑我。

⑤降心：放弃成见。

⑥扞：保卫，捍卫。牧圉：指国君外出所带的财产。牧，养牛。圉，养马。

⑦昭：彰明。以诱天衷：乞求天心佑护我。天衷，天心。

⑧保：依恃。力：功劳。

⑨相及：灾祸将降临到他头上。

⑩是纠是殛：即“纠是殛是”，指将加以惩罚、诛杀。

【译文】

六月，晋人让卫成公回国。甯武子和卫国人在宛濮签署盟约，说：“上天降祸卫国，君臣不和谐，因此才有这样的忧虑。现在上天保佑我们，让大家放弃成见互相听从。没有留守的人，谁来守卫国家？没有跟随国君出去的人，谁来保卫国君的财产？因为不和谐，所以大家在大神面前明白地盟誓，以求天保佑。从今日订立盟约以后，跟随国君出去的人不要依恃自己的功劳，留守的人不必害怕有罪。如果有谁违背此盟约，灾祸将降临到他头上。神灵和先君有灵，将加以惩罚诛杀。”国内的人听到这个盟约，就不再三心二意了。

卫侯先期入[1]，甯子先[2]，长牂守门[3]，以为使也，与之乘而入[4]。公子歂犬、华仲前驱[5]。叔孙将沐[6]，闻君至，喜，捉发走出[7]，前驱射而杀之。公知其无罪也，枕之股而哭之[8]。歂犬走出，公使杀之。元咺出奔晋。

【注释】

①先期入：卫成公本与卫人约定回国日期，但不到期先入，是因为不放心叔武。

②甯子先：甯武子又先于卫成公回国，为卫成公疏通。

③长牂(zāng)：卫守城门者。

④与之乘而入：长牂与甯武子一起乘车进城。按，长牂没守在城门，所以卫成公能直入而杀叔武。

⑤公子歂犬、华仲前驱：二人为卫侯之前驱。

⑥叔孙：即叔武。

⑦捉：握住。

⑧枕之股：把头枕在尸体的大腿上。

【译文】

卫成公比约定的时间先回到国内。甯武子又比卫成公先回国。长牂守城门，以为他是卫成公的使者，就和他一同乘车进入。公子歂犬、华仲作为前驱。叔武正要洗头，听说国君回来了，非常高兴，握住头发跑出去迎接，前驱一箭把他射死了。卫成公知道他是无辜的，把头枕在死者大腿上哭。歂犬逃跑了，卫成公派人杀了他。元咺逃奔到晋国。

28.6　城濮之战，晋中军风于泽[1]，亡大旆之左旃[2]。祁瞒奸命[3]，司马杀之[4]，以徇于诸侯，使茅筏代之[5]。师还。壬午[6]，济河。舟之侨先归，士会摄右[7]。秋七月丙申[8]，振旅[9]，恺以入于晋[10]。献俘、授馘[11]，饮至、大赏[12]，征会讨贰[13]。

杀舟之侨以徇于国[14]，民于是大服。

【注释】

①风于泽：行军于大泽中遇大风。

②大旆之左旃(zhān)：前军之左旃。旃，赤色的旗。

③奸命：违犯军令。奸，犯。

④司马：官名，掌管军法。

⑤茅筏：晋大夫。

⑥壬午：十六日。

⑦摄：代理。舟之侨本为戎右，因先行回国，士会代替他。

⑧七月丙申：实应为六月三十日。

⑨振旅：军队胜利归来。

⑩恺：奏凯歌。

⑪俘：指活的俘虏。馘(guó)：割取所杀敌人的左耳，用以记功。

⑫饮至：国君从外归来，在宗庙告祭，慰劳随从。大赏：赏赐全体有功人员。

⑬征会：征召诸侯会盟，指冬天会于温。讨贰：讨伐有二心的诸侯。

⑭杀舟之侨：舟之侨自行先回国，违反军令，故被杀。

【译文】

城濮战役，晋军中军在大泽中遇到了大风，丢失了前军中左边的大旗。祁瞒违犯军令，司马把他杀了，并通告诸侯，由茅筏代替他。晋军回国。六月十六日，渡过黄河。舟之侨自行先回国，士会代理戎右。秋七月丙申日(六月三十日)，军队胜利归来，奏凯歌进入晋国都，在太庙献上俘虏和杀敌的数目，慰劳全体随从，犒赏有功将士，征召诸侯，讨伐二心之国。杀了舟之侨并通告全国，百姓因此大为顺服。

君子谓："文公其能刑矣[1]，三罪而民服[2]。《诗》云：'惠此中国,以绥四方[3]。'不失赏刑之谓也。"

【注释】

①能刑:刑罚严明。

②三罪:三罪人,指颠颉、祁瞒、舟之侨。

③惠此中国,以绥四方:引《诗》见《诗经·大雅·民劳》。中国,中原国家。

【译文】

君子认为:"晋文公赏罚严明,杀三个罪人而百姓顺服。《诗》里说:'施惠于中原国家,安定四方诸侯。'正是不失赏罚分明啊。"

28.7　冬,会于温,讨不服也。

【译文】

冬,诸侯在温地会合,讨伐不服的诸侯国。

28.8　卫侯与元咺讼[1],甯武子为辅[2],鍼庄子为坐[3],士荣为大士[4]。卫侯不胜。杀士荣,刖鍼庄子[5],谓甯俞忠而免之。执卫侯,归之于京师,置诸深室[6]。甯子职纳橐饘焉[7]。元咺归于卫,立公子瑕[8]。

【注释】

①讼:争讼。为杀叔武之事到晋国告状。

②辅:甯武子做卫成公的诉讼人。

③坐:诉讼代理人。

④大士:辩护人。

⑤刖(yuè):砍断脚。

⑥深室:囚室。

⑦职:职务。橐(tuó):袋子,用来装衣服。饘(zhān):稠的粥,此指食物。

⑧公子瑕:卫公子适。

【译文】

卫成公和元咺打官司,叫甯武子做诉讼人,鍼庄子做代理人,士荣为辩护人。卫成公没有胜诉。晋国于是杀了士荣,砍了鍼庄子的脚,认为甯武子忠心耿耿而赦免了他。晋国逮捕了卫成公,并把他押解到京师,关在深牢里。甯子负责给他送衣服和吃的。元咺回到卫国,立公子瑕为君。

28.9 是会也[①],晋侯召王,以诸侯见,且使王狩[②]。仲尼曰:“以臣召君,不可以训[③]。”故书曰:“天王狩于河阳。”言非其地也,且明德也[④]。

【注释】

①是会:指温之会。

②晋侯召王,以诸侯见,且使王狩:晋文公带领诸侯朝见,并让天子打猎,有“挟天子以令诸侯”之势。

③以臣召君,不可以训:召只可用于上对下,晋文公召天子,是无礼。

④言非其地也,且明德也:解释《经》文,说明狩猎地点河阳非周天子之地,隐去晋文公以臣召君之失,同时表明晋国勤王的功德。

【译文】

这次盟会,晋文公召周王前来,率领诸侯朝见,并且让周王狩猎。孔子说:“以臣的身份召王,不足为训。”所以《春秋》记为:“天王在河阳狩猎。”说明并非天子之地，且表明晋国的功德。

28.10　壬申[①]，公朝于王所。

【注释】

①壬申：初七。

【译文】

十月初七，鲁僖公到周王的行宫朝觐。

28.11　丁丑[①]，诸侯围许。

【注释】

①丁丑：十二日。

【译文】

十一月十二日，诸侯包围许国。

28.12　晋侯有疾，曹伯之竖侯獳货筮史[①]，使曰以曹为解[②]：“齐桓公为会而封异姓[③]，今君为会而灭同姓[④]。曹叔振铎[⑤]，文之昭也。先君唐叔[⑥]，武之穆也。且合诸侯而灭兄弟[⑦]，非礼也。与卫偕命，而不与偕复，非信也[⑧]。同罪异罚[⑨]，非刑也。礼以行义，信以守礼，刑以正邪，舍此三者[⑩]，君将若之何？”公说，复曹伯，遂会诸侯于许[⑪]。

【注释】

①竖侯獳(nòu)：名叫侯獳的小臣。竖，小臣。货：贿赂。筮史：晋国掌卜筮的官。

②为解：为辞。

③齐桓公为会而封异姓：指封邢、卫。邢、卫于齐为异姓。

④灭同姓：晋与曹同姓。

⑤叔振铎：曹国始封君，文王儿子。

⑥唐叔：晋国始封君唐叔虞是武王儿子。

⑦兄弟：晋、曹同为姬姓，所以说兄弟之国。

⑧与卫偕命，而不与偕复，非信也：意为晋已许诺复曹、卫，现只复卫而不复曹，是不讲信用。

⑨同罪异罚：曹、卫同罪，惩罚却不同。

⑩三者：指礼、信、刑。

⑪会诸侯于许：曹共公未回国，先到许国会诸侯。

【译文】

晋文公有病，曹共公的小臣侯獳贿赂卜筮之官，让卜筮官把文公得病的原因说成是由于灭了曹国，说："齐桓公召集盟会而封异姓诸侯，现在国君主持盟会而灭同姓之国。曹叔振铎，是文王的儿子；先君唐叔虞，是武王的儿子。再说你会合诸侯而灭掉兄弟之国，这是不符合礼义的。曹和卫都得到国君的许诺，却不能一样的复国，这不符合信用。相同的罪过而惩罚不同，不是正当的刑罚。礼是用来施行道义的，信用要恪守礼义，刑罚是用来纠正邪恶的，舍弃了这三项，国君将怎么办啊？"晋文公听了很高兴，恢复了曹共公的君位，曹共公未回国，先到许国会诸侯。

28.13 晋侯作三行以御狄[①]，荀林父将中行，屠击将右行，先蔑将左行[②]。

【注释】

①作三行：行，步兵。晋国原有步兵两行，晋文公又建一行，为

三行。

②荀林父将中行,屠击将右行,先蔑将左行:荀林父、屠击、先蔑,皆晋大夫。

【译文】

晋文公建立三个步兵军来抵御狄人,荀林父率中军,屠击率右军,先蔑率左军。

二十九年

【经】

29.1　二十有九年春[①],介葛卢来[②]。

29.2　公至自围许。

29.3　夏六月,会王人、晋人、宋人、齐人、陈人、蔡人、秦人盟于翟泉[③]。

29.4　秋,大雨雹[④]。

29.5　冬,介葛卢来。

【注释】

①二十有九年:鲁僖公二十九年当周襄王二十二年,前631。

②介:鲁国南部的东夷小国。葛卢:介国国君名。

③翟泉:在今河南洛阳内。

④雨(yù)雹:下冰雹。

【译文】

鲁僖公二十九年春,介国国君葛卢来鲁朝见。

鲁僖公从围许国那里回国。

夏六月,僖公在翟泉与周王使者以及晋国、宋国、齐国、陈国、蔡国、秦国使者会盟。

秋，下大冰雹。

冬，介国国君葛卢再来鲁国朝见。

【传】

29.1　二十九年春，介葛卢来朝，舍于昌衍之上[①]。公在会[②]，馈之刍、米[③]，礼也。

【注释】

①昌衍：昌平山，在今山东曲阜东南。

②在会：会诸侯围许。

③刍：干草。

【译文】

鲁僖公二十九年春，介国君葛卢来朝见，住在昌平山上。僖公参加诸侯围许国的会见，赠送给他干草和大米，这是合于礼的。

29.2　夏，公会王子虎、晋狐偃、宋公孙固、齐国归父、陈辕涛涂、秦小子慭盟于翟泉，寻践土之盟，且谋伐郑也[①]。卿不书，罪之也[②]。在礼，卿不会公、侯[③]，会伯、子、男可也。

【注释】

①谋伐郑：此时郑国又亲楚，因此诸侯谋伐郑。

②卿不书，罪之也：参加会盟的是各国的卿大夫，《经》文只记某人，有谴责之意。会盟曰“卿不书”始于此。践土之会以前，卿书或不书，无所谓褒贬；以后，卿称人，始为贬。

③不会公、侯：按礼，卿不能参加公、侯的会见。此盟会王子虎是周卿士，鲁僖公是公侯。

【译文】

夏，僖公在翟泉和王子虎、晋狐偃、宋公孙固、齐国归父、陈辕涛涂、秦小子慭会盟，重温践土之盟的旧好，并且商量讨伐郑国之事。《春秋》不记载参加会盟的卿的名字，有谴责之意。按照礼制，卿不能参加公、侯的会见，参加伯、子、男的会见是可以的。

29.3　秋，大雨雹，为灾也。

【译文】

秋，下大冰雹，且冰雹成灾。

29.4　冬，介葛卢来，以未见公故，复来朝。礼之，加燕好①。介葛卢闻牛鸣，曰："是生三牺②，皆用之矣③。其音云④。"问之而信⑤。

【注释】

①加燕好：飨宴时更盛于常礼。用宴礼并赠送上等礼品。

②牺：用于宗庙祭祀的小牛。

③用：杀了用以祭祀。

④云：如此，指牛叫的声音就是这样。

⑤信：果真如此。

【译文】

冬，介国君葛卢来朝见，因为上次未见到僖公，所以再来朝见。鲁国以礼接待，用宴礼并送给上等礼品。介君葛卢听到牛叫，说："这头牛生了三头小牛，都杀了用来祭祀。它的叫声是这样。"问外面的人，果真如此。

三十年

【经】

30.1　三十年春王正月[①]。

30.2　夏，狄侵齐。

30.3　秋，卫杀其大夫元咺及公子瑕[②]。卫侯郑归于卫[③]。

30.4　晋人、秦人围郑。

30.5　介人侵萧[④]。

30.6　冬，天王使宰周公来聘[⑤]。

30.7　公子遂如京师，遂如晋。

【注释】

①三十年：鲁僖公三十年当周襄王二十三年，前630。

②卫杀其大夫元咺及公子瑕：僖公二十八年元咺立公子瑕。

③卫侯郑：卫成公。

④萧：宋地。在今安徽萧县西北。

⑤周公：即《传》文的周公阅。

【译文】

鲁僖公三十年周历正月。

夏，狄人入侵齐国。

秋，卫国杀了大夫元咺和公子瑕。卫成公回到卫国。

晋人、秦人围攻郑国。

介人入侵萧地。

冬，周天子派周公阅来鲁国聘问。

公子遂要去京师，于是到了晋国。

【传】

30.1　三十年春，晋人侵郑，以观其可攻与否。狄间晋之有郑虞也[①]，夏，狄侵齐[②]。

【注释】

①间：乘隙，乘机，钻空子。虞：忧虑。

②狄侵齐：齐、晋是盟国，晋侵郑，便无暇救齐。

【译文】

鲁僖公三十年春，晋人入侵郑国，试探一下郑国是否可以攻打。狄人乘着晋国忧虑郑国的这个空子，夏，入侵齐国。

30.2　晋侯使医衍鸩卫侯[①]。甯俞货医[②]，使薄其鸩，不死。公为之请[③]，纳玉于王与晋侯，皆十瑴[④]。王许之。秋，乃释卫侯。卫侯使赂周歂、冶廑[⑤]，曰："苟能纳我，吾使尔为卿。"周、冶杀元咺及子適、子仪[⑥]。公入，祀先君。周、冶既服[⑦]，将命[⑧]，周歂先入，及门，遇疾而死[⑨]。冶廑辞卿[⑩]。

【注释】

①衍：医生名。鸩(zhèn)：用毒酒害人。

②甯俞：甯武子。

③公为之请：鲁僖公为卫成公向周王请求。公，指鲁僖公。

④瑴(jué)：白玉一双。

⑤周歂(chuán)、冶廑(jǐn)：二人皆卫国大夫。

⑥子適：公子瑕。子仪：子適弟。

⑦既服：穿好礼服。

⑧将命：准备接受卿位的任命。

⑨遇疾：突然发病。

⑩冶廑辞卿：冶廑见周歂暴死，害怕，因此辞卿。

【译文】

晋文公派医生衍用毒酒毒死卫成公。甯俞贿赂医生，让他冲淡了毒酒，卫成公没死。鲁僖公为卫成公向周王求情，把白玉献给周王和晋文公，都是十对。周王答应了。秋，就释放了卫成公。卫成公派人贿赂周歂和冶廑，说："如果能接纳我回国，我让你们当卿。"周歂、冶廑二人于是杀了元咺和子適、子仪。卫成公进入国都，在太庙祭祀先王。周、冶二人穿好礼服，准备接受卿位的任命，周歂先进入太庙，突然发病而死。冶廑赶紧辞去了卿位。

30.3　九月甲午[①]，晋侯、秦伯围郑，以其无礼于晋[②]，且贰于楚也[③]。晋军函陵[④]，秦军汜南[⑤]。

【注释】

①甲午：初十。

②无礼于晋：僖公二十三年晋文公重耳出亡经过郑国，郑文公不接待他。

③贰于楚：亲近楚国。指城濮之战时，郑国把军队交给楚国攻打晋国。

④军：驻扎。函陵：在今河南新郑北。

⑤汜南：水名，在河南中牟南。

【译文】

九月初十，晋文公和秦穆公率领军队包围郑国，因为郑国当年对晋文公无礼，而且又亲附楚国。晋国的军队驻扎在函陵，秦国军队驻扎在汜南。

佚之狐言于郑伯曰[①]："国危矣，若使烛之武见秦君[②]，师必退。"公从之。辞曰："臣之壮也，犹不如人，今老矣，无能为也已。"公曰："吾不能早用子，今急而求子，是寡人之过也。然郑亡，子亦有不利焉。"许之，夜缒而出[③]，见秦伯，曰："秦、晋围郑，郑既知亡矣。若亡郑而有益于君，敢以烦执事[④]。越国以鄙远[⑤]，君知其难也，焉用亡郑以陪邻[⑥]？邻之厚，君之薄也[⑦]。若舍郑以为东道主[⑧]，行李之往来[⑨]，共其乏困[⑩]，君亦无所害[⑪]。且君尝为晋君赐矣[⑫]，许君焦、瑕[⑬]，朝济而夕设版焉[⑭]，君之所知也。夫晋，何厌之有？既东封郑[⑮]，又欲肆其西封[⑯]，若不阙秦[⑰]，将焉取之？阙秦以利晋，唯君图之。"秦伯说，与郑人盟，使杞子、逢孙、扬孙戍之[⑱]，乃还。

【注释】

①佚(yì)之狐：郑国大夫。郑伯：郑文公。

②烛之武：郑国大夫。

③缒(zhuì)：用绳子绑住身子，从城墙下吊下去。

④执事：办事的人。此为敬辞，实指秦穆公。

⑤越国以鄙远：秦如要得郑以为鄙邑，必须越过晋国。鄙远，以远方之国为边境。鄙，边境。

⑥焉用：何用。陪：通"倍"。增益。

⑦邻之厚，君之薄也：按，以上说亡郑于秦无利有害。

⑧东道主：东方道路上的主人。秦如要参与中原诸侯事务，必须向东行，多须经过郑国国境，郑可担任招待。

⑨行李：外交使节。

⑩共：通"供"。

⑪君亦无所害：按，此段又动秦穆公以利。

⑫君尝为晋君赐：指纳晋惠公夷吾事。晋君，指晋惠公。

⑬许君焦、瑕：晋惠公曾答应割“河外列城五”给秦国作为报答，焦、瑕是其中两地。焦，在今河南三门峡西。瑕，在今山西芮城南。

⑭朝济而夕设版焉：早晨渡河归国，晚上即筑城以备秦。言晋人背约之速。设版，指筑城抵御秦国。版，打土墙用的夹板。

⑮东封郑：东向略郑拓展东部边界。封，疆界。

⑯肆：伸张，扩展。一说，放恣。

⑰阙：损害。

⑱杞子、逢孙、扬孙：三人都是秦国大夫。

【译文】

大夫佚之狐对郑文公说：“国家非常危险了。如果派烛之武去会见秦穆公，秦、晋两国一定会退兵。”郑文公听从了佚之狐的建议。烛之武推辞说：“我在壮年的时候，还赶不上别人；现在老了，还能做什么呢？”郑文公说：“我不能早重用您，现在事情危急了才来求您，这是我的过错。但是郑国被灭亡了，对您也不利啊。”于是烛之武答应了。夜里，郑人用绳子绑住烛之武的身体，把他从城上吊下去。烛之武见到秦穆公，说：“秦军、晋军包围郑国，郑国自知必定要亡国了。如果灭亡了郑国对您有利，那就麻烦你们进攻吧。秦国要越过邻国到郑国来占领土地，使郑国成为你们的边境，您知道这是很困难的。那么，又何必灭亡了郑国去增加您的邻国——晋国的土地呢？邻国的实力雄厚了，你们可就要削弱了！如果不灭亡郑国，让郑国做东方大路上的主人，贵国的使节经过郑国，郑国还可以给他们提供所缺乏的物资，这样，对您也没有害处。再说，国君曾经给晋惠公施加过恩惠，他答应把焦和瑕两地送给您作为报答。可是，他早晨刚渡过黄河回国，晚上就设版筑城以防备秦国，这可是您知道的啊！晋国，它何时能满足呢？如果灭了郑国，晋国把郑国作为它东边的疆界，就必定要扩张它西边的疆界。扩张西边的疆界，不侵占秦国的领土，又到哪里去占有土地？这样，削弱秦国而使晋国得到好处，请国君好好考虑考虑吧。”秦穆公听了很高兴，就和郑国人订立了盟约，留下杞子、逢孙、扬孙三位将领帮助郑国防守，自己撤兵回去了。

子犯请击之，公曰：“不可。微夫人之力不及此[1]。因人之力而敝之[2]，不仁；失其所与[3]，不知[4]；以乱易整[5]，不武[6]。吾其还也。”亦去之。

【注释】

①微：非。夫人：那人，指秦穆公。

②因：依凭。敝：损害。

③所与：同盟国。秦、晋是同盟国。

④知：同“智”。明智。

⑤乱：指秦、晋发生冲突。整：指秦、晋和睦一致。

⑥武：指使用武力所应遵守的道义准则。

【译文】

子犯请求晋文公攻击秦军，晋文公说：“不行，没有那个人的帮助，我们不能有今天。依靠了别人的力量，又反过来伤害他，这是不仁义的做法；失掉了自己的同盟国，这是不明智的；用秦、晋内部的冲突动乱代替原来的和睦一致，这是不威武。我们还是回去吧。”也撤兵离开了郑国。

30.4　初，郑公子兰出奔晋[1]，从于晋侯伐郑，请无与围郑[2]。许之，使待命于东[3]。郑石甲父、侯宣多逆以为大子[4]，以求成于晋，晋人许之。

【注释】

①公子兰:郑文公子,后继位为郑穆公。

②请无与围郑:公子兰请求不参加围攻郑国。

③东:晋国东部边境。

④石甲父、侯宣多:二人皆郑国大夫。石甲父,名癸,字甲父。

【译文】

当初,郑公子兰逃奔到晋国,跟随着晋文公讨伐郑国,他请求不参加围攻郑国。晋文公答应了,并让公子兰在东部边境等候命令。郑国的石甲父、侯宣多迎立公子兰为太子,以请求和晋国讲和,晋人答应了。

30.5 冬,王使周公阅来聘,飨有昌歜、白黑、形盐[①]。辞曰:"国君,文足昭也[②],武可畏也,则有备物之飨,以象其德[③]。荐五味,羞嘉谷[④],盐虎形,以献其功[⑤]。吾何以堪之?"

【注释】

①飨:用酒食招待人。昌歜(zàn):也叫昌蒲菹(zū),用昌蒲根做的腌菜。白:白米糕。黑:黑黍糕。形盐:虎形盐块。这些都是僖公招待周公阅的食物。

②文足昭:文治足以显扬四方。

③以象其德:宴请时所备物品须象征他的德行。

④荐五味,羞嘉谷:荐、羞,都指进献。五味,指昌歜。嘉谷,指稻、黍。

⑤献(yí):通"仪"。效法,模拟。

【译文】

冬,周天子派周公阅来聘问,招待他的食物有昌歜、白米糕、黑黍糕和虎形盐块。周公阅辞谢说:"君主,文治要足以显扬四方,武功要足以使人畏惧，才备有特殊的食物来宴享他，以象征他的德行。进献五味、嘉谷，虎形盐块，来象征他的功业。而我怎么担当得起呢?”

30.6 东门襄仲将聘于周[①]，遂初聘于晋[②]。

【注释】

①东门襄仲：公子遂。聘于周：公子遂聘问于周，是回报宰周公之聘。

②遂初聘于晋：同时顺便到晋国作首次聘问。

【译文】

东门襄仲将到周朝廷聘问，乘此机会到晋国作首次聘问。

三十一年

【经】

31.1 三十有一年春[①]，取济西田[②]。

31.2 公子遂如晋。

31.3 夏四月，四卜郊[③]，不从，乃免牲[④]。犹三望[⑤]。

31.4 秋七月。

31.5 冬，杞伯姬来求妇[⑥]。

31.6 狄围卫。十有二月，卫迁于帝丘[⑦]。

【注释】

①三十有一年：鲁僖公三十一年当周襄王二十四年，前629。

②济：济水，发源于河南济源。

③四卜郊：四次占卜是否适宜郊祭。郊，郊祭，春天祈谷之祭。

④免牲：占卜不吉，因此不杀牲。牲，牺牲，祭祀用的赤毛牛犊。

⑤三望：鲁国三望为祭东海、泰山和淮水。望，祭山川。

⑥求妇：为其子来求娶媳妇。

⑦帝丘：在今河南濮阳西南。

【译文】

鲁僖公三十一年春，鲁国取得济水以西的田地。

公子遂到晋国。

夏四月，四次占卜郊祭，不吉利，于是不杀牲。仍然举行三次望祭。

秋七月。

冬，杞伯姬来求娶媳妇。

狄人围攻卫国。十二月，卫国迁到帝丘。

【传】

31.1　三十一年春，取济西田，分曹地也①。使臧文仲往，宿于重馆②。重馆人告曰："晋新得诸侯，必亲其共③。不速行，将无及也④。"从之。分曹地，自洮以南⑤，东傅于济⑥，尽曹地也。

【注释】

①分曹地：僖公二十八年晋国讨伐曹、卫，分曹、卫之田给诸侯，当时未分，现在才分。

②重：鲁地，在今山东鱼台西。馆：候馆，驿馆。

③共：通"恭"。

④无及：赶不上。

⑤洮：在今山东鄄城西南。原本北边属鲁、南边属曹。

⑥傅：接近。

【译文】

鲁僖公三十一年春，取得了济水以西的田地，这是瓜分曹国的土地。鲁国派臧文仲前去，住在重地的宾馆里。重地宾馆的人告诉他说："晋国新近得到诸侯支持，必定亲近恭顺它的国家。不快点去，恐怕赶不上了。"臧文仲听从了那人的话，分得了曹国的土地，自洮地以南，东边接近济水，都是曹国的土地。

31.2　襄仲如晋，拜曹田也。

【译文】

公子遂到晋国去，拜谢分得曹国的田地。

31.3　夏四月，四卜郊，不从，乃免牲，非礼也。犹三望，亦非礼也。礼不卜常祀[①]，而卜其牲、日[②]。牛卜日曰牲[③]。牲成而卜郊，上怠慢也[④]。望，郊之细也[⑤]。不郊，亦无望可也。

【注释】

①常祀：常规的祭祀。

②卜其牲、日：占卜使用的牺牲和日期。

③牛卜日曰牲：意为牛在占卜定日子以后就改称为牲。

④牲成而卜郊，上怠慢也：意为牛已经成为牲了还要占卜郊祭的吉凶，这是在上者怠慢了大典，亵渎了龟甲。

⑤细：细节，指望祭只是郊祭中的一个细节，一小部分。

【译文】

夏四月，四次占卜郊祭的吉凶，都不吉利，于是不杀牲牛，这是不合于礼的。但仍举行三次望祭，这也是不合于礼的。依照礼制，常规的祭祀不用占卜吉凶，只须占卜使用的牺牲和日期。牛在占卜定下日期以后就改成为牲。已经成为牲了还占卜郊祭的吉凶，这是在上者怠慢了大典了。望祭，不过是郊祭的细节罢了。不举行郊祭，也不必举行望祭。

31.4　秋，晋蒐于清原①，作五军以御狄②。赵衰为卿③。

【注释】

①蒐（sōu）：阅兵。清原：在今山西稷山东南。

②五军：僖公二十八年晋“作三行”，现在又把三行改为上、下新军（步兵改为车兵），与原三军合为五军。

③赵衰为卿：任命赵衰为卿，率领新上军。《国语·晋语四》：“以赵衰之故，蒐于清原，作五军。使赵衰将新上军，箕郑佐之；胥婴将新下军，先都佐之。”

【译文】

秋，晋国在清原阅兵，并建立五军来抵御狄人。任命赵衰为卿。

31.5　冬，狄围卫，卫迁于帝丘。卜曰三百年。

【译文】

冬，狄人围攻卫国，卫国迁到帝丘。占卜结果说可以立国三百年。

卫成公梦康叔曰①：“相夺予享②。”公命祀相。甯武子不可，曰：“鬼神非其族类，不歆其祀③。杞、鄫何事④？相之不享于此久矣，非卫之罪也，不可以间成王、周公之命祀⑤。请改祀命⑥。”

【注释】

①康叔：卫国的始祖。

②相：夏后帝启之孙，原居于帝丘。享：祭献的供品。

③不歆其祀：不享用其祭品。

④杞、鄫何事：杞、鄫本是夏的后代，本该祭祀相，为何不祭。

⑤不可以间成王、周公之命祀：卫国所祭祀的，由成王、周公所规定，祭相不合规定。间，借为"干"，违犯。

⑥改祀命：更改祭相的命令。

【译文】

卫成公梦见康叔对他说："相夺走了我的祭祀供品。"于是命令祭祀相。甯武子不同意，说："鬼神与祭祀者如果不是同族，就不会享用他的供品。杞国和鄫国何事不祭祀呢？相没有得到祭祀已经很久了，这不是卫国的罪过。我们不能违犯成王、周公定下的祭祀规矩，请你改变祭祀相的命令吧。"

31.6　郑泄驾恶公子瑕①，郑伯亦恶之，故公子瑕出奔楚。

【注释】

①泄驾：郑国大夫。

【译文】

郑国的泄驾讨厌公子瑕，郑文公也讨厌他，所以公子瑕逃奔到楚国。

三十二年

【经】

32.1　三十有二年春王正月①。

32.2 夏四月己丑[②],郑伯捷卒[③]。

32.3 卫人侵狄。秋,卫人及狄盟。

32.4 冬十有二月己卯[④],晋侯重耳卒[⑤]。

【注释】

①三十有二年:鲁僖公三十二年当周襄王二十五年,前628。

②己丑:十五日。

③郑伯捷:郑文公。

④己卯:初九。

⑤晋侯重耳卒:晋文公死,在位九年。

【译文】

鲁僖公三十二年春周历正月。

夏四月十五日,郑文公捷去世。

卫国人侵入狄国。秋,卫人和狄人结盟。

冬十二月初九,晋文公重耳去世。

【传】

32.1 三十二年春,楚斗章请平于晋[①],晋阳处父报之[②]。晋、楚始通。

【注释】

①斗章:楚大夫。请平:求和。

②阳处父:晋大夫。报:回聘。

【译文】

鲁僖公三十二年春,楚国派斗章到晋国求和,晋国派阳处父到楚国回聘。晋国、楚国开始正式通好。

32.2　夏，狄有乱。卫人侵狄，狄请平焉。秋，卫人及狄盟。

【译文】

夏，狄人发生内乱。卫国乘机入侵狄，狄人请求讲和。秋，卫人和狄人结盟。

32.3　冬，晋文公卒。庚辰[1]，将殡于曲沃[2]，出绛[3]，柩有声如牛[4]。卜偃使大夫拜[5]，曰："君命大事[6]，将有西师过轶我[7]，击之，必大捷焉。"

【注释】

①庚辰：初十。

②殡：停棺待葬。曲沃：晋君祖坟宗庙所在地，在今山西闻喜。

③绛：晋国都，在今山西翼城东。

④柩：棺材。

⑤卜偃：晋国卜筮之官。

⑥大事：指军事。

⑦西师：指秦军。过轶：指秦军越境而过。

【译文】

冬天，晋文公去世。十二月初十，晋文公的灵柩将送往曲沃停放。离开绛城的时候，棺材里发出像牛叫的声音。卜偃让晋大夫们都跪地而拜，说："文公在发布军事命令：西边的军队将越过我国境内，如果我们攻击他们，必定大胜。"

杞子自郑使告于秦曰[1]："郑人使我掌其北门之管[2]，若潜师以来[3]，国可得也。"穆公访诸蹇叔[4]，蹇叔曰："劳师以袭远[⑤]，非所闻也。师劳力竭，远主备之[⑥]，无乃不可乎！师之所为，郑必知之。勤而无所[⑦]，必有悖心[⑧]。且行千里，其谁不知？”公辞焉。召孟明、西乞、白乙[⑨]，使出师于东门之外。蹇叔哭之，曰：“孟子[⑩]，吾见师之出而不见其入也。”公使谓之曰：“尔何知？中寿，尔墓之木拱矣[⑪]。”蹇叔之子与师[⑫]，哭而送之，曰：“晋人御师必于崤[⑬]。崤有二陵焉[⑭]。其南陵，夏后皋之墓也[⑮]；其北陵，文王之所辟风雨也。必死是间，余收尔骨焉。”秦师遂东[⑯]。

【注释】

①杞子：秦将领，鲁僖公三十年时与扬孙、逢孙戍郑。

②北门：都城北门。管：钥匙。

③潜师：偷偷地派军队。

④蹇(jiǎn)叔：秦国老臣。

⑤劳师：使师劳。劳，辛苦。袭远：袭击远方之国。

⑥远主：指郑国。

⑦勤：劳苦。无所：无所得。

⑧悖心：怨恨之心。

⑨孟明、西乞、白乙：即秦将百里孟明视、西乞术、白乙丙。

⑩孟子：即孟明。

⑪中寿，尔墓之木拱矣：意谓假如你仅得中寿，你墓上之树木早已成抱了。言其老而不死，昏悖而不可用。中寿，中等寿命，指六七十岁。拱，两手合抱。

⑫与师：在军队之中。

⑬崤：山名，在河南洛宁西北，西接陕县界，东接渑池界。

⑭二陵：二山，指东崤山与西崤山。

⑮夏后皋：夏代的天子皋，夏桀的祖父。

⑯秦师遂东：按，此当与下年《传》连读。

【译文】

秦将杞子从郑国派人向秦穆公报告说："郑国人让我掌管都城北门的钥匙，如果秘密派军队前来，郑国一定可以攻下。"秦穆公为此咨询老臣蹇叔，蹇叔说："辛辛苦苦调动军队去袭击远方的国家，我还没听说过。军队疲劳，战斗力衰竭，远方的国家又有了防备，这恐怕不行吧！军队的行动，郑国必定会知道。辛辛苦苦而无所得，军队将产生懊丧怨恨的心情，再说军队远行千里，又有谁会不知道？"秦穆公不听蹇叔的劝告，召见孟明、西乞、白乙三位将领，派他们率军从东门外出兵。蹇叔哭着送他们说："孟明啊，我只看到军队出国而去，却看不到他们回来啊。"秦穆公派人去对蹇叔说："你知道什么！如果你只活到六七十岁就死去的话，那么现在你墓上的树可以长到一抱粗了。"蹇叔的儿子也在这次出征的队伍之中，蹇叔哭着送他说："晋国人必定会在崤山伏击你们。崤山有两座山陵，它的南山，是夏后皋的坟墓；它的北山，是周文王躲避风雨的地方。你们一定会死在这两座山之间，我只好到那里去收你们的尸骨了。"秦国的军队于是向东进发。

三十三年

【经】

33.1　三十有三年春王二月①，秦人入滑②。

33.2　齐侯使国归父来聘。

33.3　夏四月辛巳③，晋人及姜戎败秦师于崤④。

33.4　癸巳⑤，葬晋文公。

33.5　狄侵齐。

33.6　公伐邾，取訾娄⑥。

33.7 秋，公子遂帅师伐邾。

33.8 晋人败狄于箕[7]。

33.9 冬十月，公如齐[8]。

33.10 十有二月，公至自齐。

33.11 乙巳[9]，公薨于小寝[10]。

33.12 陨霜不杀草[11]。李、梅实[12]。

33.13 晋人、陈人、郑人伐许。

【注释】

①三十有三年：鲁僖公三十三年当周襄王二十六年，前627。

②滑：国名，在今河南偃师。

③辛巳：十三日。

④姜戎：姜姓之戎人，居住在晋国南部边境。

⑤癸巳：二十五日。

⑥訾娄：邾国之地，与僖公十八年《传》的卫邑訾娄非同一地。

⑦箕：地名，在今山西蒲县东北。

⑧公如齐：僖公到齐国，回报国归父来聘，并慰问齐受狄人入侵。

⑨乙巳：十一日。

⑩小寝：也叫燕寝，君主休息安寝的地方，与路寝相对，路寝是办公的地方。

⑪不杀草：周历十二月是夏历十月，虽降霜，但草木不枯黄。

⑫李、梅实：李、梅结果。此和草木不黄都说明时令反常。

【译文】

鲁僖公三十三年春周历二月，秦人侵入滑国。

齐昭公派国归父来聘问。

夏四月十三日，晋国人和姜戎一起在崤地打败秦军。

二十五日，安葬晋文公。

狄人入侵齐国。

鲁僖公攻打邾国，夺得訾娄。

秋，公子遂率军队攻打邾国。

晋人在箕地打败狄人。

冬十月，鲁僖公到齐国去。

十二月，鲁僖公从齐国回国。

十一日，鲁僖公在燕寝去世。

下霜但草木不枯黄，李和梅结果。

晋人、陈人、郑人讨伐许国。

【传】

33.1　三十三年春，秦师过周北门①，左右免胄而下②，超乘者三百乘③。王孙满尚幼④，观之，言于王曰："秦师轻而无礼⑤，必败。轻则寡谋，无礼则脱⑥。入险而脱，又不能谋，能无败乎？"

【注释】

①周北门：周朝都城洛邑的北门，在今洛阳。

②左右：古代的兵车，若非将帅之车，则御者居中，射者在左，持戈盾勇力之士在右。免胄：脱下头盔。胄，头盔。《吕氏春秋·悔过篇》载王孙满之曰："过天子之城，宜橐甲乘兵，左右皆下，以为天子礼。"免胄，则仅脱去头盔，并不去甲，也未必束其兵，不合于当时之礼。

③超乘：一跃而登车。指刚一下车又跳上车，以示其勇。此是无礼的行为。

④王孙满：周共王儿子圉的曾孙。

⑤轻：轻狂放肆。指其超乘。无礼：指其仅免胄而不卷甲束兵。

⑥脱：粗疏，粗心大意。

【译文】

鲁僖公三十三年春天，秦国的军队经过周朝都城的北门，车左车右都把头盔脱下，下车步行；有三百辆战车的将士，刚下车又轻率地一跃登车而去。王孙满年纪还小，观看秦国的军队经过，对周襄王说：“秦军轻狂放肆而无礼节，必定会打败仗。轻狂就缺少谋略，无礼节就粗疏大意。进入险要之地，粗疏，又没有谋略，能不打败仗吗？”

及滑，郑商人弦高将市于周[①]，遇之，以乘韦先[②]，牛十二犒师，曰：“寡君闻吾子将步师出于敝邑[③]，敢犒从者[④]。不腆敝邑[⑤]，为从者之淹[⑥]，居则具一日之积[⑦]，行则备一夕之卫。”且使遽告于郑[⑧]。

【注释】

①市于周：到周王京城去做生意。

②乘韦：四张熟牛皮。乘，四。古代兵车四马驾车为一乘，故以乘代称四。

③寡君：指郑穆公。步师：行军，指行军路过敝国。

④从者：指部下。

⑤不腆（tiǎn）敝邑：即敝邑不腆。不腆，当时客套之习语。腆，丰厚。

⑥淹：留，逗留，耽搁。

⑦积：指每天食用的米、菜、薪、刍（马吃的草料）等物品。

⑧遽：驿车。古代传递紧急公文，每隔若干里设驿站，接力换马，以

求迅速。

【译文】

秦军到达滑国，郑国的商人弦高正要到周王京城去做生意，恰巧遇到秦军。郑弦高先拿出四张熟牛皮，又带着十二头牛犒劳秦军，对秦军说："我们国君听说贵军行军将经过敝国，谨派我来慰劳您的部下。敝国虽不富裕，不过为了贵军的居留，驻扎在这里一天，我们就准备一天的给养；住一夜，我们就准备一晚的守卫。"弦高又马上派驿车紧急向郑国国内报告。

郑穆公使视客馆①，则束载、厉兵、秣马矣②。使皇武子辞焉③，曰："吾子淹久于敝邑，唯是脯资饩牵竭矣④。为吾子之将行也，郑之有原圃⑤，犹秦之有具囿也⑥，吾子取其麋鹿，以闲敝邑，若何？"杞子奔齐，逢孙、扬孙奔宋。孟明曰："郑有备矣，不可冀也。攻之不克，围之不继⑦，吾其还也。"灭滑而还。

【注释】

①客馆：即秦将杞子、逢孙、扬孙所住的住所。

②束载：捆好行装。厉兵：磨砺好兵器。秣马：喂饱马。

③皇武子：郑国大夫。辞：辞谢。

④脯：干肉。资：食粮。饩（xì）：已宰杀的牲畜的肉。牵：活的牲口。

⑤原圃：郑国的猎场，在今河南中牟西北。

⑥具囿：秦国的猎场，在今陕西凤翔境。

⑦不继：没有后援。

【译文】

郑穆公派人去探视秦将杞子等人驻扎的馆舍，发现他们已经捆束好行装，磨好了兵器，喂饱了马匹。郑穆公派皇武子去辞谢他们，说：“诸位在敝国耽搁得太久了，只是敝国的干肉、粮食、牲口，一切吃的用的都没有了。现在你们要回去了，郑国的猎场原圃，同秦国的猎场具囿都是一样的；请诸位去那里猎取麋鹿，以便让敝国得到休息，诸位认为怎样？”于是杞子赶紧逃奔到齐国，逢孙、扬孙逃奔到宋国。孟明说：“郑国已有防备了，袭击郑国已无指望。攻打它不能取胜，围困它又没有后援，我们还是回去吧。”于是灭掉了滑国回师。

33.2　齐国庄子来聘[①]，自郊劳至于赠贿[②]，礼成而加之以敏[③]。臧文仲言于公曰：“国子为政[④]，齐犹有礼，君其朝焉。臣闻之，服于有礼，社稷之卫也[⑤]。”

【注释】

①国庄子：齐大夫国归父。

②自郊劳至于赠贿：聘问之礼的全过程。郊劳，使者到别国聘问，受聘之国派卿士到郊外迎接、慰劳。赠贿，聘问结束，使者要走，赠以礼物。

③礼成而加之以敏：指国庄子自始至终都有礼仪而且处事又谨慎恰当。

④国子：国归父。

⑤社稷之卫：社稷的保障。

【译文】

齐国的国庄子来聘问，从郊劳一直到赠贿，礼仪周全而又谨慎恰当。臧文仲对僖公说：“国子执政，齐国是有礼的，国君还是去朝见吧。下臣听说：顺服于有礼之国，是国家的保障啊。”

33.3 晋原轸曰:“秦违蹇叔,而以贪勤民[①],天奉我也[②]。奉不可失,敌不可纵[③]。纵敌患生,违天不祥。必伐秦师。”栾枝曰:“未报秦施而伐其师,其为死君乎[④]?”先轸曰:“秦不哀吾丧而伐吾同姓[⑤],秦则无礼,何施之为?吾闻之,一日纵敌,数世之患也。谋及子孙,可谓死君乎[⑥]?”遂发命,遽兴姜戎[⑦]。子墨衰绖[⑧],梁弘御戎,莱驹为右[⑨]。

【注释】

①以贪勤民:因为贪婪而使百姓劳苦。

②奉:助。

③纵:放纵,放走。

④死君:指死去的晋文公。

⑤吾丧:晋文公死去不久,晋国还在丧期。同姓:指郑国和滑国,晋、郑、滑皆姬姓。

⑥谋及子孙,可谓死君乎:意为伐秦是替后世子孙打算,怎能说忘记先君的遗命呢?

⑦遽:马上。姜戎:居于秦、晋两国间的戎人部族,与晋国友好。

⑧子墨衰绖:子,指晋文公子晋襄公,文公未葬,所以称子。墨,作动词,染成黑色。衰绖,丧服。衰,麻衣。绖,麻腰带。

⑨梁弘御戎,莱驹为右:梁弘、莱驹,二人皆晋大夫。右,做襄公的车右。

【译文】

晋国的先轸说:“秦穆公违背了蹇叔的忠告,因为他的贪婪之心而使百姓劳苦,这是天助我也。天助我,机不可失;敌人不可随便放走。放走敌人,必生祸患;违背天意,是不吉利。一定要进攻秦国军队。”栾枝说:“还没报答秦国的恩惠反而去攻打它的军队,心中还有死去的国君吗?”先轸说:“秦国不为我们的丧事哀伤,反而攻打我们的同姓之国,秦国实在无礼。还讲什么恩惠?我听说:一天放走了敌人,会带来几辈子的祸患。我们要为子孙后代打算,这才是不忘先君的遗命呢。”于是下达了出击秦军的命令,并且紧急发动姜戎的军队参战。文公儿子晋襄公穿着染成黑色的丧服出征,梁弘为他驾驭战车,莱驹作车右。

夏四月辛巳[①],败秦师于崤,获百里孟明视、西乞术、白乙丙以归[②],遂墨以葬文公[③]。晋于是始墨[④]。

【注释】

①辛巳:十三日。

②获百里孟明视、西乞术、白乙丙以归:三帅被俘,《公羊传》、《穀梁传》俱云:“匹马只轮无反者。”

③遂墨以葬:穿着黑色孝服安葬文公。

④始墨:开始以黑色丧服为习俗。

【译文】

夏四月十三日,晋军在崤山打败了秦军,抓获了秦将百里孟明视、西乞术、白乙丙三人。于是穿上黑色孝服安葬晋文公。晋国从此开始以黑色丧服为俗。

文嬴请三帅[①],曰:“彼实构吾二君[②],寡君若得而食之[③],不厌[④],君何辱讨焉[⑤]!使归就戮于秦[⑥],以逞寡君之志[⑦],若何?”公许之。先轸朝,问秦囚。公曰:“夫人请之,吾舍之矣。”先轸怒曰:“武夫力而拘诸原[⑧],妇人暂而免诸国[⑨]。堕军实而长寇仇[⑩],亡无日矣。”不顾而唾[⑪]。公使阳处父追之[⑫],及诸河,则在舟中矣。释左骖[⑬],以公命赠孟明[⑭]。孟明稽首曰："君之惠，不以累臣衅鼓[15]，使归就戮于秦，寡君之以为戮，死且不朽。若从君惠而免之[16]，三年将拜君赐[17]。"

【注释】

①文嬴：晋文公夫人。秦穆公嫁与重耳之女，襄公嫡母。三帅：孟明等三人。

②构：挑拨，离间。

③寡君：指秦穆公。

④不厌：不满足，指不解恨。

⑤讨：指惩罚孟明三人。

⑥就戮于秦：回到秦国受刑罚。

⑦逞：满足。

⑧力：拼力，努力。原：原野，指战场。

⑨暂：通"渐"，欺诈。免：放走。

⑩堕：毁弃。军实：战斗成果。

⑪不顾而唾：不回头就吐唾沫。这是极怒而失礼的举动。

⑫阳处父：晋大夫。

⑬左骖：驾车时最左边的那匹马。

⑭以公命：以晋襄公的名义。

⑮累臣：囚臣，俘虏之臣。衅鼓：以血涂鼓，祭鼓。古代有以俘囚祭鼓者。此处指处死。

⑯从君惠：托晋君之福。免：赦免，不用被杀。

⑰拜君赐：拜领晋君的礼物。意为再来报仇。

【译文】

文嬴请求释放孟明等三人，对晋襄公说："他们三人实在是挑拨离间秦、晋两国国君的关系，秦君如果抓到他们，就是吃了他们的肉也不会解恨，何必劳驾您去惩罚他们呢？让他们回秦国去受刑，以满足秦君的意愿，怎么样?”晋襄公同意了。先轸朝见襄公的时候，问起秦国的俘虏，襄公说:“夫人代他们求情，我已经放掉他们了。”先轸大怒，说:“勇士们花了大力气才在战场上抓获他们，一个女人几句谎话就在国都里把他们放了。这是毁弃自己的战果而长敌人的志气，这样下去，离亡国的日子不远了。”说完面对着襄公不回头就啐了一口唾沫。襄公派了阳处父去追赶孟明等三人，赶到黄河边上，孟明等人已登上船离岸了。阳处父解下左边的骖马，以襄公的名义要赠送给孟明。孟明叩头拜谢说:“承蒙贵国国君的恩惠，不杀我们这些被囚之臣去祭鼓，而让我们回秦国去受刑，我们国君如果杀了我们，我们死也是不朽的。如果托贵君的福不杀我们，三年之后我们再来拜谢贵君的恩赐。”

秦伯素服郊次①，乡师而哭②，曰:“孤违蹇叔，以辱二三子，孤之罪也。”不替孟明③，曰:“孤之过也，大夫何罪？且吾不以一眚掩大德④。”

【注释】

①素服:凶服。据《周礼·大宗伯》及《注》，古代凶礼以哀邦国之忧者有五，死亡、凶札、祸灾、围败、寇乱是也。郊次:在郊外等待。

②乡:通“向”。

③替:废，撤换。

④眚(shěng):眼病，引申为过失。

【译文】

秦穆公穿着白色丧服在郊外等待孟明他们，并对着回来的将士哭着说:“我违背了蹇叔的忠告，而使你们几位都蒙受了耻辱，这是我的罪过啊!”秦穆公没有撤换孟明的职务，说:“是我的罪过，大夫们有什么罪啊？再说我也不能因一次过错来掩盖你们的大德啊。”

33.4　狄侵齐，因晋丧也。

【译文】

狄人侵犯齐国，是乘着晋国有丧事。

33.5　公伐邾，取訾娄，以报升陉之役①。邾人不设备。秋，襄仲复伐邾②。

【注释】

①报升陉之役：僖公二十二年，鲁僖公与邾人战于升陉，鲁国败。

②襄仲：公子遂。

【译文】

鲁僖公攻打邾国，夺取訾娄，这是为报复升陉那次的败仗。邾国人不设防备。秋，襄仲再一次攻打邾国。

33.6　狄伐晋，及箕。八月戊子①，晋侯败狄于箕。郤缺获白狄子②。先轸曰："匹夫逞志于君③，而无讨④，敢不自讨乎？"免胄入狄师，死焉。狄人归其元⑤，面如生。

【注释】

①戊子：二十二日。

②白狄子：白狄的首领。白狄是狄人的一族，在今陕西延安、安塞一带。

③逞志于君：指前面自己因襄公释放秦囚不顾而唾之事。

④无讨：没受到惩罚。

⑤元：头颅。

【译文】

狄人攻打晋国,一直打到箕地。八月二十二日,晋襄公在箕地打败狄人。郤缺俘虏了白狄人的首领。先轸说:“我一介匹夫在国君面前发泄自己的快意,而没有受到惩罚,我还敢不自己惩罚自己吗?”不戴头盔冲入狄人军阵,结果战死了。狄人送回他的头颅,面色像活着一样。

初,臼季使[①],过冀[②],见冀缺耨[③],其妻馌之[④]。敬,相待如宾。与之归[⑤],言诸文公曰:“敬,德之聚也[⑥]。能敬必有德。德以治民,君请用之。臣闻之:出门如宾,承事如祭,仁之则也。”公曰:“其父有罪[⑦],可乎?”对曰:“舜之罪也殛鲧[⑧],其举也兴禹[⑨]。管敬仲,桓之贼也[⑩],实相以济[⑪]。《康诰》曰[⑫]:‘父不慈,子不祗,兄不友,弟不共,不相及也[⑬]。’《诗》曰:‘采葑采菲,无以下体[⑭]。’君取节焉可也[⑮]。”文公以为下军大夫。反自箕,襄公以三命命先且居将中军[⑯],以再命命先茅之县赏胥臣[⑰],曰:“举郤缺,子之功也。”以一命命郤缺为卿,复与之冀[⑱],亦未有军行[⑲]。

【注释】

①臼季:晋大夫胥臣。臼是其食邑,季是其字。使,出使。

②冀:在今山西平陆。

③冀缺:即郤缺。耨(nòu):除草。

④馌(yè):向田间送饭。

⑤之:指冀缺。

⑥德之聚:聚德成敬。

⑦其父有罪:郤缺父亲郤芮乃晋惠公之党,曾想烧死文公,为秦穆公所诱杀。事见僖公二十四年《传》。

⑧罪：作动词，惩办罪人。殛：流放。鲧（gǔn）：相传是禹的父亲，因治水无功，被舜流放而死。

⑨举：选拔人才。兴：起用。

⑩管敬仲，桓之贼也：指管仲曾射齐桓公。管敬仲，管仲。桓，齐桓公。

⑪相（xiàng）：作动词，任命他为相。济：成功。

⑫《康诰》：《尚书·康诰》篇。

⑬"父不慈"五句：《康诰》篇无此文，恐是脱文。祗（zhī），敬。

⑭采葑采菲，无以下体：引《诗》见《诗经·国风·邶风·谷风》。葑，类似大头菜的植物。菲，萝卜。无以下体，不要只采叶子不要根。

⑮取节焉：节取其长处。

⑯三命：诸侯任命卿，有一命、再命、三命之分。三命是最高等级的命令，表示尊贵。先且（jū）居：先轸之子。

⑰命先茅之县赏胥臣：因先茅已无后人，所以将先茅的县赏给胥臣。先茅，晋大夫。

⑱复与之冀：把冀地重新给郤缺。

⑲未有军行：虽任命为卿，但还未担任军职。

【译文】

当初，臼季出使的时候，路过冀地，看见郤缺在除草，他的妻子到田里给他送饭。二人相敬如宾。臼季和他一起回来，对晋文公说："好德行集中在一起，便成为恭敬。能恭敬，必定有德行。有德的人可以治理百姓，国君可以任用他！下臣听说，出门好像会见宾客，承担事情好像参加祭祀一样，这是仁的准则啊。"晋文公说："他父亲有罪，可以任用吗？"臼季回答说："舜惩办鲧之罪，把他流放，选拔人才却起用鲧的儿子禹。管仲是齐桓公的敌人，桓公任命他为相得到了成功。《康诰》说：'父亲不慈爱，儿子不诚敬，兄长不友爱，弟弟不恭敬，不要牵涉到别人。'《诗》里说:'采食葑和菲,不要只采叶子不要根。'国君您取他的长处就可以了。"晋文公于是让他担任下军大夫。从箕地返回后,晋襄公以三命的级别命令先且居率中军,以再命的级别命令把先茅的县赏给胥臣,说:"推举郤缺,是你的功劳啊!"用一命的级别命令郤缺担任卿,并把冀地重新给他,只是还未担任军职。

33.7 冬,公如齐朝,且吊有狄师也。反,薨于小寝,即安也①。

【注释】

①薨于小寝,即安也:疾病当居路寝。鲁僖公病,未尝移居路寝,就在小寝中死去,故《传》云"即安"。

【译文】

冬,鲁僖公到齐国朝见,同时慰问齐国遭到狄人的进攻。返回后,在小寝中死去。是在休息时死去。

33.8 晋、陈、郑伐许,讨其贰于楚也。

【译文】

晋国、陈国、郑国攻打许国,因其亲附楚国,所以攻打它。

33.9 楚令尹子上侵陈、蔡。陈、蔡成①,遂伐郑,将纳公子瑕②。门于桔柣之门③。瑕覆于周氏之汪④,外仆髡屯禽之以献⑤。文夫人敛而葬之郐城之下⑥。

【注释】

①陈、蔡成：陈、蔡两国求和附楚。

②将纳公子瑕：僖公三十一年，公子瑕逃奔楚国。

③门：攻城。桔柣(dié)之门：郑国远郊之门。

④覆：战车翻倒。汪：污水池。

⑤外仆髡屯：外勤仆人，名叫髡屯。外仆，外勤仆人。以献：杀了公子瑕献给郑穆公。

⑥文夫人：郑文公夫人，公子瑕的母亲。郐(kuài)：地名，在今河南密县东南。

【译文】

楚国的令尹子上入侵陈、蔡二国。陈、蔡二国求和，于是攻打郑国，准备将公子瑕送回郑国。攻打桔柣之门的城门。公子瑕的战车翻倒在周氏的污水池里，外勤的仆人髡屯抓住了公子瑕，并把他杀了献给郑穆公。文公夫人把他殡敛了安葬在郐城之下。

33.10　晋阳处父侵蔡，楚子上救之，与晋师夹泜而军[①]。阳子患之，使谓子上曰："吾闻之：'文不犯顺[②]，武不违敌[③]。'子若欲战，则吾退舍，子济而陈[④]，迟速唯命[⑤]。不然，纾我[⑥]。老师费财[⑦]，亦无益也。"乃驾以待[⑧]。子上欲涉，大孙伯曰[⑨]："不可。晋人无信，半涉而薄我[⑩]，悔败何及[⑪]？不如纾之。"乃退舍。阳子宣言曰："楚师遁矣[⑫]。"遂归。楚师亦归。大子商臣谮子上曰："受晋赂而辟之[⑬]，楚之耻也，罪莫大焉。"王杀子上[⑭]。

【注释】

①夹泜(zhi)而军：隔泜水对峙。泜，水名，今叫沙河，源出于河南鲁

山县。

②文不犯顺：此为当时人习语，意为我文辞顺理，当从我言。

③违：避。

④济：渡河。陈：同“阵”，布阵。

⑤迟速：迟打早打。

⑥不然，纾我：如果楚不进兵开战，就退一舍之地而让我渡河布阵。纾，缓。

⑦老师：军队在外面日久疲劳。

⑧驾以待：驾上战车等着。

⑨大孙伯：大心，子玉之子。

⑩薄：迫，迫近。

⑪悔败：失败以后再来后悔。

⑫遁：逃。

⑬辟：躲避。

⑭王杀子上：楚成王欲立商臣为太子，令尹子上尝反对劝阻，所以商臣因此怀恨而诬陷他。王，楚成王。

【译文】

晋国的阳处父入侵蔡国，楚国的子上去救援它，和晋军隔着泜水对峙。阳处父担心，派人对子上说：“我听说：‘文辞顺理，动武就不躲避敌人。’你如果想打，那么我退让三十里，你可以渡过河来布阵，迟打早打都由你决定。不然的话，让我缓口气吧。军队在外日久疲劳，耗费钱财，也没什么好处。”于是驾上战车等待他。子上要渡河，大孙伯说：“不行。晋国人不讲信用，如果我们渡过一半它逼近进攻我们，失败了再后悔，还来得及吗？不如让他们缓口气吧。”于是退三十里让晋军渡河。阳处父宣告说：“楚军败逃了。”于是班师回国。楚军也回国去了。太子商臣诬告子上说：“子上接受了晋国的贿赂而退兵，这是楚国的耻辱。没有比这更大的罪过了。”楚成王就杀了子上。

33.11　葬僖公，缓作主①，非礼也。凡君薨，卒哭而祔②，祔而作主③，特祀于主④，烝、尝、禘于庙⑤。

【注释】

①缓：迟了，不及时。主：也称神主，即灵牌，用木制成，上写死者名字，作为祭祀的对象。

②卒哭：死者灵柩在家，孝子早晚要哭，安葬之后就不再哭。孝子送葬归来举行祭祀，名叫虞祭，虞祭之后就要罢哭，叫卒哭。祔：即附，将死者神位附置于祖庙，附庙时有祭祀，叫祔祭。

③祔而作主：作神主是为了祔祭用，所以说“祔而作主”。

④特祀于主：单独向新死者的神主祭祀。

⑤烝：冬祭。尝：秋祭。禘(dì)：五年一次的大祭。

【译文】

安葬鲁僖公，没有及时做僖公的神主，这不合于礼。凡国君死去，安葬之后罢哭，然后举行祔祭，祔祭时就要制作神主，这时单独祭祀新死的死者神主，还在冬祭、秋祭和五年一次的大祭时在祖庙里和其他祖先一同祭祀。

文公

【题解】

文公，鲁国第十九任国君。名兴，僖公之子，声姜所生，前 626 年即位，在位十八年，前 609 年死，庶子倭立，是为宣公。

文公三年，秦穆公称霸西戎。文公六年，晋国罢新军，恢复三军之制，赵盾将中军，执政；秦穆公死，用 177 人殉葬，子车氏三子在内。文公十六年，楚与秦、巴一起灭庸，平定了西南蛮夷。文公十八年，鲁襄仲杀嫡立庶，此后鲁国公族衰微，三桓（仲孙、叔孙、季孙，均桓公之族）逐渐强大。综观鲁文公在位十八年期间，晋国的霸业仍在继续，但诸侯间没有太大的争斗，而在各诸侯国内，如鲁国、宋国，已经发生了一些势力的变化。

元年

【经】

1.1　元年春王正月①，公即位。

1.2　二月癸亥②，日有食之。

1.3　天王使叔服来会葬③。

1.4　夏四月丁巳④，葬我君僖公。

1.5　天王使毛伯来锡公命[⑤]。

1.6　晋侯伐卫。

1.7　叔孙得臣如京师[⑥]。

1.8　卫人伐晋。

1.9　秋，公孙敖会晋侯于戚[⑦]。

1.10　冬十月丁未[⑧]，楚世子商臣弑其君頵[⑨]。

1.11　公孙敖如齐[⑩]。

【注释】

①元年：鲁文公元年当周襄王二十七年，前626。

②癸亥：此日实为三月初一。

③叔服：周内史。

④丁巳：二十六日。

⑤毛伯：周大夫，据《传》文，名卫。锡公命：天子赐予诸侯爵服等赏命，是赏赐诸侯的一种荣宠。锡，通“赐”。

⑥叔孙得臣：鲁桓公子僖叔牙之孙。

⑦公孙敖：鲁国庆父之子。戚：卫地，在今河南濮阳北。

⑧丁未：十八日。

⑨商臣：楚穆王。頵(yūn)：熊頵，楚成王。

⑩如齐：鲁文公新即位，派公孙敖到齐国聘问。

【译文】

鲁文公元年春周历正月，文公即位。

二月癸亥日，有日食。

周天子派叔服来参加鲁僖公的葬礼。

夏四月二十六日，葬我国君僖公。

周天子派毛伯来鲁国赐予文公策命荣宠。

晋襄公攻打卫国。

叔孙得臣到京师。

卫国人攻打晋国。

秋，公孙敖在戚地会见晋襄公。

冬十月十八日，楚国太子商臣杀了楚成王熊頵。

公孙敖到齐国去。

【传】

1.1　元年春，王使内史叔服来会葬①。公孙敖闻其能相人也②，见其二子焉③。叔服曰："穀也食子④，难也收子⑤。穀也丰下⑥，必有后于鲁国⑦。"

【注释】

①内史：官名，掌管著作简册等事宜。

②相人：给人相面。

③见(xiàn)其二子：让二子与叔服相见。

④穀也食子：穀，公孙敖之子名。即文伯。食子，使子食，指能祭祀供养你。

⑤难也收子：难，公孙敖之子名。即惠叔。收子，安葬你。

⑥丰下：下颌丰满。

⑦有后于鲁国：指后嗣将在鲁国昌盛。

【译文】

鲁文公元年春，周王派内史叔服来鲁国参加葬礼。公孙敖听说他能相面，就让他的两个儿子与叔服相见。叔服说："穀啊，可以供养祭祀你；难呢，可以安葬你。穀下颌丰满，其后代在鲁国必定昌盛。"

1.2　于是闰三月，非礼也[①]。先王之正时也[②]，履端于始[③]，举正于中[④]，归余于终[⑤]。履端于始，序则不愆[⑥]。举正于中，民则不惑[⑦]。归余于终，事则不悖[⑧]。

【注释】

①闰三月，非礼：《左传》作者认为置闰应在年终，此年在三月置闰，不合礼制。

②正时：安排时令。

③履端于始：年历的推算以冬至作为开始。始，冬至。

④举正于中：以春分、秋分、夏至、冬至的月份作为四时的中月。

⑤归余于终：把剩余的日子归总在年终，即年终置闰月。

⑥序则不愆（qiān）：四时的次序就不会错乱。愆，错乱。

⑦不惑：不会迷惑。

⑧不悖：没有谬误。

【译文】

在这时闰三月，不符合礼制。先王安排时令时，年历以冬至作为开始，把春分、秋分、夏至、冬至的月份作为四时的中月，剩余的日子归到年终。以冬至作为开始，四时的次序就不会错乱，以分、至作为四时的中月，百姓就不会糊涂。把剩余的日子归到年终，做事情就不会有误差。

1.3　夏四月丁巳，葬僖公。

【译文】

夏四月二十六日，安葬鲁僖公。

1.4　王使毛伯卫来锡公命。叔孙得臣如周拜。

【译文】

周王派毛伯卫来赐予周王的策命。叔孙得臣到周拜谢赐命。

1.5　晋文公之季年①，诸侯朝晋。卫成公不朝，使孔达侵郑②，伐绵、訾及匡③。晋襄公既祥④，使告于诸侯而伐卫，及南阳⑤。先且居曰："效尤⑥，祸也。请君朝王，臣从师⑦。"晋侯朝王于温，先且居、胥臣伐卫。五月辛酉朔⑧，晋师围戚。六月戊戌⑨，取之，获孙昭子⑩。

【注释】

①季年：晚年。

②孔达：卫大夫。

③绵、訾、匡：三地本卫地，后属郑，此时卫又夺回了它。绵，今地不详。当与匡邑相近。訾，疑即訾娄。匡，在今河南长垣西南。

④既祥：古代丧礼，合葬之后十三个月举行的祭礼叫小祥，二十五个月之祭叫大祥。既祥，举行小祥祭祀之后。

⑤南阳：在今河南新乡。

⑥效尤：效法错误。尤，错误。指像卫成公那样不朝。

⑦从师：率师伐卫。

⑧辛酉朔：初一。

⑨戊戌：初八。

⑩孙昭子：卫大夫。

【译文】

晋文公的晚年，诸侯朝见晋国。独卫成公不去朝见，反而派了孔达入侵郑国，攻打绵、訾和匡三地。晋襄公在结束小祥祭礼之后，派使者昭告诸侯然后攻打卫国，到达南阳。先且居说："效法错误，这是取祸之道。请国君去朝见周王，由下臣率师伐卫。"晋襄公就到温地去朝见周王。先且居、胥臣攻打卫国。五月初一，晋军包围戚地。六月初八，打下戚地，俘获卫大夫孙昭子。

卫人使告于陈。陈共公曰："更伐之，我辞之①。"卫孔达帅师伐晋。君子以为古②。古者，越国而谋③。

【注释】

①更伐之，我辞之：陈共公劝卫国转过去攻晋，然后由他向晋请和。

②古：通"沽"，简略，此指粗心忽略。

③越国而谋：让别国给自己出主意。

【译文】

卫国派人向陈国报告。陈共公说："你转过去进攻晋国，然后我向晋国请和。"卫孔达于是率军攻打晋国。君子认为这是"古"。"古"的意思，指的是粗心忽略，让别国给自己出主意。

1.6　秋，晋侯疆戚田①，故公孙敖会之②。

【注释】

①疆戚田：划定戚地田地的疆界。

②公孙敖会之：戚地接近鲁国，所以公孙敖去会见晋襄公，为鲁文公表示敬意。

【译文】

秋，晋襄公划定戚地田地的疆界，所以公孙敖去会见他。

1.7 初，楚子将以商臣为大子[①]，访诸令尹子上。子上曰："君之齿未也[②]，而又多爱[③]，黜乃乱也[④]。楚国之举[⑤]，恒在少者[⑥]。且是人也[⑦]，蜂目而豺声，忍人也[⑧]，不可立也。"弗听。既[⑨]，又欲立王子职而黜大子商臣[⑩]。商臣闻之而未察[⑪]，告其师潘崇曰："若之何而察之？"潘崇曰："享江芈而勿敬也[⑫]。"从之。江芈怒曰："呼，役夫[⑬]！宜君王之欲杀女而立职也[⑭]。"告潘崇曰："信矣。"潘崇曰："能事诸乎[⑮]？"曰："不能。""能行乎[⑯]？"曰："不能。""能行大事乎[⑰]？"曰："能。"

【注释】

①楚子：楚成王。

②齿未：还年轻。

③多爱：多内宠。

④黜：指立了商臣又废黜他。

⑤举：立国君。

⑥恒在少者：指以立少子为常。

⑦是人：此人，指商臣。

⑧忍人：残忍之人。

⑨既：立商臣为太子之后。

⑩王子职：楚成王的庶子，商君的异母弟。

⑪闻之未察：只听说但未核实。

⑫江芈(mǐ)：楚成王之妹。芈为姓，因其嫁与江国，故称"江芈"。

⑬役夫：贱骨头。骂人的俗语。

⑭杀女：废汝。

⑮事诸：侍奉王子职。

⑯行：逃亡。

⑰大事：此指弑君夺位。

【译文】

起初，楚成王准备立商臣为太子，他去咨询令尹子上。子上说："君王的年纪还不大，又有众多的爱妃，要是立了之后又废黜太子，就会招致内乱。楚国立太子，常立年少的。况且商臣这个人，眼睛像胡蜂，声音如豺狼，是残忍之人，不能立他为太子。"成王不听。不久，成王又想立王子职而废黜太子商臣。商臣听到了这一消息，但尚未核实清楚，他告诉老师潘崇，并问道："用什么办法加以核实？"潘崇说："宴请江芈却对她无礼。"商臣按他的话去做。江芈愤怒地骂道："呸，贱骨头！难怪君王要杀你立王子职。"商臣把这话告诉潘崇，说："果有此事。"潘崇问："你能事奉王子职吗？"商臣答道："不能。""你能逃亡出国吗？"答道："不能。""能干大事吗？"答道："能。"

冬十月，以宫甲围成王[①]。王请食熊蹯而死[②]，弗听。丁未[③]，王缢。谥之曰"灵"，不瞑；曰"成"，乃瞑[④]。

【注释】

①宫甲：太子宫中的卫队。

②王请食熊蹯而死：熊掌难熟，成王想借此拖延时间，等待外援。熊蹯，熊掌。

③丁未：十八日。

④谥之曰"灵"，不瞑："灵"为恶谥，意为"乱而不损"，故"不瞑"，即不闭眼。

⑤曰"成"，乃瞑："成"为美谥，意为"安民立政"，故"乃瞑"，即闭上眼。

【译文】

冬十月，商臣带领着宫中甲士包围了成王。成王请求吃了熊掌再死,商臣不答应。十八日,成王自缢而死。给他的谥号为“灵”,尸体的眼睛不闭上;换成谥号“成”,才闭上眼睛。

穆王立[1],以其为大子之室与潘崇[2],使为大师,且掌环列之尹[3]。

【注释】

①穆王立:商臣即位在明年,此提前叙述。

②大子之室:做太子时的宫室及宫室内的财物、男女奴仆。

③环列之尹:掌管宫中警卫军的长官。环列,指环列于王宫的兵卒。

【译文】

商臣即位,是为穆王,他将做太子时的宫室、财物、奴仆赠予潘崇,任命他为太师,并担任王宫禁卫军的长官。

1.8　穆伯如齐[1],始聘焉,礼也。凡君即位,卿出并聘[2],践修旧好[3],要结外援,好事邻国[4],以卫社稷,忠、信、卑让之道也[5]。忠,德之正也;信,德之固也;卑让,德之基也。

【注释】

①穆伯:公孙敖。

②并聘:遍聘诸侯。古代礼节,新君即位,应与各国聘问通好。

③践(zuǎn):通“缵”,继续。

④好事邻国:善待邻国。

⑤卑让:谦让。

【译文】

穆伯到齐国去，开始聘问诸侯，这是合乎礼制的。凡是新君即位，派卿出去聘问各国诸侯，继续巩固过去的友好关系，团结外援，善待邻国，以保卫国家，这是忠、信、谦让之道。忠，显示德行的纯正；信，表示德行的巩固；谦让，更是德行的基础。

1.9　崤之役，晋人既归秦帅①，秦大夫及左右皆言于秦伯曰②："是败也，孟明之罪也，必杀之。"秦伯曰："是孤之罪也。周芮良夫之诗曰③：'大风有隧，贪人败类。听言则对，诵言如醉。匪用其良，覆俾我悖④。'是贪故也，孤之谓矣。孤实贪以祸夫子⑤，夫子何罪？"复使为政⑥。

【注释】

①秦帅：指孟明、西乞、白乙三帅。

②秦伯：秦穆公。

③芮良夫：周厉王时卿士。

④"大风有隧"六句：引诗见于《诗经·大雅·桑柔》，是芮良夫为讽刺周厉王而作。有隧，形容风之迅疾。贪人，贪婪之人。类，善。诵言，劝谏之言。覆，反而。俾，使。悖，违背道义。

⑤夫子：指孟明。

⑥复使为政：此段当与明年《传》"二年春，秦孟明视帅师伐晋以报崤之役"连读。其实僖公三十三年秦伯已复孟明之位，非此年事。

【译文】

崤之战，晋国人放回了秦国主帅，秦大夫以及秦穆公左右的人都对秦穆公说："这次战役的失败，是孟明的罪过，一定要杀了他。"秦穆公说："这是我的罪过。周朝的芮良夫的诗说：'大风迅猛把一切摧毁，贪婪的人把善良屏退。听到不相干的话就答对，听到劝阻之言就昏昏如醉。不能任用有才能的人，反而使我违背了道义。'这是由于我的贪婪，说的就是我。实因为我的贪婪害了孟明，孟明有何罪过？"重新任用孟明执政。

二年

【经】

2.1 二年春王二月甲子①，晋侯及秦师战于彭衙②，秦师败绩。

2.2 丁丑，作僖公主③。

2.3 三月乙巳④，及晋处父盟⑤。

2.4 夏六月，公孙敖会宋公、陈侯、郑伯、晋士縠盟于垂陇⑥。

2.5 自十有二月不雨，至于秋七月。

2.6 八月丁卯⑦，大事于大庙⑧，跻僖公⑨。

2.7 冬，晋人、宋人、陈人、郑人伐秦。

2.8 公子遂如齐纳币⑩。

【注释】

①二年：鲁文公二年当周襄王二十八年，前625。甲子：初七。

②彭衙：秦地，在今陕西白水东北。

③丁丑：二十日。主：死者牌位。

④乙巳：十九日。

⑤及晋处父盟：晋人派阳处父与鲁文公结盟。处父，阳处父。

⑥垂陇：郑地，在今河南荥阳东北。

⑦丁卯：十三日。

⑧大事：在太庙举行吉禘。即将其神主送入太庙，合诸祖的神主举行的大祭。大庙：周公之庙。

⑨跻僖公：把僖公的神主升到闵公之上。跻，升。

⑩如齐纳币：鲁文公准备娶齐女，公子遂为之送聘礼。

【译文】

鲁文公二年春周历二月初七，晋襄公和秦军在彭衙交战，秦军被打败。

二十日，制作僖公的神主。

三月十九日，和晋国的阳处父结盟。

夏六月，公孙敖在垂陇和宋成公、陈共公、郑穆公、晋国的士縠盟会。

自从十二月不下雨，一直到秋七月。

八月十三日，在太庙举行吉禘祭祀，把僖公的神主升到闵公之上。

冬，晋人、宋人、陈人、郑人攻打秦国。

公子遂到齐国送聘礼。

【传】

2.1　二年春，秦孟明视帅师伐晋，以报崤之役[①]。二月，晋侯御之。先且居将中军，赵衰佐之。王官无地御戎[②]，狐鞫居为右[③]。甲子[④]，及秦师战于彭衙，秦师败绩。晋人谓秦"拜赐之师"[⑤]。

【注释】

①以报崤之役：僖公三十三年，孟明视曾说"三年将拜君赐"。

②王官无地：晋大夫。王官为地名，可能此人以采邑为氏。

③狐鞫(jú)居：晋大夫，即下文的续简伯。

④甲子：初七。

⑤晋人谓秦"拜赐之师"：此句是晋人讥笑孟明"三年将拜君赐"的话。

【译文】

鲁文公二年春，秦孟明视率军攻打晋国，以报复崤之战。二月，晋襄公亲率军抵抗秦军。先且居率中军，赵衰辅佐他。王官无地为他驾驭战车，狐鞫居为车右。初七，和秦军在彭衙交战，秦军大败。晋人讥笑说秦人是"来拜谢恩赐的军队"。

战于崤也[①]，晋梁弘御戎，莱驹为右。战之明日，晋襄公缚秦囚，使莱驹以戈斩之。囚呼，莱驹失戈[②]，狼瞫取戈以斩囚[③]，禽之以从公乘[④]，遂以为右。箕之役[⑤]，先轸黜之，而立续简伯。狼瞫怒。其友曰："盍死之[⑥]？"瞫曰："吾未获死所[⑦]。"其友曰："吾与女为难[⑧]。"瞫曰："《周志》有之[⑨]：'勇则害上，不登于明堂[⑩]。'死而不义[⑪]，非勇也。共用之谓勇[⑫]。吾以勇求右，无勇而黜，亦其所也[⑬]。谓上不我知[⑭]，黜而宜，乃知我矣。子姑待之。"及彭衙，既陈，以其属驰秦师[⑮]，死焉。晋师从之，大败秦师[⑯]。君子谓："狼瞫于是乎君子。《诗》曰：'君子如怒，乱庶遄沮[⑰]。'又曰：'王赫斯怒，爰整其旅[⑱]。'怒不作乱，而以从师，可谓君子矣。"

【注释】

①战于崤也：此处追述崤之战时的事情。

②失戈：因俘虏大叫，莱驹受惊，戈掉地上。

③狼瞫(shěn)：晋大夫。

④禽：同“擒”。之：指莱驹。

⑤箕之役：在僖公三十三年。

⑥盍：何不。

⑦死所：死的地方。意为还没有死的机会。

⑧与：为。为难(nàn)：发难。指先杀掉先轸。

⑨《周志》：即《周书》。

⑩勇则害上，不登于明堂：引言今见《逸周书·大匡篇》，作“勇如害上，则不登于明堂”。登明堂，国君享祀先祖，以功臣配食。

⑪死而不义：杀先轸，自己也必死，这是不义之死。

⑫共用：为国家所用。

⑬亦其所：也是恰当的。

⑭上不我知：即“上不知我”。上，指先轸。

⑮属：部下。

⑯大败秦师：以上补叙彭衙之役晋国取胜的原因。

⑰君子如怒，乱庶遄(chuán)沮：引《诗》见《诗经·小雅·巧言》。遄，迅疾。沮，阻止。

⑱王赫斯怒，爰整其旅：引《诗》见《诗经·大雅·皇矣》。赫斯，赫然，发怒的样子。爰，于是。

【译文】

崤之战的时候，晋国梁弘为晋襄公驾驭战车，莱驹为车右。交战的第二天，晋襄公捆绑了秦国的俘虏，让莱驹用戈杀掉俘虏。俘虏突然大声喊叫，莱驹受惊，戈掉在地上。狼瞫拾起戈，斩了俘虏，并抓起莱驹追上晋襄公的战车，晋襄公于是任命他为车右。箕之役的时候，先轸罢黜了狼瞫，让续简伯代为车右。狼瞫发怒了。他的朋友对他说：“何不去死呢？”狼瞫说：“我还没有找到死的地方。”他的朋友说：“我为你发难吧。”狼瞫说：“《周志》里说：‘因勇敢而杀害上面的长官，死后不能进入明堂。’不义而死，不是真勇敢。为国家所用而死，才叫勇敢。我因为勇敢担任车右，没有勇敢而被废黜，也是理所当然的。说上面的人不了解我，如果废黜恰当，那也就是了解我了。你且等着吧。”到了彭衙之战，布好战阵之后，狼瞫率领他的部下冲入秦军，战死在那里。晋军紧跟着冲上去，把秦军打得大败。君子认为：“狼瞫这算得上是君子。《诗》里说：‘君子如果发怒，战乱差不多很快就可以阻止。’又说：‘文王勃然发怒，于是就整顿军队。’狼瞫发怒不作乱，而冲进秦军战死，可算得上是君子了。”

秦伯犹用孟明。孟明增修国政，重施于民①。赵成子言于诸大夫曰②：“秦师又至，将必辟之。惧而增德③，不可当也。《诗》曰：‘毋念尔祖，聿修厥德④。’孟明念之矣⑤，念德不怠⑥，其可敌乎⑦？”

【注释】

①重施：给予优厚的好处。

②赵成子：赵衰。

③惧而增德：孟明因失败而畏惧，进一步修明德行。

④毋念尔祖，聿修厥德：引《诗》见《诗经·大雅·文王》。毋念，念。毋、聿，都是语助词。

⑤念之：知道这个道理。

⑥不怠：不松懈。

⑦其：难道。

【译文】

秦穆公仍然重用孟明。孟明进一步修明政事，对百姓给予优厚的恩惠。赵衰对晋国的大夫们说：“秦军如果再来，一定要避开它。孟明因失败而警惧，因而增进了德行，不可抵抗了。《诗》里说：‘怀念你的祖先,修明你的德行。'孟明知道这个道理啊。记住这个道理而努力不懈,难道是可以抵御的吗?"

2.2　丁丑,作僖公主,书,不时也①。

【注释】

①书,不时也:古礼"卒哭而祔,祔而作主",则僖公葬后之第十四日当作主。今过葬十月始作主,故僖公三十三年《传》云"缓作主",此《传》又云"书,不时也"。

【译文】

二十日,制作僖公神主。《春秋》记载此事,是因为其不及时。

2.3　晋人以公不朝来讨,公如晋。夏四月己巳①,晋人使阳处父盟公以耻之②。书曰:"及晋处父盟。"以厌之也③。适晋不书,讳之也④。

【注释】

①己巳:十三日。

②晋人使阳处父盟公以耻之:阳处父是大夫,晋国有意降低使者级别来羞辱鲁文公。

③厌:憎恶。

④讳之:隐讳。

【译文】

晋人因为鲁文公不来朝见而来讨伐,鲁文公于是去了晋国。夏四月十三日,晋国派大夫阳处父与文公结盟以此羞辱他。《春秋》记载说:"和晋处父结盟。"是表示憎恶。文公到晋国去,《春秋》不加以记载,是出于隐讳。

2.4 公未至,六月,穆伯会诸侯及晋司空士縠盟于垂陇[①],晋讨卫故也[②]。书士縠,堪其事也[③]。

【注释】

①士縠:士蒍之子。士蒍原为晋国大司空,士縠承袭父职。

②讨卫故:上年卫派孔达伐晋,因此晋准备报复。

③堪其事:能胜任其事。

【译文】

文公还未回到鲁国,六月,穆伯和诸侯以及晋国的司空士縠等在垂陇结盟,这是因为晋国要攻打卫国的缘故。《春秋》记载直称"士縠",是认为他能胜任此事。

陈侯为卫请成于晋,执孔达以说[①]。

【注释】

①说:解说,解释。

【译文】

陈共公为了替卫国向晋国求情讲和,抓住孔达以向晋国解释。

2.5 秋八月丁卯,大事于大庙,跻僖公,逆祀也[①]。于是夏父弗忌为宗伯[②],尊僖公,且明见曰[③]:"吾见新鬼大[④],故鬼小[⑤]。先大后小,顺也。跻圣贤[⑥],明也。明、顺,礼也。"

【注释】

①逆祀：不按顺序的祭祀。

②夏父弗忌：鲁大夫。宗伯：古代掌礼之官。

③明见：宣布他所见到的。

④新鬼：新死之鬼，指僖公。

⑤故鬼：死去已久的鬼，指闵公。

⑥圣贤：指僖公。齐召南《考证》云："鲁人甚重僖公，《鲁颂》之文铺张扬厉，赞不容口，宜乎夏父弗忌之以为圣贤也。"

【译文】

秋八月十三日，在太庙举行吉禘的祭祀，把僖公的神主升到闵公之上，这是不按顺序的祭祀。此时夏父弗忌担任宗伯，他尊崇僖公，而且宣布说："我看到新鬼大，旧鬼小。先大后小，这是顺序。让圣贤升到前面，这是明智。明智、和顺，合乎礼制。"

君子以为失礼："礼无不顺①。祀，国之大事也，而逆之，可谓礼乎？子虽齐圣②，不先父食久矣③。故禹不先鲧④，汤不先契⑤，文、武不先不窋⑥。宋祖帝乙⑦，郑祖厉王⑧，犹上祖也⑨。是以《鲁颂》曰：'春秋匪解，享祀不忒。皇皇后帝，皇祖后稷⑩。'君子曰'礼'，谓其后稷亲而先帝也⑪。《诗》曰：'问我诸姑，遂及伯姊⑫。'君子曰'礼'，谓其姊亲而先姑也⑬。"

【注释】

①不顺：不合顺序。

②齐（jì）圣：当时习语，聪明圣哲。齐，通"斋"，明智。

③不先父食：不能在父亲之前享受祭品。意即后立之君不能在先

立之君前享受祭祀。

④鲧:禹的父亲。

⑤契(xiè):商汤的先祖。

⑥不窋(zhú):周始祖后稷的儿子。

⑦帝乙:宋始祖微子的父亲。

⑧厉王:周厉王,郑国始封君桓公的父亲。

⑨上:同“尚”,崇尚。

⑩春秋匪解,享祀不忒。皇皇后帝,皇祖后稷:引诗见《诗经·鲁颂·閟宫》。春秋,四时。解,同“懈”。忒(tè),差错。皇皇后帝,指天。皇皇,称美的形容词。

⑪后稷亲而先帝:后稷虽然亲近,然而仍先称天帝。

⑫问我诸姑,遂及伯姊:引《诗》见《诗经·国风·邶风·泉水》。姑,父亲的姊妹叫姑。

⑬姊亲而先姑:姊妹虽更亲,但仍先问候我的姑母。

【译文】

君子认为这是失礼:“礼是没有不符合顺序的。祭祀,是国家的大事,而不按照顺序,这是合于礼吗?儿子即使聪明圣哲,也不能在父亲之前享受祭品,历来如此。所以禹不能先于鲧,汤不能先于契,文王、武王不能先于不窋。宋以帝乙为祖宗,郑以厉王为祖宗,这是尊崇祖先。所以《鲁颂》说:‘四时祭祀不懈怠,享礼不变没差错。伟大的天啊,伟大的先祖后稷。’君子说这是合于礼,因为后稷虽是亲近而仍然先称天帝。《诗》里说:‘先问候我的姑母,再问及各位姐姐。’君子说这合于礼,因为其姐虽亲然而仍先称姑母。”

仲尼曰:“臧文仲①,其不仁者三,不知者三。下展禽②,废六关③,妾织蒲④,三不仁也。作虚器⑤,纵逆祀⑥,祀爰居⑦,三不知也。”

【注释】

①臧文仲：鲁大夫臧孙辰。臧文仲自庄公立于鲁之朝廷，历闵公、僖公以至文公，已为四朝老臣，其言行足以左右当时。

②下展禽：使展禽居下位。展禽，柳下惠。《论语·卫灵公》云："臧文仲其窃位者与，知柳下惠之贤而不与立也。"

③废：设立。六关：关卡名，用以收税。

④妾织蒲：让妾织蒲席贩卖，这是与民争利。

⑤作虚器：臧文仲曾私藏大蔡之龟（古人把大乌龟叫蔡），并为它盖了一间非常漂亮的屋子，让它住在里面。

⑥纵逆祀：上面夏父弗忌的主张，大概得到臧文仲的允许和纵容。

⑦祀爰居：据传，有一只名叫爰居的海鸟，歇于鲁东门外三日，臧文仲让人祭祀它。《国语·鲁语上》："海鸟曰爰居，止于鲁东门之外三日，臧文仲使国人祭之。展禽曰：'今海鸟至，己不知而祀之，以为国典，难以为仁且知矣。'"

【译文】

孔子说："臧文仲，有三件不仁的事情，有三件不明智的事情。使展禽屈居下位，设立六关，让妾织蒲席，这是三项不仁之事。做房屋以藏大龟，纵容不合顺序的祭祀，祭祀海鸟爰居，这是三项不明智的事情。"

2.6　冬，晋先且居、宋公子成、陈辕选、郑公子归生伐秦①，取汪及彭衙而还②，以报彭衙之役。卿不书③，为穆公故④，尊秦也，谓之崇德⑤。

【注释】

①公子成：宋庄公之子。辕选：陈国辕涛涂的后裔。公子归生：郑灵公之弟。

②汪：地名，接近彭衙。在今陕西境内。

③卿不书：先且居为晋中军帅，公子成等亦皆各国之卿，而《经》书“晋人、宋人、陈人、郑人”，故云“卿不书”。自践土以来，晋元帅率诸侯之卿伐国，以此役为始。而明年阳处父伐楚，《经》书其名，则此役先且居等亦宜书名。

④穆公：秦穆公。

⑤崇德：尊崇德行。作者认为秦穆公有德行。

【译文】

冬，晋先且居、宋公子成、陈辕选、郑公子归生攻打秦国，夺取汪地和彭衙后回国，这是报复彭衙之战。《春秋》不记载卿的名字，是因为秦穆公的缘故，尊重秦国，叫作尊崇德行。

2.7 襄仲如齐纳币，礼也。凡君即位，好舅甥[①]，修昏姻[②]，娶元妃以奉粢盛[③]，孝也。孝，礼之始也。

【注释】

①好舅甥：齐、鲁世为婚姻之国，是舅甥关系，襄仲如齐，是巩固舅甥国家的友好关系。

②昏姻：即婚姻。

③元妃：文公是初娶，所以说元妃。奉粢盛：粢，祭祀所用的黍稷等。盛，把粢盛于器皿中，此指祭祀。古人认为娶妻以助祭祀，因此说奉粢盛。

【译文】

襄仲到齐国去送聘礼，合乎礼仪。凡国君即位，巩固舅甥国之间的友好关系，商量婚姻之事，娶原配夫人一起主持祭祀，这是孝道。孝道，这是礼的开始。

三年

【经】

3.1　三年春王正月[①]，叔孙得臣会晋人、宋人、陈人、卫人、郑人伐沈[②]。沈溃。

3.2　夏五月[③]，王子虎卒[④]。

3.3　秦人伐晋。

3.4　秋，楚人围江[⑤]。

3.5　雨螽于宋[⑥]。

3.6　冬，公如晋。十有二月己巳[⑦]，公及晋侯盟。

3.7　晋阳处父帅师伐楚以救江[⑧]。

【注释】

①三年：鲁文公三年当周襄王二十九年，前624。

②叔孙得臣：即《传》文的庄叔。沈：国名，在今安徽阜阳西北。为周公后裔的封国。

③夏五月：《传》文作夏四月，恐《经》文有误。

④王子虎：周王卿士。《传》文作王叔文公。

⑤江：嬴姓国，在今河南息县。

⑥螽(zhōng)：螽斯，像蚱蜢一样的昆虫。

⑦己巳：二十二日。

⑧晋阳处父帅师伐楚以救江：杨伯峻曰："《春秋》书帅师者百三十次，而僖公以前仅九次，且皆为内大夫。文公、宣公以后，外大夫亦多书帅师，定公、哀公之间所书尤多，可见诸侯大夫之权日益增重，而史书体例因之有变。"

【译文】

鲁文公三年春周历正月，叔孙得臣和晋人、宋人、陈人、卫人、郑人会合攻打沈国。沈国百姓溃散逃亡。

夏五月，王子虎去世。

秦人攻打晋国。

秋，楚人围攻江国。

螽斯虫像雨一样落到宋国。

冬，文公到晋国去。十二月二十二日，文公与晋襄公结盟。

晋国的阳处父率领军队攻打楚国以救援江国。

【传】

3.1　三年春，庄叔会诸侯之师伐沈，以其服于楚也[①]。沈溃。凡民逃其上曰溃[②]，在上曰逃[③]。

【注释】

①服于楚：归服楚国。

②逃其上：背叛他们的统帅。

③在上：统帅或将领。

【译文】

鲁文公三年春，庄叔会合诸侯的军队攻打沈国，因为它亲服于楚国。沈国百姓溃逃。凡是百姓背叛他们的统帅而逃散的叫溃，统帅或将领逃走叫逃。

3.2　卫侯如陈，拜晋成也。

【译文】

卫成公到陈国去，拜谢他替卫国向晋国求和。

3.3　夏四月乙亥[1]，王叔文公卒[2]，来赴，吊如同盟[3]，礼也。

【注释】

①乙亥：二十四日。

②王叔文公：王子虎。文乃其谥号。

③如同盟：如同同盟诸侯国。王子虎乃周室卿士，非诸侯，故曰“如”。

【译文】

夏四月二十四日，王子虎去世，发来讣告，鲁国以同盟国诸侯之礼加以吊唁，这合乎礼制。

3.4　秦伯伐晋，济河焚舟[1]，取王官及郊[2]。晋人不出。遂自茅津济[3]，封崤尸而还[4]。遂霸西戎[5]，用孟明也。

【注释】

①济河焚舟：示必死之决心。后项羽巨鹿之战破釜沉舟亦如此。

②王官：在今山西闻喜西。郊：在王官附近。

③茅津：今山西平陆的茅津渡。对岸不远就是崤山。

④封崤尸：为在崤山战死的将士遗骨埋葬堆土树立标记。《史记·秦本纪》：“（秦穆公）三十六年，……于是缪公乃自茅津渡河，封崤中尸，为发丧，哭之三日。”

⑤遂霸西戎：《史记·秦本纪》：“（秦穆公）三十七年，秦用由余谋，伐戎王，益国十二，开地千里，遂霸西戎。”西戎，对当时活动在今

陕、甘一带的各兄弟民族的通称。

【译文】

秦穆公攻打晋国，渡过黄河后就把船烧了，攻取了王官和郊地。晋国人不出战。秦军于是从茅津渡河，到崤山把战死的将士遗骨埋葬并堆土树立了标志，然后回国。秦穆公于是称霸了西戎，这都是任用了孟明的缘故。

君子是以知"秦穆公之为君也，举人之周也①，与人之壹也②；孟明之臣也③，其不解也④，能惧思也⑤；子桑之忠也⑥，其知人也，能举善也⑦。《诗》曰：'于以采蘩？于沼于沚，于以用之？公侯之事⑧。'秦穆有焉。'夙夜匪解，以事一人'⑨，孟明有焉。'诒阙孙谋，以燕翼子'⑩，子桑有焉"。

【注释】

①举人：选拔人才。周：备，全面衡量。

②与人：任用人才。壹：专一，用人不疑。指孟明数败仍用之。

③臣：作动词，为臣尽心。

④解：通"懈"，懈怠。

⑤惧思：因败而惧，因惧而思修德，指从失败中汲取教训。

⑥子桑：公孙枝。

⑦举善：子桑举荐孟明，所以说能举善。

⑧"于以采蘩"四句：引《诗》见《诗经·国风·召南·采蘩》。隐公三年《传》云："《风》有《采蘩》、《采蘋》，《雅》有《行苇》、《泂酌》，昭忠信也。"此处引诗谓秦穆公能以忠信待人，故人能为其所用。于以，于何，在何处。蘩，一种野菜。沼，沼泽。沚，小洲。事，祭祀。

⑨夙夜匪解，以事一人：引诗见《诗经·大雅·烝民》。一人，指秦穆公。

⑩诒厥孙谋，以燕翼子：引《诗》见《诗经·大雅·文王有声》。诒，给予，赠送。燕，安。翼，辅佐。

【译文】

君子因此知道"秦穆公作为一个国君，选拔人才能全面考量，任用人才能深信不疑；孟明作为一个臣子，能努力不懈怠，能因畏惧而深思；子桑的忠诚，能了解别人，举荐善人。《诗》里说：'哪里采野菜？在沼泽在沙洲。用它做什么？用在公侯的祭祀上。'秦穆公就是这样的。'早晚努力不懈，忠心事奉一人。'孟明就是这样啊。'把他的谋略留给子孙，辅佐并使他们安定。'子桑就是这样"。

3.5　秋，雨螽于宋，队而死也[①]。

【注释】

①队而死：指大批螽斯虫如雨般落下，落地而死。这是怪异现象，《春秋》特加以记载。队，同"坠"。

【译文】

秋，螽斯虫如雨般落下，落下地就死了。

3.6　楚师围江，晋先仆伐楚以救江[①]。冬，晋以江故告于周。王叔桓公、晋阳处父伐楚以救江[②]。门于方城[③]，遇息公子朱而还[④]。

【注释】

①先仆：晋大夫。

②王叔桓公：周王卿士，王叔文公之子。

③方城：山名，今河南叶县南有方城山。

④息公：息县尹，名子朱。杜预《注》以为即楚伐江主帅。

【译文】

楚国军队围攻江国，晋大夫先仆攻打楚国以救江。冬，晋国把江国的战事报告周王。王叔桓公和晋阳处父攻打楚国以救援江国。攻打方城城门，碰到楚国的息公子朱，于是回师。

3.7 晋人惧其无礼于公也，请改盟[①]。公如晋，及晋侯盟。晋侯飨公，赋《菁菁者莪》[②]。庄叔以公降、拜[③]，曰："小国受命于大国，敢不慎仪[④]？君贶之以大礼[⑤]，何乐如之？抑小国之乐[⑥]，大国之惠也。"晋侯降、辞[⑦]。登，成拜[⑧]。公赋《嘉乐》[⑨]。

【注释】

①晋人惧其无礼于公也，请改盟：去年阳处父与鲁文公结盟，有意羞辱文公，是无礼，因此晋国请求改订盟约。

②《菁菁者莪》：《诗经·小雅》中的一篇。诗中有"既见君子，乐且有仪"之句，晋侯以此诗称赞文公是君子。

③降、拜：降阶下拜。

④慎仪：对礼仪谨慎。

⑤贶（kuàng）：赐予。大礼：享礼。

⑥抑：发语词，无义。

⑦降、辞：降阶辞让。

⑧登，成拜：两人皆升阶至堂上，然后完成拜礼。

⑨《嘉乐》：《诗经·大雅》中的一篇。诗中有"显显令德，宜民宜人，

受禄于天”之句，文公以此回敬晋侯，称颂晋侯美德。

【译文】

晋人担心当初对文公无礼，请求改订盟约。文公就到晋国去，和晋襄公结盟。晋襄公宴请文公，赋《菁菁者莪》这首诗。庄叔让文公降阶下拜，说：“小国在大国接受命令，哪敢对礼仪不谨慎？晋君把这样重大的享礼赐予我们，还有比这更快乐的吗？小国的快乐，是大国的恩赐啊。”晋襄公降阶辞让。两人一起登上台阶，到堂上，完成拜礼。文公赋《嘉乐》这首诗。

四年

【经】

4.1　四年春①，公至自晋。

4.2　夏，逆妇姜于齐②。

4.3　狄侵齐。

4.4　秋，楚人灭江。

4.5　晋侯伐秦③。

4.6　卫侯使甯俞来聘④。

4.7　冬十有一月壬寅⑤，夫人风氏薨⑥。

【注释】

①四年：鲁文公四年当周襄王三十年，前623。

②逆妇姜于齐：鲁国为文公到齐国迎娶姜氏。

③伐秦：为报复王官之役。

④甯俞：甯武子。

⑤壬寅：初一。

⑥夫人风氏：成风，鲁庄公妾，僖公母。

【译文】

鲁文公四年春,鲁文公从晋国回鲁国。

夏,鲁国为文公到齐国迎娶姜氏。

狄人入侵齐国。

秋,楚国灭了江国。

晋襄公攻打秦国。

卫成公派甯俞来聘问。

冬十一月初一,夫人成风去世。

【传】

4.1 四年春,晋人归孔达于卫①,以为卫之良也②,故免之。

【注释】

①归孔达于卫:文公二年,陈侯为卫国向晋求和,抓住孔达交给晋。

②卫之良:卫国的突出人才。

【译文】

鲁文公四年春,晋国人把孔达送还给卫国,认为孔达是卫国的人才,所以赦免了他。

4.2 夏,卫侯如晋拜。

【译文】

夏,卫成公到晋国去拜谢释放孔达。

4.3 曹伯如晋会正①。

【注释】

①会正：当时小国诸侯有向霸主缴纳贡赋的义务，“会正”即商谈纳贡的事情。正，通“政”，贡赋之额。

【译文】

曹共公到晋国去商谈纳贡之事。

4.4　逆妇姜于齐，卿不行①，非礼也。君子是以知出姜之不允于鲁也②，曰：“贵聘而贱逆之③，君而卑之④，立而废之⑤，弃信而坏其主⑥，在国必乱，在家必亡⑦。不允宜哉？《诗》曰：‘畏天之威，于时保之⑧。’敬主之谓也。”

【注释】

①卿不行：指鲁国不派卿而只派地位较低的大夫去迎接。

②出姜：即姜氏。不允于鲁：不终于鲁。文公十八年出姜之子被杀，自己归于齐。允，借为“遂”，终。

③贵聘：文公二年公子遂到齐国送聘礼，是贵聘。贱逆：现在派一般的大夫去迎娶，是贱逆。

④君：指小君，国君之妻叫小君。卑之：不以国君夫人之礼迎接她，是“卑之”。

⑤立而废之：不以其礼迎接，等于是立为夫人又废弃她。

⑥弃信：指贵聘贱逆。主：内主，夫人是宫内之主，所以称内主。

⑦家：指卿大夫。古代卿大夫有采邑，称为家。

⑧畏天之威，于时保之：引诗见《诗经·周颂·我将》。于时，因此。之，内主。

【译文】

到齐国去迎接姜氏，卿大夫不去，不符合礼制。君子因此知道出姜不会终老于鲁国,说:"以尊贵的级别送聘礼而用低贱的级别去迎娶,身份是小君却又轻视她,这等于是立了她又废了她,抛弃了信用且损害了内主的身份,此事如发生在国内,必定引发动乱;在卿大夫家,必定会亡家。不终老于鲁,也是必然的了。《诗》里说:'敬畏上天的威灵,因此才能保有福禄。'说的是内主也要敬重。"

4.5 秋,晋侯伐秦,围邧、新城①,以报王官之役。

【注释】

①邧(yuán):秦地,在今陕西澄城。新城:在澄城东北。

【译文】

秋,晋襄公攻打秦国,围攻邧和新城,为报复王官之役。

4.6 楚人灭江,秦伯为之降服、出次、不举①,过数②。大夫谏,公曰:"同盟灭③,虽不能救,敢不矜乎④!吾自惧也。"君子曰:"《诗》云:'惟彼二国,其政不获。惟此四国,爰究爰度⑤。'其秦穆之谓矣。"

【注释】

①降服:穿上素服。出次:不住在正寝。不举:减膳撤乐。

②过数:哀悼他国被灭,有一定的礼数,秦穆公已超过应有的礼数。

③同盟:秦、江是同盟国。

④矜:哀怜。

⑤惟彼二国,其政不获。惟此四国,爰究爰度:引《诗》见《诗经·大雅·皇矣》。二国,指殷、夏。不获,不得人心。四国,四方之国。爰,于是。究,推寻。度,谋划。

【译文】

楚人灭了江国，秦穆公为它穿上素服，离开正寝居住，减膳撤乐，已超过了应有的礼数。秦国大夫劝阻他。秦穆公说："同盟国被灭了，即使不能救援它，哪敢不哀怜它呢？我要自己警惕啊。"君子说："《诗》里说：'想到夏政、殷政，不得人心。想到四方之国，如何谋划安身。'这说的就是秦穆公吧。"

4.7　卫甯武子来聘，公与之宴，为赋《湛露》及《彤弓》①。不辞，又不答赋②。使行人私焉③。对曰："臣以为肄业及之也④。昔诸侯朝正于王⑤，王宴乐之⑥，于是乎赋《湛露》⑦，则天子当阳⑧，诸侯用命也⑨。诸侯敌王所忾⑩，而献其功⑪，王于是乎赐之彤弓一，彤矢百，玈弓矢千，以觉报宴⑫。今陪臣来继旧好，君辱贶之⑬，其敢干大礼以自取戾⑭？"

【注释】

①赋：让乐工演奏。《湛露》、《彤弓》：《诗经·小雅》中的两篇。

②不辞，又不答赋：这是失礼行为。不辞，没有言辞表示。或曰不辞谢。不答赋，不赋诗回答。

③私焉：以私人身份探问甯武子。

④臣以为肄业及之也：此二诗是天子宴享诸侯之诗，文公赋此，不合于礼。甯武子佯为不知，说是乐工为练习而演奏，不是为我所奏。肄业，练习。

⑤朝正于王：正月时去京师向天子朝贺。

⑥王宴乐之：古时设宴必奏乐。

⑦于是乎赋《湛露》：《湛露·序》云："天子燕诸侯也。"

⑧天子当阳：《湛露》首章有云："湛湛露斯，匪阳不晞。"当阳，对着

太阳而坐，即面向南方。甯武子解此诗，又以阳喻天子，当阳谓天子向明而治。

⑨用命：效劳听命。

⑩敌王所忾：与王同仇敌忾。忾，愤恨。

⑪献其功：献四夷之功。

⑫觉报宴：指计算诸侯之功而报答以相应的宴乐。觉，借为“校”，计算。按，《彤弓·序》云：“天子赐有功诸侯也。”以上盖言赋《彤弓》之礼。

⑬辱：谦敬副词。贶(kuàng)：赐宴。

⑭干：犯。大礼：指天子飨诸侯之礼。戾：罪过。

【译文】

卫国的甯武子来聘问，文公设宴招待他，并让乐工为他演奏《湛露》与《彤弓》。甯武子不辞谢，也不赋诗回答。文公派人私下去探问原因，他回答说：“下臣以为是乐工在练习。从前诸侯在正月时去京师朝贺天子，天子设宴招待并奏乐，这时就赋《湛露》这首诗，表示天子对着太阳南面而坐，诸侯效劳听命于天子。诸侯和天子同仇敌忾，向天子献上讨伐四方夷狄的俘虏，天子因此赏赐给予红色的弓一张，红色的箭一百支，黑色的弓十张和箭一千支，以计算诸侯的功劳而报以相应的宴乐。现在下臣前来继续过去的友好，承国君赐宴，岂敢犯大礼而自取罪过呢？”

4.8　冬，成风薨。

【译文】

冬，成风去世。

五年

【经】

5.1　五年春王正月①,王使荣叔归含②,且赗③。

5.2　三月辛亥④,葬我小君成风。

5.3　王使召伯来会葬⑤。

5.4　夏,公孙敖如晋。

5.5　秦人入鄀⑥。

5.6　秋,楚人灭六⑦。

5.7　冬十月甲申⑧,许男业卒⑨。

【注释】

①五年:鲁文公五年当襄王三十一年,前622。

②归:通“馈”,馈赠。含:把珠玉等物放入死者口中。故放入的珠玉也叫“含”。致送死者的含玉,不必真置于死者口中,盖远道致送,死者入殓已久。

③赗(fèng):送给丧家的送葬之物,如助丧的车马。此作动词,赠送赗物。此为助成风之丧。

④辛亥:十二日。

⑤召(shào)伯:即《传》文的召昭公。召氏世为周王卿士。

⑥鄀(ruò):秦、楚边界上的小国,受楚国保护,都商密,在今河南淅川西南。

⑦六:国名,皋陶后代,地在今安徽六安。

⑧甲申:十八日。

⑨许男业卒:许僖公死。

【译文】

鲁文公五年春周历正月，周王派荣叔来赠送含玉，并且赠送其他陪葬物。

三月十二日，安葬小君成风。

周王派召伯来参加成风的葬礼。

夏，公孙敖到晋国去。

秦人入侵鄀国。

秋，楚人灭了六国。

冬十月十八日，许僖公业去世。

【传】

5.1 五年春，王使荣叔来含，且赗，召昭公来会葬，礼也①。

【注释】

①礼也：孔《疏》引郑玄《箴膏肓》云，天子于诸侯及夫人之丧："于诸侯，含之，赗之；小君亦如之。"使卿来会葬，亦是当时之礼，故曰"礼也"。

【译文】

鲁文公五年春，周王派荣叔来赠送含玉，还有其他丧葬品，召昭公来参加葬礼，这是合于礼的。

5.2 初，鄀叛楚即秦，又贰于楚①。夏，秦人入鄀②。

【注释】

①贰于楚：与秦有二心而亲楚。

②秦人入鄀：秦军进入鄀的国都。按，鄀未亡，迁都到今湖北宜城。

【译文】

当初，鄀国背叛楚国亲近秦国，后又亲附楚国。夏，秦人攻入鄀国。

5.3 六人叛楚即东夷[1]。秋，楚成大心、仲归帅师灭六[2]。

【注释】

①东夷：指东方郯、莒、徐夷诸国。

②成大心：楚大夫。仲归：楚大夫，字子家。

【译文】

六国人背叛楚国亲近东夷。秋，楚国成大心、仲归率军队灭了六国。

5.4 冬，楚公子燮灭蓼[1]。臧文仲闻六与蓼灭，曰："皋陶、庭坚不祀忽诸[2]。德之不建[3]，民之无援，哀哉！"

【注释】

①蓼(liǎo)：国名，相传为庭坚后裔，在今河南固始东北。

②皋陶：传说中东夷族的首领，曾被舜任为掌管刑法的官。庭坚：传说为高阳氏颛顼的后代。不祀忽诸：即"忽焉不祀"，一下子就没人祭祀了。

③德之不建：即"不建德"。

【译文】

冬，楚国公子燮灭了蓼国。臧文仲听说了六国和蓼国被灭，说："皋陶、庭坚一下子就没人祭祀了。不建立自己的德行，百姓没有救援，可悲啊。"

5.5 晋阳处父聘于卫，反过甯[①]，甯嬴从之[②]，及温而还。其妻问之，嬴曰：“以刚[③]。《商书》曰：‘沈渐刚克，高明柔克[④]。’夫子壹之[⑤]，其不没乎[⑥]！天为刚德，犹不干时[⑦]，况在人乎？且华而不实，怨之所聚也，犯而聚怨[⑧]，不可以定身[⑨]。余惧不获其利而离其难[⑩]，是以去之。”

【注释】

①反：返回。甯：晋地名，在今河南获嘉西北。

②甯嬴：人名，掌管宾馆的大夫。

③以刚：太刚强。以，甚。

④沈渐刚克，高明柔克：《商书》二句见《尚书·洪范》。沈渐，指性格迟缓软弱。高明，指性格爽朗。柔，柔弱。

⑤壹之：只有一点，指阳处父本性爽朗，又太刚。

⑥不没：不得善终。

⑦天为刚德，犹不干时：意为天乃纯阳，属于刚强之德，尚且有不违犯四时运行次序的柔德。

⑧犯：触犯别人。

⑨定身：安定自身。

⑩离其难：指同阳处父一起受难。明年，阳处父被杀。离，同“罹”，遭受。

【译文】

晋阳处父到卫国聘问，返回时经过甯邑，甯嬴跟随着他，但甯嬴到温地又回来了。他的妻子问他，甯嬴回答说：“阳处父太刚强。《商书》说：‘深沉的人用刚强来克服，爽朗的人用柔弱来克服。’阳处父只有一面的性格，恐怕不得善终！上天是刚强之德，尚且不违背时令，更何况人呢？而且阳处父华而不实，怨恨就会聚集到身上。触犯别人又聚集怨恨，不可以安身自保。我怕没有得到他的好处反而和他一起遭受祸害，所以离开了他。”

晋赵成子、栾贞子、霍伯、臼季皆卒[11]。

【注释】

①赵成子：赵衰。栾贞子：栾枝。霍伯：先且居，先轸的儿子。臼季：胥臣。此句应与下年《传》“六年春”一节连读。

【译文】

晋国的赵衰、栾枝、先且居、胥臣都去世了。

六年

【经】

6.1　六年春[1]，葬许僖公。

6.2　夏，季孙行父如陈[2]。

6.3　秋，季孙行父如晋。

6.4　八月乙亥[3]，晋侯驩卒[4]。

6.5　冬十月，公子遂如晋[5]。

6.6　葬晋襄公。

6.7　晋杀其大夫阳处父。

6.8　晋狐射姑出奔狄[6]。

6.9　闰月不告月[7]，犹朝于庙[8]。

【注释】

①六年：鲁文公六年当周襄王三十二年，前621。

②季孙行父：季文子。季友之孙。

③乙亥：十四日。

④晋侯骓：晋襄公。

⑤公子遂如晋：公子遂到晋国参加晋襄公葬礼。

⑥狐射(yè)姑：狐偃之子。食邑于贾，字季，故一曰贾季。

⑦告月：告朔，诸侯在每月初一以一只羊告祭于太庙。

⑧朝于庙：告朔之后应视朔，然后祭于诸庙，即朝于庙，朝祭宗庙。

【译文】

鲁文公六年春，安葬许僖公。

夏，季孙行父到陈国去。

秋，季孙行父到晋国去。

八月十四日，晋襄公骓去世。

冬十月，公子遂到晋国去。

安葬晋襄公。

晋国杀了他们的大夫阳处父。

晋国的狐射姑逃亡狄国。

闰月不举行告朔的祭礼，但还朝祭宗庙。

【传】

6.1　六年春，晋蒐于夷[①]，舍二军[②]。使狐射姑将中军，赵盾佐之[③]。阳处父至自温[④]，改蒐于董[⑤]，易中军。阳子，成季之属也[⑥]，故党于赵氏[⑦]，且谓赵盾能，曰："使能，国之利也。"是以上之[⑧]。宣子于是乎始为国政[⑨]。制事典[⑩]，正法罪[⑪]，辟刑狱[⑫]，董逋逃[⑬]，由质要[⑭]，治旧洿[⑮]，本秩礼[⑯]，续常职[⑰]，出滞淹[⑱]。既成，以授大傅阳子与大师贾佗[⑲]，使行诸晋国，以为常法。

【注释】

①蒐:检阅、检查。夷:采邑名,未知今地何处。

②舍二军:僖公三十一年,晋蒐于清原,作五军以御狄。今则废新上军、新下军,恢复晋文公四年三军之旧制。舍,撤销。

③赵盾:赵宣子,赵衰之子。

④至自温:温为阳处父采邑。上年阳处父聘卫,回国时在温停留。

⑤董:地名,在今山西万荣。

⑥阳子,成季之属:洪亮吉《春秋左传诂》曰:"处父盖尝为赵衰属大夫。《说苑》,师旷对晋平公曰:'阳处父欲臣文公,因咎犯,三年不达;因赵衰,三日而达。'是处父由赵衰方得进用。"成季,赵衰,成是谥号,季是字。

⑦党:偏私。

⑧上之:使赵盾居上位,做中军将。

⑨为国政:为执政。晋国以中军将为执政。

⑩制事典:制定章程。

⑪正法罪:修订刑罚律令。

⑫辟刑狱:清理诉讼积案。

⑬董:督查。逋逃:追捕逃亡之人。

⑭由质要:使用契约。由,用。

⑮治旧洿(wū):清除政事上的污垢。

⑯本秩礼:恢复被破坏的等级制度。

⑰续常职:重建被废弃的官职。

⑱出滞淹:选用屈居下位的贤人。

⑲大傅:太傅,位卿。晋太傅主管礼刑之事。大师:太师,也是三公之一。贾佗:晋公族,文公旧臣,尝从重耳出亡,年幼于狐偃、赵衰。

【译文】

六年春，晋国在夷地检阅军队，撤销二军。让狐射姑率领中军，赵盾辅佐他。阳处父从温地回来，把阅兵改在董地，并撤换中军主将。阳处父曾是赵衰的下属，所以对赵氏有偏私，而且认为赵盾有才干，说："任用有才干的人，这是国家的利益。"所以让赵盾居上位。赵盾从此开始执掌晋国的政权。他制定国家章程，修订刑罚律令，清理诉讼积案，督查和追捕逃犯，办事使用契约，清除政治上的污垢，恢复被破坏的等级制度，重建被废弃的官职，选用屈居下位的贤人。政令法规制定之后，就交给太傅阳处父和太师贾佗，由他们在晋国内施行，成为国家的常用法规。

6.2 臧文仲以陈、卫之睦也，欲求好于陈。夏，季文子聘于陈，且娶焉。

【译文】

臧文仲因为陈国和卫国和睦友好，也想和陈国结好。夏，季文子到陈国聘问，并乘此机会娶陈国女子为妻。

6.3 秦伯任好卒①。以子车氏之三子奄息、仲行、鍼虎为殉②。皆秦之良也。国人哀之，为之赋《黄鸟》③。

【注释】

①任好：秦穆公之名。

②奄息、仲行、鍼(qián)虎：三人皆为勇士。据《史记·秦本纪》，秦穆公死时以一百七十七人殉葬，子车氏三子也在其中。

③《黄鸟》：诗见《诗经·国风·秦风》。其《序》曰："《黄鸟》，哀三良

也。国人刺穆公以人从死而作是诗也。”

【译文】

秦穆公任好去世，用子车氏的三个儿子奄息、仲行、鍼虎殉葬，他们都是秦国的善人。国人哀伤，为此作《黄鸟》诗以示哀悼。

君子曰：“秦穆之不为盟主也宜哉。死而弃民。先王违世[①]，犹诒之法[②]，而况夺之善人乎[③]？”《诗》曰：‘人之云亡，邦国殄瘁[④]。’无善人之谓。若之何夺之？古之王者知命之不长，是以并建圣哲[⑤]，树之风声[⑥]，分之采物[⑦]，著之话言[⑧]，为之律度[⑨]，陈之艺极[⑩]，引之表仪[⑪]，予之法制，告之训典[⑫]，教之防利[⑬]，委之常秩[⑭]，道之礼则[⑮]，使毋失其土宜[⑯]，众隶赖之[⑰]，而后即命[⑱]。圣王同之。今纵无法以遗后嗣，而又收其良以死，难以在上矣[⑲]。”君子是以知秦之不复东征也[⑳]。

【注释】

①违世：离世，去世。

②诒(yí)：遗，留下。

③夺之善人：夺去百姓中善人的生命。

④人之云亡，邦国殄瘁：引诗见《诗经·大雅·瞻卬》。殄瘁，同义词连用，困苦。

⑤并：遍，普遍。圣哲：贤能。

⑥风声：教化风气。

⑦采物：即物采，指旗帜服饰等物品。

⑧话言：指有益的话语。

⑨律度：法度。

⑩艺极：准则。

⑪表仪：表率。

⑫训典：指先王遗训。

⑬防利：防止谋求私利。

⑭委：委任。常秩：常设的官职。

⑮道：教导。礼则：礼仪。

⑯土宜：因地制宜。

⑰众隶：指众人。赖：信赖。

⑱即命：就命，死去。

⑲在上：指做国君。

⑳不复东征：不能再向东征伐。秦国此后相当一个时期内没有再强盛，不能东进一步。

【译文】

君子说："秦穆公没有当上盟主也是理所当然的了。死了还抛弃百姓！先王去世，还留下了法则，怎么能夺走好人的命呢？《诗》里说：'贤人死亡，国家就要衰弱了。'说的就是没有好人。只怕没有好人，怎么还去夺走他们的生命呢？古代身居王位的人知道寿命不会长久，所以到处选贤任能，树立好的教化风气，分给大家旗帜服饰等各种物品，把有益的话语著于典册留给后人，并为他们制定法度，把各种准则颁布出去，树立表率以引导他们，教他们使用法规，告诉他们先王的遗训，教导他们如何防止谋求私利，委任他们一定的官职，教导他们各种礼仪，让他们不要失去因地制宜的规律，众人都能信赖他们，然后才离世死去。圣人和先王都是这样做的。现在不仅没有法则留给后人，还用那些善人来殉葬，就难以成为一个国君了。"君子因此知道秦国不可能再向东征伐了。

6.4　秋，季文子将聘于晋，使求遭丧之礼以行①。其人曰②："将焉用之？"文子曰："备豫不虞③，古之善教也。求而无之，实难[④]。过求[⑤]，何害？”

【注释】

①遭丧之礼：碰到丧事应备的礼仪物品。

②其人：指随行人员。

③备、豫：同义词，防备。不虞：意外。

④实难：将处于困境。

⑤过求：有准备而一时用不着。

【译文】

秋，季文子准备到晋国去聘问，派人准备一些丧事需用的礼仪物品然后才动身。他的随行人员问：“准备这些做什么用？”文子说：“防备意外，这是古人的好教训。临时需要却没有，那将处于尴尬的境地。有准备虽一时用不上，有什么害处？”

6.5　八月乙亥，晋襄公卒。灵公少[①]，晋人以难故，欲立长君[②]。赵孟曰[③]：“立公子雍[④]。好善而长，先君爱之[⑤]，且近于秦[⑥]。秦，旧好也。置善则固[⑦]，事长则顺，立爱则孝[⑧]，结旧则安[⑨]。为难故，故欲立长君。有此四德者[⑩]，难必抒矣[⑪]。”贾季曰[⑫]：“不如立公子乐[⑬]。辰嬴嬖于二君[⑭]，立其子，民必安之。”赵孟曰：“辰嬴贱，班在九人[⑮]，其子何震之有[⑯]？且为二君嬖，淫也。为先君子，不能求大，而出在小国[⑰]，辟也[⑱]。母淫子辟，无威；陈小而远，无援。将何安焉？杜祁以君故[⑲]，让偪姞而上之[⑳]；以狄故，让季隗而己次之[㉑]，故班在四[㉒]。先君是以爱其子，而仕诸秦，为亚卿焉[㉓]。秦大而近，足以为援，母义子爱，足以威民。立之，不亦可乎？”使先蔑、士会如秦，逆公子雍。贾季亦使召公子乐于陈。赵孟使杀诸郫㉔。

【注释】

①灵公少：晋灵公此时还在襁褓之中。

②立长君：立年长的为国君。如此则要废太子。

③赵孟：赵盾。自赵盾以后，赵氏世称孟。

④公子雍：晋文公儿子，襄公庶弟。

⑤先君：指晋文公。

⑥近于秦：公子雍当时仕于秦。

⑦置善：前说公子雍是"好善而长"，因此立他为君便是置善，也是事长。固：国家巩固。

⑧立爱则孝：先君爱之，所以立他符合孝道。

⑨结旧：结交旧好，指秦。

⑩四德：指固、顺、孝、安。

⑪抒：缓解。

⑫贾季：狐射姑，狐偃之子。

⑬公子乐：公子雍庶弟，怀嬴儿子。

⑭辰嬴：即怀嬴，先嫁怀公，又嫁文公，死后谥"辰"。嬖：宠爱。二君：指怀公、文公。

⑮班在九人：文公妃妾中，怀嬴位在第九。班，位次。

⑯震：威，威望。

⑰出在小国：指公子乐出居在陈国。

⑱辟：鄙陋。

⑲杜祁：公子雍的母亲。杜，祁姓国，在今陕西西安。

⑳让偪姞而上之：襄公立为太子后，杜祁让位给偪姞，使她在上位。偪姞，襄公的母亲。偪，姞姓国，今地不详。

㉑以狄故，让季隗而己次之：狄人是晋国强邻，杜祁让季隗居于己上，是为了结好狄人。季隗，晋文公重耳流亡狄时所娶的夫人。

㉒班在四：杜祁本位居第二，让位后才居于第四。

㉓亚卿：位仅次于卿。

㉔郫（pí）：又叫郫邵，晋地，在今河南济源西。

【译文】

八月十四日，晋襄公去世。晋灵公还小，晋国人因为国难的缘故，准备立年长的为国君。赵孟说："立公子雍。他生性善良而且年长，先君喜欢他，而且与秦国亲近。秦国，是我们的老朋友。立善良之人国家就巩固，事奉年长的为君名正言顺，立先君所喜欢的人符合孝道，结交老朋友就能安定。国家有难，所以要立年长者为君。有这四项德行，国难就可以缓解了。"贾季说："不如立公子乐。辰嬴受到二位国君的宠爱，立她的儿子，百姓必能安定。"赵孟说："辰嬴低贱，文公妃妾中位次第九。她的儿子有何威望？而且她受两位国君宠爱，那是淫荡。作为先君的儿子，不能求得大国保护而出居在小国，这是鄙陋。母亲淫荡，儿子鄙陋，没有威望；陈国小而且鄙远，有事无法救援，将如何安定呢？杜祁由于国君的缘故，让偪姞居于上位；因为狄人的缘故，让季隗居于自己之上，所以位次在第四。先君因此喜欢她的儿子，让他在秦国做官，位居亚卿。秦国大而且近，有事可以救援；母亲有义儿子有爱，足以君临百姓。立他，不是可以吗？"赵盾派先蔑、士会到秦国去迎接公子雍。贾季也派人到陈国去召回公子乐。赵孟派人在郫地把他们杀了。

6.6　贾季怨阳子之易其班也①，而知其无援于晋也。九月，贾季使续鞫居杀阳处父②。书曰："晋杀其大夫。"侵官也③。

【注释】

①易其班：指贾季本为中军帅，后被阳处父贬为中军佐一事。

②续鞫居：即狐鞫居。

③侵官：侵夺了官职。贾季已任命为中军帅，阳处父又改换了他，是侵官。

【译文】

贾季怨恨阳处父贬了他的官职，又知道他在晋国孤立无援。九月，贾季派续鞫居杀了阳处父。《春秋》记载说："晋国杀其大夫。"是因为剥夺官职的缘故。

6.7 冬十月，襄仲如晋葬襄公。

【译文】

冬十月，襄仲到晋国去参加晋襄公的葬礼。

6.8 十一月丙寅[①]，晋杀续简伯[②]。贾季奔狄。宣子使臾骈送其帑[③]。夷之蒐，贾季戮臾骈[④]，臾骈之人欲尽杀贾氏以报焉[⑤]。臾骈曰："不可。吾闻《前志》有之曰：'敌惠敌怨[⑥]，不在后嗣，忠之道也。'夫子礼于贾季[⑦]，我以其宠报私怨[⑧]，无乃不可乎？介人之宠[⑨]，非勇也。损怨益仇[⑩]，非知也。以私害公，非忠也。释此三者[⑪]，何以事夫子？"尽具其帑，与其器用财贿[⑫]，亲帅扞之[⑬]，送致诸竟[⑭]。

【注释】

①丙寅：十一月无丙寅日，恐记日有误。

②续简伯：即续鞫居。

③宣子：赵盾。臾骈：赵盾家臣。帑：通"孥"，妻子儿女。

④戮：侮辱。

⑤臾骈之人：臾骈的随从。

⑥敌惠敌怨：有惠于人，有怨于人。敌，对。

⑦夫子：指赵盾。

⑧以其宠：因受到赵盾的宠信。

⑨介：因，依赖。

⑩损怨益仇：减少自己的怨气，增加他人对我的仇恨。

⑪释：舍弃。三者：指勇、智、忠。

⑫器用财贿：器用财物。

⑬扞：保卫。

⑭竟：通"境"。

【译文】

十一月丙寅日，晋国杀了续简伯。贾季逃奔到狄国。赵宣子派臾骈把他的家小送到狄国去。在夷地阅兵时，贾季侮辱了臾骈，臾骈的随从准备把贾季的家小全部杀死以报仇。臾骈说："不可以。我听说《前志》这部书里说过：'有惠于人，有怨于人，都与他的后代无关。这才合于忠恕之道啊。'夫子待贾季以礼，我却因为受到宠信而报私怨，恐怕不可以吧？依赖别人的宠信来报仇，不算勇夫。虽消除了自己的怨气，却增加他人对我的仇恨，是不明智。以私仇损害公事，不是忠诚。抛弃了这三样，拿什么去事奉夫子呢？"于是把贾季的全部家小和器用财物集中好，亲自率领着卫队保护，送到边境上。

6.9　闰月不告朔①，非礼也。闰以正时②，时以作事③，事以厚生④，生民之道，于是乎在矣。不告闰朔，弃时政也⑤，何以为民⑥？

【注释】

①不告朔：文公因闰月便不举行告朔的仪式。

②闰以正时：闰月是用来补正四时的。

③时以作事：根据四时来安排农事。事，指农事。

④厚生：使百姓富裕。

⑤弃时政：违背了施政的时令。

⑥为民：即治民。

【译文】

闰月不举行告朔的祭礼，不合于礼。闰月是用来补正四时的，四时是用来安排农事的，农事不失时，可使百姓富足，养活百姓的方法，就在于此。闰月不告朔，是丢弃了施政的时令，如何能治理好百姓？

七年

【经】

7.1 七年春[①]，公伐邾。

7.2 三月甲戌[②]，取须句[③]。

7.3 遂城郚[④]。

7.4 夏四月，宋公王臣卒[⑤]。

7.5 宋人杀其大夫。

7.6 戊子[⑥]，晋人及秦人战于令狐[⑦]。晋先蔑奔秦。

7.7 狄侵我西鄙。

7.8 秋八月，公会诸侯、晋大夫盟于扈[⑧]。

7.9 冬，徐伐莒。

7.10 公孙敖如莒莅盟[⑨]。

【注释】

①七年：鲁文公七年当周襄王三十三年，前620。

②甲戌：十七日。

③须句：在今山东东平。僖公二十一年，须句灭于邾，须句子奔鲁，二十二年鲁伐邾，取须句，返其君。此时须句又为邾所占，所以文公伐邾取须句。

④郚(wú)：鲁邑，在今山东泗水县东南。

⑤宋公王臣：宋成公。

⑥戊子：初一。

⑦令狐：在今山西临猗西。

⑧公会诸侯、晋大夫盟于扈：晋国新君即位，诸侯会盟祝贺。晋大夫，指赵盾。扈，郑地，在今河南原阳西。

⑨公孙敖如莒莅盟：徐国攻打莒国，莒人来请求结盟，公孙敖到莒国参加盟会。公孙敖，穆伯。

【译文】

鲁文公七年春，文公攻打邾国。

三月十七日，夺取须句。

于是在郚地筑城。

夏四月，宋成公王臣去世。

宋人杀了他们的大夫。

四月初一，晋国人和秦国人在令狐作战。晋国的先蔑逃奔到秦国。

狄人入侵我国西部边境。

秋八月，文公和诸侯、晋国大夫在扈地会盟。

冬，徐国攻打莒国。

公孙敖到莒国参加盟会。

【传】

7.1　七年春，公伐邾。间晋难也[①]。

【注释】

①间(jiàn)晋难:晋国内因争立新君发生祸难,无法救援邾,鲁国利用这个机会伐邾。

【译文】

鲁文公七年春,文公攻打邾国,是利用晋国内部有难的机会。

7.2 三月甲戌,取须句,置文公子焉[①],非礼也。

【注释】

①文公子:指邾文公儿子。其时叛在鲁国,鲁国让他做须句的守官,以抵御邾国。

【译文】

三月十七日,攻取须句,把邾文公儿子安置在那里,这不符合礼。

7.3 夏四月,宋成公卒。于是公子成为右师[①],公孙友为左师[②],乐豫为司马[③],鳞矔为司徒[④],公子荡为司城[⑤],华御事为司寇[⑥]。

【注释】

①公子成:宋庄公之子。

②公孙友:宋桓公之孙,公子目夷之子。

③乐豫:宋戴公玄孙。

④鳞矔:宋桓公之孙。

⑤公子荡:宋桓公之子。司城:即司空。宋武公名司空,宋故改司空之官为司城。

⑥华御事为司寇:华御事,华督之孙,华元之父。按,宋以右师、左

师、司马、司徒、司城、司寇为六卿。随时代不同，六卿之轻重也不同。

【译文】

夏四月，宋成公去世。此时公子成担任右师，公孙友任左师，乐豫任司马，鳞矔任司徒，公子荡任司城，华御事任司寇。

昭公将去群公子[①]，乐豫曰："不可。公族[②]，公室之枝叶也，若去之，则本根无所庇阴矣。葛藟犹能庇其本根[③]，故君子以为比[④]，况国君乎？此谚所谓'庇焉而纵寻斧焉'者也[⑤]。必不可，君其图之！亲之以德，皆股肱也，谁敢携贰[⑥]？若之何去之？"不听。穆、襄之族率国人以攻公[⑦]，杀公孙固、公孙郑于公宫[⑧]。六卿和公室[⑨]，乐豫舍司马以让公子卬[⑩]，昭公即位而葬[⑪]。书曰："宋人杀其大夫。"不称名，众也，且言非其罪也。

【注释】

①昭公：宋成公之子，名杵臼。群公子：公族中之一部分。

②公族：诸侯的同族。

③葛藟(lěi)：一种藤类植物。

④君子以为比：《诗经·王风·葛藟·序》云："《葛藟》，王族刺平王也。周室道衰，弃其九族焉。"

⑤纵、寻：都是"用"的意思。

⑥携贰：三心二意。

⑦穆、襄之族：指宋穆公、襄公的子孙，即昭公欲去之群公子。

⑧公孙固、公孙郑：皆昭公亲信。

⑨六卿：右师、左师、司马、司徒、司城、司寇为宋国六卿。和：调和。

⑩公子卬：昭公弟。

⑪葬：葬宋成公。

【译文】

宋昭公准备杀掉众公子，乐豫说："不行。国君的同族，是公室的枝叶，如果剪除它，那么树干和树根就无所庇护了。葛藟尚且能庇护它的干和根，所以君子拿它来打比方，更何况国君呢？这就是谚语所说的'树可以遮阴，你偏偏要用斧头去砍掉它'。一定不可以，国君您要好好考虑一下。应该用德行去亲近他们，他们都是左右辅弼之臣，谁敢三心二意？为什么要除掉他们呢？"昭公不听劝。穆公、襄公的族人率领国人进攻昭公，在宫内杀了公孙固、公孙郑。六卿出面进行调和，乐豫放弃司马的职位让给公子卬，昭公即位，安葬宋成公。《春秋》记载说："宋人杀了他们的大夫。"不记载被杀大夫的名字，因为人太多了，而且他们是无罪的。

7.4 秦康公送公子雍于晋[①]，曰："文公之入也无卫，故有吕、郤之难[②]。"乃多与之徒卫[③]。

【注释】

①秦康公：秦穆公太子罃，其母为秦穆姬，晋文公异母姊。

②吕、郤之难：文公回国，吕甥、郤芮欲杀之。事见僖公二十四年《传》。

③徒卫：步兵。用为护卫。

【译文】

秦康公把公子雍送回晋国，说："文公回国时没有护卫，所以发生了吕、郤之难。"于是就多给予了他步兵卫队。

穆嬴日抱大子以啼于朝[①]，曰："先君何罪？其嗣亦何罪？舍適嗣不立[2]，而外求君[3]，将焉置此[4]？"出朝，则抱以适赵氏，顿首于宣子[5]，曰："先君奉此子也而属诸子[6]，曰：'此子也才，吾受子之赐；不才，吾唯子之怨[7]。'今君虽终，言犹在耳，而弃之，若何？"宣子与诸大夫皆患穆嬴，且畏逼[8]，乃背先蔑而立灵公[9]，以御秦师。箕郑居守。赵盾将中军，先克佐之[10]；荀林父佐上军；先蔑将下军，先都佐之。步招御戎，戎津为右。及堇阴[11]。宣子曰："我若受秦[12]，秦则宾也；不受，寇也[13]。既不受矣，而复缓师[14]，秦将生心[15]。先人有夺人之心[16]，军之善谋也。逐寇如追逃[17]，军之善政也。"训卒，利兵，秣马，蓐食[18]，潜师夜起。戊子，败秦师于令狐，至于刳首[19]。

【注释】

①穆嬴：晋襄公夫人，晋灵公母亲。

②適嗣：指太子夷皋，后继位为灵公。適，同"嫡"。

③外求君：指迎接公子雍。

④此：指太子。

⑤顿首：叩头。

⑥属：托付。

⑦"此子也才"四句：襄公嘱赵盾训导太子夷皋。唯子之怨，即唯怨子，将埋怨你。

⑧畏逼：怕穆嬴党徒威逼。

⑨背先蔑而立灵公：上年赵盾已派先蔑等去秦国迎接公子雍，此时先蔑已回国，背先蔑实际是背公子雍。

⑩先克：先且居之子。

⑪堇(jǐn)阴：晋地，在今山西临猗东，与令狐相近。

⑫受秦:指接受秦国护送的公子雍。

⑬不受,寇也:不接受,就是敌人。

⑭缓师:慢腾腾地出兵。

⑮生心:产生其他的念头,指以武力送公子雍回国为君。

⑯先人:先发制人,争取主动。夺人之心:破坏对方作战信心,动摇对方军心。

⑰追逃:追赶逃犯。

⑱蓐(rù)食:厚食,战前让士卒饱餐。

⑲刳(kū)首:在今山西临猗。

【译文】

穆嬴每天抱着太子在朝廷中哭,说:"先王有什么罪?他的后代继承人有什么罪?抛弃嫡子不立,反而到国外去迎接国君,那么太子将怎么安置啊?"出了朝廷,她就抱着太子到赵盾家去,向赵盾叩头,说:"先君把这孩子托付给你,说:'这孩子如果成才,这就是您赐予我的恩惠;如果不成才,我将要怨你了。'今日先君虽然去世,话还在耳边响着,你要抛弃他,怎么着?"赵盾和众大夫都怕穆嬴,且怕穆嬴的党徒威逼,于是就违背了先蔑而立了灵公,并发兵抵御秦国军队。箕郑留守。赵盾率领中军,先克辅佐他;荀林父辅佐上军;先蔑率领下军,先都辅佐他。步招驾驭战车,戎津为车右。一直到达堇阴。赵宣子说:"我如果接受秦国护送的公子雍,就应把他当做客人;不接受,就是敌人。现在已经不接受了,又慢腾腾地出兵,秦国必将产生别的念头。先发制人,可以夺取敌人的军心,这是用兵的好计谋。追逐敌人好比追逐逃犯,这是打仗的好办法。"于是训练士兵,磨砺兵器,喂饱战马,部队吃饱,秘密发兵,夜里出动。四月初一,在令狐把秦军打败,而且追逐秦军到刳首。

己丑[①],先蔑奔秦,士会从之。

【注释】

①己丑：四月初二。

【译文】

四月初二，先蔑逃亡到秦国，士会跟随他逃亡。

先蔑之使也[①]，荀林父止之，曰："夫人、大子犹在，而外求君，此必不行。子以疾辞[②]，若何？不然，将及[③]。摄卿以往[④]，可也，何必子？同官为寮[⑤]，吾尝同寮[⑥]，敢不尽心乎？"弗听。为赋《板》之三章[⑦]。又弗听。及亡，荀伯尽送其帑及其器用财贿于秦，曰："为同寮故也。"

【注释】

①先蔑之使：指先蔑、士会到秦国迎接公子雍。

②以疾辞：借口生病不去。

③将及：将及祸，将赶上灾祸。

④摄卿以往：派一个大夫代理卿职前往。摄，代理。

⑤寮：同在一个部门做官叫同僚。

⑥吾尝同寮：僖公二十八年荀林父将中行，先蔑将左行，因此说"同僚"。

⑦《板》之三章：《诗经·大雅·板》第三章有"我虽异事，及尔同僚。我及尔谋，听我嚣嚣"等句。荀林父取其"同僚为你考虑，你应听从"之意来劝阻先蔑。

【译文】

先蔑出使秦国迎接公子雍的时候，荀林父曾阻止他，说："夫人、太子都在，而你到国外去迎接国君，这一定是行不通的。你以生病借口不去，怎么样？不然，将遭受灾祸了。派一个代理卿的职位的大夫前去就可以了,为何一定要你去呢?一起做官叫作同僚,我们曾是同僚,哪敢对你不尽心呢?"先蔑不听。荀林父为他赋诵了《板》这首诗的第三章,还是不听。等到他逃亡时,荀林父把他的家小和器用财物全部送到秦国,说:"因为我们是同僚。"

士会在秦三年,不见士伯[①]。其人曰[②]:"能亡人于国[③],不能见于此,焉用之?"士季曰[④]:"吾与之同罪[⑤],非义之也,将何见焉?"及归[⑥],遂不见。

【注释】

①士伯:即先蔑。

②其人:士会随从。

③能亡人于国:意为和别人一起逃亡到这个国家。

④士季:即士会。

⑤同罪:指同去迎接公子雍。

⑥及归:士会在文公十三年才回晋国,而先蔑终老于秦。此是提前叙述。

【译文】

士会在秦国三年,都不和先蔑相见。他的随从说:"你和别人一起逃亡到这个国家,又不愿在此见面,何必这样呢?"士会说:"我和他一同去迎接公子雍,这是不义的事,怎么见?"士会一直到回国,都不见先蔑。

7.5 狄侵我西鄙,公使告于晋[①]。赵宣子使因贾季问酆舒[②],且让之[③]。酆舒问于贾季曰:"赵衰、赵盾孰贤?"对曰:"赵衰,冬日之日也。赵盾,夏日之日也[④]。"

【注释】

①告于晋：鲁国是想向晋国求援。

②因：通过。酆（fēng）舒：狄人的执政者。

③让：责备。责备狄人入侵鲁国。

④“赵衰”四句：冬日、夏日是比喻，冬日太阳可爱，夏日太阳可畏。

【译文】

狄人侵犯我鲁国西部边境，文公派人向晋国报告。赵宣子派人通过贾季问酆舒，并且责备酆舒。酆舒问贾季说：“赵衰、赵盾谁贤明？”贾季回答说：“赵衰，好比冬天的太阳；赵盾，好比夏天的太阳。”

7.6　秋八月，齐侯、宋公、卫侯、陈伯、郑伯、许男、曹伯会晋赵盾盟于扈，晋侯立故也。公后至，故不书所会[①]。凡会诸侯，不书所会，后也[②]。后至，不书其国，辟不敏也[③]。

【注释】

①不书所会：鲁文公晚到，所以《春秋》不具列与会的国家及卿大夫名。

②后：后至。

③辟不敏：避免由于弄不清楚而误记。

【译文】

秋八月，齐昭公、宋昭公、卫成公、陈共公、郑穆公、许昭公、曹共公在扈地和晋国的赵盾会盟，是因为晋侯新即位。鲁文公后到，所以《春秋》不记载与会的国家和卿大夫的名。凡诸侯盟会，不记载会盟的国家，就是因为有人晚到。晚到，不记载国家，是为了避免弄不清楚而误记。

7.7 穆伯娶于莒[①],曰戴己,生文伯[②],其娣声己生惠叔[③]。戴己卒,又聘于莒,莒人以声己辞[④],则为襄仲聘焉[⑤]。

【注释】

①穆伯:公孙敖。

②曰戴己,生文伯:戴,谥号。文伯,与下文惠叔即公孙敖请叔服相面的二子。

③娣:女弟,妹妹。

④以声己辞:认为声己可作继室,不必再聘娶。声,谥号。

⑤襄仲:公子遂。公孙敖之从父弟。

【译文】

穆伯从莒国娶了女子,叫作戴己,生了文伯;她的妹妹声己生了惠叔。戴己死了,穆伯又要到莒国聘娶,莒人辞谢,认为已有声己,于是为襄仲行聘。

冬,徐伐莒。莒人来请盟[①]。穆伯如莒莅盟,且为仲逆[②]。及鄢陵[③],登城见之[④],美,自为娶之。仲请攻之,公将许之。叔仲惠伯谏曰[⑤]:"臣闻之:'兵作于内为乱,于外为寇。寇犹及人[⑥],乱自及也。'今臣作乱而君不禁,以启寇仇[⑦],若之何?"公止之,惠伯成之[⑧]:使仲舍之[⑨],公孙敖反之[⑩],复为兄弟如初。从之[⑪]。

【注释】

①莒人来请盟:莒人来鲁结盟,想求得鲁国救援。

②为仲逆:为襄仲迎接莒女。

③鄢陵:此为莒邑,在今山东临沭。

④之：指莒女。

⑤叔仲惠伯：叔牙之孙。

⑥及人：伤及外人。

⑦以启寇仇：国有内乱，外部敌人必乘机进攻。

⑧成：调解。

⑨舍之：不娶莒女。舍，放弃。

⑩反之：送莒女回国。

⑪从之：按，二人因惠伯的面子，听从了劝告，但并未真正和好。

【译文】

冬，徐国攻打莒国，莒人来鲁国请求结盟。穆伯到莒国参加盟会，同时为襄仲迎接莒女。穆伯到了鄢陵，登上城楼见到莒女，认为很美，就把莒女占为己有。襄仲请求攻打穆伯，文公准备答应。叔仲惠伯劝阻说："臣下听说：'战争发生于内部叫作乱，起于外部叫作寇。寇来了必伤人，乱来了就是自己伤自己。'现在臣子作乱而国君不制止，必引来外部敌人乘机进攻，那将怎么办？"文公阻止了襄仲。惠伯为他们调解：要襄仲不娶莒女，穆伯也把莒女送回国，二人像兄弟一样和好如初。二人都听从了。

7.8　晋郤缺言于赵宣子曰："日卫不睦①，故取其地②。今已睦矣，可以归之。叛而不讨，何以示威？服而不柔③，何以示怀④？非威非怀⑤，何以示德？无德，何以主盟⑥？子为正卿，以主诸侯⑦，而不务德⑧，将若之何？《夏书》曰：'戒之用休，董之用威，劝之以《九歌》，勿使坏⑨。'九功之德皆可歌也，谓之《九歌》。六府、三事，谓之九功。水、火、金、木、土、谷，谓之六府；正德、利用、厚生⑩，谓之三事。义而行之⑪，谓之德、礼。无礼不乐，所由叛也⑫。若吾子之德，莫可歌也⑬，其谁来之？盍使睦者歌吾子乎[14]？”宣子说之。

【注释】

①日：往日。不睦：指不服于晋国。

②故取其地：文公元年，卫不朝晋，晋攻取卫戚地。

③柔：怀柔，笼络。

④示怀：安抚它以示施恩。

⑤非：不。

⑥主盟：主持盟会，亦即当霸主。

⑦主诸侯：赵盾是中军帅，主晋国之政，晋国又是霸主，所以说主诸侯。

⑧不务德：不致力于德行修养。

⑨“戒之用休”四句：语见《古文尚书·大禹谟》。戒，告诉。休，美，指喜庆事。董，督察。《九歌》，相传为夏后启之歌。

⑩正德：端正德行。利用：利于使用。厚生：富裕民生。

⑪行之：推行六府三事之九功。

⑫无礼不乐，所由叛也：意为无礼则无德，无礼无德则不快乐，由是发生叛变。

⑬莫可歌：无德，便没有可歌颂的。

⑭使睦者歌吾子：意为施德于卫，让它归服并歌颂你。

【译文】

晋国的郤缺对赵宣子说：“往日卫国不服于晋，所以占领它的土地。现在已经归服了，可以归还所占之地。背叛你而不讨伐，怎么显示你的声威？归服了而不怀柔它，又怎么显示你的恩惠？不威不怀，怎么显示你的德行？没有德行，怎么主持盟会？你是晋国的正卿，主持诸侯盟会之事，如果不致力于德行修养，那将怎么办？《夏书》说：‘把喜事告诉他，用威刑督察他，拿《九歌》勉励它，不让他学坏。’九功的德行都可以歌颂，叫作《九歌》。六府三事叫作九功。水、火、金、木、土、谷，叫作六府；端正德行，利于使用，富裕民生，叫作三事。合乎道义就推行它，就叫作德和礼。无礼则不快乐，背叛之心由此产生。如果你的德行，没有一点儿可以歌颂的，那又有谁来归服你呢？为何不让归服你的人来歌颂你呢？”赵宣子听了很高兴。

八年

【经】

8.1　八年春王正月①。

8.2　夏四月。

8.3　秋八月戊申②，天王崩③。

8.4　冬十月壬午④，公子遂会晋赵盾盟于衡雍⑤。

8.5　乙酉⑥，公子遂会雒戎盟于暴⑦。

8.6　公孙敖如京师，不至而复⑧。丙戌⑨，奔莒。

8.7　螽⑩。

8.8　宋人杀其大夫司马⑪。宋司城来奔⑫。

【注释】

①八年：鲁文公八年当周襄王三十四年，前619。

②戊申：二十八日。

③天王：周襄王。周襄王死，儿子顷王壬臣即位。

④壬午：初三。

⑤衡雍：郑地，在今河南原阳西北。

⑥乙酉：初六。

⑦雒戎：即《传》文的伊雒之戎。暴：又称暴隧，在今河南原阳。

⑧不至而复：未到京师返回。

⑨丙戌：初七。

⑩螽：螽斯虫成灾。

⑪司马：指公子卬。

⑫宋司城来奔：司城荡意诸逃奔鲁国。

【译文】

鲁文公八年春周历正月。

夏四月。

秋八月二十八日，周襄王去世。

冬十月初三，公子遂会见晋国的赵盾并在衡雍结盟。

初六，公子遂会见雒戎并在暴地结盟。

公孙敖前往京师，未到京师又返回。初七，逃奔到莒国。

螽斯虫成灾。

宋人杀了大夫司马公子卬。宋国司城逃奔鲁国。

【传】

8.1　八年春，晋侯使解扬归匡、戚之田于卫[①]，且复致公壻池之封[②]，自申至于虎牢之竟[③]。

【注释】

①解扬：晋大夫，食邑在解，今山西运城。匡、戚之田：匡、戚本卫地，匡被郑占领，戚被晋攻取，现全部归还卫国。

②公壻池：晋大夫。封：疆界。

③申：在今河南巩义。虎牢：在今河南荥阳。

【译文】

鲁文公八年春，晋灵公派解扬将匡和戚的田地归还给卫国，而且重新承认公壻池所划定的疆界，从申地一直到虎牢边境。

8.2　夏，秦人伐晋，取武城①，以报令狐之役②。

【注释】

①武城：晋邑，在今陕西华县东北。

②令狐之役：去年秦送公子雍，晋败之于令狐。

【译文】

夏，秦人攻打晋国，攻取武城，此为报复令狐之役。

8.3　秋，襄王崩。

【译文】

秋，周襄王去世。

8.4　晋人以扈之盟来讨①。冬，襄仲会晋赵孟，盟于衡雍，报扈之盟也②。遂会伊雒之戎③。书曰"公子遂"，珍之也④。

【注释】

①晋人以扈之盟来讨：去年扈之盟，鲁文公晚到。

②报：补偿。

③会伊雒之戎：杜预《春秋左传注》以为伊雒之戎将伐鲁，襄仲来不及回鲁报告，就在暴地与戎会盟。

④珍之：襄仲阻止了戎人伐鲁的企图，因此《经》文称他为"公子遂"，以示尊敬。

【译文】

晋人因为扈之盟会来讨伐。冬，襄仲和晋国的赵盾在衡雍会盟，以补偿扈之盟的晚到。乘此机会又和伊雒的戎人会盟。《春秋》称他为

“公子遂”,是表示尊敬。

8.5 穆伯如周吊丧,不至[①],以币奔莒[②],从己氏焉[③]。

【注释】

①不至:未到京师。

②币:所带的吊丧礼物。

③从己氏焉:己氏,即上年穆伯为襄仲行聘后又自娶之的莒女。按,公孙敖于僖公十五年帅师,应已成年,至此又二十七年,当年近六十。

【译文】

穆伯到周去吊周王之丧,没到京师,就带着吊丧的礼物跑到莒国,跟随莒女去了。

8.6 宋襄夫人,襄王之姊也[①],昭公不礼焉[②]。夫人因戴氏之族[③],以杀襄公之孙孔叔、公孙钟离及大司马公子卬,皆昭公之党也。司马握节以死[④],故书以官[⑤]。司城荡意诸来奔[⑥],效节于府人而出[⑦]。公以其官逆之[⑧],皆复之[⑨]。亦书以官,皆贵之也[⑩]。

【注释】

①襄王:周襄王。

②昭公不礼:宋襄公是昭公祖父,因此宋襄公夫人是他祖母。

③因:依靠。戴氏之族:戴公之后,华、乐、皇三族。

④司马握节以死:以表示自己死都不废弃君命。节,符节。

⑤书以官:记下他的官职。

⑥荡意诸：公子荡之孙。

⑦效节于府人而出：荡意诸送还符节，表示自免其官，然后出奔，以免辱没国体。效，送还。府人，管理府库的人。

⑧以其官逆：以迎接司城官职的礼仪接待他。

⑨皆复之：随从也以原官职之礼接待。

⑩贵之：表示尊重。

【译文】

宋襄公夫人，是周襄王的姐姐，宋昭公不以礼对待她。夫人依靠戴公的族人，杀了襄公的孙子孔叔、公孙钟离及大司马公子卬，他们都是昭公的党羽。大司马手握着符节而死，所以《春秋》记下他的官职。司城荡意诸逃奔到鲁国来，他把符节交还给管府库的人，然后出奔。文公仍然以迎接司城的礼仪接待他，他的随从文公也按照原官职的礼仪接待。《春秋》都记载官名，表示尊重。

8.7　夷之蒐[①]，晋侯将登箕郑父、先都[②]，而使士縠、梁益耳将中军[③]。先克曰："狐、赵之勋[④]，不可废也。"从之[⑤]。先克夺蒯得田于堇阴[⑥]。故箕郑父、先都、士縠、梁益耳、蒯得作乱。

【注释】

①夷之蒐：在文公六年。

②登：提升，提拔。箕郑父：即箕郑。

③梁益耳：晋大夫。

④狐、赵之勋：指当年狐偃、赵衰跟随重耳流亡的功勋。

⑤从之：晋襄公本想任命士縠、梁益耳将中军，因先克之言而改为由狐射姑（贾季）将中军，赵盾佐之。以上是追叙前事。

⑥蒯(kuǎi)得:晋大夫。

【译文】

在夷地阅兵的时候,晋襄公准备提拔箕郑父和先都,而让士縠、梁益耳率领中军。先克说:"狐偃、赵衰二人的功勋不可没。"晋襄公听从了他的话。先克夺取蒯得在堇阴的田地。所以箕郑父、先都、士縠、梁益耳、蒯得发动叛乱。

九年

【经】

9.1 九年春[①],毛伯来求金[②]。

9.2 夫人姜氏如齐[③]。

9.3 二月,叔孙得臣如京师[④]。辛丑[⑤],葬襄王。

9.4 晋人杀其大夫先都。

9.5 三月,夫人姜氏至自齐。

9.6 晋人杀其大夫士縠及箕郑父。

9.7 楚人伐郑。

9.8 公子遂会晋人、宋人、卫人、许人救郑。

9.9 夏,狄侵齐。

9.10 秋八月,曹伯襄卒[⑥]。

9.11 九月癸酉[⑦],地震。

9.12 冬,楚子使椒来聘[⑧]。

9.13 秦人来归僖公、成风之襚[⑨]。

9.14 葬曹共公。

【注释】

①九年：鲁文公九年当周顷王元年，前618。

②毛伯：毛伯卫，周王卿士。求金：即求赙。赙，助丧的财物。

③夫人姜氏如齐：文公夫人姜氏归宁齐国。

④叔孙得臣：即庄叔。如京师：参加周襄王的葬礼。

⑤辛丑：二十四日。

⑥曹伯襄：曹共公。

⑦癸酉：九月无癸酉日，记日有误。

⑧椒：子越椒，也叫斗椒，楚大夫。

⑨秦人来归僖公、成风之禭(suì)：成风死于文公四年，僖公已死十年，但古人有死后馈禭之例。归，同“馈”，赠送。禭，送死人的衣被。

【译文】

鲁文公九年春，毛伯来求取助丧的财物。

文公夫人姜氏到齐国归宁。

二月，叔孙得臣到京师去。二十四日，安葬周襄王。

晋人杀了他们的大夫先都。

三月，夫人姜氏从齐国返回。

晋人杀了他们的大夫士縠和箕郑父。

楚人攻打郑国。

公子遂会同晋人、宋人、卫人、许人救援郑国。

夏，狄人入侵齐国。

秋八月，曹共公襄去世。

九月癸酉，地震。

冬，楚王派斗椒来鲁国聘问。

秦人来赠送僖公、成风死后的衣被。

安葬曹共公。

【传】

9.1 九年春王正月己酉[1]，使贼杀先克[2]。乙丑[3]，晋人杀先都、梁益耳。

【注释】

①己酉：初二。

②使贼杀先克：此事接上年《传》"故箕郑父……作乱"。主语为箕郑父等人。

③乙丑：十八日。此事《经》文记作二月，是《经》文用周历，《传》依晋国用夏历。

【译文】

鲁文公九年春周历正月初二，箕郑父派杀手杀了先克。十八日，晋人杀先都、梁益耳。

9.2 毛伯卫来求金，非礼也。不书王命，未葬也。

【译文】

毛伯卫来求取助丧的财物，这不符合礼法。《春秋》不说是天子的命令，因周襄王未安葬。

9.3 二月，庄叔如周葬襄王。

【译文】

二月，庄叔到周参加周襄王的葬礼。

9.4 三月甲戌[1]，晋人杀箕郑父、士縠、蒯得[2]。

【注释】

①甲戌：二十八日。

②晋人杀箕郑父、士縠、蒯得：箕郑父等五人作乱，先后被杀。

【译文】

三月二十八日，晋人杀了箕郑父、士縠、蒯得。

9.5 范山言于楚子曰[①]：“晋君少，不在诸侯[②]，北方可图也。”楚子师于狼渊以伐郑[③]。囚公子坚、公子龙及乐耳[④]。郑及楚平。公子遂会晋赵盾、宋华耦、卫孔达、许大夫救郑[⑤]，不及楚师[⑥]。卿不书[⑦]，缓也[⑧]，以惩不恪[⑨]。

【注释】

①范山：楚大夫。

②不在诸侯：心志不在称霸诸侯。

③狼渊：地名，在今河南许昌西。

④公子坚、公子龙及乐耳：三人都是郑国大夫。

⑤华耦：华御事之子。

⑥不及：没赶上，没碰上楚军。

⑦卿不书：赵盾、华耦、孔达都是卿，《经》不书，仅书“晋人、宋人、卫人”。

⑧缓：迟缓，指出兵太慢，以致来不及救郑。

⑨以惩不恪：惩戒他们办事不严肃认真，出兵迟缓。恪，恭敬。

【译文】

范山对楚王说：“晋国君年少，心志还不在于称霸诸侯，我们可以打北方的主意。”楚王出兵狼渊攻打郑国。楚人囚禁了郑国的公子坚、公子龙和乐耳。郑国和楚国讲和。公子遂会合晋赵盾、宋华耦、卫孔达、许国大夫一起救郑国，没碰上楚军。《春秋》不记载卿的名字，是因为他们出兵迟缓，来不及救郑，以此惩戒他们的办事不认真。

9.6　夏，楚侵陈，克壶丘①，以其服于晋也。

【注释】

①壶丘：陈邑，在今河南新蔡东南。

【译文】

夏，楚国入侵陈国，攻克壶丘，因为陈国归服晋国。

9.7　秋，楚公子朱自东夷伐陈①，陈人败之，获公子茷②。陈惧③，乃及楚平。

【注释】

①公子朱：即文公三年《传》的息公子朱。

②公子茷：楚国公子。

③陈惧：陈是小国，虽胜楚，怕楚国报复。

【译文】

秋，楚公子朱从东夷那里攻打陈国，陈人打败了他，抓获了公子茷。陈人害怕了，又和楚国讲和。

9.8　冬，楚子越椒来聘，执币傲①。叔仲惠伯曰："是必灭若敖氏之宗②。傲其先君，神弗福也③。"

【注释】

①币：礼物。

②是必灭若敖氏之宗：此预言若敖氏将被灭。宗，宗族。子越椒是若敖氏斗伯比的孙子。

③神弗福也：宣公四年，楚灭若敖氏。此为伏笔。

【译文】

冬，楚国的子越椒来鲁国聘问，手持礼物时态度傲慢。叔仲惠伯说："这个人必定会使若敖氏的宗族灭亡。对他的先君如此傲慢，神不会保佑他。"

9.9　秦人来归僖公、成风之襚，礼也。诸侯相吊贺也，虽不当事[①]，苟有礼焉，书也，以无忘旧好。

【注释】

①不当事：不及时。

【译文】

秦人来赠送僖公、成风的丧葬衣衾，合于礼制。诸侯间互相吊丧或是贺喜，虽不及时，如果合于礼节，《春秋》必加以记载，以表示不忘记过去的友好。

十年

【经】

10.1　十年春王三月辛卯[①]，臧孙辰卒[②]。

10.2　夏，秦伐晋。

10.3　楚杀其大夫宜申[③]。

10.4　自正月不雨，至于秋七月。

10.5　及苏子盟于女栗[④]。

10.6　冬，狄侵宋。

10.7 楚子、蔡侯次于厥貉[⑤]。

【注释】

①十年：鲁文公十年当周顷王二年，前617。辛卯：二十一日。

②臧孙辰：臧文仲。庄公二十八年即为卿，至今五十年。

③宜申：斗宜申，字子西。

④苏子：周王卿士。僖公十年狄灭温，苏子奔卫。此又有苏子，当是狄灭其采邑而苏氏未亡。或周王复立苏氏旁支。女栗：地名，今地不详。

⑤厥貉：地名，在今河南项城。

【译文】

鲁文公十年春周历三月二十一日，臧孙辰去世。

夏，秦国攻打晋国。

楚国杀了他们的大夫斗宜申。

从正月不下雨，一直到秋七月。

鲁文公与苏子在女栗结盟。

冬，狄人入侵宋国。

楚穆王、蔡庄公帅军队驻扎在厥貉。

【传】

10.1 十年春，晋人伐秦，取少梁[①]。夏，秦伯伐晋，取北徵[②]。

【注释】

①少梁：梁国，嬴姓国，在今陕西韩城。僖公十九年亡于秦。

②北徵：晋地，在今陕西澄城。

【译文】

鲁文公十年春，晋人攻打秦国，攻取少梁。夏，秦康公攻打晋国，攻取北徵。

10.2 初，楚范巫矞似谓成王与子玉、子西曰[①]："三君皆将强死[②]。"城濮之役，王思之[③]，故使止子玉曰："毋死。"不及[④]。止子西，子西缢而县绝[⑤]，王使适至，遂止之[⑥]，使为商公[⑦]。沿汉溯江[⑧]，将入郢[⑨]。王在渚宫[⑩]，下，见之。惧，而辞曰[⑪]："臣免于死，又有谗言，谓臣将逃，臣归死于司败也[⑫]。"王使为工尹[⑬]，又与子家谋弑穆王[⑭]。穆王闻之，五月杀斗宜申及仲归。

【注释】

①范巫矞(yù)似：范邑的巫人名叫矞似。范，楚邑。

②三君：指成王、子玉、子西。强死：无病而死。意即被杀。强，健。

③思之：想起矞似的话。

④不及：未赶上。

⑤县：挂。绝：断。

⑥遂止之：阻止了子西自杀。

⑦商：商密，在今河南淅川西南。

⑧沿：顺流。

⑨郢：楚都，在今湖北江陵北的纪南城。子西入郢，乃图谋叛乱。

⑩渚宫：楚王别宫，在湖北沙市。

⑪辞：找借口解说。子西以下说辞，表示自己是入郢请死。

⑫归死于司败：等于说让司败判自己死罪。司败，楚人称司寇为司败。

⑬工尹：工正，掌百工之官。

⑭子家：仲归。

【译文】

当初，楚国范巫矞似对成王与子玉、子西说："你们三位都将横死。"城濮之战的时候，楚成王想起矞似的话，所以派人阻止子玉说："你不要自杀。"但没来得及。要阻止子西，子西上吊时绳子断了，成王的使者刚到，于是阻止了子西自杀，并让他做了商公。子西沿汉水顺流而下，然后溯长江逆流而上，准备进入郢都。成王在渚宫，下来见子西。子西害怕了，就找借口说："下臣免于一死，又有人进谗言，说下臣准备逃亡，那么现在下臣愿意去司败那里领死。"成王又让他做了工尹。如今子西又与子家谋杀楚穆王。穆王知道了，五月杀了斗宜申子西和仲归。

10.3 秋七月，及苏子盟于女栗，顷王立故也。

【译文】

秋七月，文公和苏子在女栗结盟，因为周顷王新即位的缘故。

10.4 陈侯、郑伯会楚子于息。冬，遂及蔡侯次于厥貉，将以伐宋。宋华御事曰①："楚欲弱我也②，先为之弱乎③？何必使诱我④？我实不能，民何罪？"乃逆楚子，劳且听命⑤。遂道以田孟诸⑥。宋公为右盂⑦，郑伯为左盂。期思公复遂为右司马⑧，子朱及文之无畏为左司马⑨。命夙驾载燧⑩，宋公违命，无畏抶其仆以徇⑪。

【注释】

①华御事：其时为司寇。

②弱我：使我归服。

③先为之弱：先主动归服。

④何必使诱我：指何必摆出这种架势来逼迫人？

⑤劳且听命：慰劳楚王，表示归服。

⑥道：引导。孟诸：宋地，在今河南商丘。

⑦盂：田猎时的阵名，为圆形，分左右阵。

⑧期思：楚县名，在今河南固始西北。复遂：期思公之名。

⑨子朱：息公子朱。文之无畏：楚大夫，食邑于申，字舟，故又名申舟。

⑩夙驾：早点驾车。载燧：准备烧山打猎。燧，取火工具，如钻燧取火。

⑪抶(chì)：笞打。徇：在全军示众。古代打猎，相当于军事演习。

【译文】

陈共公、郑穆公在息和楚穆王会见。冬，他们和蔡庄公一起将军队驻扎在厥貉，准备进攻宋国。宋华御事说："楚国是想让我们归服，不如先主动归服它吧？楚国何必摆出这种架势来逼迫人呢？我等无能，但百姓有何罪啊？"于是亲自去厥貉迎接楚王，慰劳楚军并表示归服听命。于是引导楚王在孟诸打猎。宋昭公亲自为右阵，郑穆公为左阵，期思公复遂为右司马，子朱和文之无畏做左司马。命令下属一早驾车并装上取火工具出发准备烧山打猎，宋昭公违反了命令，文之无畏鞭打他的仆人并在全军示众。

或谓子舟曰："国君不可戮也①。"子舟曰："当官而行②，何强之有③？《诗》曰：'刚亦不吐，柔亦不茹④。''毋纵诡随，以谨罔极⑤。'是亦非辟强也⑥，敢爱死以乱官乎⑦！"

【注释】

①国君不可戮:意为鞭打仆人等于侮辱国君。戮,辱。

②当官:当其官守。行:行使职责。

③强:强横。

④刚亦不吐,柔亦不茹:引《诗》见《诗经·大雅·烝民》,原作:"柔亦不茹,刚亦不吐。"茹,吃。柔物不吞,刚物不吐,意即"不侮矜寡,不畏强御"。

⑤毋纵诡随,以谨罔极:引《诗》见《诗经·大雅·民劳》。诡随,狡诈的人。罔极,无准则。

⑥非辟强:不避强横。

⑦爱死:爱惜生命。乱官:放弃职责。

【译文】

有人对子舟说:"国君是不能随便侮辱的。"子舟说:"我当这个官,按职责办事,有什么强横的呢?《诗》里说:'硬的不吐出来,软的也吞不下去。''不要放任狡诈的人,谨防行事无准则。'说的就是要不避强横,我岂敢爱惜自己的生命而乱了职责呢?"

10.5 厥貉之会,麇子逃归[①]。

【注释】

①厥貉之会,麇(jūn)子逃归:此二句应与下年《传》"春,楚子伐麇"连读。麇,国名,在今湖北郧阳。麇子,麇国君。

【译文】

厥貉会见时,麇国君逃回国去。

十一年

【经】

11.1　十有一年春[①]，楚子伐麇。

11.2　夏，叔仲彭生会晋郤缺于承匡[②]。

11.3　秋，曹伯来朝。

11.4　公子遂如宋。

11.5　狄侵齐。

11.6　冬十月甲午[③]，叔孙得臣败狄于咸[④]。

【注释】

①十有一年：鲁文公十一年当周顷王三年，前616。

②叔仲彭生：或作“叔彭生”，即鲁大夫叔仲惠伯，叔牙之孙。承筐：承匡，宋地，在今河南睢县西。

③甲午：初三。

④咸：鲁地，在今山东巨野南。

【译文】

鲁文公十一年春，楚穆王攻打麇国。

夏，叔仲彭生在承匡和晋国的郤缺会见。

秋，曹文公来朝见。

公子遂到宋国去。

狄人入侵齐国。

冬十月初三，叔孙得臣在咸打败狄人。

【传】

11.1　十一年春，楚子伐麇，成大心败麇师于防渚[①]。潘崇复伐麇[2]，至于钖穴[3]。

【注释】

①成大心：楚成得臣儿子，字孙伯。防渚：麇地，在今湖北房县。

②潘崇：楚穆王为太子时师傅。曾助穆王弑成王继王。后为楚太师。

③钖（yáng）穴：在今陕西白河东。

【译文】

鲁文公十一年春，楚穆王攻打麇国，成大心在防渚打败麇国军队。潘崇再次攻打麇国，一直到达钖穴。

11.2 夏，叔仲惠伯会晋郤缺于承匡，谋诸侯之从于楚者。

【译文】

夏，叔仲惠伯在承匡会见晋国的郤缺，商量对付亲近楚国的国家。

11.3 秋，曹文公来朝，即位而来见也[1]。

【注释】

①即位而来见：曹共公九年去世，文公当于去年即位。

【译文】

秋，曹文公来鲁国朝见，因其即位不久而来朝见。

11.4 襄仲聘于宋，且言司城荡意诸而复之[1]。因贺楚师之不害也[2]。

【注释】

①言司城荡意诸而复之：文公八年，荡意诸因宋襄夫人之乱逃鲁。襄仲聘宋，请宋接纳荡意诸回国。

②楚师不害：上年楚伐宋，宋先顺服，因此未曾受害。

【译文】

襄仲到宋国聘问，并且向宋国进言请宋接纳荡意诸回国。襄仲是去祝贺宋国未曾受到楚军侵害的缘故。

11.5　鄋瞒侵齐①，遂伐我。公卜使叔孙得臣追之，吉②。侯叔夏御庄叔③，绵房甥为右，富父终甥驷乘④。冬十月甲午，败狄于咸，获长狄侨如⑤。富父终甥摏其喉以戈⑥，杀之，埋其首于子驹之门⑦。以命宣伯⑧。

【注释】

①鄋(sōu)瞒：长狄的一支，或说在今山东境内。长狄为狄人的一支。

②吉：指占卜叔孙得臣追击狄人的结果。

③庄叔：即得臣。

④驷乘：古代兵车一车三人，此四人共乘，第四人叫驷乘，作为车右的副手。

⑤侨如：长狄的首领。

⑥摏(chōng)：撞击。

⑦子驹之门：鲁北郭西门。

⑧命：命名。宣伯：叔孙得臣之子叔孙侨如。

【译文】

鄋瞒入侵齐国，并因此攻打我国。文公占卜派叔孙得臣追击狄人的结果，得吉卦。侯叔夏驾驭得臣的战车，绵房甥为车右，富父终甥为驷乘。冬十月初三，在咸地打败狄人，俘虏了长狄首领侨如。富父终甥用戈抵住他的喉咙，杀死他，并把他的头颅埋在子驹之门下边。叔孙得臣将宣伯命名为叔孙侨如。

初，宋武公之世，鄋瞒伐宋。司徒皇父帅师御之。耏班御皇父充石①，公子穀甥为右，司寇牛父驷乘，以败狄于长丘②，获长狄缘斯③。皇父之二子死焉④。宋公于是以门赏耏班⑤，使食其征⑥，谓之耏门。

【注释】

①耏(ér)班：宋大夫。皇父充石：名充石，宋戴公儿子。

②长丘：宋地，在今河南封丘南。

③缘斯：侨如祖先。

④之：与。二子：指穀甥和牛父。

⑤门：指城门。

⑥食其征：征收城门税，此作为对耏班的奖赏。

【译文】

当初，宋武公在世时，鄋瞒攻打宋国。司徒皇父率领军队抵抗。耏班给皇父充石驾战车，公子穀甥为车右，司寇牛父为驷乘，在长丘打败了狄人，俘虏了长狄缘斯。皇父和穀甥、牛父皆战死。宋武公因此把城门奖赏给耏班，让耏班征收城门税，把城门叫作耏门。

晋之灭潞也①，获侨如之弟焚如。齐襄公之二年②，鄋瞒伐齐。齐王子成父获其弟荣如③，埋其首于周首之北门④。卫人获其季弟简如⑤，鄋瞒由是遂亡。

【注释】

①晋之灭潞：据《传》文，晋灭潞在鲁宣公十五年。

②齐襄公之二年：即鲁桓公十六年。另据《史记·鲁世家》，此事在齐惠公二年，即鲁宣公二年。

③王子成父：齐大夫。其弟：侨如之弟。

④周首：齐邑，在今山东东阿东。

⑤季弟：小弟弟。

【译文】

晋国灭潞国的时候，俘虏了侨如的弟弟焚如。齐襄公二年，鄋瞒攻打齐国。齐国的王子成父抓获侨如的弟弟荣如，把他的头颅埋在周首的北门。卫国人抓获他的小弟弟简如。鄋瞒从此灭亡。

11.6　郕大子朱儒自安于夫钟[①]，国人弗徇[②]。

【注释】

①郕：国名，古城在今山东范县。安：安居。夫钟：郕邑，在今山东汶上。

②国人弗徇：此章当与下年《传》"春，郕伯卒"连读，或本为一体。徇，顺，顺服。

【译文】

郕太子朱儒自己安居在夫钟，国内人对他不顺服。

十二年

【经】

12.1　十有二年春王正月[①]，郕伯来奔[②]。

12.2　杞伯来朝[③]。

12.3 二月庚子[4]，子叔姬卒[5]。

12.4 夏，楚人围巢[6]。

12.5 秋，滕子来朝[7]。

12.6 秦伯使术来聘[8]。

12.7 冬十有二月戊午[9]，晋人、秦人战于河曲[10]。

12.8 季孙行父帅师城诸及郓[11]。

【注释】

①十有二年：鲁文公十二年当周顷王四年，前615。

②郕伯：指郕太子朱儒。

③杞伯：杞桓公。

④庚子：十一日。

⑤子叔姬：杞桓公夫人。

⑥巢：国名，偃姓，今安徽巢县东北有居巢古城址，即古巢国。

⑦滕子：滕昭公。

⑧术：秦将西乞术。

⑨戊午：初四。

⑩河曲：晋地，在今山西永济南。黄河自此折向东，所以叫河曲。

⑪诸：鲁地，在今山东诸城西南。郓：鲁地，鲁有东西二郓，此为东郓，在今山东沂水东。西郓在山东郓城东。

【译文】

鲁文公十二年春周历正月，郕伯逃亡来鲁国。

杞桓公来鲁国朝见。

二月十一日，子叔姬去世。

夏，楚国人围攻巢国。

秋，滕昭公来鲁国朝见。

秦康公派西乞术来鲁国聘问。

冬十二月初四，晋人、秦人在河曲交战。

季孙行父率兵在诸和郓筑城。

【传】

12.1　十二年春，郕伯卒，郕人立君[①]。大子以夫钟与郕邽来奔[②]。公以诸侯逆之，非礼也[③]。故书曰："郕伯来奔。"不书地，尊诸侯也。

【注释】

①郕人立君：郕太子朱儒安居于夫钟，国人不拥护，因此郕伯死后，国人另立新君。

②以：带着。邽：即圭，指郕国的宝玉。

③非礼：郕太子非君，不宜用诸侯之礼迎接。

【译文】

鲁文公十二年春，郕伯去世，郕人另立新君。太子朱儒带着夫钟之地和郕国的宝圭逃奔到鲁国来。文公用诸侯之礼迎接他，这不合于礼。所以《春秋》记载说："郕伯逃奔到鲁。"不记载他所献之地，是为了讳言文公失礼而把朱儒作为诸侯来尊重。

12.2　杞桓公来朝，始朝公也[①]。且请绝叔姬而无绝昏[②]，公许之。二月，叔姬卒，不言杞，绝也[③]。书叔姬，言非女也[④]。

【注释】

①始朝：指文公即位后第一次来朝见。

②绝叔姬：休弃叔姬。无绝昏：叔姬嫁与杞桓公，本有女弟（妹妹）

陪嫁,今杞桓公请休弃叔姬,女弟本应一同被休弃返回娘家,杞桓公希望女弟留下,请求同意。即"无绝昏"。

③绝也:和杞桓公断绝了关系。

④非女:指已不是未嫁的女子。

【译文】

杞桓公来鲁国朝见,这是第一次来朝见鲁文公。并且请求休弃叔姬,但不要断绝婚姻,鲁文公答应了。二月,叔姬去世。《春秋》不称"杞叔姬",是由于已经和杞桓公断绝了夫妻关系。记载称"叔姬",说明她已经不是未出嫁的女子。

12.3 楚令尹大孙伯卒①,成嘉为令尹②。群舒叛楚③。夏,子孔执舒子平及宗子④,遂围巢⑤。

【注释】

①大孙伯:成大心。

②成嘉:也是子玉的儿子,孙伯之弟。

③舒:偃姓国,因有舒庸、舒蓼、舒鸠、舒龙、舒鲍、舒龚等小国,故称群舒。

④子孔:即成嘉。舒子平:舒国君名平。宗子:宗国之君。宗国之地在今安徽舒城一带。

⑤围巢:巢与群舒之地相近,故乘机围巢。

【译文】

楚令尹大孙伯去世,成嘉接任令尹。众舒国背叛楚国。夏,成嘉抓住舒君平和宗国国君,于是乘机包围巢地。

12.4 秋,滕昭公来朝,亦始朝公也。

【译文】

秋，滕昭公来鲁朝见，也是第一次来鲁国朝见。

12.5 秦伯使西乞术来聘，且言将伐晋。襄仲辞玉[①]，曰："君不忘先君之好，照临鲁国[②]，镇抚其社稷[③]，重之以大器[④]，寡君敢辞玉[⑤]。"对曰："不腆敝器[⑥]，不足辞也。"主人三辞。宾答曰："寡君愿徼福于周公、鲁公以事君[⑦]，不腆先君之敝器[⑧]，使下臣致诸执事，以为瑞节[⑨]，要结好命[⑩]，所以藉寡君之命[⑪]，结二国之好，是以敢致之。"襄仲曰："不有君子，其能国乎？国无陋矣[⑫]。"厚贿之。

【注释】

①玉：行聘使者所带来的圭、璋一类的聘礼，一般为国宝。

②照临：犹言光临。

③镇抚：安定，安抚。

④重：作动词，厚厚地赠予。大器：指圭、璋等宝器。

⑤敢辞玉：襄仲表示鲁不敢接受宝玉以助秦伐晋。

⑥不腆：当时谦辞习语。腆，厚。

⑦徼(yāo)福：祈福，求福。徼，通"邀"。招致，求福。周公：周公旦。鲁公：周公之子伯禽。

⑧先君之敝器：古代出聘前都要告祭于祖庙，所以说先君之敝器。

⑨瑞节：祥瑞的信物。节，信物。

⑩要(yāo)：约，引申为"缔结"，与"结"同义。好命：友好关系。

⑪所以藉寡君之命：意谓送玉是借以表达国君的命令。藉，以草类物衬垫。送玉时必有衬垫之物。

⑫无陋：并不鄙陋。

【译文】

秦康公派西乞术来朝聘，并且报告说秦将攻打晋国。襄仲辞谢西乞术带来的圭玉，说："您不忘和先君的友好，光临鲁国，安抚我们国家，厚重地赠给我们贵重宝器，寡君不敢接受圭玉。"西乞术回答说："菲薄的一块圭玉，不值得你辞谢。"襄仲辞让了几次。来宾回答说："寡君愿意在周公、鲁公面前求得福禄来事奉贵国国君，一点菲薄的先君的玉器，让下臣送达执事面前，作为祥瑞的信物，以此来缔结友好关系，借此表达寡君的命令，缔结两国的友好关系，所以敢献上它。"襄仲说："没有君子，哪能治理好国家？秦国并不鄙陋。"送了重礼给西乞术。

12.6 秦为令狐之役故[①]，冬，秦伯伐晋，取羁马[②]。晋人御之。赵盾将中军，荀林父佐之；郤缺将上军，臾骈佐之；栾盾将下军[③]，胥甲佐之[④]。范无恤御戎[⑤]，以从秦师于河曲[⑥]。臾骈曰："秦不能久，请深垒固军以待之[⑦]。"从之。

【注释】

①令狐之役：文公七年晋军在令狐袭击了秦国护送晋公子雍回国的人。

②羁马：晋邑，在今山西永济南。

③栾盾：栾枝之子。

④胥甲：胥臣之子。

⑤范无恤：代替步招。

⑥以从秦师：迎战秦军。

⑦深垒固军：高筑营垒巩固军营。

【译文】

秦国因为令狐之役的原因，冬，秦康公攻打晋国，夺取羁马。晋国人发兵抵抗。赵盾率领中军，荀林父辅佐他；郤缺率领上军，臾骈辅佐他；栾盾率领下军，胥甲辅佐他。范无恤驾驭战车，在河曲迎战秦军。臾骈说："秦军不能久战，请用深垒固军之计等待他们。"赵盾听从了。

秦人欲战，秦伯谓士会曰[①]："若何而战[②]？"对曰："赵氏新出其属曰臾骈[③]，必实为此谋，将以老我师也。赵有侧室曰穿[④]，晋君之婿也[⑤]，有宠而弱[⑥]，不在军事[⑦]，好勇而狂，且恶臾骈之佐上军也，若使轻者肆焉[⑧]，其可。"秦伯以璧祈战于河[⑨]。

【注释】

①秦伯谓士会：晋士会于文公七年逃奔秦，此时为秦军谋士。

②若何而战：意谓采取什么措施可打破"深垒固军"的局面，诱使晋军出战。

③赵氏新出其属曰臾骈：由此可知臾骈是赵盾家臣。

④侧室：旁支子弟。

⑤晋君之婿：当是晋襄公的女婿。

⑥弱：年少。

⑦不在军事：不懂作战。在，善于，擅长。

⑧轻者：勇敢而不刚强的人。肆：突然袭击。

⑨祈战：祈求胜利。

【译文】

秦人准备出战，秦康公对士会说："用什么办法对付晋军？"士会回答说："赵盾新启用他的家臣叫臾骈，必定是他出的主意，准备拖住我军使其疲劳。赵盾有个旁系子弟赵穿，是晋国国君的女婿，受赵盾宠爱而且年少，不懂作战，喜欢逞勇而又狂妄，而且讨厌臾骈辅佐上军。如果派一些勇敢而又不刚强的人去突然袭击，也许可以取胜。”秦康公把玉璧投到黄河中，以此祈求胜利。

十二月戊午，秦军掩晋上军①，赵穿追之②，不及。反，怒曰：“裹粮坐甲③，固敌是求。敌至不击，将何俟焉④？”军吏曰：“将有待也。”穿曰：“我不知谋，将独出⑤。”乃以其属出⑥。宣子曰：“秦获穿也，获一卿矣⑦。秦以胜归，我何以报⑧？”乃皆出战，交绥⑨。

【注释】

①掩：肆，突然袭击。

②赵穿追之：上军不动，赵穿独自率军追赶。

③裹粮坐甲：装好粮食，披着甲胄，即准备战斗。

④俟：等待。

⑤独出：独自出击。

⑥以其属：带领自己的部属。

⑦秦获穿也，获一卿矣：赵穿不在六卿之列，杜预《春秋左传注》云：“晋自有散位从卿者。”

⑧报：回报国人。

⑨交绥(suí)：刚一接触就退兵。绥，退军。

【译文】

十二月初四，秦军突然袭击晋国的上军，赵穿追赶秦军，没赶上。返回时，发怒说：“装好了粮食，披上了甲胄，本为寻求敌人决战。敌人来了却不出击，还等什么呢？”军吏说：“将要有所等待。”赵穿说：“我不懂得你们的计谋，我准备独自出击。”于是带领他的部属出击。赵宣子说：“秦军如果俘虏了赵穿，就是抓获了一个卿了。秦军获大胜而归，我将何以回报国人？”于是全军出战，双方刚一接触就都退兵。

秦行人夜戒晋师曰[①]：“两君之士皆未慭也[②]，明日请相见也。”臾骈曰：“使者目动而言肆[③]，惧我也，将遁矣。薄诸河[④]，必败之。”胥甲、赵穿当军门呼曰[⑤]：“死伤未收而弃之，不惠也[⑥]。不待期而薄人于险[⑦]，无勇也。”乃止。秦师夜遁。复侵晋，入瑕[⑧]。

【注释】

①行人：使者。戒：告请，约请。

②慭（yìn）：愿意。

③目动：眼珠转动，表明心中不安。言肆：声音失常，说明心中恐惧。

④薄：逼近。

⑤当军门：挡在军门，此为阻止晋军“薄诸河”。军门，营门。

⑥不惠：不仁慈。

⑦不待期：秦使者约明日再战，而晋军夜出，是不等到约定的时间，所以说不待期。

⑧瑕：在今山西芮城南。即晋惠公曾答应割给秦国的“河外列城五”中的一城。

【译文】

秦军使者夜里通知晋军说：“两国军队都还没满足心愿，明日请再决战。”臾骈说：“使者眼珠转动而声音失常，是害怕我们了，他们打算逃跑了。把他们逼到黄河边上去，一定能打败他们。”胥甲、赵穿却挡住军营大门高喊：“战死的人还没有收尸而抛弃他们，不仁慈啊。不等到约定的时间就出击而把人逼到险处，这不算勇气。”于是晋军停止出击。

秦军连夜逃跑。后来又攻打晋国，攻入瑕地。

12.7 城诸及郓，书，时也。

【译文】

在诸地和郓地筑城，《春秋》加以记载，因为合乎时令。

十三年

【经】

13.1 十有三年春王正月[①]。

13.2 夏五月壬午[②]，陈侯朔卒[③]。

13.3 邾子蘧蒢卒[④]。

13.4 自正月不雨，至于秋七月。

13.5 大室屋坏[⑤]。

13.6 冬，公如晋。卫侯会公于沓[⑥]。

13.7 狄侵卫。

13.8 十有二月己丑[⑦]，公及晋侯盟。

13.9 公还自晋，郑伯会公于棐[⑧]。

【注释】

①十有三年：鲁文公十三年当周顷王五年，前614。

②壬午：五月无壬午日，或记日有误。

③陈侯朔：陈共公。

④蘧蒢(qú chú)：邾文公名。

⑤大室：指鲁太庙之室。屋：屋顶。

⑥沓：卫地，今地不详。

⑦己丑：当为“乙丑”之误。乙丑，十六日。

⑧棐(fěi)：郑地，在今河南新郑东。

【译文】

鲁文公十三年春周历正月。

夏五月壬午，陈共公朔去世。

邾子蘧蒢去世。

从正月不下雨，一直到秋七月。

鲁太庙屋顶损坏。

冬，文公到晋国朝聘。卫成公和文公在沓地会见。

狄人入侵卫国。

十二月十六日，文公和晋灵公会盟。

文公从晋国返国，郑穆公和文公在棐地会见。

【传】

13.1　十三年春，晋侯使詹嘉处瑕[①]，以守桃林之塞[②]。

【注释】

①晋侯使詹嘉处瑕：意即将瑕赐予詹嘉。故詹嘉又称瑕嘉。詹嘉，晋大夫。

②桃林之塞：在今河南灵宝以西，与瑕隔河相对。处瑕可以守住桃林，以遏制秦师东侵。

【译文】

鲁文公十三年春，晋灵公派詹嘉住在瑕地，以便防守桃林要塞。

13.2　晋人患秦之用士会也[①]，夏，六卿相见于诸浮[②]，赵宣子曰："随会在秦[③]，贾季在狄[④]，难日至矣，若之何？"中行桓子曰[⑤]："请复贾季[⑥]，能外事[⑦]，且由旧勋[⑧]。"郤成子曰[⑨]："贾季乱[⑩]，且罪大[⑪]，不如随会。能贱而有耻[⑫]，柔而不犯[⑬]，其知足使也，且无罪。"

【注释】

①用士会：上年秦、晋河曲之役，士会为秦国出主意。

②六卿相见于诸浮：孔颖达《疏》："特云'相见于诸浮者'，将欲密谋，虑其漏泄，故出就外野，屏人私议。"六卿，晋三军将佐。诸浮，晋国都城外近郊之地。

③随会：即士会。

④贾季在狄：文公六年，贾季派续鞫居杀了阳处父，晋杀续鞫居，贾季逃奔狄国。

⑤中行桓子：荀林父。

⑥复：让其回国。

⑦能外事：了解国外之事。

⑧由：因为。旧勋：指其父狐偃有大功。

⑨郤成子：郤缺。

⑩贾季乱：指其文公六年自作主张召公子乐回国欲立之之事。

⑪罪大：指文公六年杀阳处父事。

⑫贱而有耻：卑贱而有羞耻之心。

⑬柔而不犯：柔弱而不受侵犯。以上二句指士会。

【译文】

晋人担心秦国任用士会，夏，晋六卿在诸浮相见，赵宣子说："随会在秦国，贾季在狄国，灾难每天都可能到来，怎么办？"中行桓子说："请让贾季回国，他了解国外的事务，而且还有父辈的功劳。"郤成子说："贾季好作乱，而且罪更大，不如让随会回来。能做到卑贱而有羞耻之心，柔弱而不受到侵犯，他的智谋足可使用，而且没有罪。"

乃使魏寿余伪以魏叛者[①]，以诱士会。执其帑于晋[②]，使夜逸。请自归于秦[③]，秦伯许之。履士会之足于朝[④]。秦伯师于河西，魏人在东[⑤]。寿余曰："请东人之能与夫二三有司言者[⑥]，吾与之先[⑦]。"使士会。士会辞，曰："晋人，虎狼也。若背其言[⑧]，臣死，妻子为戮，无益于君，不可悔也[⑨]。"秦伯曰："若背其言，所不归尔帑者，有如河。"乃行。绕朝赠之以策[⑩]，曰："子无谓秦无人，吾谋适不用也。"既济，魏人噪而还[⑪]。秦人归其帑。其处者为刘氏[⑫]。

【注释】

①魏寿余：即闵公元年《传》毕万的后代。魏犨的近亲。

②执其帑：抓走魏寿余的家小。

③请自归于秦：请求把魏地并魏地臣民归入秦国。

④履士会之足于朝：魏寿余在朝廷上见到士会，悄悄踩一下士会的脚作暗示。

⑤东：黄河东。

⑥东人：指晋人。因晋国在黄河东，此暗指士会。晋人在秦而能与魏地官员说话者，只有士会。二三有司：指魏地的官吏。

⑦先：先渡河到魏地。此为以过河接收降邑为由让士会与自己先走。

⑧背其言：指晋食言不放回士会。

⑨妻、子为戮，无益于君，不可悔也：士会已知魏寿余之意，但怕归晋后妻室被秦杀掉，故有此言。

⑩绕朝：秦大夫。策：马鞭。

⑪魏人:指魏寿余等人。噪:因为计策成功而群呼乱叫。

⑫处者:指留在秦国者。

【译文】

于是派魏寿余假装带领魏地的人叛变,以引诱士会。晋人在晋国抓走魏寿余的妻室家小,让他连夜逃往秦国。魏寿余请求把魏地献给秦国,秦康公同意了。魏寿余在朝廷上暗暗踩了一下士会的脚作暗示。秦康公驻军在黄河之西,魏地人在黄河东。寿余说:"请派一位东边的人能与魏地官员们说话的,我和他先到魏地去。"秦国果然派士会一起去。士会却谢绝,说:"晋人,就像是老虎豺狼。如果他们背信食言,臣下被杀死了,我的妻子儿女也将被杀,这于国君没什么好处,那将后悔莫及。"秦康公说:"如果背信食言,而不送还你的妻子家小,我指河为证。"士会准备出发。绕朝把马鞭送给他,说:"你不要以为秦国无人,我的计谋他们不用罢了。"等渡过黄河后,魏地人群呼乱叫着回去。秦人还是送还士会的妻室。士会有留在秦国的亲属,后以刘为氏。

13.3 邾文公卜迁于绎①。史曰:"利于民而不利于君。"邾子曰:"苟利于民,孤之利也。天生民而树之君②,以利之也。民既利矣,孤必与焉③。"左右曰:"命可长也④,君何弗为?"邾子曰:"命在养民⑤。死之短长,时也⑥。民苟利矣,迁也,吉莫如之!"遂迁于绎。五月,邾文公卒⑦。君子曰:"知命。"

【注释】

①卜迁:为迁都而占卜。绎:邾邑,在今山东邹城东。

②树:立,设立。

③与:参与其中。

④命:指寿命。意为寿命是可以延长的。

⑤命：此“命”指活着的职责。

⑥死之短长，时也：指死或迟或早，是由于命运。

⑦邾文公卒：按，邾文公即位至此已五十一年。

【译文】

邾文公为迁都到绎地而占卜吉凶。史官说：“有利于百姓而不利于国君。”邾文公说：“如果有利于百姓，也就是对我有利。上天生了百姓而设立国君，就是要有利于他们。百姓有利了，我也在其中了。”左右的人说：“寿命是可以延长的，国君为何不这样做呢？”邾文公说：“活着就要长养百姓。死或早或晚，那是由于命运。百姓如果有利，那就迁都吧，没有比这更吉利的了。”于是迁都于绎。五月，邾文公去世。君子说：“邾文公知天命。”

13.4　秋七月，大室之屋坏，书，不共也。

【译文】

秋七月，鲁太庙屋顶毁坏，《春秋》加以记载，是批评文公不恭敬。

13.5　冬，公如晋朝，且寻盟[①]。卫侯会公于沓，请平于晋[②]。公还，郑伯会公于棐，亦请平于晋。公皆成之[③]。

【注释】

①寻盟：重温文公八年衡雍之盟。

②请平于晋：向晋求和。卫成公是在半路上会见文公，请文公代向晋求和。

③成之：帮助他们与晋达成和议。

【译文】

冬,文公到晋国朝觐,并且重温衡雍之盟。卫成公在沓地会见文公,请文公代卫向晋求和。文公回国时,在棐地和郑穆公会见,郑也请文公向晋求和。文公都帮助他们与晋达成和议。

郑伯与公宴于棐[①]。子家赋《鸿雁》[②]。季文子曰:“寡君未免于此[③]。”文子赋《四月》[④]。子家赋《载驰》之四章[⑤]。文子赋《采薇》之四章[⑥]。郑伯拜[⑦]。公答拜。

【注释】

①郑伯与公宴于棐:此段为补叙会于棐之事。郑穆公是在文公返回鲁国的路上与文公相会。

②子家赋《鸿雁》:《鸿雁》之首章云:“鸿雁于飞,肃肃其羽。之子于征,劬劳于野。爰及矜人,哀此鳏寡。”子家赋《鸿雁》首章,以鳏寡自比郑国,请文公怜惜,返晋为郑向晋求和。子家,郑大夫公子归生的字。《鸿雁》,《诗经·小雅》篇名。《左传》记赋诗某篇,不说某章,通指首章。

③未免于此:此本推诿之词。

④文子赋《四月》:《四月》之首章云:“四月维夏,六月徂暑。先祖匪人,胡宁忍予?”文子取首章之意,说明思归祭祀,不愿再返晋。《四月》,《诗经·小雅》篇名。

⑤子家赋《载驰》之四章:诗中有“控于大邦,谁因谁极”之句。寓意小国有急,请鲁国偏劳。《载驰》,《诗经·鄘风》篇名。

⑥文子赋《采薇》之四章:诗中有“戎车既驾,四牡业业。岂敢定居?一月三捷”之句。义取不敢定居,愿为郑国再往晋国求和。《采薇》,《诗经·小雅》篇名。

⑦郑伯拜:郑穆公因为鲁文公答应再回晋国为之请成而拜。

【译文】

郑穆公和文公在棐地宴饮，子家赋《鸿雁》诗。季文子说："我们国君也未能免于鳏寡啊。"文子赋了《四月》。子家又赋《载驰》的第四章。文子又赋了《采薇》的第四章。郑穆公拜谢文公。文公回答了拜谢。

十四年

【经】

14.1　十有四年春王正月[①]，公至自晋。

14.2　邾人伐我南鄙，叔彭生帅师伐邾[②]。

14.3　夏五月乙亥，齐侯潘卒[③]。

14.4　六月，公会宋公、陈侯、卫侯、郑伯、许男、曹伯、晋赵盾。癸酉，同盟于新城[④]。

14.5　秋七月，有星孛入于北斗[⑤]。

14.6　公至自会。

14.7　晋人纳捷菑于邾[⑥]。弗克纳[⑦]。

14.8　九月甲申[⑧]，公孙敖卒于齐[⑨]。

14.9　齐公子商人弑其君舍[⑩]。

14.10　宋子哀来奔[⑪]。

14.11　冬，单伯如齐[⑫]。齐人执单伯。

14.12　齐人执子叔姬[⑬]。

【注释】

①十有四年：鲁文公十四年当周顷王六年，前613。

②叔彭生：鲁叔仲惠伯。

③夏五月乙亥，齐侯潘卒：乙亥，五月无乙亥，恐为"己亥"之误。己

亥，五月二十三日。齐侯潘：齐昭公，在位二十年。

④癸酉，同盟于新城：癸酉，二十七日。新城，宋地，在今河南商丘西南。

⑤孛(bèi)：彗星。此是世界上最早的关于哈雷彗星的记载，比西方早六百七十多年。

⑥捷菑(zī)：邾文公次妃所生儿子。

⑦弗克纳：晋送捷菑回邾是想立其为君，没有成功。

⑧甲申：初十。

⑨公孙敖：穆伯，文公八年逃奔莒国。

⑩齐公子商人弑其君舍：齐昭公死，太子舍即位，公子商人弑之而自立，是为懿公。

⑪子哀：宋大夫高哀。子哀是其字。

⑫单伯：周王卿士。如齐：是到齐国为鲁求取子叔姬。

⑬子叔姬：鲁女，齐太子舍母亲，与文公十二年的子叔姬非同一人。

【译文】

鲁文公十四年春周历正月，鲁文公从晋国回国。

邾人攻打我国南部边境，叔彭生率领军队攻打邾国。

夏五月二十三日，齐侯潘去世。

六月，文公会见宋昭公、陈灵公、卫成公、郑穆公、许昭公、曹文公和晋国的赵盾。二十七日，在新城结盟。

秋七月，有彗星进入北斗。

文公从新城之会回国。

晋人想把捷菑送回邾国，没有成功。

九月初十，公孙敖在齐国去世。

齐公子商人杀了他的国君舍。

宋大夫子哀逃奔来鲁。

冬，单伯到齐国，齐人扣留了单伯。

齐人扣留了子叔姬。

【传】

14.1　十四年春，顷王崩①。周公阅与王孙苏争政②，故不赴③。凡崩、薨，不赴，则不书。祸、福，不告，亦不书。惩不敬也④。

【注释】

①崩：天子死。周顷王在位六年，死后儿子匡王班即位。

②周公阅：周太宰。争政：争夺执政权。

③赴：同“讣”。

④“凡崩、薨”七句：以上解释《春秋》惯例。

【译文】

鲁文公十四年春，周顷王去世。周公阅和王孙苏争夺执政权，所以没有发送讣告。凡是天子死、诸侯死，不发送讣告，《春秋》就不记载。灾祸、喜庆之事，不报告，也不记载。这是为了惩罚不恭敬。

14.2　邾文公之卒也①，公使吊焉，不敬②。邾人来讨，伐我南鄙，故惠伯伐邾。

【注释】

①邾文公之卒：邾文公去年死。

②不敬：指吊丧时礼仪不完备。

【译文】

邾文公去世时，文公派人去吊丧，礼仪不完备。因此邾人来讨伐，攻打我国南部边境，所以惠伯攻打邾国。

14.3 子叔姬妃齐昭公[①],生舍[②]。叔姬无宠,舍无威[③]。公子商人骤施于国[④],而多聚士[⑤],尽其家,贷于公有司以继之[⑥]。夏五月,昭公卒,舍即位[⑦]。

【注释】

①妃:同“配”。

②舍:太子舍。

③无威:无威信。

④公子商人:齐桓公夫人密姬所生。参见僖公十七年《传》。

⑤多聚士:此指养了许多门客。

⑥贷:借。公有司:掌管公室财物的官员。此指商人自己家财用尽之后,又借公室之财以继续施舍。

⑦舍即位:此段应与下面“齐商人杀舍”一段连读。

【译文】

子叔姬嫁给齐昭公,生太子舍。叔姬不受宠爱,太子舍也就无威信。公子商人多次在国内施舍财物,而且养了许多门客,把家财都用尽,又借公室的财物继续施舍。夏五月,齐昭公去世,太子舍即位。

14.4 邾文公元妃齐姜,生定公,二妃晋姬[①],生捷菑。文公卒,邾人立定公,捷菑奔晋[②]。

【注释】

①二妃:次妃。

②捷菑奔晋:晋为捷菑母舅之国,所以逃奔晋。

【译文】

邾文公原配齐姜,生定公;次妃晋姬,生捷菑。邾文公去世,邾人立了定公。捷菑逃奔到晋国。

14.5　六月，同盟于新城，从于楚者服[①]，且谋邾也[②]。

【注释】

①从于楚者：原来服楚的陈、郑、宋等国。

②谋邾：商量护送捷菑回国。

【译文】

六月，文公和诸侯在新城会盟，这是因为原先服楚的国家现在顺服了，并且商量护送捷菑回国之事。

14.6　秋七月乙卯[①]，夜，齐商人杀舍[②]，而让元[③]。元曰："尔求之久矣[④]。我能事尔，尔不可使多蓄憾[⑤]，将免我乎[⑥]？尔为之[⑦]！"

【注释】

①乙卯：七月无乙卯日，当是记日有误。

②齐商人杀舍：《史记·齐太公世家》云："及昭公卒，子舍立，孤弱，即与众十月即墓上弑齐君舍。"

③元：齐惠公，商人兄，齐桓公少卫姬所生。

④求之：想要君位。之，指君位。

⑤蓄憾：积下怨恨。

⑥免我：不杀我。元之意，如果我接受君位，必将积怨于你而成为舍之第二被杀。

⑦尔为之：此段应与下面"齐人定懿公"一段连读。

【译文】

秋七月乙卯日，夜里，齐商人杀了太子舍，并且准备让位给元。元说："你想得到这个君位已经很久了。我能事奉你，我不能让你积怨太多，否则你能赦免我吗？你做国君吧。"

14.7　有星孛入于北斗，周内史叔服曰："不出七年，宋、齐、晋之君皆将死乱。"

【译文】

有彗星冲入北斗，周内史叔服说："不出七年，宋国、齐国、晋国的国君都将死于动乱。"

14.8　晋赵盾以诸侯之师八百乘纳捷菑于邾。邾人辞曰："齐出貜且长[①]。"宣子曰："辞顺[②]，而弗从，不祥。"乃还。

【注释】

①齐出貜且(jué jū)：齐女所生的貜且。长：年长。

②辞顺：指邾人立长为君，合乎情理。

【译文】

晋赵盾率诸侯的军队八百乘战车送捷菑回邾国。邾国人辞谢说："齐女所生的貜且年长。"赵宣子说："他们的话说得合情合理，如果不顺从他们，不吉祥。"于是撤兵回去。

14.9　周公将与王孙苏讼于晋[①]，王叛王孙苏[②]，而使尹氏与聃启讼周公于晋[③]。赵宣子平王室而复之[④]。

【注释】

①讼：争讼，打官司。

②王叛王孙苏：匡王本答应帮助王孙苏，后来又改助周公阅。王，周匡王。叛，违背诺言。

③尹氏：周卿士。聃启：周大夫。讼周公：为周公诉冤求理。

④平王室：调解周公与王孙苏的纠纷。平，调解。

【译文】

周公阅准备和王孙苏到晋国去争讼，周匡王违背了帮助王孙苏的诺言，而派尹氏和聃启到晋国帮周公阅打官司。赵宣子调解了他们的纠纷并恢复了各人的职位。

14.10　楚庄王立[①]，子孔、潘崇将袭群舒[②]，使公子燮与子仪守[③]，而伐舒蓼。二子作乱[④]，城郢[⑤]，而使贼杀子孔，不克而还。八月，二子以楚子出[⑥]。将如商密[⑦]。庐戢梨及叔麇诱之[⑧]，遂杀斗克及公子燮。

【注释】

①楚庄王：名旅。楚穆王去年死，庄王今年立。

②子孔：成嘉，时为令尹。群舒：大致宗国在今安徽舒城，而散居于舒城、庐江至巢湖一带。

③子仪：即斗克。守：留守。其时楚庄王年幼，以子仪为师，公子燮为傅，因此让二人留守。

④二子：指公子燮与子仪。

⑤城郢：加筑郢都的城墙，以抵抗子孔回师入郢。城，作动词，常指加筑城墙。

⑥以楚子出：二人估计敌不过子孔，因此挟持楚王离开郢都。

⑦商密:在今河南淅川西。

⑧庐:楚邑,在今湖北南漳东。戢梨:庐大夫。叔麇:戢梨副手。

【译文】

楚庄王即位,子孔、潘崇准备袭击各个舒氏部落,让公子燮和子仪留守,而进攻舒蓼。公子燮和子仪乘机作乱。二人加筑郢都城墙,而派杀手去刺杀子孔,刺客没有成功而返回。八月,二人挟持楚庄王出走,准备到商密去。庐戢梨和叔麇设计引诱他们,于是杀了斗克和公子燮。

初,斗克囚于秦[①],秦有崤之败,而使归求成[②]。成而不得志[③],公子燮求令尹而不得,故二子作乱[④]。

【注释】

①斗克囚于秦:僖公二十五年,秦、晋伐鄀,斗克等戍商密,秦用计取商密,囚斗克等归秦。

②使归求成:秦国崤之战失败后,放回斗克,请他向楚求和,联楚抗晋。

③不得志:秦楚结盟后,斗克自以为有功,却没得到封赏。

④故二子作乱:按,此段补叙二人作乱的原因。

【译文】

当初,斗克被囚禁在秦国,秦国刚好有崤之战的失败,于是秦国放回斗克请他向楚求和。求和成功后斗克却没有得到封赏,公子燮想当令尹也没有当上,所以二人作乱。

14.11　穆伯之从己氏也[①],鲁人立文伯[②]。穆伯生二子于莒[③],而求复[④],文伯以为请[⑤]。襄仲使无朝[⑥]。听命[⑦],复而不出[8]。三年而尽室以复适莒[9]。文伯疾，而请曰："縠之子弱[10]，请立难也[11]。"许之。文伯卒，立惠叔。穆伯请重赂以求复，惠叔以为请，许之。将来，九月，卒于齐。告丧[12]，请葬[13]，弗许。

【注释】

①穆伯之从己氏：文公七年，穆伯为襄仲如莒聘女，莒女己氏美，穆伯自娶之，遂与襄仲有隙。后经调停，送己氏归莒。文公八年，穆伯后借如周吊丧之机奔莒从己氏。

②文伯：穆伯之子縠。

③二子：为己氏所生。

④复：返回鲁国。

⑤以为请：在朝廷上代父请求。

⑥使无朝：让他不得上朝参与政事。襄仲与穆伯有旧怨，虽同意穆伯返回，但不让参与朝政。

⑦听命：穆伯听从这个命令。

⑧复而不出：虽返国，但始终未外出。

⑨尽室：带走全部家财。

⑩縠之子：指孟献子仲孙蔑，当时尚年幼。

⑪难：文伯之弟。即惠叔。

⑫告丧：向鲁国讣告丧事。

⑬请葬：请求归葬鲁国。

【译文】

穆伯跟随己氏走后，鲁国人立了文伯。穆伯在莒国和己氏生了两个儿子，他请求返回鲁国。文伯为父亲向朝廷请求。襄仲让他不得参与朝廷政事。穆伯听从了，回来后不再出仕。三年后又把全部家财带走返回莒国。文伯生病，于是请求说："縠的儿子尚年幼，请立难吧。"朝廷同意了。文伯死，立惠叔。穆伯拿出丰厚的贿赂再次要求回国，惠叔为他请求，同意了。穆伯准备回国，九月，死在齐国。向鲁国告丧，请求归葬鲁国，没有得到允许。

14.12　宋高哀为萧封人[①]，以为卿，不义宋公而出[②]，遂来奔。书曰："宋子哀来奔。"贵之也[③]。

【注释】

①萧：宋邑，在今安徽萧县。封人：镇守边疆的地方官。

②不义宋公：以为宋公不义。指宋昭公多行不义。

③贵之：表示尊重。诸侯大夫来奔，《春秋》一般称名，这里称字，表示尊重。

【译文】

宋高哀担任萧地的封人，宋昭公任用他为卿。高哀认为宋昭公多行不义因而出走，于是逃奔来鲁国。《春秋》记载说："宋子哀来奔。"这是表示尊重。

14.13　齐人定懿公[①]，使来告难[②]，故书以"九月"[③]。齐公子元不顺懿公之为政也[④]，终不曰"公"，曰"夫己氏"[⑤]。

【注释】

①定懿公：稳定懿公君位。此段应与上文"齐商人杀舍"一段连读。

②告难：报告舍被杀之难。

③故书以"九月"：杀舍本在七月，因政局未定，齐人九月才承认商人的君位，才来告难，因此《春秋》记在九月。

④不顺：不服。

⑤夫己氏：等于说“那个人”。或曰己在十天干中为第六位，商人在桓公诸子中行六，故称“夫己氏”。

【译文】

齐人稳定了齐懿公的君位，才派人来报告齐国的祸难，所以《春秋》记载说“九月”。齐公子元不服齐懿公执政，始终不称他为“公”，只称“那个人”。

14.14　襄仲使告于王，请以王宠求昭姬于齐[①]，曰：“杀其子，焉用其母[②]？请受而罪之[③]。”冬，单伯如齐，请子叔姬，齐人执之[④]。又执子叔姬[⑤]。

【注释】

①以王宠求昭姬：以天王的荣宠请求让叔姬回鲁国。昭姬，齐昭公妃叔姬。

②杀其子，焉用其母：太子舍为叔姬所生。

③受：指让她回鲁国。

④齐人执之：齐人恨鲁国恃王宠来求叔姬，因此扣留单伯以抗王命。

⑤又执子叔姬：扣留叔姬以侮辱鲁国。

【译文】

襄仲派人报告周王，请求以天子的荣宠请求齐国让叔姬回鲁国，说：“既然杀了她的儿子，还留着母亲干什么？请让她回国并让鲁国惩办她。”冬，单伯到齐国请求送回子叔姬，齐人把他抓了起来，又把子叔姬抓了起来。

十五年

【经】

15.1　十有五年春[①]，季孙行父如晋[②]。

15.2　三月，宋司马华孙来盟[③]。

15.3　夏，曹伯来朝[④]。

15.4　齐人归公孙敖之丧[⑤]。

15.5　六月辛丑朔，日有食之[⑥]。鼓，用牲于社[⑦]。

15.6　单伯至自齐[⑧]。

15.7　晋郤缺帅师伐蔡。戊申[⑨]，入蔡。

15.8　秋，齐人侵我西鄙。

15.9　季孙行父如晋[⑩]。

15.10　冬十有一月，诸侯盟于扈[⑪]。

15.11　十有二月，齐人来归子叔姬[⑫]。

15.12　齐侯侵我西鄙，遂伐曹，入其郛[⑬]。

【注释】

①十有五年：鲁文公十五年当周匡王元年，前612。

②季孙行父如晋：季孙行父，上年齐扣留单伯与叔姬，季文子请晋去向齐国请求。

③华孙：名耦。

④曹伯：曹文公。

⑤齐人归公孙敖之丧：公孙敖上年死于齐，今归葬鲁国。

⑥六月辛丑朔，日有食之：此当是前612年4月21日之日食。辛丑朔，初一。

⑦社：土地神庙。

⑧单伯至自齐：齐国释放单伯，单伯从齐到鲁国。

⑨戊申：初八。

⑩季孙行父如晋：向晋报告齐入侵之事。

⑪扈：郑地，在今河南原阳西。

⑫齐人来归子叔姬：上年鲁国向齐请求召回子叔姬，齐不肯，今送叔姬回鲁。

⑬郛(fú)：郭，外城。

【译文】

鲁文公十五年春，季孙行父到晋国去。

三月，宋国司马华孙来鲁会盟。

夏，曹文公来鲁朝见。

齐人送回公孙敖的灵柩。

六月初一，有日食。击鼓，并在土地神庙用牺牲祭祀。

单伯从齐国回来。

晋郤缺率领军队攻打蔡国。六月初八，晋军进入蔡国。

秋，齐人侵入我国西部边境。

季孙行父到晋国去。

冬十一月，诸侯在扈地会盟。

十二月，齐人送子叔姬回鲁。

齐人入侵我国西部边境，并且攻打曹国，进入其都城的外城。

【传】

15.1　十五年春，季文子如晋，为单伯与子叔姬故也。

【译文】

鲁文公十五年春，季文子到晋国去，是为了单伯和子叔姬的事情去的。

15.2　三月，宋华耦来盟，其官皆从之①。书曰“宋司马华孙”，贵之也。公与之宴，辞曰：“君之先臣督②，得罪于宋殇公，名在诸侯之策③。臣承其祀，其敢辱君④？请承命于亚旅⑤。”鲁人以为敏⑥。

【注释】

①其官：指华耦的部属。

②先臣督：指华耦的曾祖华督。华督在桓公二年杀其君宋殇公。

③名在诸侯之策：桓公二年《经》有“宋督弑其君与夷”的记载，即“名在诸侯之策”。策，简册。

④其敢辱君：华耦自以为罪人之孙，不敢屈辱文公与之共宴。故如此说。

⑤亚旅：上大夫。指请改用上大夫之礼。

⑥敏：对答敏捷。

【译文】

三月，宋国的华耦来，他的属官都跟随前来。《春秋》记载“宋司马华孙”，是表示尊重他。文公要宴请他，华耦辞谢说：“国君的先臣督开罪了宋殇公，名字记在诸侯的简册上。下臣继承他的祭祀，哪里敢使国君蒙羞？请用上大夫之礼吧。”鲁人认为他对答很敏捷。

15.3　夏，曹伯来朝，礼也。诸侯五年再相朝①，以修王命，古之制也②。

【注释】

①五年：文公十一年曹文公来朝，今又来，前后已五年。

②古之制：古代制度，诸侯每五年互相朝见一次，以重温天子的命令。

【译文】

夏，曹文公来鲁朝见，合乎礼制。诸侯间五年再互相朝见一次，以重温天子的命令，这是自古以来的制度。

15.4 齐人或为孟氏谋[①]，曰：“鲁，尔亲也，饰棺置诸堂阜[②]，鲁必取之。”从之。卞人以告[③]。惠叔犹毁以为请[④]，立于朝以待命[⑤]。许之，取而殡之。齐人送之[⑥]。书曰：“齐人归公孙敖之丧。”为孟氏，且国故也[⑦]。葬视共仲[⑧]。声己不视[⑨]，帷堂而哭[⑩]。襄仲欲勿哭[⑪]，惠伯曰[⑫]：“丧，亲之终也[⑬]。虽不能始[⑭]，善终可也[⑮]。史佚有言曰[⑯]：‘兄弟致美[⑰]。救乏、贺善、吊灾、祭敬、丧哀[⑱]，情虽不同，毋绝其爱，亲之道也[⑲]。’子无失道，何怨于人？”襄仲说，帅兄弟以哭之。

【注释】

①孟氏：穆伯公孙敖为庆父之子，其家族称为孟孙氏，或叫孟氏。

②饰棺：古代死人的棺木及其载柩之车，根据死者身份等级不同而有不同的装饰，叫饰棺。此指公孙敖的饰棺。堂阜：齐地，齐鲁交界处，在今山东蒙阴。

③卞人：卞邑大夫。邑大夫后称为县宰。

④毁：因居丧悲哀得面容消瘦。请：请归葬公孙敖。

⑤立于朝：表示不得允许不退。

⑥送之：送公孙敖之丧。

⑦为孟氏，且国故也：此二句解释《春秋》记载“齐人归公孙敖之丧”的原因。为孟氏，孟氏世代为鲁卿，公孙敖又为孟氏之祖。国故，指孟氏为鲁国公族。

⑧视：比，比照。共仲：庆父。

⑨声己：公孙敖次妻，惠叔母亲。不视：不去看灵柩。

⑩帷堂而哭：声己在帷堂外哭，是怨恨公孙敖从莒女。帷堂，古人初死，置于堂中，四周以帷幕围上，叫帷堂。

⑪襄仲欲勿哭：襄仲与公孙敖为堂兄弟，礼应哭，因仍怀旧怨，所以也不哭。

⑫惠伯：叔彭生。

⑬亲之终：最后一次对待亲人。

⑭虽不能始：指当初二人争莒女。始，善始。

⑮善终：指丧礼应好好对待。

⑯史佚：西周初年史官。

⑰致美：尽力做到完美。

⑱救乏：救济困乏。贺善：祝贺喜庆。吊灾：慰问灾祸。祭敬：祭祀恭敬。丧哀：丧事悲哀。

⑲亲之道：对待亲人之道。

【译文】

齐国有的人为孟孙氏出谋划策，说：“鲁国，是你的宗亲，把公孙敖的饰棺放在堂阜，鲁国一定会去取回的。”孟孙氏听从了。卞邑大夫把此事报告给鲁国。惠叔仍因居丧悲哀而面容消瘦，向朝廷请求归葬公孙敖，并站立在朝廷上等待允许。鲁国同意了。取回公孙敖的饰棺停放。齐人送他的饰棺。《春秋》记载说：“齐人归公孙敖之丧。”是为了孟氏，也是为了鲁国的缘故。鲁国对公孙敖的葬礼等同于共仲。声己不肯去看灵柩，只在帷堂外哭泣。襄仲也不想哭泣，惠伯说：“丧事，是最后一次对待死者了。即使不能善始，也应该善终啊。史佚曾说过：‘兄弟之间应尽力做到完美。救济困乏、祝贺喜庆、慰问灾祸、祭祀恭敬、丧事悲哀，感情虽然不一样，也不要断绝了他们的友爱，这是对待亲人的道理。'你不要失去为人之道，埋怨别人什么呢？"襄仲听了很高兴，带领众兄弟一起去哭灵。

他年[①]，其二子来[②]，孟献子爱之[③]，闻于国[④]。或谮之[⑤]，曰："将杀子。"献子以告季文子。二子曰："夫子以爱我闻[⑥]，我以将杀子闻，不亦远于礼乎？远礼不如死[⑦]。"一人门于句鼆，一人门于戾丘，皆死[⑧]。

【注释】

①他年：此后若干年。

②二子：穆伯生于莒之二子。

③孟献子：文伯之子仲孙蔑，当时年少。

④闻于国：指国内人都知道他爱二子。闻，闻名。

⑤谮(zèn)之：向孟献子诬告二子。

⑥夫子：指孟献子。孟献子论辈分是二子之侄，但为孟氏嫡嗣，且继承卿位，可能其年龄也长于二子，故二子称之为"夫子"。

⑦远礼不如死：二子宁可受屈而死。

⑧一人门于句鼆(gōu měng)，一人门于戾丘，皆死：句鼆、戾丘，均鲁邑。二子一人在句鼆守门，一人在戾丘守门，都战死。以上都是后事。

【译文】

过了几年，穆伯的两个儿子回来了，孟献子很喜欢他们，国内人都知道。有的人就向孟献子诬告他们，说："二人将杀你。"孟献子把这话告诉季文子。这二人说："孟孙他老人家以喜欢我们而闻名，而我们以打算杀死他而出名，这不是远离礼义了吗？离开了礼义之道还不如去死。”后来一人在句鼆守门，一人在戾丘守门，都战死。

15.5 六月辛丑朔，日有食之，鼓，用牲于社，非礼也。日有食之，天子不举[①]，伐鼓于社[②]；诸侯用币于社[③]，伐鼓于朝，以昭事神、训民、事君[④]，示有等威[⑤]，古之道也[⑥]。

【注释】

①不举：撤除丰盛的食品，且不奏乐。

②伐鼓：击鼓。

③币：玉帛。用玉帛祭祀土地神。

④昭：表明。训：教训。

⑤等威：威仪有一定的等级。

⑥古之道也：以上解释“非礼”。“鼓、用牲于社”，乃用天子之礼，故曰“非礼”。

【译文】

六月初一，发生日食，击鼓，在土地神庙用牺牲祭祀，这不合于礼制。发生日食，天子减膳撤乐，在土地神庙击鼓；诸侯在土地神庙用玉帛祭祀，在朝廷上击鼓，以表明敬奉神灵、教导百姓、事奉国君，表示威仪有不同的等级，这是自古以来的制度。

15.6 齐人许单伯请而赦之[①]，使来致命[②]。书曰：“单伯至自齐。”贵之也。

【注释】

①齐人许单伯请而赦之：上年《传》“单伯如齐请子叔姬”，齐人

执之。

②使来致命：齐释放了单伯，让他来鲁国传达愿意送回子叔姬的命令。

【译文】

齐人答应了单伯的请求而释放了他，并让他到鲁国传达命令。《春秋》记载"单伯至自齐"，是表示尊重他。

15.7　新城之盟，蔡人不与①。晋郤缺以上军、下军伐蔡，曰："君弱②，不可以怠③。"戊申，入蔡，以城下之盟而还。凡胜国，曰灭之④；获大城焉，曰入之⑤。

【注释】

①不与：不参与会盟，亦即表示不服。去年新城之盟，原从楚的陈、郑、宋诸国都参加。

②君弱：指晋灵公尚年少。

③怠：懈怠。

④凡胜国，曰灭之：战胜一个国家，断绝其社稷祭祀，占有其土地，就叫灭。胜国，战胜一个国家。

⑤获大城焉，曰入之：得到大城邑，入可占有其地，也有不占有其地。郤缺入蔡，不占有其地。

【译文】

新城的盟会，蔡国不参加。晋国郤缺就率领上军和下军攻打蔡国，说："不要因为国君年少，就懈怠了。"六月初八，进入蔡国，订立了城下之盟然后返回。凡是战胜一个国家，叫作"灭"；得到大城市，叫作"入"。

15.8　秋，齐人侵我西鄙，故季文子告于晋。

【译文】

秋，齐人侵入我国西部边境，所以季文子去向晋国报告。

15.9 冬十一月，晋侯、宋公、卫侯、蔡侯、陈侯、郑伯、许男、曹伯盟于扈[①]，寻新城之盟，且谋伐齐也[②]。齐人赂晋侯，故不克而还。于是有齐难[③]，是以公不会[④]。书曰“诸侯盟于扈”[⑤]，无能为故也。凡诸侯会，公不与，不书，讳君恶也[⑥]。与而不书，后也。

【注释】

①晋侯、宋公、卫侯、蔡侯、陈侯、郑伯、许男、曹伯盟于扈：按，阮刻本无“陈侯”二字，陈侯参加了盟会，应补上。

②谋伐齐：因齐侵鲁，且曾执王使单伯，所以诸侯商量伐齐。

③有齐难：即下文“侵我西鄙”。

④公不会：因齐国入侵，文公未能参加扈之盟。

⑤书曰“诸侯盟于扈”：因晋侯受贿，不克而还，所以《经》文只记“诸侯”二字，而不列各国。

⑥讳君恶：隐瞒国君的过失。

【译文】

冬十一月，晋灵公、宋昭公、卫成公、蔡庄公、陈灵公、郑穆公、许昭公、曹文公在扈地会盟，重温新城之盟，并且商量攻打齐国之事。齐人贿赂晋灵公，所以没有开战就撤兵回去了。此时鲁国有齐人之难，所以文公没有参加会盟。《春秋》只记载“诸侯盟于扈”，是因为没能伐成齐国的缘故。凡诸侯盟会，鲁公不参加，就不加以记载，是为了隐瞒国君的过失。参加了而不加以记载，是由于晚到了。

15.10　齐人来归子叔姬，王故也。

【译文】

齐人送子叔姬回来，是因为有天子的命令。

15.11　齐侯侵我西鄙，谓诸侯不能也①。遂伐曹，入其郛，讨其来朝也②。季文子曰："齐侯其不免乎③？己则无礼④，而讨于有礼者，曰：'女何故行礼⑤！'礼以顺天，天之道也。己则反天⑥，而又以讨人，难以免矣。《诗》曰：'胡不相畏，不畏于天⑦？'君子之不虐幼贱，畏于天也。在《周颂》曰：'畏天之威，于时保之⑧。'不畏于天，将何能保？以乱取国⑨，奉礼以守，犹惧不终。多行无礼，弗能在矣⑩！"

【注释】

①不能：指诸侯不能伐齐救鲁。

②讨其来朝：讨伐曹国夏天朝见鲁国。

③不免：不免于难。文公十八年齐懿公被杀，此为预言。

④无礼：指齐扣留单伯，又侵鲁、曹。

⑤女何故行礼：此句是模拟齐侯的口吻。曹国朝鲁是行礼。

⑥反天：反礼。

⑦胡不相畏？不畏于天：引诗见《诗经·小雅·雨无正》，意谓为何不互相畏惧？因为不畏惧上天。

⑧畏天之威，于时保之：引诗见《诗经·周颂·我将》，意谓敬畏上天的威命，就能保有福禄。

⑨以乱取国：齐懿公本是杀太子舍自立的，是乱。

⑩在：指善终。

【译文】

齐懿公入侵我国西部边境，认为诸侯不能救援。于是攻打曹国，进入它的外城，以讨伐它夏天曾来我国朝见。季文子说："齐侯将不免于灾难了吧？自己本来无礼，而要讨伐有礼之人，还说：'你为何要遵循礼啊？'行礼顺从上天，这是上天的常道。自己已经违反上天之礼了，而又要讨伐别人，灾难是免不了的了。《诗》中说：'为何不互相畏惧呢？因为不畏惧上天！'君子不虐待幼小和卑贱之人，就是由于敬畏上天。在《周颂》里说：'敬畏上天的威命，就能保有福禄。'上天都不敬畏，有什么能保住？凭着动乱夺取了君位，就要尊奉礼来守住君位，如此还怕不得善终呢。多做非礼的事情，必不得善终了。"

十六年

【经】

16.1 十有六年春①，季孙行父会齐侯于阳谷②，齐侯弗及盟③。

16.2 夏五月，公四不视朔④。

16.3 六月戊辰⑤，公子遂及齐侯盟于郪丘⑥。

16.4 秋八月辛未⑦，夫人姜氏薨⑧。

16.5 毁泉台⑨。

16.6 楚人、秦人、巴人灭庸⑩。

16.7 冬十有一月，宋人弑其君杵臼⑪。

【注释】

①十有六年：鲁文公十六年当周匡王二年，前611。

②阳谷：齐地，在今山东阳谷北。

③弗及盟：指季文子会齐懿公，是欲与齐讲和，但齐懿公不肯结盟。

④视朔：诸侯每月初一以一只羊祭告太庙，叫告朔；告朔后，处理一个月的政事叫视朔。

⑤戊辰：初四。

⑥郪(qī)丘：齐地，在今山东东阿。或曰在今山东临淄附近。

⑦辛未：初八。

⑧姜氏：声姜，鲁僖公夫人，文公母亲。

⑨泉台：即郎台。郎为鲁国南郊之邑。庄公三十一年《经》文有“筑台于郎”的记载。

⑩巴：姬姓国，在今湖北襄樊附近。庸：属楚的小国，在湖北竹山东。

⑪杵臼：宋昭公。

【译文】

鲁文公十六年春，季孙行父在阳谷与齐懿公会见，齐懿公不肯结盟。

夏五月，鲁文公四次在初一不理朝政。

六月初四，公子遂和齐懿公在郪丘结盟。

秋八月初八，夫人姜氏去世。

拆毁泉台。

楚人、秦人、巴人联合灭了庸。

冬十一月，宋人杀了它的国君杵臼。

【传】

16.1　十六年春王正月，及齐平[①]。公有疾，使季文子会齐侯于阳谷。请盟，齐侯不肯，曰：“请俟君间[②]。”

【注释】

①及齐平：和齐国讲和。

②请俟君间：齐懿公认为与大夫盟有失体统，因此推辞说等文公病好后再结盟。俟，等待。间，病愈。

【译文】

十六年春周历正月，和齐国讲和。文公有病，派季文子和齐懿公在阳谷会见，并请求结盟。齐懿公不愿意，回答说："请等贵君病好吧。"

16.2 夏五月，公四不视朔，疾也。公使襄仲纳赂于齐侯[①]，故盟于郪丘。

【注释】

①纳赂于齐侯：正月齐懿公不肯与季文子结盟，文公派襄仲送财礼后才肯结盟。

【译文】

夏五月，文公四次不视朔理朝政，是因为生病。文公派襄仲送财礼给齐懿公，所以才在郪丘结盟。

16.3 有蛇自泉宫出[①]，入于国[②]，如先君之数[③]。秋八月辛未，声姜薨，毁泉台[④]。

【注释】

①泉宫：即泉台。

②入于国：进入国都曲阜。

③如先君之数：据《史记·鲁世家》记载，鲁国自伯禽至僖公共十七君，进入国都的蛇有十七条，因此说"如先君之数"。

④毁泉台：鲁人认为蛇妖从泉宫出来，声姜就死了，因此要拆毁泉台。

【译文】

有蛇从泉宫里出来，又进入国都，正和鲁国去世的先君数一样。秋八月初八，声姜去世。鲁人拆毁了泉台。

16.4　楚大饥，戎伐其西南[①]，至于阜山[②]，师于大林[③]。又伐其东南，至于阳丘[④]，以侵訾枝[⑤]。庸人帅群蛮以叛楚[⑥]。麇人率百濮聚于选[⑦]，将伐楚。于是申、息之北门不启[⑧]。

【注释】

①戎：散处于楚国山区的戎人。

②阜山：楚邑，在今湖北房县南。

③师：驻军。大林：楚邑，在今湖北荆门西北。

④阳丘：亦楚邑，今地不详。

⑤訾枝：楚邑，在今湖北枝江。

⑥群蛮：当时散处在楚国西南的少数民族。

⑦麇：国名，在今湖北郧阳。百濮：散居在楚西南的濮人。濮人部族多，散居各处，因称百濮。选：楚地，在今湖北枝江。

⑧申、息之北门不启：申、息，二地均在今河南南阳，为楚北境防备中原诸国的重镇。西南诸少数民族叛乱，楚抽调军队南防，因此北门不敢开启，以防中原诸侯。

【译文】

楚国闹大饥荒，戎人攻打它的西南部，一直到达阜山，军队驻扎在大林。又攻打它的东南，到达阳丘，以便进攻訾枝。庸国人率领蛮人各部背叛楚国。麇国人率百濮人聚集在选地，准备攻打楚国。这时，楚国申、息两地的北门都不敢开启。

楚人谋徙于阪高[1]。蒍贾曰[2]:“不可。我能往,寇亦能往。不如伐庸。夫麇与百濮,谓我饥不能师[3],故伐我也。若我出师,必惧而归。百濮离居[4],将各走其邑,谁暇谋人[5]?”乃出师。旬有五日,百濮乃罢。

【注释】

①徙于阪高:楚人商量迁都到阪高。阪高,在今湖北当阳东北之长阪。

②蒍贾:字伯嬴,孙叔敖的父亲。

③饥不能师:因饥荒不能出兵。

④离居:即散居。

⑤谁暇谋人:蒍贾认为,楚如果伐庸,百濮各自逃散,不再会想去攻打别人。

【译文】

楚国人商量着要把国都迁徙到阪高去。蒍贾说:“不可以。我能去,敌人也能去,不如去攻打庸国。那个麇国和百濮以为我们闹饥荒不能出兵,所以敢于攻打我们。如果我们出兵,必定害怕而撤兵回去。百濮族分散居住,必将各自跑回自己的地方,谁还有时间去算计别人呢?”楚国于是出兵。十五日之后,百濮果然罢兵回去。

自庐以往,振廪同食[1]。次于句澨[2]。使庐戢黎侵庸,及庸方城[3]。庸人逐之,囚子扬窗[4]。三宿而逸[5],曰:“庸师众,群蛮聚焉,不如复大师[6],且起王卒[7],合而后进。”师叔曰[8]:“不可。姑又与之遇以骄之[9]。彼骄我怒[10],而后可克,先君蚡冒所以服陉隰也[11]。”又与之遇,七遇皆北[12],唯裨、鯈、鱼人实逐之[13]。

【注释】

①自庐以往，振廪同食：楚军从郢都出发伐庸，必经过庐。到庐之前，尚自带军粮，到庐之后，便打开当地粮仓让将士一起食用。庐，楚邑，在今湖北南漳东。振，散发。廪，粮仓。

②句澨（shì）：在今湖北均县西。

③方城：此为庸方城，在今湖北竹山东，与楚之方城不是同一地。

④子扬窗：庐戢梨的部属。字子扬，名窗。

⑤逸：子扬窗逃回。

⑥复大师：再发大兵。

⑦王卒：楚王的直属部队。

⑧师叔：楚大夫潘尫。

⑨姑又与之遇以骄之：意为以原先的部队再接战，以麻痹敌人。

⑩怒：士气奋发。

⑪蚡（fén）冒：楚武王之兄，楚国第十六君。谥为“厉王”。陉隰：顾栋高《春秋大事表》云：“荆州府以东多山溪之险，因名。”

⑫七遇皆北：楚军伪装败走。北，败。

⑬唯裨（pí）、鯈、鱼人实逐之：意为庸人轻敌，只用少数部队追击楚军。裨、鯈、鱼，皆群蛮部落。

【译文】

楚军从庐地出兵后，每到一地便打开粮仓让将士一起食用。楚军驻扎在句澨。派庐戢梨入侵庸，到达庸的方城。庸人追逐楚军，囚禁了子扬窗。过了三个晚上，子扬窗逃回来，说：“庸人军队众多，蛮人各部族都聚集在那里，不如再发动大部队，同时出动君王的直属部队，会合以后再进攻。”师叔说：“不可以。姑且用原先的军队再接战，以麻痹敌人使他们骄傲。敌人骄傲我军士气奋发，才可以战胜敌人。先王蚡冒曾经用此计战胜陉隰之敌。”楚军又和庸蛮接战，交战七次，楚军都佯装败走，庸蛮人中只有裨、鯈、鱼人追击楚军。

庸人曰:“楚不足与战矣。”遂不设备[①]。楚子乘驲[②],会师于临品[③],分为二队,子越自石溪、子贝自仞以伐庸[④]。秦人、巴人从楚师,群蛮从楚子盟[⑤]。遂灭庸。

【注释】

①遂不设备:楚军佯败,庸人轻敌,果然中计,不再设防。

②驲(rì):驿站用的专车。

③临品:在今湖北均县。

④子越:斗椒。子贝:楚大夫。石溪、仞:二地都在均县。

⑤群蛮从楚子盟:群蛮见楚军强大,脱离庸人与楚结盟。

【译文】

庸人说:“楚人不足以一战了。”于是不设防备。楚庄王乘驿站的专车,和其他楚军在临品会师,并将军队分为二支,子越从石溪,子贝从仞地同时进攻庸人。秦军、巴军跟随着楚军,蛮人各部都和楚王结盟。楚人于是灭了庸。

16.5 宋公子鲍礼于国人[①],宋饥,竭其粟而贷之[②]。年自七十以上,无不馈诒也[③],时加羞珍异[④]。无日不数于六卿之门[⑤]。国之材人[⑥],无不事也;亲自桓以下,无不恤也[⑦]。公子鲍美而艳,襄夫人欲通之[⑧],而不可,乃助之施[⑨]。昭公无道,国人奉公子鲍以因夫人[⑩]。

【注释】

①公子鲍:宋昭公庶弟。

②贷:施舍。

③馈诒(yí):赠送。

④羞：进送。珍异：珍贵食品。

⑤无日不数(shuò)于六卿之门：指频繁进出于六卿之门。数，屡次。

⑥材人：有才干的人。

⑦亲自桓以下，无不恤下：亲，亲属。桓，宋桓公。恤，体恤，周济。

⑧襄夫人：宋襄公夫人，周襄王姊。

⑨乃助之施：阮刻本作“夫人助之施”。

⑩因：依附。

【译文】

宋国的公子鲍礼遇国人，宋国有饥荒，他竭尽自己的全部粮食施舍给国人。年纪在七十以上的人，没有不赠送的，还不时地进送珍贵食品。他没有一天不奔走于六卿之门。国内有才能的人，他没有不事奉的；亲属中自桓公子孙以下，他都加以周济。公子鲍英俊而且艳丽，襄夫人想和他私通，公子鲍不肯，襄夫人就帮他施舍。宋昭公无道，国人尊奉公子鲍以依附襄夫人。

于是华元为右师[①]，公孙友为左师，华耦为司马，鳞鱹为司徒，荡意诸为司城[②]，公子朝为司寇。初，司城荡卒[③]，公孙寿辞司城[④]，请使意诸为之[⑤]。既而告人曰：“君无道，吾官近[⑥]，惧及焉[⑦]。弃官，则族无所庇。子，身之贰也[⑧]，姑纾死焉[⑨]。虽亡子，犹不亡族。”

【注释】

①华元：华督曾孙。

②荡意诸：荡意诸于文公八年逃奔鲁国，十一年回国复位。

③司城荡：文公七年，公子荡为司城，称司城荡。

④公孙寿辞司城：公孙寿，荡之子。父死，本子承其位，但公孙寿辞

去司城之职。

⑤意诸:即荡意诸,公孙寿之子。

⑥官近:官位接近国君。

⑦及:祸患加身。

⑧身:我,自己。

⑨纾死:缓死。儿子继官位,有罪也是处死儿子,自己则可缓死。

【译文】

此时华元任右师,公孙友任左师,华耦任司马,鳞罐为司徒,荡意诸为司城,公子朝为司寇。当初,司城荡死了,公孙寿辞去司城之职,请让荡意诸担任。后来他告诉人说:"国君无道,我的官职接近国君,害怕灾祸加身。如果弃官不干,那么族人就没有庇护的人了。儿子,是我的代表,有罪有他顶替,我则可缓点死去。即使失去了儿子,也不至于家族灭亡。"

既,夫人将使公田孟诸而杀之①。公知之,尽以宝行。荡意诸曰:"盍适诸侯②?"公曰:"不能其大夫至于君祖母以及国人③,诸侯谁纳我?且既为人君,而又为人臣④,不如死。"尽以其宝赐左右以使行⑤。夫人使谓司城去公⑥,对曰:"臣之而逃其难,若后君何⑦?"

【注释】

①夫人将使公田孟诸而杀之:昭公对襄夫人无礼,文公八年,襄夫人已使人杀昭公之党数人。此时又欲杀昭公。夫人,即襄公夫人。公,宋昭公。孟诸,宋国的沼泽地。

②盍适诸侯:荡意诸劝昭公逃奔其他诸侯国。盍,何不。

③不能:不得,得不到支持。君祖母:昭公是襄公之孙,称襄公夫人

为君祖母。

④又为人臣：逃亡诸侯，是做别人的臣子。

⑤使行：让左右离开。

⑥去公：劝荡意诸离开昭公。

⑦若后君何：怎么侍奉以后的国君。其实荡意诸本昭公之党，不愿意背叛昭公。

【译文】

不久，襄夫人准备让昭公去孟诸打猎并趁机杀他。昭公知道了，带着全部珍宝出走。荡意诸说："为何不逃奔其他诸侯国呢？"昭公说："我不能得到国内大夫以至君祖母和国人的信任，诸侯谁愿意接纳我啊？而且，既然做了国君，又去做人家的臣子，还不如死。"昭公把他所带的全部珍宝分赐给左右随从，让他们离开。襄夫人派人去告诉司城要他离开昭公。司城回答说："我既然做他的臣子又在有灾难的时候离开他，怎么侍奉以后的国君？"

冬十一月甲寅①，宋昭公将田孟诸，未至，夫人王姬使帅甸攻而杀之②。荡意诸死之③。书曰："宋人弑其君杵臼。"君无道也④。文公即位⑤，使母弟须为司城⑥。华耦卒，而使荡虺为司马⑦。

【注释】

①甲寅：二十二日。

②王姬：即宋襄夫人，其为周王姊，故称王姬。帅甸：官名，甸地之帅，即公邑大夫。

③死之：为之而死，为宋昭公而死。

④君无道：宋昭公无道，所以《春秋》直称其为"君"。

⑤文公：即宋公子鲍。

⑥使母弟须为司城：代荡意诸。母弟须，公子鲍同母弟公子须。

⑦荡虺（huī）：荡意诸之弟。

【译文】

冬十一月二十二日，宋昭公将去孟诸打猎，还没到，夫人王姬就派帅甸进攻昭公并杀了他。荡意诸为此也死了。《春秋》记载说："宋人弑其君杵臼。"是因为昭公无道。宋文公即位，派同母弟须任司城。华耦死了，派荡虺做司马。

十七年

【经】

17.1 十有七年春①，晋人、卫人、陈人、郑人伐宋。

17.2 夏四月癸亥②，葬我小君声姜③。

17.3 齐侯伐我西鄙。六月癸未④，公及齐侯盟于谷⑤。

17.4 诸侯会于扈⑥。

17.5 秋，公至自谷⑦。

17.6 冬，公子遂如齐⑧。

【注释】

①十有七年：鲁文公十七年当周匡王三年，前610。

②癸亥：初四。

③小君：诸侯之妻。声姜上年死去。

④癸未：二十五日。

⑤谷：齐地，在今山东东阿。

⑥扈：郑地，在今河南原阳西。

⑦公至自谷：鲁文公与齐结盟后回国。

⑧公子遂如齐：公子遂到齐国拜谢谷之盟。

【译文】

鲁文公十七年春，晋人、卫人、陈人、郑人攻打宋国。

夏四月初四，安葬小君声姜。

齐懿公攻打我国西部边境。六月二十五日，文公和齐懿公在谷地会盟。

诸侯在扈地会见。

秋，文公从谷地回国。

冬，公子遂到齐国去。

【传】

17.1　十七年春，晋荀林父、卫孔达、陈公孙宁、郑石楚伐宋，讨曰："何故弑君①！"犹立文公而还②。卿不书，失其所也③。

【注释】

①何故弑君：诸侯是以弑君之罪讨伐宋国，故有此问。

②犹立文公：说"犹立"，其实诸侯之师到宋，文公君位已定，无法改变了，诸侯只好退师。

③失其所：处置失当。所，处所。诸侯之师本以弑君罪讨宋，却无功而返，是失其所。因此《春秋》只记某人，不记卿的名字。

【译文】

文公十七年春，晋荀林父、卫孔达、陈公孙宁、郑石楚攻打宋国，讨伐它说："为什么杀了你们的国君！"还是立了文公然后回国。《春秋》不记载卿的名字，是因为认为他们处置失当。

17.2　夏四月癸亥，葬声姜。有齐难，是以缓①。

【注释】

①是以缓:依礼,诸侯五月而葬。声姜死于上年八月,已有九个月了,因为齐国入侵,是以推迟。

【译文】

夏四月初四,安葬声姜。因为有齐国入侵之难,所以推迟了。

17.3 齐侯伐我北鄙①,襄仲请盟。六月,盟于谷②。

【注释】

①北鄙:《经》文说"伐我西鄙",此说北鄙。应该是此年齐国有二次侵鲁,一在西鄙,一在北鄙。《经》、《传》各记一次。

②盟于谷:鲁先派襄仲往齐国求和,然后齐、鲁二君在谷结盟。

【译文】

齐懿公攻打我国北部边境,襄仲请求结盟。六月,在谷地结盟。

17.4 晋侯蒐于黄父①,遂复合诸侯于扈,平宋也②。公不与会③,齐难故也。书曰"诸侯",无功也④。

【注释】

①黄父:地名,一名黑壤,在今山西翼城东北。

②平宋:晋灵公趁在黄父阅兵的机会会合诸侯,准备与宋国和解。

③公:鲁文公。

④无功:平宋没有成功,因此《经》文只记下"诸侯"二字,不记国名,有讥讽其办事无成效之意。

【译文】

晋灵公在黄父阅兵,因此再次在扈地会合诸侯,准备与宋国和解。

鲁文公没有参加诸侯的会合，是因为有齐国入侵之难。《春秋》记载为“诸侯”二字，因为平宋没有成功。

于是晋侯不见郑伯，以为贰于楚也。郑子家使执讯而与之书[①]，以告赵宣子，曰：

【注释】

①子家：郑国同姓公族，即公子归生，字子家，时为大夫。执讯：官名，掌与各国通讯、问候之事。

【译文】

当时晋灵公在扈地与宋、卫等诸侯国君会盟时，不肯会见郑穆公，认为他亲附于楚国。郑国子家派执讯之官去晋国，并给他一封信，以向赵宣子解释。信中说：

“寡君即位三年[①]，召蔡侯而与之事君[②]。九月，蔡侯入于敝邑以行[③]。敝邑以侯宣多之难[④]，寡君是以不得与蔡侯偕。十一月，克减侯宣多[⑤]，而随蔡侯以朝于执事。十二年六月[⑥]，归生佐寡君之嫡夷[⑦]，以请陈侯于楚[⑧]，而朝诸君。十四年七月，寡君又朝以蒇陈事[⑨]。十五年五月，陈侯自敝邑往朝于君[⑩]。往年正月，烛之武往，朝夷也[⑪]。八月，寡君又往朝。以陈、蔡之密迩于楚[⑫]，而不敢贰焉，则敝邑之故也。虽敝邑之事君，何以不免[⑬]？在位之中，一朝于襄[⑭]，而再见于君[⑮]。夷与孤之二三臣相及于绛[⑯]。虽我小国，则蔑以过之矣[⑰]。今大国曰：‘尔未逞吾志[⑱]。’敝邑有亡，无以加焉[⑲]。古人有言曰：‘畏首畏尾，身其余几。’又曰：‘鹿死不择音⑳。'小国之事大国也,德,则其人也;不德,则其鹿也㉑,铤而走险㉒,急何能择?命之罔极㉓,亦知亡矣。将悉敝赋以待于儵㉔。唯执事命之。文公二年六月壬申㉕,朝于齐。四年二月壬戌㉖,为齐侵蔡,亦获成于楚㉗。居大国之间,而从于强令㉘,岂其罪也?大国若弗图,无所逃命㉙。"

【注释】

①寡君即位三年:郑穆公在鲁僖公三十三年即位,第三年当在鲁文公二年。寡君,指郑穆公。

②蔡侯:此指蔡庄公。君:此指晋襄公,晋文公之子。

③行:朝晋。

④侯宣多之难:侯宣多为郑大夫,曾拥立郑穆公为君,后恃功专权而作乱。

⑤克:平。减:绝,灭。

⑥十二年:指郑穆公十二年,即鲁文公十一年。

⑦嫡:嫡子,正妻所生之子,此指太子。夷:郑穆公太子灵公,名夷。

⑧请陈侯于楚:陈侯欲见晋君,又怕引起楚王的憎恨,故归生和太子夷替他向楚国请求。陈侯,此指陈共公。

⑨蒇(chǎn)陈事:完成陈国归服晋国之事。蒇,完成。

⑩陈侯:此指陈灵公,陈共公之子。

⑪烛之武往,朝夷也:烛之武去晋国,是为了让太子夷朝晋。朝夷,使夷朝。

⑫密迩:紧挨着。

⑬不免:不免有罪,指受晋国责难。

⑭一朝于襄:指上文所说郑穆公即位第三年的十一月朝晋襄公。

⑮再见于君:两次朝见晋灵公。

⑯孤：郑穆公。二三臣：指子家及烛之武等人。绛：晋都，在今山西曲沃西南。

⑰虽我小国，则蔑以过之矣：以郑之小国，这样事晋，已达到顶点了。虽，唯。蔑，无。

⑱未逞吾志：未能满足我的愿望。

⑲敝邑有亡，无以加焉：此二句意为郑国已竭尽全力了，晋国还要有所诛求，只有等待灭亡，无法再做什么了。

⑳音：通“荫”，庇护地。

㉑德，则其人也；不德，则其鹿也：意为大国如以德相待，则小国将像人一样恭顺；否则，就会像鹿一样，“死不择音”，铤而走险。

㉒铤：疾走的样子。

㉓罔极：无准则。极，准则。

㉔悉敝赋以待于儵(chóu)：意即在晋郑边境集结军队准备与晋一战。赋，兵赋，指军队。古时按田赋(田亩税)出兵卒车马，故军队亦称“赋”。儵，地名，在晋郑交界处。

㉕文公二年：指郑文公二年，当鲁庄公二十三年。文公，此指郑文公。六月壬申：六月二十日。

㉖四年：郑文公四年，当鲁庄公二十五年。二月壬戌：此年二月无壬戌，此为二月某日。

㉗为齐侵蔡，亦获成于楚：蔡为楚之属国，郑侵蔡，楚却与郑和解，子家引此事，意在说明楚之胸怀宽广，以见晋之心胸狭窄，对郑屡加猜疑。获成，讲和。

㉘强令：大国以压力施加的命令。

㉙无所逃命：无处可逃。言外之意是郑国只好严阵以待了。

【译文】

“寡君即位三年，就召请蔡侯约他一同事奉贵国国君。九月，蔡侯来到敝国，并且前往贵国。敝国因为侯宣多作乱，故而敝国国君无法与蔡侯同行。十一月，灭掉侯宣多后，就紧随蔡侯之后向贵国方面朝觐。十二年六月，公子归生辅佐敝国国君的嫡太子夷，为陈侯朝晋一事向楚国请求。十四年七月，敝国国君又朝见贵国国君，以促成陈侯朝晋一事。十五年五月，陈侯自敝国前往朝见贵国国君。去年正月，烛之武为太子夷朝晋一事而前往贵国。八月，敝国国君又前去朝见。陈、蔡邻近于楚却不敢分心倾向于楚，这都是敝国影响的缘故。虽然敝国如此事奉贵国君，可为何还是不能免于灾祸呢？敝国国君在位期间，一次朝见贵国先君襄公，两次朝见贵国当今国君。太子夷和敝国国君的一些臣子都相继到过绛都。虽然我们是小国，但事晋之诚心没有一国能超过。现在大国说：'你们还没有满足我们的意愿。'这样，敝国只有等待灭亡了，无法再增加什么来事奉贵国了。古人曾说：'畏首畏尾，身上还剩多少是不怕的？'又说：'鹿将死时是不会选择庇护地的好坏的。'小国事奉大国，大国待之以德，小国就会像人一样恭顺；不以德待之，小国就会像鹿一样，狂奔赴险，情况危急，还谈什么选择。贵国的命令没有准则，我们也知道就要亡国了。我们将出动敝国的所有军队，在儵地等待，就等贵国的办事人员下命令。文公于二年六月二十日，到齐国朝见齐国国君。四年二月壬戌日，为齐国攻打蔡国，但也和楚国达成和解。小国夹于大国之间，要屈从于强国的命令，难道这是小国的罪过吗？大国若不考虑小国的处境，那么小国也就无法逃避大国的命令了。"

晋巩朔行成于郑①，赵穿、公婿池为质焉②。

【注释】

①巩朔：晋大夫，又叫士庄伯，巩伯。行成：求和。

②公婿池：人名，复姓公婿，名池。

【译文】

晋国的巩朔前往郑国讲和，赵穿、公婿池留在郑国做人质。

17.5 秋,周甘歜败戎于邥垂[①],乘其饮酒也。

【注释】

①甘歜(chù):周王子带的后裔。邥(shěn)垂:地名,在今河南洛阳南。

【译文】

秋,周的甘歜在邥垂打败戎人,是乘他们喝酒不设防而打败的。

17.6 冬十月,郑大子夷、石楚为质于晋[①]。

【注释】

①郑大子夷、石楚为质于晋:郑、晋二国交换人质。

【译文】

冬十月,郑国的太子夷、石楚到晋国做人质。

17.7 襄仲如齐,拜谷之盟。复曰[①]:"臣闻齐人将食鲁之麦[②]。以臣观之,将不能[③]。齐君之语偷[④]。臧文仲有言曰[⑤]:'民主偷,必死[⑥]。'"

【注释】

①复曰:回报鲁文公。

②食鲁之麦:指将伐鲁。

③将:殆,恐怕。

④语偷:指说话草率。偷,苟且。

⑤文仲:臧孙辰的谥号。

⑥民主偷,必死:按,明年五月,齐懿公被杀。

【译文】

襄仲到齐国去,拜谢谷地之盟。他回报鲁文公说:"臣下听说齐国人打算来鲁国吃鲁国的麦子。但在臣下看来,恐怕不能。齐国国君说话草率。臧文仲说过:'百姓的主人草率而无远虑,必死无疑。'"

十八年

【经】

18.1 十有八年春王二月丁丑①,公薨于台下②。

18.2 秦伯罃卒③。

18.3 夏五月戊戌④,齐人弑其君商人⑤。

18.4 六月癸酉⑥,葬我君文公。

18.5 秋,公子遂、叔孙得臣如齐⑦。

18.6 冬十月,子卒⑧。

18.7 夫人姜氏归于齐⑨。

18.8 季孙行父如齐。

18.9 莒弑其君庶其⑩。

【注释】

①十有八年:鲁文公十八年当周匡王四年,前609。丁丑:二十三日。

②台:鲁宫中之台。

③秦伯罃:秦康公。

④戊戌:十五日。

⑤商人:齐懿公。

⑥癸酉:二十一日。

⑦公子遂:襄仲。叔孙得臣:庄叔。

⑧子：文公太子恶。

⑨姜氏：即文公四年的出姜，文公夫人，太子恶母亲。

⑩庶其：莒纪公名。

【译文】

鲁文公十八年春周历二月二十三日，鲁文公死于宫中台下。

秦伯罃死。

夏五月十五日，齐人杀了他的国君商人。

六月二十一日，葬我国君文公。

秋，公子遂、叔孙得臣到齐国去。

冬十月，太子恶被杀死。

夫人姜氏回齐国。

季孙行父前往齐国。

莒人杀了他的国君庶其。

【传】

18.1　十八年春，齐侯戒师期①，而有疾。医曰："不及秋，将死。"公闻之，卜，曰："尚无及期②！"惠伯令龟③，卜楚丘占之④，曰："齐侯不及期，非疾也。君亦不闻⑤。令龟有咎⑥。"二月丁丑，公薨。

【注释】

①戒师期：发布出兵伐鲁日期的命令。戒，敕令，发布命令。

②尚无及期：希望齐侯未到伐鲁的日期便死去。

③令龟：命龟，占卜前把所占之事致告龟甲，其实是将所卜之事刻于龟甲上，等待烧灼结果以断吉凶。

④卜楚丘：名叫楚丘的占卜官。

⑤君亦不闻：您也听不到齐侯的死讯。暗指文公将死在齐侯之前。

⑥有咎：指令龟的人也有灾祸。暗指惠伯亦将被杀。

【译文】

十八年春，齐懿公发布了出兵攻打鲁国的日期的命令，而后就病了。医生说："不到秋天，齐侯将死去。"鲁文公听到这个消息，就占卜，说："希望他未到秋天伐鲁的时候就死。"惠伯叫人把要占卜的事情刻于龟甲。卜楚丘占卜，说："齐侯将未到出兵日期就死，但不是因为病。国君也听不到齐侯的死讯。致告龟甲的人也有灾祸。"二月二十三日，鲁文公死。

18.2　齐懿公之为公子也，与邴歜之父争田[①]，弗胜。及即位，乃掘而刖之[②]，而使歜仆[③]。纳阎职之妻[④]，而使职骖乘[⑤]。夏五月，公游于申池[⑥]。二人浴于池[⑦]，歜以扑抶职[⑧]。职怒。歜曰："人夺女妻而不怒[⑨]，一抶女，庸何伤[⑩]！"职曰："与刖其父而弗能病者何如[⑪]？"乃谋弑懿公，纳诸竹中[⑫]。归，舍爵而行[⑬]。齐人立公子元[⑭]。

【注释】

①邴歜：齐国大夫。

②掘而刖(yuè)：齐懿公即位，邴歜之父已死，齐懿公便掘出其尸体并砍去他的脚。刖，断足。

③仆：即"御"，驾车。

④阎职：齐大夫。

⑤骖乘，亦即车右，乘车时站于车右边陪乘的人。

⑥申池：齐都南城西门名申门，申池即此门外的护城河。当在今山东淄博西。

⑦二人：指邴歜和阎职。

⑧扑：马鞭。抶(chì)：鞭打。

⑨女：通“汝”。

⑩庸何伤：庸，何。庸、何，同义连用。庸何伤即“何伤”。

⑪弗能病：不敢怨恨。

⑫纳诸竹中：将齐懿公的尸体藏在竹林中。竹中，竹林中。

⑬舍爵：告祭于宗庙。

⑭公子元：商人兄，齐桓公少卫姬所生。

【译文】

齐懿公还是公子的时候，和邴歜的父亲争夺田地，没有得胜。到了即位后，就把邴歜父亲的尸体挖出来并砍断他的脚，同时又让邴歜为他驾车。抢夺了阎职的妻子，而让阎职任骖乘。夏五月的一天，懿公在申池游玩，邴歜、阎职在池里洗澡。邴歜用马鞭鞭打阎职。阎职发怒了。邴歜说：“人家抢夺你的妻子你不发怒，我打了你一下，又有什么妨碍？”阎职反唇相讥说：“那与那个被人家砍了父亲的脚而不敢发怒的人相比又怎样？”于是二人商量杀了懿公，并把尸体扔在竹林里。回去后，二人告祭了宗庙然后逃走。齐人立了公子元。

18.3　六月，葬文公。

【译文】

六月，安葬鲁文公。

18.4　秋，襄仲、庄叔如齐，惠公立故，且拜葬也①。

【注释】

①拜葬：拜谢齐国来会葬鲁文公。

【译文】

秋，襄仲、庄叔到齐国去，一是为祝贺齐惠公即位，一是为拜谢齐国来会葬鲁文公。

文公二妃[①]，敬嬴生宣公。敬嬴嬖[②]，而私事襄仲[③]。宣公长，而属诸襄仲[④]，襄仲欲立之，叔仲不可[⑤]。仲见于齐侯而请之[⑥]。齐侯新立，而欲亲鲁，许之[⑦]。

【注释】

①二妃：长妃出姜，生太子恶和视；次妃敬嬴。

②嬖：宠幸。

③私事：私自与襄仲勾结。

④属：托付。

⑤叔仲不可：宣公非嫡子，所以叔仲不同意。叔仲，惠伯，叔彭生。

⑥请之：请齐国支持立宣公。

⑦许之：太子恶本齐国外甥，但齐惠公为了得到鲁国援助，同意襄仲废太子恶而立宣公。

【译文】

鲁文公有两个妃子，敬嬴生了宣公。敬嬴受宠爱，而且私下与襄仲勾结。宣公长大了，文公把宣公托付给襄仲。襄仲要立宣公为国君，叔仲不同意。襄仲见到齐懿公乘机请齐国支持立宣公。齐惠公新即位，且希望与鲁国亲近，就同意了。

18.5　冬十月，仲杀恶及视，而立宣公。书曰“子卒”，讳之也[①]。

【注释】

①书曰“子卒”，讳之也：《春秋》只记“子卒”二字，是为了隐讳事情真相。

【译文】

冬十月，襄仲杀了太子恶和视，立宣公为国君。《春秋》记为“子卒”，是为了隐讳事情真相。

仲以君命召惠伯[①]。其宰公冉务人止之[②]，曰：“入必死。”叔仲曰：“死君命可也。”公冉务人曰：“若君命，可死；非君命，何听[③]？”弗听，乃入，杀而埋之马矢之中[④]。公冉务人奉其帑以奔蔡[⑤]，既而复叔仲氏[⑥]。

【注释】

①以君命：本应太子恶即位，此乃借恶之命。

②宰：卿大夫家臣之长。公冉务人：公冉是姓，务人是名。

③非君命，何听：务人知道非君命，因此阻止惠伯前往。

④马矢：马粪。矢，通“屎”。

⑤帑：家室。

⑥复叔仲氏：不久之后又立了惠伯之子，是为叔仲氏。

【译文】

襄仲以国君之命召见惠伯，惠伯的家臣之长公冉务人劝阻惠伯，说：“你进去必定死。”叔仲惠伯说：“死于国君的命令，是应该的。”公冉务人说：“如果是国君之命，可以死；如果不是，为什么要听从呢？”惠伯不听，于是进去，襄仲杀了惠伯并把尸体埋在马粪中。公冉务人侍奉着惠伯的家室逃奔到蔡国，不久鲁国又立了叔仲氏。

18.6 夫人姜氏归于齐，大归也[①]。将行，哭而过市，曰："天乎！仲为不道[②]，杀適立庶[③]。"市人皆哭，鲁人谓之哀姜[④]。

【注释】

①大归：回娘家之后不再返回。恶与视都被杀，出姜不得不大归。

②仲为不道：即"襄仲无道"。

③杀適立庶：太子恶是嫡子，宣公是庶子。

④鲁人谓之哀姜：按，襄仲杀適立庶，此后鲁国公室衰微，三桓（仲孙、叔孙、季孙，皆桓公之族）逐渐强大。

【译文】

夫人姜氏返回齐国，回到娘家后不再回来了。将要离开鲁国的时候，她哭着经过市区，说："天哪！襄仲无道，杀死嫡子立了庶子！"街上的人都跟着她哭。鲁国人称她为哀姜。

18.7 莒纪公生大子仆，又生季佗[①]，爱季佗而黜仆[②]，且多行无礼于国。仆因国人以弑纪公，以其宝玉来奔，纳诸宣公[③]。公命与之邑，曰："今日必授！"季文子使司寇出诸竟[④]，曰："今日必达[⑤]！"公问其故。季文子使大史克对曰[⑥]：

【注释】

①季佗：莒渠丘公。

②黜：废弃。

③纳诸宣公：指宣公收留了他。

④出诸竟：把太子仆赶出鲁国国境。竟，通"境"。

⑤必达：彻底执行。达，实现。

⑥大史克：鲁太史，名克。

【译文】

莒纪公生太子仆，又生了季佗。他喜欢季佗而废黜了太子仆，在国内又干了许多不合礼义的事情。太子仆依靠莒国人杀了莒纪公，并带着他的宝玉逃奔来鲁国，鲁宣公收留了他。宣公还命令送给他食邑，说："今天就得给他！"季文子派司寇把太子仆赶出国境，说："今天一定要执行赶走他！"宣公问他什么缘故，季文子派太史克回答说：

"先大夫臧文仲教行父事君之礼，行父奉以周旋①，弗敢失队②。曰：'见有礼于其君者，事之，如孝子之养父母也。见无礼于其君者，诛之，如鹰鹯之逐鸟雀也③。'先君周公制《周礼》曰④：'则以观德⑤，德以处事，事以度功⑥，功以食民⑦。'作《誓命》曰⑧：'毁则为贼，掩贼为藏⑨，窃贿为盗，盗器为奸⑩。主藏之名⑪，赖奸之用⑫，为大凶德，有常无赦⑬。在《九刑》不忘⑭。'行父还观莒仆⑮，莫可则也⑯。孝敬、忠信为吉德，盗贼、藏奸为凶德。夫莒仆，则其孝敬，则弑君父矣；则其忠信，则窃宝玉矣。其人，则盗贼也；其器，则奸兆也⑰。保而利之，则主藏也。以训则昏⑱，民无则焉。不度于善⑲，而皆在于凶德，是以去之。

【注释】

①周旋：应对宾客。

②失队：失礼。队，同"坠"。

③如鹰鹯(zhān)之逐鸟雀：像鹰鹯追逐鸟雀一样诛灭它。鹯，像鹞一样凶猛的鸟。

④《周礼》：指周公旦所著书名或篇名，今已亡佚。非今之所传之《周礼》。

⑤则以观德：以礼仪观人之德。则，礼仪。

⑥事以度功：事情用来衡量功劳。

⑦功以食民：功劳用以养育百姓。

⑧《誓命》：亦周公旦所作篇名，已亡佚。

⑨掩贼为藏：窝藏盗贼就是窝藏罪人。

⑩窃贿为盗，盗器为奸：偷一般的财物叫盗，偷盗宝器叫奸。贿，财物。器，宝器。

⑪主藏：窝赃。

⑫赖奸之用：利用奸人的宝器。赖，利，用。

⑬常：常刑。

⑭《九刑》：古刑书，已亡佚。

⑮还观：仔细察看。

⑯则：效法。

⑰奸兆：奸人的赃证。

⑱以训：以此训，以此教育百姓。训，教育。

⑲不度于善：不属于善。度，居，属于。

【译文】

“先大夫臧文仲教导行父我侍奉国君的礼仪，行父我尊奉它以应对宾客，不敢失礼。说：‘看到对他的国君有礼的，侍奉他，如同孝子奉养父母一样；见到对国君无礼的，就像鹰鹯追逐鸟雀一样诛灭他。’先君周公制定《周礼》说：‘礼仪用来观察一个人的德行，德行用来处理事情，事情用来衡量功劳，功劳用来养育百姓。’又作《誓命》说：‘毁弃礼仪就是贼，窝藏贼就是窝藏罪人。偷一般的财物叫盗，偷宝器叫奸。有窝藏之名，又利用奸人的宝器，这是最大的凶德，按照国家规定的刑罚，必不赦免。对于凶德之人的刑罚，都记在《九刑》之中，不能忘记。’行父仔细观察莒太子仆，没有什么可以效法的地方。孝敬、忠信，这是吉祥的德行；盗贼、藏奸，这是凶德。这个莒太子仆，效法他的孝敬，可他是杀君杀父之人；要效法他的忠信，那么他偷窃宝玉来鲁。这个人，他是盗贼；他的宝器，就是赃物。如果保护这个人并且用他的宝器，那就是窝赃。用这个来教育百姓，百姓将迷乱而失去准则。以上这些，都不属于善的行为，反而属于凶德，因此要赶走他。

“昔高阳氏有才子八人①，苍舒、隤敳、梼戭、大临、尨降、庭坚、仲容、叔达②，齐、圣、广、渊③，明、允、笃、诚④，天下之民谓之八恺⑤。高辛氏有才子八人⑥，伯奋、仲堪、叔献、季仲、伯虎、仲熊、叔豹、季狸⑦，忠、肃、共、懿⑧，宣、慈、惠、和⑨，天下之民谓之八元⑩。此十六族也⑪，世济其美⑫，不陨其名。以至于尧，尧不能举⑬。舜臣尧，举八恺，使主后土⑭，以揆百事⑮，莫不时序⑯，地平天成⑰。举八元，使布五教于四方⑱，父义、母慈、兄友、弟共、子孝，内平外成⑲。

【注释】

①高阳氏：颛顼，传说中的古代部族首领。

②苍舒、隤敳（tuí ái）、梼戭（táo yǎn）、大临、尨（páng）降、庭坚、仲容、叔达：此八人乃传说中的人物，事迹已不可考。

③齐：中正。圣：通达。广：宽宏。渊：深远。

④允：守信。笃：厚道。

⑤恺：和乐。

⑥高辛氏：帝喾，据传是黄帝的曾孙。

⑦伯奋、仲堪、叔献、季仲、伯虎、仲熊、叔豹、季狸：伯奋等八人也是传说中人物，事迹不可考。

⑧肃：恭敬。共：勤谨。懿：端美。

⑨宣：周密。惠：仁爱。和：宽和。

⑩元：善。

⑪十六族：此十六人各因有功，赐予氏族，因此称“族”。

⑫济：继承。

⑬不能举：未能举用他们。

⑭主后土：主持管理土地的官职。

⑮揆（kuí）：掌管。

⑯时序：处事顺当。

⑰平、成：平静无事。

⑱布：颁布，宣扬。五教：五种教化，即下文的父义、母慈、兄友、弟共、子孝等五个方面。

⑲内：指中原诸国。外：指夷狄等少数民族。

【译文】

“过去高阳氏有才子八个人，叫苍舒、隤敳、梼戭、大临、尨降、庭坚、仲容、叔达，他们中正、通达、宽宏、深远，明亮、守信、厚道、诚实，天下的百姓称他们为‘八恺’。高辛氏有才子八人，叫伯奋、仲堪、叔献、季仲、伯虎、仲熊、叔豹、季狸，他们忠诚、恭敬、勤谨、端美，周密、慈祥、仁爱、宽和，天下百姓叫他们‘八元’。这十六个部族，世世代代继承他们的美德，没有丧失前世的好名声。一直到尧的时候，尧未能举荐他们。舜做尧的臣子的时候，举荐了八恺，让他们担任主持管理土地的官员，以掌管和处理各种事务，他们处理事情没有不顺当的，使得大地和上天都平静无事。举荐了八元，让他们到四方各国宣扬五种教化，让父亲重道义，母亲有慈爱，兄长知友爱，弟弟懂恭敬，儿子懂孝顺，里里外外都平安无事。

“昔帝鸿氏有不才子①，掩义隐贼②，好行凶德，丑类恶物③，顽嚚不友④，是与比周⑤，天下之民谓之浑敦⑥。少皞氏有不才子⑦，毁信废忠，崇饰恶言⑧，靖谮庸回⑨，服谗蒐慝⑩，以诬盛德，天下之民谓之穷奇。颛顼有不才子⑪，不可教训，不知话言[12]，告之则顽[13]，舍之则嚚[14]，傲很明德[15]，以乱天常，天下之民谓之梼杌[16]。此三族也，世济其凶，增其恶名，以至于尧，尧不能去。缙云氏有不才子[17]，贪于饮食，冒于货贿[18]，侵欲崇侈[19]，不可盈厌[20]，聚敛积实，不知纪极[21]，不分孤寡，不恤穷匮[22]，天下之民以比三凶[23]，谓之饕餮[24]。舜臣尧，宾于四门[25]，流四凶族，浑敦、穷奇、梼杌、饕餮，投诸四裔[26]，以御魑魅[27]。是以尧崩而天下如一，同心戴舜，以为天子，以其举十六相[28]，去四凶也。故《虞书》数舜之功，曰'慎徽五典，五典克从'[29]，无违教也。曰'纳于百揆，百揆时序'[30]，无废事也。曰'宾于四门，四门穆穆'[31]，无凶人也。

【注释】

①帝鸿氏：黄帝。

②隐贼：包庇奸贼。

③丑类恶物：把恶物引为同类。丑，类。

④顽嚚（yín）：愚顽奸诈。

⑤比周：互相勾结。

⑥浑敦：也作"浑沌"。

⑦少皞氏：又作"少昊"，名挚，传说中古代东夷族首领。

⑧崇：饰。

⑨靖谮庸回：据杜预《春秋左传注》与孔《疏》，靖谮，安于谗谮；庸回，信用回邪。

⑩服谗：施行谗言。蒐慝（sōu tè）：与"掩义藏贼"同，隐瞒为恶之人。

⑪颛顼：高阳氏。

⑫话言：善言。

⑬告：开导。

⑭嚚：奸诈。

⑮很：《说文》："不听从。"

⑯梼杌(táo wù)：《五帝本纪》集解引贾逵："梼杌，凶顽无畴匹之貌。"《神异经》解作怪兽。

⑰缙云氏：本黄帝时官名，后以官为氏。

⑱冒：贪。

⑲侵欲崇侈：任性奢侈。

⑳盈厌：满足。

㉑纪极：限度。

㉒穷匮：穷困之人。

㉓三凶：即前所说浑敦、穷奇、梼杌。

㉔饕餮(tāo tiè)：贪婪凶狠之人。贪财为饕，贪食为餮。《吕氏春秋》以为是一种贪食之兽。

㉕宾：依《尚书·舜典》，宾，迎接宾客之意。或谓"宾"同"摈"。

㉖裔：荒远之地。

㉗魑魅(chī mèi)：传说中山泽中的鬼怪。

㉘十六相：即八恺八元。

㉙慎徽五典，五典克从：引文见《尚书·舜典》。徽，美，善，此意为做好。五典，即上文的"五教"。

㉚纳于百揆，百揆时序：引文见《尚书·舜典》。百揆，百事。

㉛宾于四门，四门穆穆：引文见《尚书·舜典》。穆穆，恭敬肃穆。

【译文】

"过去帝鸿氏有不才之子，遮蔽仁义，包庇奸贼，总喜欢干凶德之事，把恶人恶事引为同类，愚顽奸诈，和愚昧奸诈的人勾结在一起，天下百姓叫他浑敦。少皞氏有不才之子，毁坏信用，废弃忠诚，专说花言巧语，而且听信谗言，任用奸邪，造谣中伤，掩盖罪恶，诬陷有美德的人，天下百姓称之为穷奇。颛顼氏有不才之子，没法教育好他，不懂什么是善言，开导他又愚顽不化，随他去不管他，则奸诈刁恶，傲视美德，搅乱了上天的常道，天下百姓叫他梼杌。这三个部族，世世代代继承他们的凶恶，增加了他们的坏名声。一直到尧的时候，尧没能赶走他们。缙云氏有不才之子，贪图吃喝，贪求财货，任性奢侈，不知满足，他聚敛财物和粮食，没有限度，也不分给鳏寡孤独的人，不周济穷困的人，天下百姓拿他和三凶相比，叫他饕餮。舜做尧的臣子之后，开辟四方的城门，以礼接待宾客，把四凶部族流放出去，把浑敦、穷奇、梼杌、饕餮驱逐到四方边远的地方，让他们去抵御魑魅这些妖怪。所以尧死后而天下团结如一，同心拥戴舜，让舜做天子，因为他举荐了十六相，驱逐了四凶。所以《虞书》历数舜的功劳，说：'谨慎地做好五教，五教就能服从他。'说的是舜没有错误的教导。说：'放之于各种事务之中，各种事务都能顺顺当当。'说的是他没有荒废的事务。说：'开放四方的城门，从四门而来的宾客都恭敬肃穆。'就是说再也没有凶顽的人了。

"舜有大功二十而为天子①，今行父虽未获一吉人，去一凶矣。于舜之功，二十之一也，庶几免于戾乎②！"

【注释】

①大功二十：即举十六相和去四凶。

②戾：罪戾，罪过。

【译文】

"舜有二十件大功劳因而当上了天子，现在行父我虽然没有得到一个好人，却除去了一个凶顽之人。相对于舜的功劳来说，二十分之一了，差不多可以免于罪过了。"

18.8　宋武氏之族道昭公子①，将奉司城须以作乱②。十二月，宋公杀母弟须及昭公子，使戴、庄、桓之族攻武氏于司马子伯之馆[3]。遂出武、穆之族[4]。使公孙师为司城[5]。公子朝卒，使乐吕为司寇[6]，以靖国人。

【注释】

①武氏之族：宋武公子孙。道：引导。

②司城须：宋文公同母弟。司城为六卿之一。

③戴、庄、桓之族：宋戴公、庄公、桓公的族人。司马子伯：华耦。据十六年《传》，此时华耦已卒。馆：客馆。

④遂出武、穆之族：穆公之族也参与叛乱，所以也被逐出。

⑤公孙师：庄公之孙。

⑥乐吕：戴公曾孙。

【译文】

宋国武公一族引领着昭公的儿子，准备事奉司城须发动叛乱。十二月，宋文公杀了同母弟须和昭公的儿子，让戴公、庄公、桓公的族人在司马子伯的客馆攻打武氏等叛乱者，武氏、穆公族人参与叛乱的，一同被赶出国外。派公孙师去任司城。公子朝死了，派乐吕担任司寇，国内的人们终于得到安定。